权威·前沿·原创

皮书系列为
"十二五""十三五"国家重点图书出版规划项目

B

BLUE BOOK

智库成果出版与传播平台

北京交通蓝皮书

BLUE BOOK OF
BEIJING TRANSPORTATION

北京交通发展报告
（2020）

ANNUAL REPORT ON DEVELOPMENT OF BEIJING
TRANSPORTATION(2020)

京津冀协同发展背景下的北京交通

主　编／北京交通大学北京综合交通发展研究院

社会科学文献出版社
SOCIAL SCIENCES ACADEMIC PRESS（CHINA）

图书在版编目（CIP）数据

北京交通发展报告.2020/北京交通大学北京综合
交通发展研究院主编.--北京：社会科学文献出版社，
2021.1
　（北京交通蓝皮书）
　ISBN 978-7-5201-7748-1

　Ⅰ.①北⋯　Ⅱ.①北⋯　Ⅲ.①交通运输发展-研究报
告-北京-2020　Ⅳ.①F512.71

中国版本图书馆 CIP 数据核字（2021）第 016519 号

北京交通蓝皮书

北京交通发展报告（2020）
京津冀协同发展背景下的北京交通

主　　　编 / 北京交通大学北京综合交通发展研究院

出 版 人 / 王利民
组稿编辑 / 恽　薇
责任编辑 / 冯咏梅
文稿编辑 / 郭锡超

出　　　版 / 社会科学文献出版社·经济与管理分社（010）59367226
　　　　　　地址：北京市北三环中路甲29号院华龙大厦　邮编：100029
　　　　　　网址：www.ssap.com.cn
发　　　行 / 市场营销中心（010）59367081　59367083
印　　　装 / 三河市东方印刷有限公司

规　　　格 / 开　本：787mm×1092mm　1/16
　　　　　　印　张：25.25　字　数：378千字
版　　　次 / 2021年1月第1版　2021年1月第1次印刷
书　　　号 / ISBN 978-7-5201-7748-1
定　　　价 / 188.00元

《北京交通发展报告（2020）》
编 委 会

主要著者简介

马　路　博士，北京交通大学交通运输学院教授、博士生导师。研究方向包括智能交通、交通规划、交通流理论和交通安全等。主持完成国家自然科学基金、北京社科基金等 5 项国家级和省部级课题。发表学术论文 30 余篇。入选交通运输行业重点领域创新团队核心成员，获高等学校科学研究优秀成果奖、中国仿真学会科技奖等荣誉。

毛保华　博士，北京交通大学交通运输学院教授、博士生导师。兼任中国综合交通研究中心执行主任、《交通运输系统工程与信息》学报主编等职务。主持完成"国家 973 计划"、国家自然科学基金重大项目等国家级课题。出版著作与教材 10 余部。获国家自然科学二等奖、国家优秀教学成果二等奖等荣誉。

李红昌　博士，北京交通大学经济管理学院教授、博士生导师。主要研究方向包括运输经济理论与政策、轨道交通经济社会环境影响及投融资评价、交通产业及企业治理等。主持国家级、省部级、世界银行项目 50 余项。发表学术论文 200 余篇，出版专著 3 部。获中国铁道学会优秀论文一等奖等荣誉。

李艳华　博士，北京交通大学交通运输学院教授、博士生导师、民航运输系主任。兼任国际航空运输研究院（英国）学术委员会委员等职务。主要研究方向包括航空运输规划与管理、航空运输经济、通用航空等。主持完成国家级和省部级项目 8 项、民航企业横向项目 20 余项。发表学术论文 20 余篇。获得省部级奖励 5 项。

李得伟 博士，北京交通大学交通运输学院教授、博士生导师。国际铁路联盟亚太地区成员，《都市快轨交通》专栏主持人。主持国家级、省部级等项目 50 余项。发表学术论文 100 余篇，出版学术专著 5 部，获得国家发明专利和软件著作权 10 余项。获北京市青年英才称号、中国铁道学会科技奖（4 项）、教学成果二等奖等荣誉。

吴　昊 博士，北京交通大学经济管理学院教授。主要研究方向包括交通运输经济理论与政策、综合交通规划等。主持国家级项目 2 项、省部级项目 10 余项。发表学术论文 40 余篇，出版著作 8 部，其中专著 3 部。获中国铁道学会科学技术奖一等奖、江苏省张家港市先进教育工作者、北京交通大学智瑾奖等荣誉。

宋丽英 博士，北京交通大学交通运输学院副教授、博士生导师。美国运筹学会会员、美国交通年会会员。主要研究方向包括控制科学与工程、物流工程、交通运输规划与管理、系统工程等。主持纵向项目 30 余项。发表论文 50 余篇，出版学术专著 2 部。获北京交通大学优秀主讲教师等荣誉。

宋　瑞 博士，北京交通大学交通运输学院教授、博士生导师。兼任中国系统工程学会交通运输系统工程专业委员会理事等职务。主要研究方向包括交通运输规划与管理、城市公共交通等。主持和承担科研项目 60 余项。发表学术论文 100 余篇。获中国铁道学会科学技术奖、北京市高等教育教学成果奖等荣誉。

高　巍 博士，北京交通大学建筑与艺术学院教授、城乡规划系主任。国家一级注册建筑师。兼任中国建筑学会城市设计分会理事等职务。主要研究方向包括城市空间与交通环境设计、城市保护更新等。主持国家级、省部级基金课题近 10 项。出版专著《纪念空间北京城》，发表论文 40 篇。获北京市科技进步三等奖等荣誉。

摘　要

　　2015 年 12 月国家发改委和交通运输部联合发布了《京津冀协同发展交通一体化规划》，围绕京津冀综合交通网络、城际铁路、公路网、港口群、机场群等方面明确了规划目标和发展要求。近年来，京津冀交通一体化建设取得了丰硕的成果。基础设施方面，公路和轨道网络日益完善通畅，支撑了京津冀城市之间的有机联结；出行服务方面，管理水平持续升级，实现了公交票务系统的跨地市融合；协调制度方面，区域联席会多样化开展，推进了"统筹、法制、应急"等多角度下政府间的有效互动。整体上，交通一体化已逐渐为京津冀全面协同发展提供了框架性支撑，为提升区域互联互通水平、疏解首都非核心功能、支撑冬奥会提供了重要保障。在此背景下，北京的交通发展已成为京津冀交通一体化的核心内容，京霸城际、京张城际、首都地区环线、京秦高速等一系列重要基础设施实现了里程碑式的建设，冬奥会交通保障工作也已大体完成。

　　随着基础设施逐渐完善，当前成为对下一阶段交通协同发展工作进行思考、布局和规划的重要时期。可以预见，京津冀交通一体化将经历宏观到微观、粗犷到精细、概念到技术、协商形式的主动沟通到制度导向的自发协同、政府独立实施到"政府主导＋全社会参与"的多重转变过程，也将遇到挑战与问题。例如，如何破解市郊铁路规划和运营的难题；轨道交通如何更科学地支撑冬奥会；未来京津冀机场群的格局和发展路径等。

　　本报告分为三个部分：第一部分为总报告，第二部分为分报告，第三部分为专题报告。总报告首先对北京市 2019 年交通的发展情况进行了研究，分别从对外交通、绿色交通、平安交通、科技交通、人文交通等视角进行了总结和展望。在此基础上，重点围绕京津冀交通一体化发展的未来战略，以综合交通的视角对京津冀以及国内外典型都市圈交通体系的发展现状进行了深入的对比和分析，在理论方面提出了先进城市交通一体化体系，并结合京津冀区域的出行特点开展了关于京津冀"一小时通勤圈"和京津冀交通协同管理一体化的管理方法研究。分报告包含了铁路、民航和公路三个具体方面的内容。铁路方面研究了北京市郊铁路的发展创新路经，针对市郊铁路客流培育、合作机制、铁路货运外移、发展资金、互联互通等问题提出了对策建议。民航方面开展了京津冀机场群和世界级机场群的对比研究以及北京临空经济区的交通系统建设策略研究，提出了"打造以机场为核心的集疏运体系"以及"机场轨道交通服务多样化"等建议。公路方面对京津冀三地的公路发展进行了总结，并重点分析了新技术在京津冀公路一体化中的作用。专题报告部分在总报告和分报告所提出的思路基础上，进行了更加具体、针对性更强的案例分析与研究，一是探讨了京张智慧高铁对北京冬奥会的作用，二是对既有三条市郊铁路（怀密线、城市副中心线、S2线）开展了细致的调研，并提出了针对这三条线路的发展建议，三是研究了北京南站、北京西站、北京站及丰台站交通转换环境，四是研究了京张铁路沿线遗址公园的规划设计实施策略。

本报告总结了近年来京津冀协同发展交通一体化的重要成果，从铁路、民航和公路三个核心角度，梳理了北京的交通建设，展望了未来的发展趋势，分析了现阶段的挑战，并提出了有针对性的对策建议和具体的落实方案，为京津冀交通一体化发展的理论与实践提供借鉴，并为我国其他区域交通一体化发展提供参考。

关键词： 京津冀一体化　区域协同发展　综合交通

前　言

北京作为我国超大城市的代表，其在交通规划、建设、管理与政策等方面取得了大量的成果，对我国现代化城市交通发展能够起到先锋引导作用，并提供了大量可借鉴的经验。北京交通发展立足于北京市交通出行需求，同时服务于国家战略和重大活动保障，如京津冀协同发展战略、交通强国发展战略、冬奥会交通保障等。中共中央、国务院批复《北京城市总体规划（2016~2035年）》对北京市交通发展、管理与治理提出了高标准的要求。

北京交通大学北京综合交通发展研究院作为北京市委、市政府首批批复建设的首都高端智库13家试点单位之一，旨在围绕北京交通发展中的重要领域开展研究，并对年度热点问题进行追踪。相关的成果则形成了一系列研究报告，按年度收录于本报告，选题重点关注北京交通发展中的管理与政策问题，并为其他城市交通发展提供参考。

北京的交通发展具有"方式齐全、情境复杂、经验丰富"等特点，针对北京交通发展的研究涵盖了交通领域的众多方面，过往的国内外的大量研究也均以北京作为实例分析的对象，涉及的研究方向较多。近期学术界的研究方向主要包括京津冀交通一体化、城市综合交通管理、共享出行、交通强国战略、冬奥会交通管理与应急保障、疫情期交通应急管理体系等。

2019~2020年是京津冀交通一体化的关键时期，北京的交通发展也已成为三地互联互通的支撑与核心内容，一系列重要基础设施已实现了里程碑式的建设，冬奥会交通保障工程也大体完成。由此，本报告将以"京津冀协同发展背景下的北京交通"作为年度主题。

目 录

Ⅰ 总报告

Ⅱ 分报告

Ⅲ 专题报告

皮书数据库阅读使用指南

总 报 告

General Reports

B.1
2019年北京交通发展研究报告

摘　要：　北京市交通行业积极响应党中央、国务院发布的《交通强国
建设纲要》，并认真落实《北京城市总体规划（2016～2035
年)》，对本年度北京市的交通发展进行分析研究，这对未来
的工作具有参考意义。本报告围绕北京2019年"对外交通、
绿色交通、平安交通、科技交通及人文交通"等角度进行总
结分析，相关数据表明，本年度北京交通运行平稳安全，服
务水平进一步提升，为首都全面发挥"四个服务"功能和本
年各项政治社会经济活动提供了可靠的保障，也为未来完善
构建便捷、绿色、安全、有活力的现代化城市综合交通系统
奠定了基础。

关键词：　城市交通　交通发展　交通政策

一　北京对外交通发展情况

2019 年北京市对外共运送旅客 3.13 亿人次，比上一年增加 2.4%，其中境内客运总量 2.89 亿人次，同比增长 2.5%；境外运输客运总量约为 2400 万人次，比上一年增加 0.3%。在运输总量中，铁路承担对外运输占比最高，为 47.1%，比上一年增加 0.5 个百分点；航空客运占比为 34.5%，比上一年减少 0.6 个百分点；公路客运占比 18.3%，比上一年增加 0.1 个百分点。

（一）境内客运

1. 铁路客运

2019 年北京铁路境内运输旅客发送量达到 14751.9 万人次，较上年增长 483.4 万人次，增长了 3.4%（见表 1）。

表 1　2011～2019 年北京铁路境内运输旅客发送量

单位：万人次

年份	2011	2012	2013	2014	2015	2016	2017	2018	2019
旅客发送量	9741.7	10303.3	11578.1	12599.8	12814.3	13374.6	13868.2	14268.5	14751.9

资料来源：中国铁路北京局集团有限公司。

从发送旅客的目的地来看，运送旅客最多的 5 个车站分别是天津站、石家庄站、上海虹桥站、天津西站、太原南站。其中北京去往天津的旅客最多，为 980.1 万人次。

北京境内铁路旅客发送量依旧呈现逐年增加的趋势，目前来看，这种趋势会继续下去，旅客目的地主要集中在华北地带以及华东地区的上海、南京。

2. 航空客运

2019 年北京境内航空运输进出港旅客为 8419.1 万人次，其中首都国际机场进出港境内旅客为 7610.1 万人次，同比减少 2%。南苑机场进出港旅客为506万人次，同比减少22.4%。大兴机场进出港旅客约303万人次（见表2）。

表2 2015~2019年北京航空境内运输旅客发送量

单位：万人次

年份	2015	2016	2017	2018	2019
旅客发送量	7212	7944	8001	8420	8419.1

资料来源：首都机场集团公司。

2019年首都机场旅客吞吐量居前五的境内航线分别是北京—上海虹桥（往返）、北京—广州（往返）、深圳—北京，其中旅客吞吐量最大的是上海虹桥—北京的航线，达到341.39万人次。

随着2019年大兴国际机场的开通与南苑机场的关闭，北京市航空运输面临新的调整，大兴机场的旅客发送量将不断增加，逐步缓解首都国际机场的压力，航空客运以连接境内一线城市和南方二线城市为主。

3. 公路客运

2019年北京市公路对外客运量达5744万人次；省际客运站共计9个（较上年增加1个），完成客运量1354万人次，较上年降低6.4%，其中到达量658万人次，发送量696万人次，共完成旅客周转量46.5亿人公里。

随着高铁的快速发展，公路客运所占的比重也在不断下降，同时公路客运配属车辆以及线路运营长度也在逐年减少或缩短，这进一步印证了北京铁路系统与航空系统在快速发展之中。

（二）境外客运

1. 境外铁路客运

2019年北京铁路口岸的出入境人员为3.1万人次，与上一年相比下降了31.1%。2015~2019年北京铁路运输出入境人员数据如表3所示。

北京铁路境外发送目的地为乌兰巴托与莫斯科，其目的地较少，从表3中我们也可得知，近些年前往蒙古与俄罗斯的旅客数量在逐年递减。

表3 2015~2019 年北京铁路运输出入境人员统计

单位：万人次

年份	2015	2016	2017	2018	2019
出入境人员	6.7	5.4	4.8	4.5	3.1

资料来源：北京市商务局。

2. 境外航空客运

2019 年首都国际机场旅客出入境人次约为2390.9 万人次，比上一年增加2.7%，大兴机场出入境旅客人次约为 10 万人次，2015~2019 年首都国际机场境外旅客发送量如表4 所示。

表4 2015~2019 年首都国际机场境外旅客发送量

单位：万人次

年份	2015	2016	2017	2018	2019
出入境人员	2258	2054	2172	2329	2390.9

资料来源：首都机场集团公司。

2019 年首都机场旅客吞吐量居前五的境外航线分别是首尔仁川—北京（往返）、北京—东京羽田（往返）、新加坡—北京，其中客运吞吐量最大的是首尔仁川—北京的航线，达到63.30 万人次。

近 5 年民航发送境外客运量稳步提高，出境人数越来越多，目前首都国际机场主要承担对外客运，随着大兴机场的投入使用，未来首都机场与大兴机场将共同承担对外航空客运的任务。

北京对外交通整体发展呈现上升态势，发送旅客量不断提高，航空运输与铁路运输占比越来越大。

二 北京绿色交通发展情况

绿色交通作为实现城市交通可持续发展的重要途径，体现了"以人为本"的发展理念。近年来，北京市紧密结合国家生态文明建设要求，全力推进绿色交通发展，并逐步取得成效。

（一）出行需求与特征

1. 机动车保有量

2019 年北京市机动车保有量达 636.5 万辆，较上年增加 28.1 万辆，增长了 4.62%；其中私人汽车保有量为 497.4 万辆，较上年增加 18.4 万辆，增长了 3.84%。北京市机动车保有量的增长率在 2011 年陡降，并在之后呈小幅度摆动趋势（见图1），这表明自 2011 年起实施的小客车指标调控政策取得了较好效果。

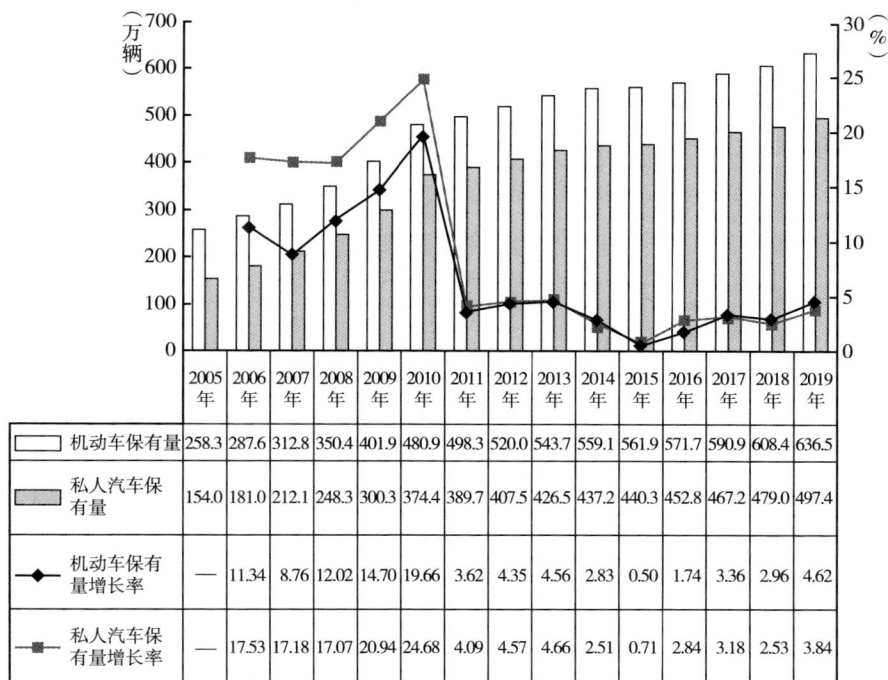

	2005年	2006年	2007年	2008年	2009年	2010年	2011年	2012年	2013年	2014年	2015年	2016年	2017年	2018年	2019年
机动车保有量	258.3	287.6	312.8	350.4	401.9	480.9	498.3	520.0	543.7	559.1	561.9	571.7	590.9	608.4	636.5
私人汽车保有量	154.0	181.0	212.1	248.3	300.3	374.4	389.7	407.5	426.5	437.2	440.3	452.8	467.2	479.0	497.4
机动车保有量增长率	—	11.34	8.76	12.02	14.70	19.66	3.62	4.35	4.56	2.83	0.50	1.74	3.36	2.96	4.62
私人汽车保有量增长率	—	17.53	17.18	17.07	20.94	24.68	4.09	4.57	4.66	2.51	0.71	2.84	3.18	2.53	3.84

图1 2005~2019 年北京市机动车与私人汽车保有量及增长率情况

资料来源：北京统计年鉴。

2. 绿色出行方式及构成

2019 年，北京市中心城区绿色出行比例达 74.1%，同比增加 1.1 个百分点。其中轨道交通出行比例为 16.5%，同比增加 0.3 个百分点；公共电（汽）车出行比例为 15.3%，同比下降 0.8 个百分点；自行车出行比例为 12.1%，同比增加 0.6 个百分点；步行出行比例为 30.2%，同比增加 1 个百分点（北京交通发展研究院，2020）。

（二）公共交通

2019 年，北京市公共交通运营线路长度为 28331 公里，共计 1181 条，运营车辆 29459 辆，公共交通客运量达 709604 万人次。为满足居民多元化的出行需求，截至 2019 年底，共开行多样化服务线路 455 条，覆盖区域更广，服务更加精准。

1. 运营线路条数

2019 年北京市公共电（汽）车运营线路为 1158 条，较上年增加 270 条，增长了 30.41%，该年为 2010 年以来增长速度最快的一年；轨道交通运营线路条数达 23 条，迎来两年内的首次增长（见图 2）。

2. 运营线路长度

2019 年北京市公共电（汽）车运营线路长度为 27632 公里，较上年增加 8387 公里，增长了 43.58%，是近 5 年第一次正增长且在近 10 年内增长速度最快；轨道交通运营线路长度为 699 公里，较上年增加 62 公里，增长了 9.73%，在近 5 年内增长速度最快。公共电（汽）车运营线路长度比例在连续 8 年下降后首次回升（见图 3）。

3. 运营车辆

2019 年北京市公共电（汽）车运营车辆为 23010 辆，较上年减少 1066 辆，减少了 4.43%；轨道交通运营车辆 6449 辆，较上年增加 793 辆，增长了 14.02%，在近 5 年内增长速度最快（见图 4）。

4. 客运量

2019 年北京市公共电（汽）车客运量为 313366 万人次，较上年减少 5609

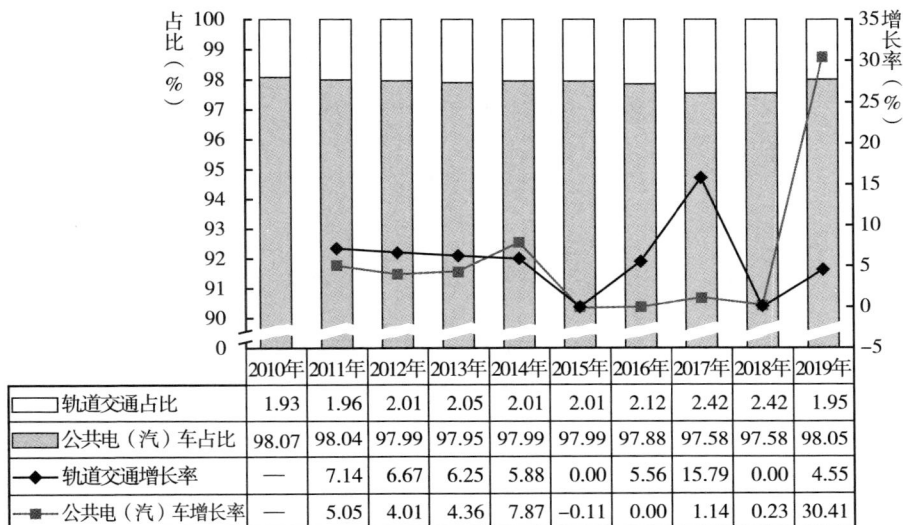

	2010年	2011年	2012年	2013年	2014年	2015年	2016年	2017年	2018年	2019年
轨道交通占比	1.93	1.96	2.01	2.05	2.01	2.01	2.12	2.42	2.42	1.95
公共电（汽）车占比	98.07	98.04	97.99	97.95	97.99	97.99	97.88	97.58	97.58	98.05
轨道交通增长率	—	7.14	6.67	6.25	5.88	0.00	5.56	15.79	0.00	4.55
公共电（汽）车增长率	—	5.05	4.01	4.36	7.87	−0.11	0.00	1.14	0.23	30.41

图2 2010～2019年北京市公共交通运营线路条数占比及增长率情况

资料来源：北京统计年鉴。

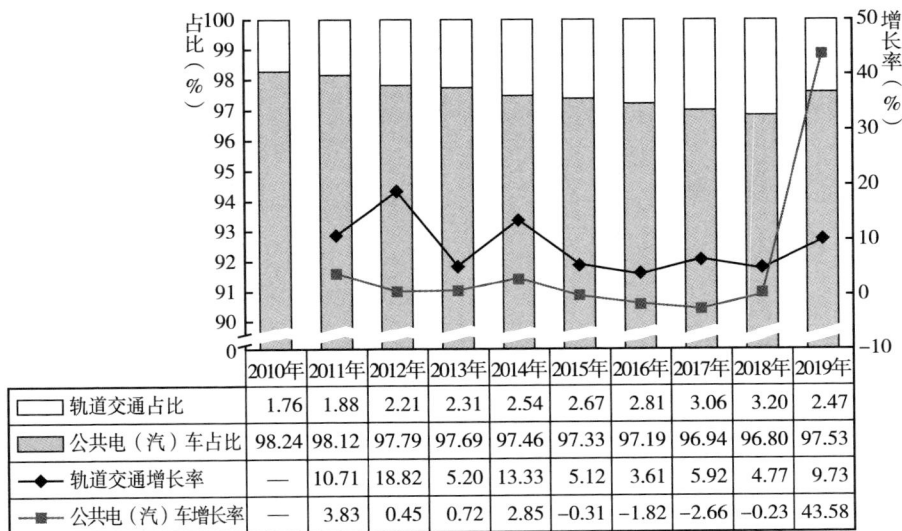

	2010年	2011年	2012年	2013年	2014年	2015年	2016年	2017年	2018年	2019年
轨道交通占比	1.76	1.88	2.21	2.31	2.54	2.67	2.81	3.06	3.20	2.47
公共电（汽）车占比	98.24	98.12	97.79	97.69	97.46	97.33	97.19	96.94	96.80	97.53
轨道交通增长率	—	10.71	18.82	5.20	13.33	5.12	3.61	5.92	4.77	9.73
公共电（汽）车增长率	—	3.83	0.45	0.72	2.85	−0.31	−1.82	−2.66	−0.23	43.58

图3 2010～2019年北京市公共交通运营线路长度占比及增长率情况

资料来源：北京统计年鉴。

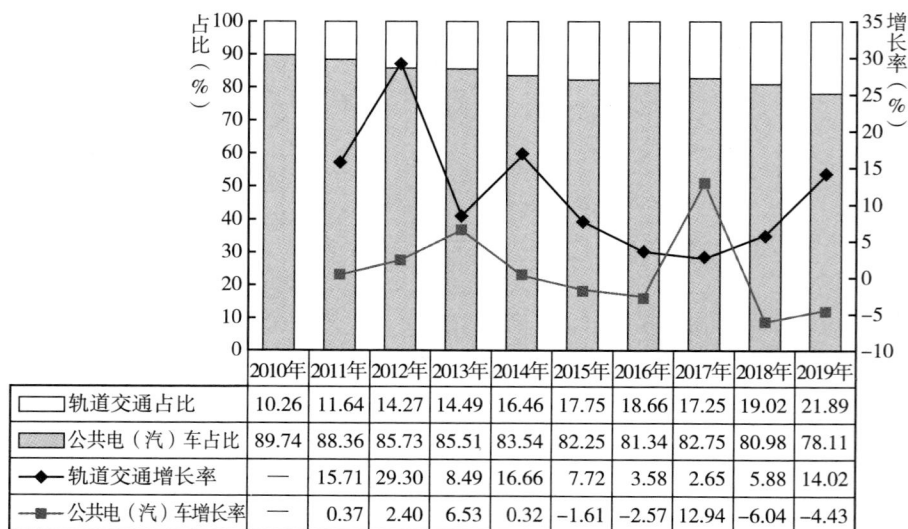

	2010年	2011年	2012年	2013年	2014年	2015年	2016年	2017年	2018年	2019年
轨道交通占比	10.26	11.64	14.27	14.49	16.46	17.75	18.66	17.25	19.02	21.89
公共电（汽）车占比	89.74	88.36	85.73	85.51	83.54	82.25	81.34	82.75	80.98	78.11
轨道交通增长率	—	15.71	29.30	8.49	16.66	7.72	3.58	2.65	5.88	14.02
公共电（汽）车增长率	—	0.37	2.40	6.53	0.32	−1.61	−2.57	12.94	−6.04	−4.43

图 4　2010～2019 年北京市公共交通运营车辆占比及增长率情况

资料来源：北京统计年鉴。

万人次，同比下降 1.76%；轨道交通客运量为 396238 万人次，较上年增加 11395 万人次，同比增长 2.96%。近 10 年来轨道交通的客运量比例在不断增加但增速有减缓趋势（见图 5）。

（三）慢行系统

北京市以"一保两优化、三无四加强"作为城市慢行系统综合治理标准，提升慢行系统品质。

2019 年共完成 894 公里慢行系统综合治理，建设了朝阳 CBD 西北区和回龙观两个慢行系统示范区。

2019 年 5 月 31 日，北京市第一条自行车专用路——回龙观至上地自行车专用路开通运行。该路全长 6.5 公里，24 小时开放运行，出入口坡道首次设置自行车助力装置，并结合地区出行特征设置潮汐车道，注重多种交通方式就近接驳，安排专人维护通行和停车秩序。作为连接回龙观与上地地区的绿色走廊，该自行车专用路有效提升了两地之间的通勤出行效率。

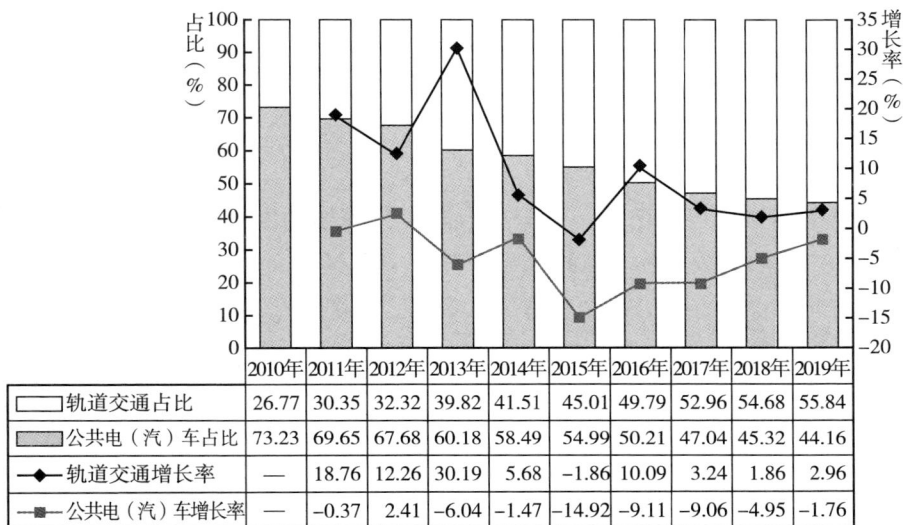

	2010年	2011年	2012年	2013年	2014年	2015年	2016年	2017年	2018年	2019年
□轨道交通占比	26.77	30.35	32.32	39.82	41.51	45.01	49.79	52.96	54.68	55.84
▨公共电（汽）车占比	73.23	69.65	67.68	60.18	58.49	54.99	50.21	47.04	45.32	44.16
◆轨道交通增长率	—	18.76	12.26	30.19	5.68	-1.86	10.09	3.24	1.86	2.96
■公共电（汽）车增长率	—	-0.37	2.41	-6.04	-1.47	-14.92	-9.11	-9.06	-4.95	-1.76

图5　2010～2019年北京市公共交通客运量占比及增长率情况

资料来源：北京统计年鉴。

三　北京平安交通发展情况

（一）交通安全情况统计

1. 交通事故统计

如表5所示，与2018年相比，2019年北京市交通安全形势趋向平稳，万车死亡率为1.98人，较上年下降7%，2016～2019年已经连续4年下降。

表5　2015～2019年北京市万车死亡率统计

单位：人

年份	2015	2016	2017	2018	2019
万车死亡率	1.64	2.38	2.33	2.13	1.98

资料来源：北京市公安局公安交通管理局。

2019年，北京市交通事故共计3110起，较2018年减少4%；其中，死亡事故数1210起，同比下降6%，占总事故数的38.9%。2019年北京交通事故带来直接经济损失 3528.0 万元，与 2018 年相比微涨，见图 6。按车型统计交通事故，机动车事故数 2411 起，占总事故数的 77.5%；非机动车事故数 574 起，占总事故数的 18.5%；行人乘车人事故数 125 起，占总事故数的 4.0%。

2019 年在全市机动车、机动车驾驶员持续增加的背景下，北京实现了事故死亡人数持续下降、重特大事故零发案，整体交通安全形势平稳向好。但当前北京交通事故仍存在"五大"陷阱，分别为"夜间陷阱""高速路、快速路、城乡小路陷阱""违法陷阱""半熟练司机陷阱""交通陋习陷阱"。其中，高速路、快速路和城乡小路发生的交通事故占交通事故总数的 50% 以上，高速路、快速路事故同比上升明显。

图 6　2015~2019 年北京市交通事故信息统计

资料来源：北京市公安局公安交通管理局。

2. 交通设施统计

提高道路交通安全的一大前提是确保有安全合理的道路交通设施以及高效细致的交通管理服务体系。2019 年北京市持续推进交通隔离护栏清整，继续落实加强道路交通安全监管巡控，提升交通基础设施质量，开展交通安全宣传教育。2015~2019 年北京市道路交通管理设施情况见表 6。

表6 2015～2019年北京市道路交通管理设施

项目	2015 年	2016 年	2017 年	2018 年	2019 年
交通标志（面）	233461	254925	260998	277994	279033
指路标志（面）	35806	40950	41304	43830	45314
路名标志（面）	16752	16789	17194	20117	20121
标线（公里）	53826	57116	75832	82782	75165.3
隔离护栏（米）	2013826	1903949	1924295	2156556	1774053
信号灯（处）	4755	4636	5707	7175	7175

资料来源：北京交通发展研究院。

（二）交通安全管理

1. 交通安全生产管理

（1）交通事故事前预防

全面开展北京市交通安全生产评估，针对轨道交通、公交汽车和交通基础设施等行业领域编制交通风险清单，同步制定风险防控措施，做好风险监测控制和应急准备。

（2）安全问题专项治理

强化公路工程安全生产监管，强化"两客一危"车辆动态监控，进一步完善动态监控监督检查制度，强化重点营运车辆监督管理。持续推进道路运输车辆智能视频监控报警技术推广应用，提升道路运输领域安全生产智慧监管能力。

（3）极端情况特殊预案

全力应对汛期降雨，全面加强指挥调度和应急值守。强化雪天出行保障，积极做好铲冰除雪和城市公共交通保障，降雪期间全面加强应急布控，及时清理道路积雪积冰。

2. 交通安全管理举措

（1）加大交通安全管控力度

聚焦城市交通顽疾，依托"平安""雷霆""三重大排查"等专项行动，加大对违法行为的治理力度，改善路面交通环境。

（2）加强交通安全社会宣教

宣传交通安全意识，让广大民众意识到严重交通违法行为给家庭、社会带来的严重危害，普及文明出行的重要性，从源头上减少交通事故的发生。

四　北京科技交通发展情况

2019 年，北京市经济科技持续发展，MaaS、智能交通、自动驾驶等交通科技也不断取得新的进展。更多、更先进的交通科技应用开始走进北京市民的日常生活中，方便了北京市民的出行，保障了北京市交通的顺畅与安全。

（一）智慧交通规划

2019 年修订完善的《新一代智慧交通管理发展规划（2018～2020）》中提到，北京的智慧交通发展，要按照"既抓基础，又强应用"的思路，本着"五个统筹"的原则，不断发展以"警务云"为基础，以"大数据中心"为核心，以"基础网络、安全运维、标准规范"为支撑，以"执勤执法、指挥控制、事故预防、信息服务、警务综合"为应用的新一代智慧交通管理科技体系，实现智慧交通管理，打造"智慧交管大脑""智慧感知""智慧信号""智慧脉络""智慧应用"五大智慧。

（二）智慧交管

2019 年北京市公安局公安交通管理局通过利用现有技术资源建立了车控大数据平台，该平台能够综合判断研究违法车辆行驶轨迹，为实施精确打击提供依据。按照公安部的部署，依托"雪亮工程""天网工程"，引入网格化图像分析、微卡口以及视频监控 3 万处，构建"情、指、勤、督、服"一体化机制，以科技手段助推勤务机制改革，提升路面管控效能。

（三）公共交通智能化

北京市提出了公共交通"一码通乘"的二维码支付业务并制定了相应的规则和技术规范，于 2019 年 12 月公开招募 6 万名乘客对"一码通乘"服务进行测试。测试中，北京城区和郊区全部 1500 余条常规地面公交线路，全部 23 条城市轨道交通线路以及 S2 线、怀密线 2 条市郊铁路线路均可使用"一码通乘"服务。不久，市民们将会使用"一码通乘"来搭乘常规公交车、地铁和市郊铁路，初步实现公共交通 App 互联互通。

（四）智慧高速

2019 年 7 月，北京市交通委员会编制并印发了《北京市推动高速公路 ETC 发展应用实施方案》，并自 2020 年 1 月 1 日零时起成功取消高速公路省界收费站，完成并网切换。

（五）自动驾驶

2019 年 5 月，首个 T5 级别的封闭试验场地——国家智能汽车与智慧交通（京冀）示范区亦庄基地，正式投入使用。基地的建立将为自动驾驶技术的试验提供全面的实验场景，相信自动驾驶技术会更快地应用于实际生活中。同年 6 月，北京市交通委员会、北京市公安局公安交通管理局以及北京市经济和信息化局发布《北京市自动驾驶车辆测试道路管理办法（试行）》，鼓励各区依据技术要求，在保证道路安全的情况下，让企业因地制宜选取测试道路，这都为自动驾驶技术的发展打下了坚实基础。

（六）MaaS

2019 年 11 月 4 日，北京市交通委员会与高德签订了战略合作框架协议，共同启动了北京交通绿色出行一体化服务平台（"北京 MaaS 平台"）。双方采用政企合作模式，通过整合地面公交、地铁、市郊铁路、共享单车、网约车、航空、铁路、长途大巴等各种交通出行服务，共享融合交通大数据，为市民提供整合多种交通方式的一体化、全流程的智慧出行服务。

（七）车联网

2018年10月18日至21日，世界智能网联汽车大会在北京国家会议中心召开。在大会闭幕式上，北京市经济和信息化委员会宣布发布《北京市智能网联汽车产业白皮书（2018年）》，对北京市发展智能网联汽车产业的行动计划进行了解读，明确通过了5个专项行动计划和5项示范应用，推动发展智能网联汽车产业和新型交通服务体系。

总体来说，2019年，北京智慧交通不断发展，各项技术都在稳步发展，成立了多个项目组，对技术不断改进与应用，而北京公交、地铁App的扫码乘车等也不断被大众接受，这些都保证了北京的智慧交通不断向前推进。

五 北京市人文交通、旅游交通发展情况

（一）人文交通

随着我国交通运输行业的迅猛发展，人们出行的需求已经得到了基本满足。在交通越来越便利的同时，人们更加注重出行过程中的舒适性和人文属性，这就要求我们提供更好的人文服务以满足乘客的多方位要求，也借此发挥公共交通的文化传播作用，提高运输服务的附加值。

例如，2018年，北京的团结湖地铁站搭起了一条满是温暖文案的"镜面长廊"（见图7）；2019年8月，北京地铁部分线路划分冷暖车厢（如图8所示）等。这些都彰显了公共交通服务的人文属性，有了这些富有人文属性的交通服务，人们的出行体验会提高一个层次。

图7　团结湖站"镜面长廊"

图8　北京地铁冷暖车厢

（二）旅游交通

随着经济的持续发展和居民收入水平、消费能力的不断提升，北京市境内旅游市场从无到有、从小到大逐步发展起来，并成为支撑北京旅游市场发展的主导力量。2019 年，北京市旅游总收入 6224.6 亿元，同比增长 5.1%；接待来京游客总人数 32209.9 万人次，同比增长 3.6% （见表 7）。

表 7　2015～2019 年北京市境外、境内旅游情况

年份	来京游客人数（万人次）	境外游客（万人次）	境内游客（万人次）	境外旅游收入（亿美元）	境内旅游收入（亿元）
2015	27279.0	420.0	26859.0	46.1	4320.0
2016	28531.5	416.5	28115.0	50.7	4683.0
2017	29746.2	392.6	29353.6	51.3	5122.4
2018	31093.6	400.4	30693.2	55.2	5556.2
2019	32209.9	376.9	31833.0	51.9	5866.2

资料来源：北京市 2019 年国民经济和社会发展统计公报。

改革开放以来，北京旅游行业始终稳中向好发展。从图 9 可以看出，近 5 年，来京游客总数持续增长，发展十分可观。

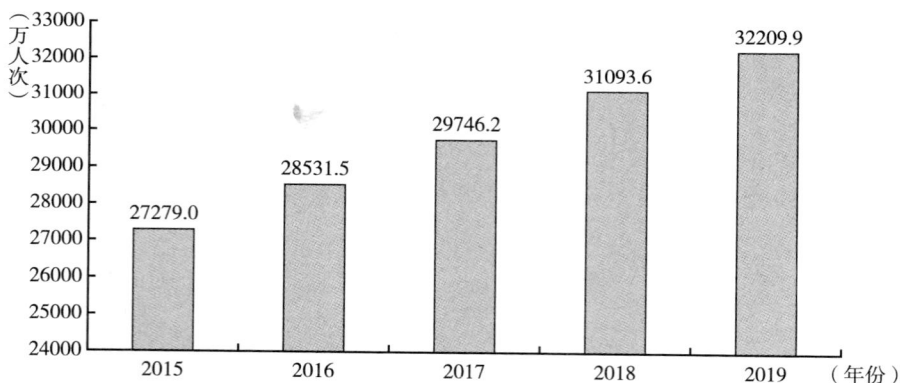

图 9　2015～2019 年来京游客人数

资料来源：北京市 2019 年国民经济和社会发展统计公报。

统计数据显示，北京市旅游交通行业整体向好发展。根据表 8 的数据，从交通费用在来京费用中的占比来看，境内游客的交通费用占比逐年减小，境外游客的这一项费用虽有波动，但在 2018 年后明显降低。综合来说，北

京市旅游行业发展势头依旧迅猛,由于经济发展迅速,来京旅游人群的经济水平不断上升,交通费用在旅游费用中的占比有减小的趋势。

表8 在京旅游花费构成情况

单位:%

项目	2015 年	2016 年	2017 年	2018 年	2019 年
境外游客					
总花费	100.0	100.0	100.0	100.0	100.0
长途交通费	36.8	38.3	37.7	27.2	28.4
民航费	30.8	38.0	37.1	26.2	27.6
铁路费	3.2	0.2	0.4	0.6	0.6
公路费	2.7	0.1	0.2	0.3	0.2
市内交通费	2.4	2.5	1.4	3.0	4.0
其他	24.1	20.9	23.2	42.7	39.1
境内游客					
总花费	100.0	100.0	100.0	100.0	100.0
长途交通费	17.0	15.8	14.3	12.4	11.8
民航费	7.4	7.5	6.2	4.7	4.8
铁路费	9.3	8.0	7.3	6.4	5.8
公路费	0.3	0.3	0.8	1.4	1.2
市内交通费	4.0	3.9	4.1	3.9	4.2
其他	62.0	64.5	67.3	71.3	72.3

资料来源:北京市文化和旅游局。

根据《2019年度北京市旅游客运市场运行情况》,"至2019年底,本市旅游客运行业经营业户共75户,运营车辆7164辆,从业驾驶员7713人。经第三方专业机构监测,2019年本市旅游客运行业客运量4390万人次,比2018年增长6.3%;旅客周转量36.1亿人公里,比2018年增长13.1%;因2019年重大活动和重点任务运输服务保障任务多,行业平均日出车率达到69%,比2018年增长24.17%"。

(三)展望

2020年,是我国全面建成小康社会的决胜之年,是"十三五"规划的收官之年，我们要高举习近平新时代中国特色社会主义思想伟大旗帜，贯彻落实中央工作会议精神，秉持"以人为本"的发展思想，坚持"慢行优先、公交优先、绿色优先"，建立绿色、智能的综合交通运输体系，为京津冀一体化做出积极贡献。

2020年主要预期指标：继续发挥公共交通的宣传作用，继续秉持以人为本的出行服务态度，继续保持北京市旅游行业的增长态势，加强轨道交通网络建设，建立综合交通运输体系，增强交通治理能力，融入智慧交通、绿色交通的发展理念，将北京建设成世界先进的旅游城市和绿色交通示范城市。

参考文献

北京交通发展研究院：《2020年北京市交通发展年度报告》，2020年7月。

北京市交通委员会、北京市公安局公安交通管理局、北京市经济和信息化委员会：《北京市自动驾驶车辆道路测试管理实施细则（试行）》，北京市交通委员会官网，http：//jtw. beijing. gov. cn/xxgk/tzgg/201712/t20171218_ 1279556. html。

北京市商务局统计数据，http：//sw. beijing. gov. cn/zwxx/tjsj/。

北京市首都机场股份有限公司年度运营数据，http：//www. bcia. com. cn/yysj. html。

北京统计年鉴，http：//nj. tjj. beijing. gov. cn/nj/main/2020 - tjnj/zk/indexch. html。

B.2
2019年京津冀交通一体化发展与未来战略

摘　要：　本报告重点围绕京津冀地区的运输通道、运输方式、运输结构、运输效率、体制机制、政策法规等，对京津冀交通一体化的现状进行梳理，并分析了目前存在的若干问题。在此基础上，研究了先进交通一体化模式发展目标和框架，并提出了交通与区域经济协调化、运输组织高效化、交通信息智能化、城乡交通一体化、体制机制规范化等方面的发展目标。针对目前存在的问题，本报告提出了关于加快建设京津冀"一小时通勤圈"以及交通协同管理一体化等方面的发展建议。此外，本报告深入分析了以大都市为核心的区域如长三角、珠三角的交通体系发展经验。研究成果对京津冀交通一体化未来发展具有重要启示意义。

关键词：　京津冀都市圈　交通一体化　综合交通

一　国内外都市圈综合交通体系发展现状

（一）国外都市圈综合交通体系发展现状

在都市圈的交通建设过程中，发达国家的案例给出了许多经验，本部分以英国伦敦、法国巴黎、日本东京和美国纽约为例，研究其交通一体化的发展过程和现状，总结发展经验与教训，以期有助于京津冀一体化交通网络的构筑。

1. 英国伦敦都市圈交通体系

英国较为发达的大都市圈内交通主要为轨道交通、高速公路和航空港。伦敦作为整个大都市圈的核心城市，主要通过轨道交通、高速公路和航空实现城际交通，其次为水运交通，由此形成了密集的高速公路网、高速铁路网和机场群。

（1）发展历程

交通运输业为伦敦都市圈扩张做出了巨大贡献，尤其是伦敦大都市周围的铁路系统。伦敦自从 1863 年建成第一条地下铁路后，其铁路行业就开始了迅猛的发展，到 20 世纪 60 年代，铁路线路的通车里程已经达到 400 余公里，包括中心城区 170 公里的地下隧道（刘少才，2018）。20 世纪汽车工业的高度发达促使伦敦城市都市圈内高速公路建设不断加快，并逐渐发展形成环状加放射状的交通格局。高速公路网和铁路网的建设为伦敦都市圈各类陆地交通方式相辅相依和形成综合交通运输系统奠定了坚实的基础。

（2）交通现状

①市民通勤的主要交通工具为火车、地铁、电车和公共汽车等。其中因铁路线深入伦敦市中心且呈放射形，距离较长，铁路成为居民出行的主要交通方式。

②基本发展形成环状加放射状的路网结构。

③为便于乘客在地铁与公交间换乘，伦敦地铁选线、站址选定均与规划相结合，且地铁线路从市中心纵横交织延伸到郊区，四通八达的地铁网络满足了乘客复杂多样的出行需求。

④为支持城市规划布局，道路系统整体骨架采用了四条环形道路结合放射形道路的形态。其中四条环形道路包括市中心外环路、近郊区外环路、郊区外环路和整个建成区外环路。

2. 法国巴黎都市圈交通体系

在巴黎与周边城市组成的城市圈的形成和发展过程中，铁路、航空港和海港发挥了重要作用。巴黎市区作为大都市圈的核心，根据交通引导发展的理念，其轴向发展主要依靠城市轨道交通线网布局引导带动。

（1）发展历程

普鲁斯特在1939年首次进行巴黎城市交通规划，路网布局结构采取环形加放射形态，巴黎第一条中心城区环线也是由普鲁斯特规划设计。随着城市发展扩张，近郊区交通需求量日益增加，因此1960年提出的基于普鲁斯特规划的交通规划，使得近郊区中环线的交通作用得到加强。1965年的巴黎都市圈总体规划有了空前的整体观，原来城区的环状发展改变成双轴线发展。1976年巴黎的交通发展战略开始转变，首次提出公共交通系统优先发展战略，且将都市圈的高速铁路系统进行重点完善，将高速铁路的换乘枢纽设置于地下。20世纪80年代后，城市公共交通设施建设速度加快，限制私家车的发展标志着公共交通战略已成为工作重点（于一凡，2004）。

（2）交通现状

①铁路网围绕中心城市，环城铁路线与全国各地的铁路线呈辐射状分布形态相连。

②铁路交通和道路交通为城市和近郊的主要交通方式。其中道路运输网络由国家高速公路、环城高速公路和一般道路三类道路组成。

③融合多种交通方式以满足市民的对内和对外交通需求，为市郊主要中心区建立方便快捷的交通联系，同时也加速融合巴黎市区的地区交通网、国家交通网和国际交通网。

④未来城市规划用地将沿巴黎主要快速干道建设，同时计划构建新环路以满足郊区和城镇的连接需求，以及在城市的横纵轴线方向规划建设地下快速铁道。

3. 日本东京都市圈交通体系

东京与周边城市组成的城市圈现已形成了以高速铁路（新干线）为骨干，辅以高速公路和其他铁路的综合运输体系。东京作为整个都市圈的核心城市，其交通体系也较为综合，主要包括新干线、地铁、公交巴士及计程车等。目前，东京大都市圈的城际交通发展也较为迅速，已有近万里轨道交通成功运营。在建设轨道交通线路的同时，东京也在不断改善停车换乘系统，在各条线路的站点建设大量停车场，大大提高了停车换乘效率。

（1）发展历程

日本的都市圈交通规划始自20世纪60年代，整个规划过程是以数据为基础，定量地进行整体性的规划研究，这也是日本都市圈交通规划的一大特征。70年代，为建立整个都市圈的综合交通体系，日本开始对各种交通出行方式进行研究，以确定各种方式间最恰当的比例。80年代，日本更加重视规划过程中的整体性，开始对整个都市圈空间结构问题及综合交通体系建设过程中的总体方针问题进行研究。研究对象也从单一的交通设施，变成了交通设施与交通运营措施相结合。提出了以城市结构政策、交通设施建设政策、交通管理政策三大政策为基本骨架，从四个方面出发进行整体规划的方针（申康，2011）。

（2）交通现状

东京都市圈比较注重环状干道网的建设，以期增强外围区域间的相互联系，实现中心城区交通的疏散，进而实现城市结构的调整。东京市的轨道交通网由地铁系统、私营铁路系统和国家铁路系统三大系统组成，地铁系统服务于中心城区的地铁系统；私营铁路系统服务于东京都市圈的私营铁路系统；国家铁路系统服务于首都交通圈的国铁系统。三大系统分工合作，构成了世界上最发达的轨道交通网。

4.美国纽约都市圈交通体系

纽约与周边城市组成的城市圈有十分密集的高速公路网和铁路网，构成了以高速公路为核心、辅以铁路交通的综合城际交通体系。

（1）发展历史

①小汽车浪潮的兴起以及大范围郊区化

20世纪30年代，世界上第一个城市快速道路系统在纽约建成。小汽车浪潮的兴起，严重影响了纽约轨道交通的使用与发展。到50年代，随着众多工作岗位向郊区分散，人们使用个人交通工具出行比使用轨道交通更方便，这一现象导致了大规模郊区化（马祥军，2009）。

②由小汽车浪潮到以公交为主的全局规划

美国大都市区交通规划以"依照联邦交通法的要求，体现连续滚动、综合全面、多方协调的过程"为基本理念，以区域性交通规划、交通改善计划和交通阻塞整治计划三部分为主要内容，以传统的"社会背景—交通需求预测—战略—战略评价及实施监控"为结构框架，形成综合性全局规划。在整个规划过程中，以公交为主，布局上也更侧重对于交通出行需求的预测、战略的评价及具体实施过程的监控（周鹤龙，2002）。

（2）交通现状

①交通设施

纽约市的汽车专用路是世界各都市圈中规模最大的。拥有大规模的汽车专用路，导致所有的交通流最终都向汽车专用路汇集。目前，整个都市圈的道路运行系统都以汽车专用路为骨架且很难进行扩张或改进，只能对交通瓶颈处加以改建。

②公共交通

纽约的公共交通系统是主要由地铁、公共汽车、轮渡及通勤铁路几部分构成的综合性交通系统。其中，公共交通是连接纽约都市圈外围区域与中心城区的主要纽带，外围居民主要通过城市公共交通至中心城区进行工作、娱乐或购物等活动。在美国，纽约市的公共交通出行量居各市之首，其中由地铁网和通勤铁路网两个独立的系统组成的轨道交通网络又是整个纽约公共交通系统的核心部分，基本上占整个公共交通系统的2/3。

5. 国外都市圈交通发展的经验与启示

（1）多元特征的网络交通系统

当前居民的出行目的日益多元化，在都市圈范围内如果只依靠单一的交通运输方式，很难满足多元的出行要求，易降低居民的出行舒适度。因此，从国外各个都市圈的发展情况可以看出，各都市圈都规划建设了使用多种先进的交通工具，多种交通方式分工协作、相互补充、互为延伸的综合交通体系，以此满足人们日益多样化的出行需求。

（2）明显的层次性

都市圈一般按层次划分，包括：由城市地铁、轻轨等轨道交通组成的核心区交通网络；含有高速公路、市郊铁路（通勤铁路）、轻轨等交通运行系统的密切联系区；以城际铁路、高速铁路和高速公路为主的城市泛联系区。

（3）以轨道交通为骨干的现代城市综合交通体系

解决大都市城市交通拥挤问题的有效途径之一就是建设高密度的轨道交通网络。城市轨道交通系统除了自身运量大、速度快、舒适的优势外还具有准时、安全、环保、换乘方便、线网结构多样性等特点。建设优质的轨道交通已成为未来新兴城市的重要发展趋势，这关系到整个城市的发展建设。优质的轨道交通线网能够有效疏解中心区人口，连接外围区人口，促进城市建筑、经济、文化的发展，提高城市综合实力。

（二）国内都市圈综合交通体系发展现状

根据《城镇化地区综合交通网规划》，目前中国较有代表性的都市圈为长三角城市群和珠三角城市群。

1. 长三角城市群交通体系

长三角地块广阔，拥有现代化江海港口群和机场群，高速公路网相对健全，公铁交通建设以及干线密度领先于全国其他城市群，随着近些年的发展，其综合交通网逐步立体化。

1997～2005 年，城市群交通一体化起步，形成了"一核六带"的发展格局。2005～2010 年，长三角城市群基本形成包括公路、铁路、水运在内的"五圈、六廊、十六枢纽"的交通一体化运输发展格局。2011～2015年，长三角城市群地域辐射范围由两省一市扩展到包括安徽省在内的三省一市，初步建立起以沪为核心，沪宁、沪杭为两翼的现代城际轨道交通、"3 小时公路交通圈"及"两纵六横"的现代化水运航道网。2016～2020年，《长三角城市群发展规划》明确了长三角城市群由以上海为核心、联系紧密的多个城市组成，协同打造具有全球影响力的世界级城市群及综合交通网络。

根据规划，至 2020 年，整个长三角地区城际铁路运营里程达到 6400 公里，覆盖区域内全部节点城市（26 个）和 80% 以上的县（市）；新建和改扩建国家高速公路约 1700 公里；建设长江三角洲内河高等级航道网（国家发改委、交通运输部，2015）。

其交通一体化发展具有如下特点：一是将海（水运）、陆（公路与轨道）协调发展摆在第一位；二是大力发展交通管理服务体系；三是将城际轨道的建设及其发展优先于其他公共交通进行考虑，争取在该区域建设出先进的轨道交通。

2. 珠三角城市群交通体系

珠三角区域交通一体化指建设具有高速公路、铁路、城际轨道交通和公共交通、航道和机场、海港、内河航运港等交通通道和交通枢纽的水陆空并举、干支相连、集疏成网的综合交通体系。

（1）建成设施相对完备、服务水平较高的综合运输体系

改革开放以来，珠三角地区交通建设成就显著。珠三角都市圈交通设施具有以下特点：高速公路系统发达，网络较为完善；铁路发展相对滞后，各方向发展不均衡；区域机场密集分布，枢纽机场地位突出；等等。

（2）运输组织呈广州、深圳双枢纽格局，区域差异显著

以广州、深圳为中心，外围城市向心交通联系特征明显。广深通道、广珠通道等关键走廊客流高于平均水平并快速增长。内外圈层、东西两岸差距仍十分突出。

（3）公路系统主体地位突出，运输结构亟待优化

全社会客运量中公路占比较高，铁路运输作用尚未得到充分发挥。在货运体系中，公路运输仍然处于主导地位，货运量在各区域公路的平顺连接下稳步攀升。而铁路货运持续萎缩，水路货运正在回升。

根据规划，至 2020 年，珠三角地区建设城际铁路运营里程约 1400 公里，覆盖全部节点城市和 40% 左右的县（市）；新建和改扩建国家高速公路约 430 公里；内河高等级航道成网运行；建成广州、深圳城市轨道交通网络和东莞、佛山城市轨道交通网络主骨架；建设广州市域（郊）铁路（国家

发改委、交通运输部，2015）。

总体来看，珠三角城市群的交通一体化呈现以下三个特点：一是水路运输发达，已基本形成"三纵三横"千吨级骨干航道网；二是航空运输在对外交通运输中发挥着重要作用；三是铁路运输成为城市群与内陆其他省份之间交通运输的主要方式。

3. 国内城市群交通发展的经验与启示

（1）交通基础设施建设

①根据自然地理条件，发展特色交通项目。长三角与珠三角两个区域的城市群充分利用其特有的地理位置，将水运海港的这一特色交通项目作为优势逐步呈现。

②发展多式联运，扩大综合交通运输规模。通过不同交通运输方式的划分，将整个城市群划分成不同的圈层，在发挥不同圈层交通运输优势的同时，也要注意圈层之间的交通连接的顺畅，努力实现跨圈层的交通无缝对接，促进整个区域内不同交通运输方式之间的协调发展。

③建设高质量的交通基础设施，提高综合交通运输效益。海、陆、空三种交通形式都需要将不断更新的现代化的科学技术融合到最基本的交通基础设施的建设中去，使得新建设施更加智能化、现代化，更加能够满足多样化的交通运输需求，提升整体运输效率。

（2）交通管理服务

①设立一体化的职能管理机构。在城市群交通一体化发展初始阶段，首要问题就是各种交通运输方式的统一管理问题，所以首先要统一思想、统一政令、设立一体化的专职管理机构，并对应建立起一套一体化的交通管理机制，消除各市间政出多门、条块分割、权责不清等阻碍一体化发展的政策问题。

②交通发展要与经济发展的空间结构保持协调一致。交通发展的每个阶段都是与城市群的空间发展息息相关的，随着城市群经济圈层的发展，加强各个圈层之间的联系对于它们之间的协调配合是至关重要的，因而交通运输发展的方向也基于这种空间结构得以确定。

③交通一体化发展要有长远规划。长远规划在交通发展中是非常必要的，因为在前期的基础设施建设过程中，我们需要投入大量的人力、物力以及进行长期的施工，这不管是对于资金投入还是周边居民都是有一定影响的，而建设一旦完成，就不能轻易拆改，拆改是极其耗时、耗力、耗材以及扰民的，所以在规划城市群的总体发展过程中也要将基础设施建设规划考虑在内。

④加强交通管理系统中的信息科技应用。在交通管理系统中，要想提高出行的效率，在管制系统中引入一些现代化的信息科技技术是必不可少的，它有助于居民或货运部门及时获取客货运最便捷的信息，选择最佳的交通方式，进而提高客货运的服务质量和效率，这一点在我国一些主要城市圈已经基本实现。

⑤降低多式联运中的换乘成本。一些主要城市圈的交通管理成功实行了区域内的客货运输一卡通措施，实现换乘零距离，极大地提高了区域交通一体化的管理水平，更加逼近实现私家车与公交车、轨道交通与公路交通的无缝衔接。

⑥注重区域交通运输的可持续发展。众所周知，交通发展与很多方面的发展都息息相关，比如经济发展、土地利用、能耗以及环境等，交通运输的可持续发展与上述几个方面的协调发展是分不开的。

二　京津冀交通一体化发展现状

京津冀城市群位于我国环渤海核心地区，是中国北方最大的城市群，是我国的"首都圈"，也是中国最具发展潜力的区域之一。京津冀区域包括北京、天津两大直辖市，石家庄、唐山、保定、邯郸等区域中心城市，张家口、承德、廊坊、秦皇岛、沧州、邢台、衡水等重要节点城市，以及北京城市副中心和河北雄安新区两个新区，占地面积达21.8万平方公里，常住人口达1.1亿，是我国北方地区经济规模最大、最具政治影响力的城市群。

综合交通一体化是京津冀协同发展的重要支撑和基本前提（张国伍，

2014）。想要达到京津冀协同发展的目标，应当建立京津冀综合交通网络体系，大力构建一体化交通。因此，2015 年 11 月，国家发改委联合交通运输部发布了《京津冀协同发展规划纲要》。纲要进一步强调交通先行对于京津冀协同发展的重要意义，强调要将京津冀交通一体化作为先行重点项目进行率先突破，使京津冀区域在华北、华东、东北和西北四大经济区的社会文化相互交流中不断发挥着主干通道的作用，成为我国交通基础设施较为齐全、技术装备水平较高、综合运输能力较强、客货运量较为繁忙的综合交通枢纽区域之一。

本部分将从以下几个方面详细阐述京津冀交通一体化的发展现状。

（一）运输通道

构建京津冀综合运输大通道，为促进区域发展水平提升、发挥北京的辐射带动作用，打造以首都为核心的世界级城市群提供可行性。

（1）"一环六射"公路大通道

京津冀三地政府在推进京津冀交通一体化建设过程中，积极构建以高速路为主干、干线公路为补充的"一环六射"京津冀交通大通道。"一环"即首都地区环线高速通道；"六放射"是指以北京地区为起点向周边地区延伸呈放射状的六条交通大通道。

（2）"四纵四横一环"综合运输通道

京津冀网格状交通的主骨架已经明确，即构建"四纵四横一环"综合运输通道，形成高速、便捷、安全、效率高、容量大、成本低的互联互通综合交通网络。积极打造 1 小时京津冀区域交通圈，30 公里内半径运输需求主要选择轨道交通供给，100 公里内半径运输需求主要采用市郊＋城际铁路进行供给，300 公里内半径运输需求主要选择城际＋干线铁路进行供给。建设"轨道上的京津冀"，京津冀地区规划城际铁路线路 23 条，总规模达3800 公里。

（3）打造"轨道上的京津冀"

京津冀交通一体化建设需充分发挥轨道交通的先导作用。对于北京而言，要积极推动八通线南延、M7 线东延，加强北京中心城区与城市副中心的联系，要积极稳妥推进城际铁路联络线（S6 线）、市域（郊）铁路等多层次轨道线网建设，完善北京两大国际枢纽机场、其他新城及周边区域的轨道连接，引导城市沿轨道走廊实现有序科学发展；优化层级结构，形成覆盖干线铁路、城际铁路、市郊铁路（区域快线）、地铁四个层级的轨道网络。随着京沈、京张、京霸等国家铁路干线的开通，京唐、京滨、城际铁路联络线等城际铁路网不断建设成熟，以及结合既有铁路通道形成的市域（郊）铁路网络的建设，"十三五"期间将实现建成"轨道上的京津冀"目标。

（二）运输方式

1. 功能定位

（1）轨道交通运输

随着京津冀都市圈的不断发展，各种交通出行方式的建设迎来了蓬勃发展。京津冀都市圈公路运输系统已经拥有超过全国平均水平的运营里程，干线铁路在客运中发挥着重要作用，但城际轨道交通运输的建设并不能满足当前的客运需求，还处于相对薄弱的状态。

从国内外都市圈的旅客运输一体化经验来看，京津冀区域交通一体化必须以城际轨道交通运输为核心发展，这是由都市圈旅客的出行需求所决定的；从都市圈的整体规模来看，轨道交通运输可以更好地实现京津冀都市圈的快速运输；从客运需求来看，高速铁路的快速发展也能促进我国轨道交通服务质量不断提升，更好地满足旅客日益增长的对客运服务质量的需求；从可持续发展原则来看，城际轨道交通运输与其他交通运输方式相比，拥有运量大、污染低的特点，可以更好地实现京津冀都市圈的可持续发展；从建设发展方面看，结合可持续发展原则，轨道交通运输可以满足交通、经济发展以及环境要求，属于环境友好型运输方式。

（2）铁路干线运输

铁路干线运输具有能力大、运输成本低、环境污染小等特点，承担了京津冀都市圈出入境的大部分客流。同时铁路干线运输也有一定的局限性，由于铁路运行距离较长，在都市圈内停站具有一定的选择性，因此难以全面覆盖都市圈内一些比较小的卫星城市，对城市之间的连通性造成了一定的限制，因此铁路干线旅客运输一般主要承担都市圈出入境旅客运输。

（3）公路运输

近年来京津冀地区高速公路的建设不断加快，逐渐形成了较为完善的线路网，可实现城镇之间更快、更便捷的集聚和扩散，极大地促进了都市圈的发展。但是，从效率、能源、环保等各方面考虑，部分高速公路和城市快速路上的客流需增设一些轨道交通来分担。但由于高速公路和城市快速路自身固有的特点，其客流量不可能全部用轨道交通替代，所以，在构建都市圈旅客运输体系时，需以高速公路和城市快速路为主体构建都市圈的快速公路客运系统。

通过对京津冀都市圈具体地理位置、空间结构等情况进行分析，同时结合综合运输系统中不同运输方式的技术特点，下面对京津冀都市圈内的各运输方式发展现状进行介绍，主要包括公路运输、铁路干线运输、城际轨道交通运输和城市轨道交通运输。

2. 各种运输方式的具体内容

（1）公路运输

京津冀都市圈公路运营里程长达 211833 公里，其中二级以上的高等级公路占 96.7%，遥遥领先于全国平均水平（86.2%）。高速公路网总里程达 7645 公里，其中包括 11 条首都放射线、北京环线、2 条纵线、3 条横线。中心城北京和天津之间由 2 条国道和 2 条省道连接。京津冀地区国家高速公路网总里程达 4245.67 公里。

至 2019 年底，河北省高速公路通车里程达 7279 公里，跃居全国第二位（人民网，2019）。省内基本实现无危桥运行，干线公路的断头路得到全线贯通。

由此可知，京津冀都市圈内的公路运输联系十分紧密，同时公路与其他运输方式之间的协调配合需进一步加强。

（2）铁路干线运输

从近期来看，到 2020 年，将以"京保石、京津、京唐秦"三条通道为主轴线，将区域附近所有地级及以上的市连接，基本实现打造京津石中心城区与周边乡镇 0.5～1 小时内通勤圈以及京津石中心城区与京津保 0.5～1 小时内交通圈的目标，进而对区域空间布局的调整和产业的转型升级起到更好的支撑和引导作用（中国网财经频道，2016）。从远期来看，预计到 2030 年形成的城际铁路网络是以"四纵四横一环"为骨架。北京铁路局管内营运路线里程共计 6246.4 公里，其中京津城际、石太客专、京沪高铁和京广高铁等部分路段时速在 200 公里以上，共计里程 1148.8 公里。

（3）城际轨道交通运输

京津城际铁路由北京南站至天津站，全长 200 公里，设 4 个车站，设计的最高时速为 350 公里。截至 2018 年 8 月，京津城际铁路的运行速度为 350 公里/时。截至 2018 年 7 月 1 日，京津城际铁路累计运送旅客 2.5 亿人次（丁怡婷，2018）。

京津城际铁路加强了北京和天津之间人员、经济的联系，成为一条重要的城际运输纽带。京津城际铁路促进了两市人民的生活观念和生活习惯逐渐交汇融合，同时可促进京津两市优势资源的互补，加快两市"同城化""一体化"进程，促进两市共同发展。

（4）城市轨道交通运输

①北京城市轨道交通

北京是全国最早建立较为完善的城市轨道交通网络的城市之一。截至 2018 年 12 月，北京地铁运营线路共计 22 条，均采用地铁系统，线网覆盖北京市 11 个市辖区，总运营里程达 637 公里，共设车站 391 座，开通运营里程排在中国第二位（《经济日报》，2019）。

②天津城市轨道交通

天津是中国第二个拥有地铁的城市，截至 2019 年 12 月，天津市内运营的轨道交通线路共计 6 条，分别是 1、2、3、5、6、9 号线（津滨轻轨），线网覆盖 11 个市辖区，运营里程 233 公里，共设车站 143 座。到 2020 年，天津轨道交通运营线路增加至 14 条，建设形成一个总长 513 公里的轨道交通网络体系（曹卓娜，2019）。

③河北城市轨道交通

截至 2019 年 6 月，石家庄地铁运营线路共有 2 条，包括 1 号线一二期工程、3 号线一期首开段，总里程约 40.73 公里，共设车站 31 座。石家庄地铁在建线路共有 3 条，包括 1 号线二期工程、2 号线一期工程、3 号线一期工程两边段和二期高新区段。客流数据显示，石家庄地铁的大客流主要集中于北国商城站、新百广场站、石家庄站、西王站。

（三）运输结构

当前京津冀区域呈现聚集性特征较显著的反 "C" 形布局，即以北京（轻工业产品：生活必需品）为中心，以河北、天津（重工业：机械制造类产品和矿石、煤炭、钢铁等大宗能源类）半环绕的布局。这样的反 "C" 形布局加剧了北京、天津等核心城市车辆穿行带来的尾气污染。对此，2018 年 7 月 3 日，国务院印发《打赢蓝天保卫战三年行动计划》，其中主战场为京津冀及周边地区、长三角地区、汾渭平原等区域，主线为深化交通运输行业供给侧结构性改革，主要目标为推进大宗货物运输 "公转铁、公转水"，经过 3 年，达到全国铁路货运量、全国水路货运量、沿海港口大宗货物公路运输量分别比 2017 年增加 11 亿吨、5 亿吨以及减少 4.4 亿吨的目标（《经济日报》，2018）。

（四）运输效率

统计显示，目前京津城际平日开行 98.5 对，周末开行 108.5 对，每 5~20 分钟就有一趟列车，公交化的开行为京津市民带来便利。经统计，9 年来，京津城际累计发送旅客 2 亿人次，列车运行数量从开通初期的 47 对到现在的 108.5 对，增加了 131%，运能和运力创新高。京津城际也获得了京津两地旅客的认可，成为出行首选（《城市快报》，2017）。

（五）体制机制

1. 决策机制

为全面推进京津冀区域交通一体化发展，国家部委、省市政府以及交通运输管理部门之间已经形成有关机制，从三个层面上推动交通一体化建设（严洲，2014）。京津冀三省市区域交通一体化统筹协调小组分综合规划、政策协调、建设推进三个专项小组进行分组讨论和专项对接。除此之外，京津冀三省市也曾多次召开法制与执法协作联席会议、交通应急联动工作联席会议等多种"一事一议"的专项会议。可以看出，目前京津冀区域交通一体化尚未形成常态化、制度化、可持续的议事和决策机制。交通一体化的推进需要京津冀三省市积极付诸行动，应在未来的发展中弱化行政区域之间的限制，实现地区之间协调的对话机制和决策机制建设。

2. 京津冀区域运输服务一体化

自京津冀协同发展战略实施以来，三省市积极推动区域运输服务一体化工作，提升区域一体化运输服务水平，促进各种运输方式之间的衔接与合作，提升智能化服务水平，在京津冀交通一卡通互联互通、区域公交一体化、省际班线公交化等方面取得了不错的成绩，全力推进京津冀交通一卡通建设，初步形成京津冀"同城出行、同城优惠"的出行模式。截至2018年12月底，京津冀三地发行交通联合卡累计达327万张，其中天津市发卡量达175万张，持续推进京津冀公交一体化建设（北方网，2019）。为保障城市公共汽车与电车的有序发展，2017年3月7日交通运输部发布了《城市公共汽车和电车客运管理规定》。在经过数次实地调研后，北京市编制了《关于推进京津冀区域公交一体化协调发展的指导意见（征求意见稿）》，意见确定了区域公交一体化建设的未来发展格局主要是"比较优势充分发挥、公共资源优化配置、管理模式一致创新、三地百姓均能受益"，旨在同三省市交通部门携手建设京津冀地区的区域公交一体化。在协同发展战略实施中，京津冀地区积极推进省际班线公交化改造试点，在运输组织、安全服务、许可下限等方面取得很好的效果，为持续的客运班线公交化改造提供了公交化改造规范，从而为未来公交化发展奠定了坚实的基础。同时，京津冀相关城市间积极开展省际客运联网售票一体化有关工作。

三省市对于城际公交和省际班线公交化缺乏统一的规划。未来应当统筹规划，将百姓的利益、快捷出行放在第一位，同时考虑公交实际运营成本，选取合适的公交类型，结合实际交通需求，对京津冀毗邻区域进行城际公交一体化规划。有了具体的规划，京津冀毗邻区域城际公交网才能可持续地、健康地发展下去。

（六）政策法规

1. 京津冀交通一体化协同规划

区域一体化的发展离不开科学合理的规划，2015 年 4 月 30 日，国务院发布《京津冀协同发展规划纲要》，此后，京津冀协同发展战略将交通一体化作为突破口。在纲要发布之后，交通运输部和国家发改委联合发布了《京津冀协同发展交通一体化规划》，规划中对京津冀协调发展提出了新的设想，指出要建设"轨道上的京津冀"。2016 年，国家发改委批复了《京津冀城际铁路网规划（2015 ~ 2030 年）》。2017 年 4 月 1 日，中共中央、国务院决定设立国家级新区雄安新区。2017 年 7 月 5 日，交通运输部办公厅联合天津市人民政府办公厅、河北省人民政府，对津冀地区的港口协调工作作出指导，印发《加快推进津冀港口协同发展工作方案（2017 ~ 2020 年）》。同时，为推进京津冀地区民航一体化发展，2017 年 11 月 27 日，国家发展改革委联合民航局印发了《推进京津冀民航协同发展实施意见》。

2. 京津冀交通一体化财政协同

财政收入主要受一个地区经济发展水平的影响，河北省发展相对滞后，财政收入较少，难以支撑巨大的交通财政支出。根据京津冀各地区交通运输部门 2017 ~ 2019 年的财政预算报告，在交通运输支出这一项，2017 年北京地区决算为 1571532 万元，天津市 729679 万元，河北省 3028422 万元；2018 年北京地区决算为 1955784 万元，天津市 828380 万元，河北省

2458961 万元；2019 年北京地区决算为 1995209 万元，天津市 809993 万元，河北省 2791430 万元（北京市交通委员会、天津市交通运输委员会、河北省交通运输厅，2017 年、2018 年、2019 年）。

在交通基础设施建设上京津冀三地的差异反映出京津冀三地在京津冀交通一体化进程中扮演的不同角色和承担的不同任务。三地共同参与交通一体化战略，并共同享有交通一体化战略带来的成果。天津、河北发挥配合北京提升首都核心地位的功能，也要考虑北京、天津、河北三地各自的处境，应该重视交通财政的协同问题。交通一体化战略的顺利实施有赖于多角度、全方位的战略协同，政策共进，成果共享。

3. 京津冀交通运输政策法制协同

近 5 年，京津冀三省市政府在实施外埠过境大货车绕行政策、实施交通执法一体化建设、联合推进交通标准化建设、完善联合治超（治理超限超载）长效机制、缓解交通拥堵及推进区域节能减排工作、提高京津冀交通应急联动工作能力等方面加大合作，推行相关政策措施，并在各个方面都取得了不错的成绩。

未来三地交通运输部门应在三地政府领导下，在交通运输部指导下，打破行政壁垒，加强三省市之间的协调沟通、对话交流，完善交通运输政策、交通立法和执法协作会商制度，促进三地交通运输政策法制工作有效开展，实现区域联动、优势互补、信息互通、资源共享、共同发展。

（七）京津冀交通一体化发展问题

京津冀一体化协同发展已上升到国家战略层面，其核心是疏解北京非首都功能，解决北京大城市病（庞世辉，2015）。目前，具有基础性和先导性作用的京津冀交通一体化工作已率先展开，将逐渐形成以京津为核心，辐射河北各市、区、县的综合、立体的交通运输体系。但是，在京津冀交通一体化工作开展的过程中，存在一些现实问题，需要进一步统一认识、合理布局、科学谋划，加快推进京津冀交通一体化的进程，为实现区域协同发展，提供强有力的交通支撑。存在的主要问题可概括为以下几点：

（1）"断头路""瓶颈路"长期困扰；

（2）铁路"最后一公里"问题；

（3）京津冀都市圈内各地区交通发展极不平衡；

（4）京津冀都市圈内各种运输方式发展不平衡；

（5）京津冀都市圈内城际交通运输连接不畅；

（6）京津冀都市圈城市内部衔接不足；

（7）缺乏推动交通一体化的财政长效保证机制；

（8）京津冀交通一体化智慧交通建设不足。

三 城市群交通一体化体系研究

（一）城市群交通一体化模式发展目标

1. 交通与区域经济协调化

交通运输业是区域经济的网络和命脉，城市群交通一体化是区域经济一体化的重要空间依托（王京元等，2004）。为了实现交通与区域经济的协调发展，应从以下三方面入手。

（1）贯彻落实交通强国战略，走内涵式交通运输发展道路。目前交通运输正面临全面建成小康社会的新形势以及贯彻落实习近平新时代中国特色社会主义思想的新要求，要实现交通运输的蓬勃发展必须提升系统协调能力，坚定不移地走内涵式发展道路。

（2）从区域发展全局出发，交通运输与经济协调发展。在区域发展过程中，当地政府要兼顾近期和远期、局部和整体的发展，依据各区域交通发展的实际情况设定交通设施、交通道路，通过科学的方法不断研讨调整，制定有助于协调区域经济发展的交通运输发展战略，促进交通运输和区域经济的相互联动、协同发展，使经济发展和交通设施布局达到最优。

（3）合理配置交通资源，改善区域经济。交通运输部门通过实地考察，可针对实际情况进行科学的规划、调整，进而制定合理的区域道路交通建设方案，使交通资源分配最优化，促进道路交通运输的发展。发达地区的资源、人才、产业结构、创新能力等诸多影响区域经济发展的因素由此向落后地区扩散，使区域资源得到有效利用，实现发达、落后地区协同发展。

2. 运输组织高效化

在城市群内，通过公路、铁路、航线等交通线路及场站、机场、港口等基础设施，将区域不同地点连接起来，实现基础设施网络一体化。其主要表现在运营联动化、设施整合化和管理智能化三方面。

3. 交通信息智能化

2015 年，随着"互联网＋"计划的提出并广泛应用，学术界普遍认为运输 3.0 时代已经到来，即形成"互联网＋运输＋互联网"运输组织模式（刘晓华，2015）。运输组织需要开放共享的思维，以整体运输为核心，实现运输组织的协同化、安全保障的综合化以及信息服务的智能化，面向城市轨道交通、高速铁路，通过时间、空间和信息间的特性实现多维的关联与转化，在实现运输安全、服务保障一体化的基础上，建立健全综合、高效的复合城市群交通网络。旅客出行全过程，包括虚拟票务、全过程行程规划、换乘等，实现智能化、链条化、人性化。从虚拟票务到行程规划，再到以车站二维码形式自动验票，通过验票实现行程的自动规划与修改、票务的结算，实现旅客出行全过程的高效、快捷、舒适。

4. 城乡交通一体化

从城乡一体化发展角度思考，应该打破交通行政等级划分制约，打破城乡分割，打破城市交通和对外交通的分界线，统筹规划站场、路网、运输、线路、市场、管理等交通要素，实现全衔接、全畅达、全沟通的城乡交通，使城乡交通公平、科学发展。让农村居民享受和城市居民同等优质、方便、廉价、快捷的交通服务，充分贯彻整体性、衔接性、公平性和共享性相结合的城乡一体化战略（高峻，2011）。

5. 体制机制规范化

体制机制创新对促进京津冀协同发展至关重要。京津冀协同发展需要立足于对体制机制的全面综合改革，以疏解北京非首都功能为"牛鼻子"，在思想认识、行政水平、政府职能、管理机制、服务能力等方面深入探究。探索能在更广泛、更复杂的领域实现相互协作、共同发展的合作模式，既要保持当前行政区划构架和管理体制的稳定，使三地政府对城市发展享有一定的自主权，巩固各自城市的文化特色、历史特点，又要促进京津冀各城市相互联动，处理好长远利益与眼前利益的关系，在最大限度保证各城市利益的同时调动其积极性、主动性，实现区域经济的协同发展。

（二）城市群交通一体化模式框架

1. 基于"互联网＋"和大数据的运输组织

（1）提供精细化交通服务

在交通规划、交通运营管理中，交通需求无疑是非常重要的，可谓合理规划、管理的前提与基础。没有准确的交通需求预测，后面的交通规划、交通管理必然会出现问题。有了准确的交通需求预测，就能够为公众提供精细化的服务、更高水平的服务，包括更短的出行时间和更好的舒适度，同时也能更精准地管理交通，对乘客进行差异化对待，满足不同类型乘客的多样化需求，提供定制公交、定制线路等多样化服务。

（2）打造立体交通运输网

《京津冀协同发展交通一体化规划》提出，为实现区域一体化运输，提升客运便利化水平，鼓励采取开放式、立体化方式规划建设综合客运枢纽和发展停车换乘（P＋R）交通模式，推动干线铁路、城际铁路、干线公路、机场与城市轨道、地面公交、市郊铁路等设施有机衔接，实现"零距离换乘"。

①京津冀各交通方式有机衔接

通过将原有的各自独立运营的不同交通方式与京津冀城际铁路衔接起来，可以形成一个互联互通的京津冀城市交通网络，实现乘客"零距离换乘"的愿景，提高乘客的出行效率，减少乘客的换乘时间，增强城市客流疏散能力，极大地促进京津冀地区经济的快速发展。同时，实现京津冀城际铁路与城市其他交通方式的有效衔接还可以促进京津冀地区城市公共交通一体化的快速实现，有利于城市交通朝着系统现代化、智能一体化的方向建设与发展。

②停车换乘（P + R）交通模式

停车换乘是针对不断增长的机动车保有量所产生的交通拥堵城市问题的一种管理手段，可促进小汽车交通方式向公共交通转移（蒋冰蕾，2015）。北京（P + R）停车场建设发展迅速，其发展思路是，与新建的轨道交通线网同步建设，实现同步规划、同步投资、同步建设、同步验收、同步运营。目前，在北京轨道交通站点周边均已基本建成停车换乘场（P + R）。

（3）以大数据为载体的交通分析

①大数据分析系统

交通违法数据、道路网的运行状态、交通流数据等可通过系统进行信息共享，大数据分析可提高科学决策水平，实现信息资源共享。此外，大数据分析系统可进行深度数据挖掘，以交通数据以及分析预报为依托，通过科学交通组织优化与仿真系统进行数据挖掘，从而分析当前道路交通状况并对交通问题进行预警以及防控。

②交通流量检测系统

交通流量检测系统可实时观测道路上车流状态以及整个路网的运作情况。通过对 3 ~ 4 车道的流量检测，实现对车辆平均速度、车辆排队长度、车头间距、车道时间占有率、车道空间占有率等信息的检测和统计。在采集相关数据的同时，实现视频监控的功能。

③交通诱导系统

交通诱导系统是通过诱导改变人的出行行为来改善交通状况的一种手段。交通诱导通过微波、视频等方式对信息进行采集，通过相关融合计算，将信息实时发布在交通诱导屏，为出行者提供便利。

④综合管控平台

通过上述系统，可对区域交通流量进行调控，对路网的流量分布以及道路交通负荷度进行均衡，合理优化交叉口信号配时，提高道路口交通运输效率。

⑤电子不停车收费系统（ETC）

ETC 的实施对于减少资源消耗、降低城市污染、构建绿色交通和建设可持续发展的交通体系具有重要意义（叶大华、冯雅薇，2009）。随着用户量的增加，ETC 缓解拥堵的效果更为明显。车辆在收费站区无须停车交费，避免了车辆怠速和多次加减速控制，明显降低了车辆油耗与排放。京津冀地区拥有中国的政治中心和文化中心，高速公路运输需求也逐步加大，为提升高速公路收费服务水平和管理效率，京津冀地区积极建设区域 ETC 工程。

2. 综合运输服务管理模式

（1）统一区域交通标准

在行业发展的过程中，标准化具有战略性、基础性和系统性的作用，它是各种运输方式生产建设和运营组织的技术基础，统一了标准才能提升效率和连接性。而标准化紧贴需求、服务大局，需要服务行业科学发展、加快转变发展方式、促进行业质量服务水平提升。所以，京津冀三地交通标准一体化是实现京津冀区域交通一体化的重要前提与基础。

（2）建立区域交通信息的共享平台

路网实时的交通信息是交通管理的重要基础。京津冀三省市应该将交通运输信息的互联共享作为交通运输管理一体化的一项重要内容。在《京津冀协同发展交通一体化规划》中，明确提出要打造交通运输信息共享交换"一个平台"。交通信息的联通与共享包括路网运行状态、交通事故、极端天气、路段监控视频等的联通与共享。

除此之外，为了更好地为公众服务，京津冀三方应建立基于"互联网＋"的公众一体化出行信息服务系统。结合京津冀公众出行需求，构建区域综合交通运输网络，实现出行信息一体化服务，通过网站和移动端 App 产品实现多模式、一体化、全链条出行信息查询，实现跨区域不同出行方式的无缝衔接。

（3）建立一体化支付平台

交通一卡通是交通运输服务的载体之一，是根据国家交通运输部互联互通的要求，依据统一技术标准而发行的 IC 卡。不同于普通一卡通，京津冀互通卡的应用主要集中在交通领域，暂不涉及商业消费及市政服务，适用对象为在京津冀三地及全国互联互通城市间有频繁出行需求的群体。

3. 城际交通整合发展

城市群交通运输的发展是城市群经济发展的重要保障（鞠志龙、霍娅敏，2009）。更好地发展城市群交通需要城市群内各城市统一规划、建设，有序地完成交通基础设施建设及后期运营管理。下面围绕这几方面展开顶层规划。

（1）城市群层面统筹规划

根据《京津冀协同发展交通一体化规划》，京津冀区域共覆盖 13 个城市，将形成京津石中心城区与新城、卫星城之间的"一小时通勤圈"和京津保唐"一小时交通圈"，区域内相邻城市间基本实现 1.5 小时内通达。到 2020 年，将形成多节点、网格状的京津冀区域交通网络。

结合规划旅行时域，基于"一小时"策略（见图 1），可将京津冀交通网络运输层次划分为三方面。

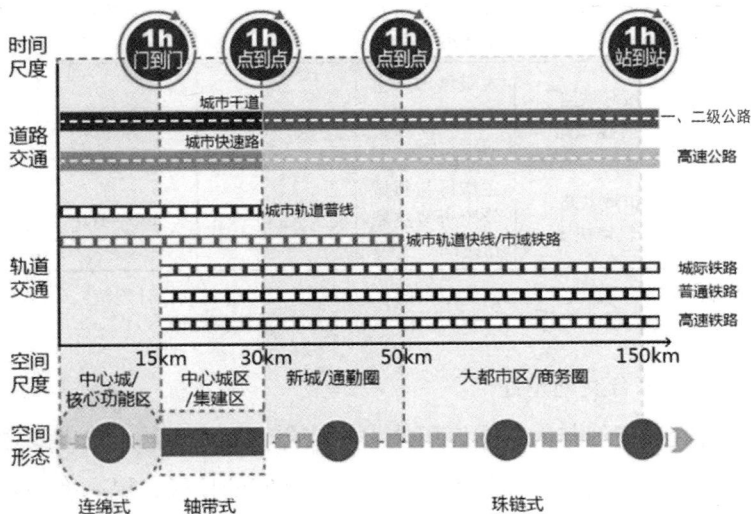

图 1　"一小时"出行时空分布

资料来源：陈小鸿教授《城市综合交通规划价值观与时空观》，"同济交通工程"公众号。

第一，处于城市群内层的是城市内客流运输，以常规公交、城市轨道交通为主。地铁主要解决京津冀城市内部通勤客流运输问题。

第二，处于城市群中间层的是京津冀城市群内各城市间城际客流运输，以区域内高速公路、城际轨道运输为主。

第三，处于城市群外层的是京津冀城市群的出入境客流运输，以干线铁路、高速公路、航空运输为主。

规划京津冀区域以轨道交通为骨干的多层次综合交通网络见表1。

表1 京津冀多层次综合交通网络

空间层次	系统层次	服务层次	服务目标	设计速度（公里/时）	站距（公里）
京津冀城市群及对外	航空运输	国家级城市群的主要城市之间（国家层面）	商务	—	
	高速铁路			>250	50～200
	高速铁路（连接线）城际客运专线	城市群间、内部主要城市及节点城市之间		>250	10～30
京津冀城市间	城际铁路、普速铁路	次级城市群主要城市及节点城市之间	商务通勤	160～250	5～20
北京市域及毗邻地区	市域铁路、轨道快线	主城区与新城及附近节点城市之间	通勤	120～160	3～10

资料来源：《高速铁路设计规范》《城际铁路设计规范》《铁路线路设计规范》。

（2）发展综合交通枢纽

将综合交通枢纽与大数据应用技术相结合，加强不同运输方式之间的联系，提高运输服务质量，加强不同交通工具之间的接驳，提高换乘效率，最大限度地实现干线铁路、城际铁路、市域铁路、城市轨道交通、城市公交五层网络"零距离"换乘。

①轨道交通主导型

轨道交通主导型综合枢纽是以铁路客运站（除仅接入城际铁路的客运

站）为起点，与公路及城市交通相互衔接形成的综合客运枢纽。京津冀区域内已经形成了以京沪、京广两条高铁线路为脊梁，石济高铁、津保铁路为骨架，石太客专、津秦高铁似臂膀向东西延伸，北京、天津和石家庄、德州为端点呈现"矩形"连接，以唐山、秦皇岛为节点的"五大"轨道交通枢纽。

②航空主导型

航空主导型综合枢纽是以机场航站楼为中心，与轨道交通、公路等对外运输方式及城市交通衔接而成的综合客运枢纽。北京大兴机场的建成对首都机场航线结构以及功能定位进行了较好的完善，未来，二者共同为北京民航运输提供保障并对京津冀一带起着明显的辐射带动作用。同时，应改扩建天津滨海机场与石家庄正定机场，发挥其在京津冀机场群中的作用，统筹发展京津冀机场群，增强其航空枢纽作用，不断增强其对周边地区的集聚辐射作用。另外，积极构建京津冀三省市航空枢纽的协作机制，加强协同运行的能力以及建立联合管理的机制，从而全面提升京津冀民用航空机场的综合保障能力。

③水运主导型

水运主导型综合枢纽是以港口客运站为核心，与公路和城市交通相互衔接形成的综合客运枢纽。应根据地理区域，规划建成以天津港为核心，以河北港口为两翼的世界级港口群。天津港、秦皇岛港、唐山港和黄骅港各自发挥不同的作用，充分发挥天津港综合性强的特点，建设具有较强竞争力的国际贸易大港；增强秦皇岛港煤炭输出能力，发展集装箱运输和其他的散杂货运输；针对唐山港，重点提升大吨位的矿石、钢材等的吞吐能力；黄骅港应发展为以煤炭、石油化工产品等运输为主的北方大型物流中心，优化货物运输结构。

④公路主导型

该枢纽类型主要依托公路客运站，通过与城际铁路及城市交通衔接，形成综合客运枢纽。由于目前京津冀区域路网已较为完善，且公路客流量未有较大增幅，因此公路主导型综合枢纽本报告不予考虑。

（3）交通运输基础设施的协调建设

交通运输基础设施建设需要大量的投资。因此，交通运输基础设施一体化建设的基本思路是用较小的投资取得较大的社会利益。交通运输基础设施建设想要打破行政区和部门之间的界限，就要将京津冀作为紧密联系的有机整体，整体考虑交通设施的规划、建设和运营，从整体上提高投资效率。当然某些交通基础设施建设也会对经过地区的居民形成干扰，所以如何平衡交通基础设施投资者、使用者和经过地区居民（地方政府）的利益，也是交通运输基础设施一体化建设的关键问题之一。

4. 区域经济与城市群交通协调发展

（1）协调发展的必要性分析

当前中国区域经济大城市化和城市群化的演进趋势，从实践上印证了党的十九大报告中"以城市群为主体构建大中小城市和小城镇协调发展的城镇格局"的科学性。在工业化城市化初期，产业体系尚不完善，空间集聚红利还不那么明显，进入后工业化阶段，对上下游供应链和城市现代服务业的多样化需求不断提升，加之我国行政资源基本集中在大城市，人口和产业向大城市和城市群集聚，就成为一种必然。

（2）交通运输与区域经济相互作用机制

一方面，城市群交通对区域经济的发展具有推动作用，其可以降低生产成本、提高产品价格、增加投资。另一方面，区域经济对城市群交通的发展具有拉动作用，其可以增加交通需求、增加资金投入、提高技术供给水平。所以，一者的变化常常会引起另一者的变化。但是，如果两者在各方面能够相互契合，其共同作用就会是正向的、积极的，并不断促使彼此协调、高效发展；如果两者不能相互适应，一方的发展就很可能变成另一方的制约，造成负向消极的影响，从而阻碍两者向更高水平发展。对交通运输与区域经济的相互作用进行分析，能充分揭示这两个子系统之间存在联系并且会因彼此的影响而变化（谢伟杰，2011）（交通运输与区域经济相互作用机制见图2）。因此，区域经济与城市群交通协调发展尤为重要。

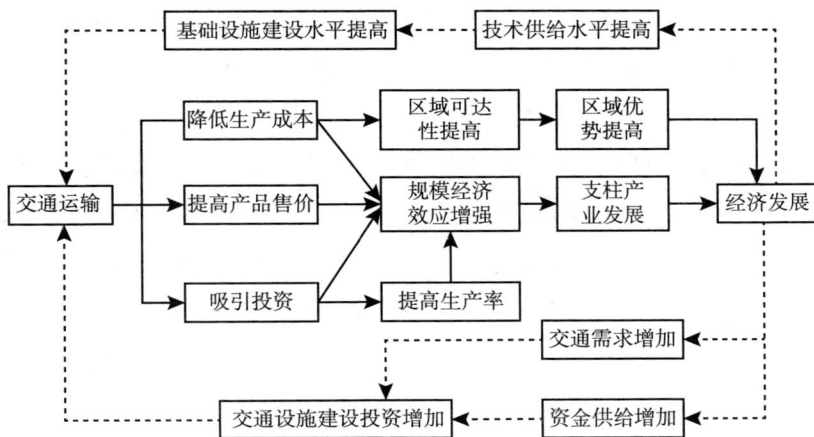

图2　交通运输与区域经济相互作用机制

资料来源：吴超楠《京津冀交通运输与区域经济耦合研究》，硕士学位论文，北京交通大学，2017。

（3）京津冀区域经济与交通协同发展方向

京津冀地区在发展中应当作为一个整体，从经济密度的比值变化来分析考察其经济的协同发展。

近年来，北京与河北的经济密度比值总体呈稳步上升趋势；天津与河北的经济密度比值不断上升，并且其增幅超过了北京和河北的经济密度比值；同时，北京与天津的经济密度比值有不断下降并趋于平稳的趋势（武义青、李泽升，2015）。综上所述，北京与天津的经济发展差距在不断缩小，而河北与北京、天津的经济发展差距在不断加大。京津冀城市群区域经济产业主要分布在北京与天津，出现了不均匀的情况。河北目前稍显落后，北京与天津发展更为迅猛。

京津冀三者发展密不可分，三者在区域定位、资源方面各有不同。因此，各地区应当结合自身资源的特点以及交通特征规划交通，促进经济发展。

未来，应从以下几方面实现京津冀城市群交通运输协调发展。

①以京津为主导进行相互联动

京津两城市应发展交通互联，通过这种联动来带动河北各城市的发展。近几年往返于两市间的城市公交规模不断扩大，最终实现城际客运公交化。

两大城市的主导产业各不相同，使得两者在产业融合上的空间巨大。"不同梯度，协同竞争"将是京津双核在京津冀区域发展中的主要趋势。

②明确冀各城市交通发展方向

根据不同城市区域定位发展相应的交通服务。比如，以旅游业经济为主的张家口、秦皇岛等地的交通重点是旅游服务。北京辐射范围为服务业，以旅游业为重点的城市应明确生态功能、旅游城市定位，加快交通等基础设施的建设，通过交通为这些城市打上生态、旅游的标签。

以临港经济为重点的城市，如沧州、唐山、秦皇岛，其交通重点是为临港经济助力。天津的集装箱运输可为刚起步的唐山市曹妃甸区发展助力。陆路通道要积极推进外贸业务。同时加强基础设施建设，如新机场、新客运站、货运站。场站枢纽等基础设施建设将带来大量的人流、物流、信息流、资金流和商流。同时，其交通基础设施应更大力度地对接北京，形成交通的立体交叉网络。

③完善信息软环境

京津冀协同发展规划也应当注重协调机制的完善和信息软环境的打造，比如铁路的建设，城际铁路的运营组织，区域内机场、港口的功能定位与分工等，积极打造京津冀公铁水物流网络互联互通平台。为给京津冀协同发展中先行的交通一体化提供资金保障，建议从京津冀的财政收入中拿出一定比例的资金用于改善交通基础设施和服务建设。

四 京津冀交通一体化发展战略建议及重点工程建设

（一）加快建设京津冀"一小时通勤圈"

2019年9月，中共中央、国务院正式印发《交通强国建设纲要》，明确了基础设施布局完善、立体互联，运输服务便捷舒适、经济高效等重点目标，提出要基本形成"全国123出行交通圈"（都市区1小时通勤、城市群2小时通达、全国主要城市3小时覆盖），建设城市群一体化交通网，不断推进干线铁路、城际铁路、市域（郊）铁路、城市轨道交通的融合发展。近年来，京津冀地区依据《京津冀协同发展交通一体化规划》区域交通建设取得了长足的进展，基本形成了包括铁路、公路、航空、港口等多种交通方式在内的综合交通运输体系，"一小时通勤圈"正在加速形成。

交通一体化是京津冀协同发展战略"三个一体化"之一，是京津冀一体化的骨骼系统和先行领域，也是形成"一核，双城，三轴，四区，多节点"空间布局的重要基础，有利于缓解首都人口过度膨胀、交通日益拥堵、资源过度利用等问题。打造好"一小时通勤圈"，有利于北京中心城区人口的疏解，有利于北京非首都功能向外疏散，有利于提高京津冀居民的幸福指数。在京津冀协同高速发展的同时，"一小时通勤圈"的规划也日渐成熟，但是"一小时通勤圈"却难以真正实现，目前综合交通服务和市郊铁路还是短板，三地服务和管理标准也未完全统一，不同交通方式之间换乘困难，多样化个性定制公交产品不足，这些都是造成"一小时通勤圈"难以快速形成的"路障"。

1. 京津冀建设"一小时通勤圈"存在的问题

京津冀城市群包括中部核心城市北京、天津、保定、廊坊，以及周边唐山、秦皇岛、张家口、承德、石家庄、沧州、邯郸、邢台、衡水，共 13 个城市，是中国北方经济规模最大、最具影响力的城市群。如表 2 所示，与国外较为发达的都市圈相比，京津冀都市圈人口最多，占地面积最大，人口密度也在中上游水平，其中北京市人口 2154.2 万人，占地 1.641 万平方公里，人口密度为 1312.7 人/平方公里，其人口密度过大，难免会引起交通拥堵、资源紧张等问题。

表 2　京津冀都市圈与国外典型都市圈对比

	京津冀都市圈	东京都市圈	伦敦都市圈	纽约都市圈	巴黎都市圈
占地面积(万平方公里)	21.8	10	45	13.8	145
人口（亿人）	1.1	0.7	0.365	0.65	0.46
人口密度 （人/平方公里）	504.58	700	811.1	471.01	317.24

资料来源：《世界级城市群启示录》，中国区域发展网，http://www.cre.org.cn/zt/chensgi/11393.html。

根据《2018 年中国城市通勤研究报告》，在地区生产总值排名前 10 的城市中，北京平均通勤路程为 13.2 公里，平均通勤时间为 56 分钟。报告进一步显示，通勤路程小于 5 公里的调查对象占比达 31.8%，通勤路程在 5～15 公里的调查对象占比达 30.8%，通勤路程在 15～25 公里的调查对象占比达 20.3%；而有 17.1% 的调查对象通勤路程超过 25 公里。极端通勤人群（通勤距离最远的 10% 的人群）中，北京的平均通勤时间超过了一个半小时，在国内城市中依旧位居榜首。2019 年中国青年报社社会调查中心联合问卷网对 1966 名在大城市工作的青年进行的一项调查显示，93.3% 的受访者对通勤不便的问题感到困扰，其中最显著的三大通勤难题便是交通拥堵、耗时长和距离远。

在北京极端通勤人群的区域分布比例方面，有超过 80% 的极端通勤人群居住在五环外，主要集中在五环到六环的各地铁沿线，居住在北三县的跨城通勤人群占全部跨城通勤人群的 54%，近 60% 的极端通勤人群工作地点在五环以内，河北省廊坊市是北京占比最大的跨城通勤来源地，廊坊—北京跨城通勤群体在北京整体通勤群体中占比达 0.54%。这样的职住条件造成了北京工作日早晚高峰地铁以及公交拥挤，路面车辆拥堵，通勤时间加长的同时个人舒适度也会极大降低，在北京中心城区人口减量的趋势下，这种情况还会继续加剧。

在京津冀一体化的背景下，京津、京石之间的出行搭乘高铁时间都能保持在 1 小时以内，极大地方便了城际出行，看起来是达成了"一小时通勤圈"的规划目标，但是，在北京从出发地到高铁站或许要经过 1 小时甚至更长的时间。例如，回龙观和天通苑组成的"回天地区"常住人口 90 万，有着"亚洲第一大社区"之称，从天通苑地铁站到北京南站，搭乘地铁需要从地铁 5 号线换乘到地铁 14 号线，用时至少 1 小时，乘坐地面公交至少需要 1 小时 58 分钟，私家车大约需要 1 小时 20 分钟，这还不考虑高峰时地铁排队、路面拥堵等日常交通状况，否则会用时更久，北京市内的"一小时通勤圈"目前还难以实现。由此可以看到，京津冀一体化下的交通网络虽然能达到城市之间高铁车站 1 小时的通行时间，高速铁路网络这个"骨骼系统"已经基本健全，但是连接各关键骨骼的"毛细血管"还未通畅，"一小时通勤圈"还不健全。

京津冀都市圈以北京为核心，是明显的单强中心发展模式。北京属于人口涌入型城市，在最初规划时没有以交通需求为导向进行规划，在城市发展的过程中只能以环状向外扩张，在京津冀一体化发展的今天，"双城，三轴，四区，多节点"的布局还未能真正达到"一核"人口减量的目的，造成中心城区功能过于集中，交通问题日益突出，通勤时间有增无减，"一小时通勤圈"难以快速形成。

公交体系不够健全。公共交通网络主要由地面公交系统和轨道交通组成，目前的北京公交体系还不够健全。市郊铁路修建的不足也是造成此问题的主要原因，目前北京已开通了S2线、副中心线以及怀柔—密云线，市郊铁路建设尚处于起步阶段，发展相对滞后，有效供给能力不足，是公共交通网络的一个短板，其发展将会是促进京津冀交通一体化、实现"一小时通勤圈"的重要内容。另外，多样化的公交产品也会对京津冀都市圈"一小时通勤圈"的形成起到促进的作用。随着"互联网＋"新业态的兴起，个性化的定制公交产品能够满足乘客高要求的通勤需求。截至2018年，北京市共有商务班车、快速直达专线、高铁专线等多样化公交线路363条，日发车2200班次，日运送乘客3.1万余人次，公交在高峰时段可以走公交专用道的优势也能够有效提升公交的吸引力，但是相对于日运送乘客千万人次的北京来说，多样化公交产品的出行分担率太低，还不能有效解决市民的通行问题。另外，城市间包括轨道交通在内的多样化公交服务如城际定制商务班车、市域铁路、个性化的地铁和轻轨产品亟须推出以满足通勤的需求。

2. 发展建议

为深入贯彻新时期中共中央、国务院提出的交通强国重大战略，尽快实现《京津冀协同发展交通一体化规划》中的要求，补足京津冀综合交通体系短板，加快建设京津冀"一小时通勤圈"，解决京津冀居民通勤距离远、时间长的问题，特提出有关建议如下。

第一，建设城际轨道交通空间走廊，设计包含大站快车、一站直达在内的多种开行方案，使其与地铁、轻轨融合构成城市轨道交通系统，调整过度依赖地铁的城市轨道交通体系为地铁、市郊铁路并行发展的协调发展体系，完善北京市非中心区轨道交通网络，规划真正能够实现通勤功能的市郊铁路和市域铁路，并实现地铁与市郊铁路以及地面公交与市郊铁路等多种公共交通方式之间的联乘联订，方便区域之间的通勤。

第二，打造创新生态的公交产品服务。深入调研乘客通勤需求，提供多样化"互联网＋"新型公交产品服务，完善区域交通运输体系。针对日益增长的日常市内及城际间的日常通勤需求，要大力发展个性化、多样化、多层次的区域定制公共交通，设计满足不同需求的定制公交产品，解决换乘不便、车内拥挤、服务质量差等问题，提高公交出行比例。

第三，将"互联网＋"、人工智能等技术充分运用到交通咨询和引导服务中，为乘客提供更加优化的出行方案，提高运输服务效率。规范基础设施建设，特别是大型综合交通枢纽的立体化建设，实现不同交通方式之间的"零距离"换乘。

第四，充分利用人脸识别等技术实现轨道交通快速进站以及结合个人信用体系进行简化安检等措施，从而减少出行时间、优化乘车体验，提高出行效率。

3. 重点工程建设

（1）目标和理念

建设京津冀综合交通体系，使基础设施更趋完善，提升京津冀交通服务水平，是实现交通强国重大战略的措施之一，通过建设多层次、多样化以及个性化的城际综合交通体系，满足乘客出行的交通需求，减少出行者使用私家车的出行次数，引领城际交通出行方式；通过不断优化及完善交通组织及衔接方式，构建不同层次的交通网络，引导城际出行者合理选择交通出行方式。不仅要注重城市轨道交通的便捷性，而且要鼓励公共交通换乘以及引导小汽车停车换乘，构建便捷的出行网络，倡导"以人为本"的和谐交通发展理念，实现"人人享有"交通设施的公平性。

（2）主要任务和措施

①加快建设"轨道上的京津冀"

积极推动京津冀交通基础设施从顶层规划、建设时序到技术标准等方面的有效对接，优化枢纽布局和功能定位，力争打造出具有高速、便捷、安全、效率高、容量大、成本低等特点的京津冀互联互通综合交通基础设施网络。开工建设京张高铁主线及崇礼支线，推进京津冀主要城市如北京市、天津市、石家庄市等市域市郊的铁路规划建设；推进京津冀地区大型客运枢纽与地区内城际铁路、城市轨道交通的有机衔接。

②推进公路重大项目建设

一方面高标准建设高等级高速公路，推进首都环线高速公路（G95）建设，建设京秦高速公路、延崇高速公路、京雄高速公路，另一方面，提升京津冀路网通达性以及实现地区全覆盖。提升农村公路的通行能力和水平，特别要注重改善贫困偏远地区交通设施与脱贫攻坚和乡村振兴有效衔接。加快推进津冀港口群集疏运的建设，建成一批打通"最后一公里"的铁路疏港项目。

③深入推进公交服务一体化

推进客运班线公交化改造，对省际毗邻地区主要客运线路进行公交化改造，同时推出满足乘客出行需求的定制公交。推动京津冀客运的网上售票等客运服务，搭建有效平台进行资源整合，深化交通一卡通互联互通，推进高速公路ETC在其他方面的应用。

加强各种运输方式之间以及京津冀地区之间运输服务的有效对接，打造以轨道交通为骨干，运输结构合理、运输方式衔接快捷、运转高效的大容量、快速公共客运系统；货运方面，打造以港口为龙头、采用多式联运合理运输、高效便捷的一体化货运服务系统。

④应用智能技术，提高服务效率

充分利用人脸识别、一卡通等技术实现轨道交通快速进站以及安检简化，从而减少候车时间，提高服务效率。在城市轨道交通闸机动态场景下，把实时采集的人脸数据与照片库进行比对，不断探索轨道交通动态环境下人脸识别技术应用研究具有重要的社会价值和现实意义。

⑤推进交通运输信息资源的一体化

破除地区之间、各种运输工具之间的信息服务壁垒，加强京津冀三地交通运输信息服务的一体化进程，实现信息同享，系统共享，努力实现京津冀地区有关交通运输的政策、机制、保障方面的统一或衔接。同时加强京津冀三地交通管理、政策制定等方面的衔接和协调，推动建立区域交通一体化协调机制。

建设"一小时通勤圈"重点工程实施计划见表3。

表3 建设"一小时通勤圈"重点工程实施计划

项目名称	计划实施的系统功能需求
京秦高速公路项目建设	京秦高速公路将成为连接北京和秦皇岛的又一条快速通道，成为北京连接津唐秦，进而沟通东北地区的重要走廊，将有效促进沿线区域经济发展、加快京津冀一体化进程
平谷线轨道交通建设工程	连接燕郊—副中心的M22号线，是政务中心区的重要线路
天津至北京大兴国际机场联络线	以城际客流为主兼顾路网客流的区域铁路连接线是京津间又一通路，是完善北京大兴国际机场客流集疏运的快速客运通道和服务于临空经济区的重要交通方式，是服务沿线城镇间客流交换的快速轨道交通线
京雄高速	连接雄安新区的京雄高速公路起点为北京市西南五环路，终点接河北段，全长约100公里，其中北京段28公里，河北段72公里。道路等级为高速公路，设计速度为每小时100~120公里，双向八车道

（二）加快京津冀交通协同管理一体化

京津冀区域既是我国全面深化交通改革的一个试验区、区域交通一体化的示范区，也是交通运输现代化的先行区。在京津冀协同发展顶层设计落地后，作为一大突破口，交通领域的一体化规划已获批。2014年2月26日，习近平总书记在座谈会上提出京津冀协同发展，并把京津冀协同发展上升为国家重大战略。同年6月，党中央批准成立京津冀协同发展领导小组，加强对京津冀协同发展工作的统筹指导。2015年6月，中共中央、国务院印发《京津冀协同发展规划纲要》，确定了"功能互补、区域联动、轴向集聚、节点支撑"的布局思路。随后，交通运输部编制出《京津冀协同发展规划纲要交通一体化实施方案》，提出到2020年基本形成多节点、网络状的区域交通网络，相邻城市间基本实现1.5小时通达的具体目标。近年来，京津冀区域交通基础设施建设取得了长足的进展，一定程度上形成了集铁路、公路、航空、港口等多种交通方式于一体的综合交通运输体系，交通硬件设施的建设正在逐步朝着京津冀一体化的方向顺利发展。

与基础设施建设的飞速推进相对应的是京津冀交通一体化所需的管理体制的一体化推进相对缓慢，存在一定程度的各行其政现象，已成为实现京津冀交通一体化的瓶颈。而国外发达地区有很多优秀的案例值得借鉴。日本的交通规划打破了城乡地区的行政区域界限，跨区域分别构建发达的城际、城市和城乡之间的轨道交通系统，人们可以利用这些轨道交通系统实现城乡之间的转移。东京都市圈有国有铁路23条线，总里程887公里，私有铁路55条线，总里程1126公里，市营地铁13条线，总里程291公里，而且很多线路都实现了直通运营、分段清算，极大方便了旅客的出行，从而提高了轨道交通的利用率。从交通管理角度看，韩国首尔大都市交通局是大都市区的交通主管机关。大都市交通局是根据地方政府法成立的政府机构，由首尔、仁川、京畿等地方省级政府联合组建，加大了首尔市及相邻地区在交通领域的协调和合作力度，有效地解决了首尔大都市区交通系统存在的问题。欧洲很多地区更是打破国境的限制，建设了总长7万多公里跨国一体化运营的高速铁路，极大地加强了各国之间的沟通和交流。

由此可见，发达国家普遍对国家和地方政府在交通管理中的职责和事权进行了明确划分和合理界定，以充分发挥各级政府的积极性。国家交通运输管理部门的职责重点是交通运输立法、数据统计以及规划、标准和政策的制定，并负责管理全国的交通税收和向地方政府支付补助资金等。

1. 京津冀交通协同管理存在的问题

（1）缺乏统一协调的高层管理体制。京津冀三地之间交通主管部门各自对本区域进行管理，存在各自为政、沟通管理不畅等现象，部门之间的协商机制无法保证从一体化层面进行三地全局性的交通规划和管理，缺乏统一的交通规划、交通政策法规等的编制主体。

（2）缺乏统一协调的交通政策规范。三地各自制定交通运输管理政策法规，且有一定的差异性，缺乏相互之间的协调性，造成管理体系和规范不一致，不利于跨区域的交通运输市场发展，导致京津冀跨区域交通运输效率较低。

（3）缺乏统一协调的轨道交通规划。地铁与市郊铁路仍仅限于在区域内部进行规划，而跨区域的轨道交通系统只能依靠大铁路，不利于大型都市圈的构建以及中心地区人口的疏解。同时，各级轨道交通系统的规划和建设仍分属不同部门，建设标准、路网等均不统一进行规划，造成各级系统统筹协调和一体化运作困难。跨区域的轨道交通建设缺失，与大铁路衔接优化不紧密，影响了区域内旅客的运输效率。

（4）缺乏统一协调的交通枢纽分工。天津港和河北的黄骅港、秦皇岛港、唐山港等港口在运输品类、运输能力、与铁路的衔接等方面存在一定的不协调甚至竞争的局面，集疏运的货物品类、流量流向也没有从系统角度进行优化。三地的机场也存在忙闲不均、资源无法优化配置的情况。北京首都机场运输业务饱和，而天津和石家庄机场有较大富裕，没有充分发挥区域优势进行协调发展，从而影响运输效率和效益，也不利于旅客出行体验的提升和出行成本的控制。缺乏从全局角度对京津冀地区进行交通枢纽的规划和设计，造成衔接不顺、换乘不畅、对内对外枢纽功能不清、枢纽的设计和功能不匹配等问题。

（5）缺乏统一协调的客运票务体系。京津冀交通一卡通互通卡的适用范围仍存在局限性，办卡退资受到的限制较多，无法达到香港地区"八达通"或日本"Suica卡"等的便捷程度，不利于开展跨区域公共交通。目前三地对公交和轨道交通实行的票制以及政府补贴的标准不统一，不利于跨区域运营管理。目前，乘坐公交收费标准北京为分段票制，起步价2元，天津根据路线不同起步价1~2元不等，单一票制、分段票制不等，河北各地标准也不同；刷一卡通北京 5 折，天津 9.5 折，河北各地标准也不同。轨道交通的乘坐收费标准和折扣标准各地也不同，不利于整合路网资源和跨区域出行。

2. 发展建议

为进一步深入贯彻新时期党中央、国务院提出的京津冀一体化重大战略，尽快实现《京津冀协同发展交通一体化规划》中的要求，补足京津冀交通一体化管理体制短板，特提出如下有关建议。

（1）北京牵头，统揽交通工作。建议北京交通运输主管部门牵头并主导，天津、河北两地交通运输主管部门配合，共同组建三地交通协同管理一体化领导小组，立足于整体京津冀区域的空间布局和结构，打破地域界限进行一体化交通规划与管理。

（2）顶层设计，制定政策法规。建议建立由北京市交通部门统一领导的机构，协调三地交通运输管理政策和法规，同时加快构建统一的交通运输标准规范体系。加强三地关于制定交通运输标准化的交流合作，建立统一的服务、质量、安全等标准体系。避免出现管理体制和标准体系不一致导致的三地之间交通协同发展的障碍。

（3）打破边界，规划轨道交通。以市郊铁路为主导，组建规划运营管理一体化的由国铁、市郊铁路、地铁、轻轨、单轨等共同构成的京津冀轨道交通运输系统，实现多网融合。重点规划建设主要承担大城市市域范围内功能组团间或市郊与中心城区间的客流快速输送任务的市郊铁路，作为国铁干线网的补充和城市轨道交通的延伸，促进轨道交通网络的完善。在运营上保证市域铁路与城市交通运力资源协同配置，与城市公共交通换乘节点布局与换乘衔接组织，参与城市交通。同时采用智能化的协同运输组织技术，并实现信息共享、票制一体、安检互信与政策保障。同时，在城市规划上采用以市郊铁路或客运班线的枢纽或站点为核心，向周围不断推广的 TOD 模式，带动交通设施周边的区域开发，促进城乡经济发展并提高城乡交通的使用效率。

（4）内外兼修，统筹枢纽布局。重新进行梳理、布局，明确各交通枢纽的对内对外职能。推进三省市间的航道、锚地、空域、航路等资源的协调使用，实现交通资源的共享共用。通过统一的管理体制明确港口群和机场群的功能分工与定位，实现资源整合、全局优化，避免恶性竞争和重复建设。提高航空中转、空铁联运、空陆联运的便利性，以提高运输效率和服务水平。协调铁路、城市轨道交通、航空、公路的路网以及枢纽的衔接建设以及运营组织管理。重新梳理各交通运输方式的运营时间和线路，实现以空间和运营时间、频率等为基础的零距离换乘。重新梳理各种交通方式安全检查的具体方式和等级，考虑引入针对案件对象的安检方式，协调各部门尽量减少重复安检。

（5）一卡在手，京津冀任我走。京津冀地区的客运公交交通补贴资金汇入统一资金池，在一体化领导小组的领导下，以同样的折扣和补贴方式制定客运票价。在硬件管理体制上，统一市政交通一卡通使用的技术规范，建立合理一致的交通一卡通在三地的收费标准、补贴规则以及押金管理办法，健全一卡通各平台的资金的清分清算体系，将适用范围拓展到京津冀范围内的市域、城际交通，实现"一卡在手，京津冀任我走"。

3. 重点工程建设

（1）目标和理念

在实现京津冀协同发展战略的过程中，交通运输起着不可或缺的基础先导作用，实现交通一体化是京津冀协同发展的重要保障。实现交通一体化则需要加快京津冀交通协同一体化管理，要将国家和地方政府在整个交通管理中的职责和事权进行明确划分和合理界定，从而充分发挥各级政府的交通建设和交通管理的积极性。国家交通运输管理部门的职责重点是进行交通运输方面的立法、数据统计以及规划、标准和政策的制定，积极负责管理全国的交通税收并向地方政府支付补助资金等。通过相关部门制定合理的管理措施，使京津冀交通一体化更好更快地发展，从而促进京津冀各方面协同发展。

（2）主要任务和措施

①建立三地交通运输协同工作机制

首先，构建以"京津冀协同发展领导小组"为统领、三方政府参与、北京方面牵头的共同管理、协同发展的办公领导机构，集中三地特色资源，整合三地的利益诉求，协调各方矛盾，选择最优的解决方案，促进交通一体化战略更快、更好地实施。

②政策法规的统一协调发展

加强区域立法工作，制定具有高权威和法律效力的法律法规，建立区域法规、政策协同机制，推动三地政府、立法机构在法规、政策制定方面实现有效沟通协调，建立并完善京津冀协同发展相关配套制度体系与政策，加强各地法规政策的一体性。

③构建现代化综合交通网

加强对轨道交通构架图的研究，在当前既有铁路基础上，对新建线路进行合理规划，也要充分考虑京津冀区域内各城镇经济、社会、文化、产业等发展需求，设计符合实际的基于城际、市域、市区的多层级交通网络构架图。通过构建轨道多层级交通构架，减少新建线路与既有线路的重复，保证城际铁路、市区轨道和市区道路、高速公路之间的衔接，将市区快速通勤与市内交通互补、客运快速与货运重载相互结合。

④发展区域性交通枢纽

加强枢纽间信息交流，整合区域内现有及规划中的海港、空港，实现突发状况合作，促进海港、空港间功能与结构互相补充，并实现差异化发展。利用首都国际机场及北京大兴国际机场的双机场空间结构，规划京津冀区域临空经济区，以机场群带动京津冀经济区发展。

⑤完善京津冀一卡通体系

统一京津冀一卡通使用体系，建立合理一致的交通一卡通在三地的收费标准、补贴规则以及押金管理办法，健全一卡通各平台资金的清分清算体系，使一卡通适用范围拓展到市域、城际交通，实现"一卡在手，京津冀任我走"，落实乘客可用"一卡通"刷卡购买火车票和飞机票等，推出高铁的月票和年票，解决月票、年票等具体操作性问题。

京津冀交通协同管理一体化建设重点工程实施计划见表4。

表4　协同管理一体化建设重点工程实施计划

项目名称	计划实施的系统功能需求
建立三地交通运输协同工作机制	构建以"京津冀协同发展领导小组"为统领、三方政府参与、北京方面牵头的共同管理、协同发展的办公领导机构,集中三地特色资源,整合三地的利益诉求,协调各方矛盾,选择最优的解决方案,促进交通一体化战略更快、更好地实施
政策法规的统一协调发展	加强区域立法工作,制定具有高权威和法律效力的法律法规,建立区域法规、政策协同机制,推动三地政府、立法机构在法规、政策制定方面实现有效沟通协调,建立并完善京津冀协同发展相关配套制度体系与政策,加强各地法规政策间的一体性
构建现代化综合交通网	在当前既有铁路基础上,对新建线路进行合理规划,也要充分考虑京津冀区域内各城镇经济、社会、文化、产业等发展需求,提出适应于实际的基于城际、市域、市区的多层级交通网络构架图。通过构建轨道多层级交通构架图,减少新建线路与既有线路的重复,保证城际铁路、市区轨道和市区道路、高速公路之间的衔接,将市区快速通勤与市内交通互补、客运快速与货运重载相互结合
发展区域性交通枢纽	加强交通枢纽间信息交流,整合区域内现有及规划中的海港、空港,实现突发状况合作,促进海港、空港间功能与结构互相补充,并实现差异化发展。利用首都国际机场及北京大兴国际机场的双机场空间结构,规划京津冀区域临空经济区,以机场群带动京津冀经济区发展
完善京津冀一卡通体系	统一京津冀一卡通使用体系,建立合理一致的交通一卡通在三地的收费标准、补贴规则以及押金管理办法,健全一卡通各平台的资金的清分清算体系

　　京津冀都市圈交通一体化建设近几年飞速发展,在交通强国战略指引下取得了巨大的进展,但还是有亟须解决的问题,本报告针对"一小时通勤圈"问题以及交通协同管理如何一体化的问题提出了相关建议,力图使京津冀都市圈间通勤更加顺畅,加速京津冀开放融合,促进大交通协同发展。

参考文献

北京市交通委员会:《北京市交通委员会2017年财政预算信息》,2017。

北京市交通委员会：《北京市交通委员会2018年财政预算信息》，2018。

北京市交通委员会：《北京市交通委员会2019年财政预算信息》，2019。

曹卓娜：《2019年主要城市轨道交通建设计划》，《世界轨道交通》2019年第2期。

齐慧：《到2020年实现铁路货运量较2017年增长30%》，《经济日报》2018年7月3日。

丁怡婷：《京津城际铁路十年累计运送旅客2.5亿人次》，《人民日报》2018年8月13日。

高峻：《基于整体性治理的中心城市交通管理体制创新》，博士学位论文，武汉大学，2011。

《轨道上的京津冀让旅客出行更从容，天津客运段旅客增幅120%，公交化运营百对列车迎送旅客》，《城市快报》2017年11月1日。

《发改委：2020年基本实现京津石、京津保1小时内通勤圈》，中国网财经频道，2016年12月13日。

国家发展改革委、交通运输部：《城镇化地区综合交通网规划》，2015。

《河北：高速公路总里程达7279公里跃居全国第二》，人民网，2019年1月30日。

河北省交通运输厅：《河北省交通运输厅2017年部门决算公开》，2017。

河北省交通运输厅：《河北省交通运输厅2018年部门决算公开》，2018。

河北省交通运输厅：《河北省交通运输厅2019年部门决算公开》，2019。

蒋冰蕾：《关于发展停车换乘设施（P+R）的几点反思》，《静态交通》2015年5月。

《交通通讯》，石家庄市人民政府网，2019年9月16日。

《京津冀交通一体化取得阶段性成果》，北方网，2019年2月27日。

鞠志龙、霍娅敏：《交通运输系统对城市群发展支撑作用的探讨》，《铁道运输与经济》2009年第3期。

《连线成网穿越时空》，《经济日报》2019年8月31日。

刘晓华：《互联网+运输+互联网　开启运输3.0时代》，《珠江水运》2015年第20期。

刘少才：《伦敦的交通》，《城市公共交通》2018年第4期。

马祥军：《都市圈一体化交通发展战略研究》，硕士学位论文，上海交通大学，2009。

庞世辉：《京津冀交通一体化发展现状与面临的主要问题》，《城市管理与科技》2015年第6期。

申康：《都市圈综合交通发展战略规划研究》，博士学位论文，长安大学，2011。

天津市交通运输委员会：《天津市交通运输委员会2017年部门决算公开》，2017。

天津市交通运输委员会：《天津市交通运输委员会2018年部门决算公开》，2018。

天津市交通运输委员会：《天津市交通运输委员会2019年部门决算公开》，2019。

王京元、王炜、程琳：《从长三角区域经济一体化谈高速公路一体化建设》，《交通标准化》2004 年第 6 期。

武义青、李泽升：《京津冀城市群经济密度的时空分异研究——兼与长三角、珠三角城市群的比较》，《经济与管理》2015 年第 3 期。

谢伟杰：《基于系统动力学的交通运输与区域经济互动关系研究》，硕士学位论文，西南交通大学，2011。

严洲：《交通部已成立推进京津冀交通一体化领导小组》，《上海证券报》2014 年 8 月 20 日。

叶大华、冯雅薇：《推进轨道交通节能减排建设节约型综合交通系统》，《北京规划建设》2009 年第 3 期。

于一凡：《城市交通的发展与时代的进步——简析法国巴黎大区交通策略的发展与变迁》，《国外城市规划》2004 年第 5 期。

张国伍：《京津冀综合交通一体化协同发展——"交通 7 + 1 论坛"第三十五次会议纪实》，《交通运输系统工程与信息》2014 年第 4 期。

周鹤龙：《美国大都市区交通规划及其启示》，《国外城市规划》2002 年第 5 期。

分 报 告

Topical Reports

B.3
北京市郊铁路发展报告

摘 要： 合理发展市郊铁路，为通勤客流提供公交化的轨道交通服务，
是满足中心城与新城（或组团）之间出行需求的有效办法。本
报告在深入研究国内外市郊铁路发展现状的基础上，调研北京
铁路枢纽既有线路资源，筛查区域路网现状。通过调研北京市
现有3条市郊铁路（S2线、副中心线、怀密线）和需求分析，
提出各线路的线路定位以及规划建议，以大、小支线的建设来
实现周边组团的连接与沿线客流点的吸引，解决首都功能疏解
以及既有铁路走向与城市发展不一致的问题。最终提出构建
"两纵两横、干支结合、组团互联、四网融合"的市郊铁路创
新路径网络规划及其分阶段实施方案，在网络结构上实现城区
共线、远郊支线，四网融合，都市圈内主要组团快速通达。

关键词： 市郊铁路 区域快线 区域路网能力 路径网络规划 首都
功能疏解

一　项目概述

（一）国内外发展现状

1. 国外市郊铁路发展概况

国外市郊铁路最早出现在 20 世纪 30 年代。伴随着经济的发展，当时世界许多国家都建设了卫星城市，各国利用原有铁路资源发展城市铁路，将铁路线路延伸到郊区及卫星城镇，最终形成以整个大都市区域为范围的城市快速铁路网络。从功能级配结构来看，东京都市圈、柏林都市圈、巴黎大区的轨道交通线网不仅有一定规模服务于中心城的地铁系统，而且还包括为都市圈乃至城市群空间拓展提供支撑的庞大轨道交通系统。

日本的东京圈以首都东京为中心，向外辐射至 50 公里，占地总面积达 13494 平方公里，包括东京都周围神奈川县、埼玉县、千叶县的大部分地区，总人口为 3670 万，出行需求规模庞大，每天高达 6000 万 ~ 7000 万人次，且大多数人选择使用轨道交通及公共交通出行（64.9%），其中市郊铁路占比高达 44.17%；东京区部作为东京圈的经济中心和就业中心，市郊铁路出行占比更大（50.54%），超过了其在都市圈的比例。东京圈的地铁线路总长为 304 公里，绝大部分位于东京区部的山手环线以内，市郊铁路长度约为 2350 公里，整体呈"放射＋环线＋穿越中心城"的网状结构，这种特殊的轨道交通网结构是形成上述出行结构的主要原因。

德国柏林的市郊铁路也是范例。柏林东西宽 45 公里，南北长 38 公里，占地 892 平方公里，人口为 370 万。从柏林行政域边界往外辐射 15 公里，形成柏林—勃兰登都会区（人口为 500 万）。整个都会区中，地铁日均客流量可达 109 万人次，市郊铁路日均客流量超过 130 万人次，而市郊铁路输送客流量在城市轨道交通中占比达到一半以上。柏林的路网呈"放射＋环线＋穿越中心城"分布，共有 15 条市郊铁路，总长度 331.5 公里，车站多达 166 个，平均站间距 1.99 公里，同时有地铁线路 10 条、车站 17 个，总长度

146 公里，与市郊铁路互为补充。这种轨道交通结构使得市郊铁路成为柏林城市轨道交通的主力。

1965 年法国相关规划提出以郊区铁路客运线网作为基础构筑巴黎地区城市发展的骨架，修建巴黎区域快速线（RER）。这些线路具有以下特点：贯通巴黎，连接巴黎市区和周边郊县，RER 线由巴黎公交公司（RATP）和法国国家铁路公司（SNCF）共同负责运营。巴黎 RER 包括 RER - A、RER - B、RER - C、RER - D、RER - E 线共 5 条线路，均采用穿越城市中心而过的形式。巴黎 RER 线的站间距大于常规地铁的站间距，各线平均站间距为 1.7~3.3 公里，以地下线形式穿过城市中心区，并通过换乘站与巴黎地铁网连接为一个整体，互相补充构成了城市轨道交通网络的主骨架。在郊区，RER 利用铁路有效降低修建成本，采用地面线路的形式，根据需要延伸和连接了部分支线，衔接城市的主要卫星城，最大限度地满足乘客的出行需求（李得伟，2017）。

2. 国内市郊铁路发展概况

为加快市域（郊）铁路发展，国家五部委于 2017 年联合发布了《关于促进市域（郊）铁路发展的指导意见》，意见提出，至 2020 年，使京津冀、长江三角洲、珠江三角洲、长江中游、成渝等经济发达地区的超大、特大城市及具备条件的大城市的市域（郊）铁路干线基本建成，建成由核心区至周边主要区域范围内的"1 小时通勤圈"，并在重点城市选择一批重点项目实施市域（郊）铁路发展示范工程。

目前我国已有部分城市率先规划建设了市郊铁路。

（1）上海金山城市市郊快速铁路

金山城市市郊快速铁路是从上海南站到金山卫站，由金山铁路支线改建而成的市域快铁，是我国第一条由铁路支线改建服务城市客运的市郊铁路。2009 年，上海市政府就利用金山铁路开行市郊铁路等事项与原铁道部达成基本协议，同年 8 月，上海市和原铁道部共同对金山铁路进行了扩能改造。2012 年 10 月，金山铁路投入运营，全长 56.4 公里，铁路途经上海市的四个区，分别是徐汇区、闵行区、松江区、金山区，设立金山卫、金山园区、亭林、叶榭、车墩、新桥、春申、莘庄（未开通）、上海南 9 个车站。起点至终点耗时 32 分钟，每日运行 36 对列车，平均发车间隔为 26 分钟，早晚高峰最小发车间隔为 5 分钟。金山线也是我国首条采用公交化运营的市郊铁路专线。

（2）成灌市郊铁路

成都至都江堰铁路作为我国的一条通车运营的市郊铁路，被称为我国市郊铁路的标志性工程、示范性工程，该段市郊铁路的成功运行对于积累市郊铁路的建设和运营经验有很大的帮助。

2008 年 11 月 4 日成灌铁路开工，并于 2010 年 5 月 12 日正式通车运营。线路全长 56.1 公里，初步拟定的站点有 11 个，分别是成都、安靖、金牛、犀浦、红光、郫县东、郫县西、安德、聚源、都江堰、青城山车站，并预留崇义、中兴两个车站。成灌市域铁路最终平均站间距为 4.6～5.6 公里。成灌铁路是成都市中心与周边市区的第一条快速轨道交通线，满足了城市中心和郊区的出行交通需求，将成都、郫县（今郫都区）、都江堰、青城山连接成一个居住带，缩短了中心城区与周围城镇的时空距离，为沿线居民的出行提供了便捷的方式。

（3）温州市郊铁路 S1 线

温州轨道交通 S1 线，又称温州市郊铁路 S1 线，是温州轨道交通第一条建成运营的线路，全长 53.5 公里，共设置 18 座车站，采用 4 节编组 D 型列车，为市域铁路编组。运行速度最高达 120 公里/时，从 S1 线动车南站到机场站票价为 9 元，时长约 38 分钟。温州轨道交通 S1 线作为温州市域铁路网中重要的一条主干线，也是连接温州火车站、城市公交中心站、温州机场等不同交通站场的纽带，对不同类型的客流进行快速集散运输，明显提高了温州市民的出行效率，缩短了市民的旅行时间，并且使温州市高峰时段交通压力得到有效缓解，成功推动了中心城区"1 小时交通圈"的建成；促进了沿线开发建设，有效推动了城市各组团互动融合发展。

（4）北京市郊铁路

北京不仅是我国的政治、经济、科技、文化中心，还是我国的交通、信息枢纽。北京市中心区及其周围的 10 个卫星城组成了总面积约 16410.54 平方公里的北京市区。城市人口疏散及高新技术产业发展的重任由北京的卫星城镇承担，因此，卫星城镇急需大容量快速交通系统作为保障。北京市于 2019 年 4 月提出统筹利用铁路资源，对市郊铁路进行规划，加快推进构建符合首都发展需要的区域快线体系，市郊铁路的发展从此迈入一个崭新的阶段。目前，北京市开通的 3 条市郊铁路分别是副中心线、S2 线、怀密线，运营总里程为 241.3 公里。

（二）研究思路和方法

基本思路：从市郊铁路客流需求入手调研市郊铁路基本现状，探究未来合作模式发展的难点，进行创新路径规划研究。

创新之处：根据市郊铁路客流现状以及存在的问题提出市郊铁路的近期实施方案；研究如何利用国铁既有线路资源来实现四网融合的方案，并进行技术可行性分析，为北京疏解城市功能、实现北京市总体规划的目标提供手段支撑。

研究方法：主要包括文献搜集，现场设施条件和客流调查，向北京市相关政府部门、中国国家铁路集团有限公司、车辆公司、相关设计院等机构或单位的专家咨询，以及研究人员内部的头脑风暴法等。

二 北京铁路枢纽既有线路资源调研

（一）区域路网现状筛查

京津冀地区既有铁路网已基本形成了以京沪高铁、京广客专、津秦客专、石太客专、京津城际为主骨架的高速客运网，以北京为中心的放射状骨干铁路网。2014 年，区域铁路营业里程为 8496 公里，铁路网密度为 393.9 公里/万平方公里，是全国平均水平的 3.5 倍。研究区域既有及在建铁路见表 1。

表1　区域既有及在建铁路

类型	线路
既有客专、城际	京沪高铁、京广客专、京津城际
既有其他铁路	京沪线、京广线、京九线、京哈线、京包线、京原线、京承线、京通线等
在建铁路	京沈客专、京津城际延伸线、京唐城际、京张城际

（二）区域路网运营及通过能力情况

虽然京津冀区域铁路网密度较高，但从区域路网技术标准不难看出，部分线路如京通、京承等较早修建的线路依然存在技术标准偏低的现象；通过分析各线图定的列车对数，我们同样可以发现，京津冀区域的路网利用率比较高，其中大部分铁路线路的输送能力基本趋于饱和状态，尤其是将北京市作为中心的一些放射型干线，其能力利用率基本上在80%以上。

根据2015年7月列车运行图资料，既有铁路通过能力情况见表2。

表2　既有铁路通过能力情况

线名	区段	平图能力（对）	客车（对）	图定货车（对）	总对数（对）	通过能力利用率（%）
京沪线	北京—南仓	185	47	75	122	93.9
京广线	丰台—保定	190	82	44	126	100.0
京九线	黄村—霸州	190	29	16	45	42.0
京哈线	北京—唐山北	171	58	48	106	99.3
京承线	双桥—怀柔	166	12	53	65	47.8
	怀柔—密云	45	9	7	16	45.6
京通线	昌平北—怀柔北	97	13	28	41	53.0
	怀柔北—隆化	34	12	22	34	100.0

资料来源：中国国家铁路集团有限公司。下文表格均来源于此，不再一一注明。

（三）货运外迁后区域路网能力分析

货运规划年度近期为"12个货运站多网点"的格局。丰台西站、黄村站、百子湾站、沙河站、固安、张辛 6 个站维持现状，对枢纽内双桥、大红门、怀柔、庙城、三家店、石景山 6 个站货场进行补强。

货运规划年度远期枢纽内货运系统按"1 环 8 站 4 配送中心多网点"的整体布局进行调整完善。其中"1 环"：枢纽货运外环线。"8 站"：平谷、武清、廊坊、涿州、怀来铁路货运中心站，黄村行邮行包快运办理站，双桥区域冷链物流中心站，庙城汽车配件到卸、仓储及配送中心站。"4 配送中心"：大红门、三家店、石景山、怀柔。

其中，"1 环"主要解决各干线的货物交流问题，同时承担北京市的市郊铁路运输，由东南外环、西外环、北外环组成，全长 509.8 公里；共包含 35 个车站，其中新建车站 15 个（见表 3）。

表 3 货运外环线分段概况

段落区间	线路长度（公里）	正线数目	车站数量（个）	主要功能
东南外环（涿州—三河）	145.5	双线（局部预留四线）	8	解决枢纽南部京广线、京九线、京沪线、京哈线之间的货物交流问题
西外环（涿州—土木）	154.6	双线	8	解决京包、丰沙大、京原、京广等线之间的货物交流问题
北外环（土木—三河）	209.7	双线	19	解决京包、京通、京承、京哈等线之间的货物交流问题
合计	509.8		35	

铁路货运环线建成之前，市郊列车的开行以利用铁路干线的富余能力为主，对于需求较大的客运通道，只能通过局部改造予以改善。

货运外环线建成后，枢纽内干线能力将得到释放，有利于铁路资源的利用。至 2040 年，枢纽货运外环线建成，枢纽"客内货外"的运输格局形成，枢纽内铁路干线部分区间能力得到释放。货运外迁后市郊铁路可利用能力情况见表 4。

表4　货运外迁后市郊铁路可利用能力情况

线路	区段	平图能力（对）	客车（对）	图定货车（对）	需要能力（对）	可开行市郊列车（对）	可开行频率（对/时）
京沪线	北京—北京南	165	12	—	20	50	高峰4
	北京南—丰台	180	9	—	15		
	丰台—黄土坡	180	45	—	73		高峰4
	黄土坡—黄村	360	45	5	87		
	黄村—廊坊	180	22	5	72		
京广线	长阳—良乡	180	41	0	102	30	高峰2~3
	良乡—琉璃河	180	41	3	105		
	琉璃河—涿州	180	41	6	109		
京九线	黄村—大辛庄	180	23	27	102	40	高峰3~4
京哈线	北京—北京东	205	18	0	29	50	高峰4
	北京东—双桥	216	13	0	20	30	高峰2~3
	双桥—三河	180	39	9	114		
京承线	双桥—怀柔（双线）	180	15	6	53	50	高峰4
	怀柔—密云（单线）	38	7	19	35	1	—
京通线	昌平—范各庄（单线）	38.5	10	2	18	10	高峰1
	范各庄—怀柔北（双线）	97	10	38	67	0	—
	怀柔北—古北口（单线）	45	10	32	45		—
东北环	沙河—星火（双线）	180	17	7	34	50	高峰4
	星火—百子湾（双线）	178	0	9	11		
东南环	百子湾—丰西	180	0	27	32	50	高峰4
京包铁路	北京北—清河（双线）	265	58	0	98	30	高峰2~3
	清河—昌平（三线）	303	134	2	212		

线路	区段	平图能力（对）	客车（对）	图定货车（对）	需要能力（对）	可开行市郊列车（对）	可开行频率（对/时）
京原铁路	石景山南—燕山（单线）	45	10	0	15	15	高峰1
	燕山—良各庄（单线）	45	10	0	15		
	良各庄—野三坡（单线）	45	10	0	14		
西长线	北京西—长阳村	270	97	0	157	20	高峰1
地下直径线	北京—北京西	154	17	0	40	50	高峰4
京张城际	昌平—延庆	262	152		201	30	高峰2~3

通过对北京市域既有铁路资源（干线）的梳理可知，北京市域拥有丰富的铁路资源，各线路的利用情况差异较大，以京承、京九线为例，其目前通过能力利用率均低于50%，与此同时，京沪、京哈线通过能力利用率接近100%，已无富余能力。至2040年货运外环线建成后，货运剥离将极大地释放北京市域范围内铁路干线能力，为市郊铁路的开行提供良好基础。

三 市郊铁路具体路径需求分析

（一）市郊铁路运营现状与未来趋势

北京市现阶段共运营3条市郊铁路，分别是S2线、副中心线和怀密线。S2线现由黄土店站始发，途经昌平区终到延庆站和沙城站；副中心线起自北京西站，终到通州站；怀密线从昌平区黄土店站始发，经怀柔北站至密云区古北口站。

本报告将利用既有铁路资源，以建设大、小两种支线的方式为实现周边组团的联结与沿线客流点的吸引提供建议。以下几个部分将会对线路的优化建议做出详细的展示。若未来北京市市郊铁路以本报告规划方向发展，北京市将形成市中心到燕郊、昌平、门头沟、大兴黄村等城市郊区的市郊铁路

"45 分钟圈"和市中心到怀柔、密云、平谷、延庆等地的市郊铁路"1 小时交通圈"。

（二）北京市郊铁路 S2 线

1. 市郊铁路 S2 线简介

北京市郊铁路 S2 线，简称 S2 线，为保证八达岭旅游，兼顾延庆往来北京的需要开通于 2008 年 8 月 6 日，这条线路是在京包铁路和康延支线上开行的一条通勤列车，也是北京市的第一个市郊快速通勤铁路运输系统，线路全长 108.3 公里。

2. 市郊铁路客流情况

S2 线在始发站变更为黄土店站之前平均上座率已突破 100%，客流十分充足。S2 线客流时段特征非常明显，早高峰出现双向高峰，占全天客流量的 50%，平峰客流量少，虽然客流量不大，但是平均运距很长，旅客周转量很大。

2017 年"十一"期间，发往八达岭的 S2 线平均上座率达 155%；旅游淡季周末发往八达岭的 S2 线平均上座率达 85%。客流量、上座率等相关数据见表 5。

表 5　S2 线相关数据

		设计情况	现状数据	偏差
	开通时间	2017 年 12 月	2018 年 3 月	—
	线路长度（公里）	135.6	78	一期工程通车
	运营区间	黄土店—古北口	黄土店—怀柔北	—
	站点数量（个）	5	3	−2
	在轨时间（分钟）	118（怀柔北 58）	82	−36
工作日	客流量（人次/日）	1500	37	−1463
	开行对数	下行 4 列上行 4 列	下行 2 列上行 2 列	−2 对/日
	上座率（%）	—	2.28	—

续表

		设计情况	现状数据	偏差
周末	客流量（人次／日）	2500	80	−2420
	开行对数	下行4列上行4列	下行2列上行2列	−2对／日
	上座率（%）	—	4.93	—

3. 市郊铁路 S2 线沿线概况

（1）昌平线

地铁昌平线是北京市西北方向的一条重要放射线，也是昌平新城与中心城区之间的快速通道，能够改善昌平新城的交通环境，有效疏解中心城区的人口和产业，推进城市功能布局优化。地铁昌平线一期自开通以来，客运量不断增加，2011 年至 2014 年的客运量分别为 2704 万人次、3831 万人次、4814 万人次和 5733 万人次，短短四年客流量增长了一倍多。

（2）京张高铁

京张高铁贯通河北、北京两省市，在北京市境内约 71 公里，在河北省境内约 103 公里，全程约 174 公里。线路自北京清河站引出，经沙河至昌平，从南口北侧折向西北，途经新居庸关隧道（3044 米）、九仙庙中桥（71 米）、新八达岭隧道（12010 米）穿越军都山，沿既有京包铁路并行跨过官厅水库，向西北方向行经沙城、下花园和宣化到达张家口，另设崇礼支线起于下花园北站，终至崇礼太子城奥运村。

京张高速铁路于 2019 年 12 月 31 日正式开通运营。北京北站到清河段长度约 11.8 公里，设计速度为 120 公里/时，运行速度不高于 80 公里/时；清河到昌平段约 19.9 公里，设计速度为 200 公里/时；昌平到下花园北段约 97.8 公里，设计速度为 350 公里/时（其中八达岭隧道群全长约 19.5 公里，设计速度为 250 公里/时）；下花园北到张家口站约 43.8 公里，设计速度为 250 公里/时。崇礼支线全长约 53 公里，设计速度为 250 公里/时。

4. 市郊铁路 S2 线优劣势分析

（1）市郊铁路 S2 线劣势分析

①运力浪费

目前，市郊铁路 S2 线主要承担的是由北京市区去往八达岭、世博会、延庆旅游度假村等旅游景点的旅游客流，通勤客流较少。周末客流相较于工作日明显增多，尤其是周五晚上和周末早晚的车次客流量较大，几乎只有这几趟车次上座率能达到 75% 以上，其余车次上座率不足 45%，运力浪费比较严重。

②客流稀少

当前乘坐 S2 线的主要为旅游客流，附加少部分通勤客流。从沙河站开始铁路沿线由居民区渐渐变为工厂、工业园区、荒地、山地。这部分由于还未开发，略显荒凉，常住人口数量较少，导致交通客流需求很小。

③车速较慢

S2 线在实际运行过程中，列车最高速度不足 110 公里/时，全程平均速度为 40 公里/时。从延庆到黄土店至少需要一个半小时的车程。这样长时间的车程无法为延庆至北京市区的通勤客流服务。

④停站方案不合理

目前，S2 线（黄土店站主延庆站）车站设置较少，只有黄土店站、南口站、八达岭站和延庆站。延庆站—八达岭站这一段车速能达到 100 公里/时，黄土店站—南口站中的黄土店至昌平站这一段车速能达到 80 公里/时左右。而在车速较高的这两段中，前一段都为景区，服务于旅游客流，后一段在昌平区内，可服务于通勤客流，但是这一段并没有设置其他车站，没有给这一段的旅客提供上下车机会。

⑤市郊铁路 S2 线与昌平线

昌平线沿线多为昌平区主要的学校，S2 线经过的主要为机械工业园区、工厂等。S2 线由于其线路所在的位置因素，无法承担昌平区主要的通勤客流，最多只是为在线路周边上班的工人服务，而当前线路并没有在黄土店至昌平站之间设站，无法服务这类客流。

⑥市郊铁路 S2 线与京张高铁

S2 线与京张高铁线路有很大的重合部分，京张高铁不仅经过八达岭站、延庆站，而且在清河、沙河和昌平也有设站，较好地服务了沿线的客流。京张高铁采用复兴号列车，速度高达 359 公里/时，开通后清河站至张家口南标杆运行时间只需要 50 分钟，延庆站至北京北站全程也不会超过一个小时，速度之快足以服务在北京市区工作、在延庆站居住的通勤客流。

当前即使 S2 线可以刷城市一卡通进站，但是从霍营站换乘至黄土店站行走距离较长，而且同样需要在候车室等车，总计换乘时间已经与在普通铁路车站乘车没有很大差别，京张高铁开通后，从北京市内去往延庆方向不用经过换乘，将更加方便。

（2）市郊铁路 S2 线优势分析

市郊铁路的最大优势在于它比地铁快、比高铁方便。

地铁的技术速度虽然达到 80 公里/时，但是加上起停车附加时分，总的旅行速度在 40 公里/时左右，而市郊铁路提速后可达到 120～140 公里/时，这对于城市通勤客流来说是一个相当好的选择。

虽然高铁速度快，但是设站较少，一天车次少，一般只在大站停车，乘坐高铁需要买票、进站、安检、候车等流程。对于通勤客流，这样烦琐的流程会使通勤人员不愿意乘坐高铁出行，反而来选择设站较多、速度较快、可以使用市政一卡通乘坐的市郊铁路。

而相较于其他交通方式，市郊铁路最大的特点就是运能稳定，很少受外界条件的影响。2018 年清明节期间，北京连续降雪，延庆山区道路封闭，公交车停运。市郊铁路 S2 线成为山区居民与外界之间的生命线。

（三）副中心线

1. 现状概述

（1）线路简介

北京市郊铁路城市副中心线（Beijing Suburban Railway Line Sub-center）是北京市郊铁路网络的组成部分，于 2017 年 12 月 31 日正式开通运营。其开通目的是满足市政府搬迁至通州后市级公务员往来的需要。2019 年 6 月 20 日，副中心线向东延伸至乔庄东站。乔庄东站开通运营后，副中心线全长达到 32.7 公里，由西向东方向沿途设置站点分别为北京西站、北京站、北京东站、通州站和乔庄东站。

（2）运营情况

在开通初期，副中心线的运营情况远不能达到设计的要求，其基本运营情况见表 6。这是由于副中心线终点站通州站没有直接抵达行政办公区，也不符合北京市客流潮汐现象的需求。2019 年 6 月 20 日副中心线东延至乔庄东以后，情况有所改善。

表 6　副中心线开通初期运营情况对比

	设计情况	开通初期	目前情况
开通时间	2017 年 12 月	2018 年 3 月	2019 年 10 月
线路长度（公里）	29.8	29.8	32.7
运营区间	北京西—通州	北京西—通州	北京西—乔庄东
站点个数	4	4	5
在轨时间（分钟）	40	48	44
开行对数	4	4	5
早高峰上行列数	1	1	2
早高峰下行列数	3	3	2
午间上行列数	0	0	1
午间下行列数	0	0	1
晚高峰上行列数	3	3	2
晚高峰下列列数	1	1	2

为了使副中心线更贴合潮汐客流需求，2019 年 10 月 11 日副中心线的运行计划进行了调整。首先为进一步服务早高峰由中心城区前往城市副中心的乘客，早上 7 点整由北京西站始发的 S101 次列车将增设通州站站点，并于 7：43 抵达乔庄东站。其次在早晚和中午时段增开 2 对往返北京西站与乔

庄东站间的列车 S109 次、S110 次、S111 次和 S112 次。列车具体时刻表见表 7、表 8。

表 7　上行时刻

		乔庄东（通州）—北京西			
车次	乔庄东	通州	北京东	北京	北京西
S110	5：51	6：00/6：10	通过	6：31/6：32	6：45
S102	7：07	7：16/7：18	7：31/7：32	7：43/7：44	7：58
S112	11：55	12：04/12：06	12：20/12：22	12：33/12：35	12：50
S104	17：58	通过	通过	18：22/18：24	18：38
S106	18：29	通过	18：47/18：48	18：58/18：59	19：13
S108	—	18：55	通过	19：14/19：15	19：29

表 8　下行时刻

		北京西—乔庄东（通州）			
车次	北京西	北京	北京东	通州	乔庄东
S101	7：00	7：14/7：15	通过	7：33/7：34	7：43
S103	7：18	7：32/7：33	7：42/7：43	7：56	—
S105	7：48	8：02/8：03	通过	通过	8：27
S111	13：12	13：28/13：30	通过	13：49/14：02	14：11
S107	18：27	18：41/18：42	通过	19：01/19：02	19：10
S109	19：44	19：58/19：59	通过	20：18/20：19	20：28

资料显示，两次对副中心线的调整确实对该线路的客座率有所提升，但是也并未达到线路开设的预期效果。

（3）设备设施情况

①线路情况

目前，城市副中心线的线路走向主要是借助于北京市地下直径线和京哈线开行。

北京地下直径线两端分别连接北京站和北京西站，是北京市内的一条铁路地下联络线，也是北京铁路枢纽的重要组成部分。原规划北京铁路地下直径线有三大作用：一是沟通北京和北京西两大主客站，切实减少两大客站之间大量旅客的中转往返，同时使两大站之间的运能得到合理利用；二是直接连通京广和京哈两大普铁干线，减少两大干线客流在北京中转；三是直接连通京广和在建的京沈高铁，减少两大高铁客流在北京中转。目前京沈高铁尚未开通，北京站与北京西站之间开行列车较少，为副中心线的开通提供了良好的能力基础。

在京哈线部分，主要挖掘了北京站—通州区间的线路能力。在北京站以东部分，城市副中心线借既有京哈线由北京站继续行至乔庄东站。沿途经过北京东站、双桥站和通州站，其中部分列车停靠北京东站和通州站，而在双桥站列车均不停靠。

②车站情况

目前，城市副中心线沿途设置站点包括北京西站、北京站、北京东站、通州站和乔庄东站。为了方便乘坐市郊线路的旅客，防止市郊旅客和长途旅客在车站互相干扰，北京站和北京西站均设置了市郊线专用检票口，较大地提升了市郊铁路出行的便捷性。在开通之前，对北京东站、通州站和乔庄东站的指示牌、站台和服务设施等都进行了升级改造，为线路的开行奠定了坚实的基础。

③车辆情况

执行城市副中心线的车底为CRH6A型城际动车组，在线路开通后将其命名为"京通号"。"京通号"动车组列车由中车四方股份公司为北京市郊铁路副中心线量身打造，兼具动车组和城轨地铁的技术优势。8辆编组的CRH6A型动车组最大载客量多达1471人，约为现行相同编组数目的高速动车组载客量的2倍，运能相当于定员40人的公交客运车辆的36.8倍，速度更是公交客运车辆的2~4倍。人均百公里能耗则比现行同速度等级动车组减少约44%，所以它也被称作"铁路公交"。于乘客而言，"京通号"更像地铁，车上设有477个座席，但无须对号入座。

2. 副中心线客流情况

在建设初期，副中心线的开通目的是满足市政府搬迁至通州后市级公务员往来的需要。在这种条件下，开行了下行方向早晚"3+1"、上行方向早晚"1+3"的运营方式。在这种运营组织方式下，副中心线的客流非常小。开设初期客流情况见表9。

表9 副中心线开通初期客流情况

		设计情况	实际情况	偏差
	开通时间	2017年12月	2018年3月	—
	线路长度（公里）	29.8	29.8	—
	运营区间	北京西—通州	北京西—通州	—
	站点个数	4	4	—
	在轨时间（分钟）	40	48	+8
全日	客流量（人次/日）	4020	390	−3630
	开行对数	3+1	3+1	—
	上座率	—	10.20%	
早高峰 北京→通州	客流量（人次/日）	1698	45	−1653
	开行列数	3	3	—
	上座率	—	3.14%	
早高峰 通州→北京	客流量（人次/日）	512	135	−377
	开行列数	1	1	—
	上座率	—	28.30%	

从表9可以看出，副中心线开通初期客流情况十分不理想，与设计目标相差巨大，早高峰北京到通州方向，客座率仅刚超过3%。造成该现象的主要原因是线路功能定位与实际运营不匹配、定位不准确。同时，市政府未按期搬迁，终点站通州站没有直接抵达行政办公区，北京东站、通州站交通接驳极为不便等因素也影响着线路的客流情况。

2019年5月部分日期副中心线的客流情况见表10。表中11日为周六，其他日期均为工作日，可以看出副中心线周末客流明显小于工作日，由此可以推断该线路的客流中通勤客流占据很大的比例。从客流方向来看，在一般情况下，上行方向客流量大于下行方向客流量，即从副中心城区向北京市主城区方向的客流量较大。尤其是在早高峰时段上行的 S102 次列车，其客流较其他列车车次都具有明显的优势，可以看出，副中心线的客流呈现明显的潮汐客流特征。这表明副中心线初期以方便公务通勤的定位存在偏差，在后续应该更多地结合沿线客流需求情况重新制订列车运行计划。从全日来看，副中心线全线客流较为稳定，对于可以乘坐该线路通勤的旅客来说，选择该线路的倾向程度较高。

表 10   2019 年 5 月部分日期副中心线客流情况

单位：人

日期	下行上车人数					上行上车人数					全日合计
	早			晚	下行合计	早	晚			上行合计	
	S101	S103	S105	S107		S102	S104	S106	S108		
8 日	80	32	105	79	296	323	111	69	32	535	831
9 日	68	46	141	110	365	287	97	44	31	459	824
10 日	63	40	152	193	448	247	99	70	51	467	915
11 日	27	10	38	75	150	120	35	40	27	222	372
13 日	68	36	154	137	395	291	90	81	27	489	884
14 日	69	43	132	141	385	298	92	65	37	492	877
15 日	59	39	156	120	374	294	106	53	24	477	851
20 日	91	47	181	153	472	275	100	58	41	474	946
21 日	70	40	149	136	395	263	111	83	29	486	881
22 日	66	31	156	132	385	254	110	46	60	470	855
23 日	62	52	134	134	382	258	109	71	36	474	856
24 日	58	56	132	166	412	240	108	67	52	467	879

2019 年 6 月 20 日，副中心线继续向东延伸一站至乔庄东站，东延后早高峰进城方向的 S102 次列车工作日客流量都在 500 人次以上，上座率最高达 125%。相较乔庄东站开通前，客流量翻了近一倍；晚高峰出城方向的 S107 次列车工作日客流量都在 300 人次以上，上座率在 72% ~83%。而在免费试乘结束后的 7 月 1 日（周一），早高峰进城方向的 S102 次列车发送旅客 477 人次，实现满员运行；晚高峰出城方向的 S107 次列车发送旅客 353

人次，客流量与 6 月 24 日（周一）基本持平。从以上数据可以看到，调整运行区段之后，客流情况有了较大的改善。但是由于车次仍然较少，运行区段较短，因此对乘客的吸引力还不足，无法作为北京城东职住分离乘客的主要交通工具。

3. 副中心线沿线客流现状

6 号线、八通线和副中心线均为东西走向延伸至城市副中心城区的城市轨道交通线路，三条线路形成北、中、南三线并行的形式。在一定程度上，这三条线路是相互竞争的关系。因此，可以通过研究 6 号线和八通线的客流情况来预测副中心线的潜在客流。

（1）八通线

八通线是连接北京中心城区和东部的通州新城的一条重要线路。据北京地铁公司相关负责人介绍，八通线早高峰全线车站限流，满载率为 119%。表 11 是 2016 年北京轨道交通路网各线路限流车站统计。从表中可以看出，5 号线、八通线以及昌平线限流车站比例是最高的，八通线限流车站比例达69%，仅次于 5 号线，表明八通线在高峰期客流十分充足。

表 11　2016 年北京轨道交通路网各线路限流车站统计

线路	限流车站数量（个）	全线车站数量（个）	限流车站占全线车站的比例（％）
1 号线	8	23	35
2 号线	1	18	6
4 号线	5	24	21
5 号线	16	23	70
6 号线	11	26	42
7 号线	2	13	15
8 号线	1	18	6
9 号线	3	13	23
10 号线	10	45	22
13 号线	6	16	38

续表

线路	限流车站数量（个）	全线车站数量（个）	限流车站占全线车站的比例（%）
14 号线（东段）	2	20	10
八通线	9	13	69
昌平线	6	12	50
亦庄线	1	13	8
大兴线	1	11	9
路网总计	82	288	28

目前地铁八通线日均客流达到 30 万人次，其中大多为通勤客流，高达 83% 的人员在地铁四惠站、四惠东站换乘，换乘站压力非常大。表 12 是北京轨道交通路网中限流人数前 10 的车站，其中四惠东站作为八通线换乘 1 号线的重要车站，在排名中比较靠前，说明八通线和 1 号线交换客流很大。

表 12   北京轨道交通路网中限流人数前 10 车站

序号	线路	车站	换乘线路	限流地点	限流时段	限流时间	最大限流人数（人）
1	5 号线	天通苑北	—	站外	早高峰	6：30～9：10	4600
2		天通苑	—	站外	早高峰	7：00～9：30	3600
3		惠新西街南口	与 M10 换乘	站内	晚高峰	18：00～18：50	2400
4	昌平线	西二旗	与 M13 换乘	站外	晚高峰	17：00～19：30	1700
5	1 号线	四惠东	与八通线换乘	站内	早高峰	7：00～9：30	1650
6	昌平线	沙河	—	站外	早高峰	6：40～9：00	1300
7	13 号线	霍营	与 8 号线换乘	站内	早高峰	7：30～9：30	1200
8		龙泽	—	站外	早高峰	7：30～9：30	1200
9	5 号线	崇文门	与 2 号线换乘	站内	早高峰	7：30～9：00	1100
10	八通线	双桥	—	站外	早高峰	7：30～9：30	980

从区间断面来看，如表 13、表 14 所示，2016 年，在八通线上的传媒大学—高碑店区间，断面客流量很大，最大断面满载率达到 137%，说明该区段能力已经严重饱和，也反映了这个区间的客流需求很大。

表13　2016年八通线高峰小时最大断面客流量统计

单位：万人次

线路	方向	高峰小时最大断面客流量	起始站
八通线	上行	3.66	高碑店—传媒大学
	下行	4.10	传媒大学—高碑店

表14　2016年北京市最大断面满载率排名前5的线路区间

线路	最大断面满载率(%)	最大断面客流量(万人次)	平日最小发车间隔(分)	系统能力最小发车间隔(分)	发生区间
昌平线	152	2.44	4	2	生命科学园—西二旗
八通线	137	4.10	2.83	2.5	传媒大学—高碑店
15号线	131	2.49	5	2	崔各庄—望京
房山线	131	2.29	5.58	2	稻田—大葆台
4号线—大兴线	124	6.11	2	2	菜市口—宣武门

（2）6号线

北京地铁6号线起于金安桥站，途经石景山区、海淀区、西城区、东城区、朝阳区、通州区，止于潞城站，连接北京城市副中心、运河商务区、CBD、金融街、内城商业旅游区和石景山地区。

表15是北京市最繁忙地铁线排名。数据显示，地铁6号线日均客流量将近90万人次，排名第8，在所有通往郊区的线路中排名靠前。统计显示，2019年7月12日，北京地铁6号线客流量达121.44万人次，创下了6号线单日客流纪录。

表15　北京最繁忙地铁线排名

排名	地铁线	日均客流量（万人次）	每站平均客流量（万人次）	通车里程（公里）	车站数（个）
1	2号线	93.05	4.90	23.1	19
2	4号线	121.63	4.87	28.2	25
3	1号线	109.75	4.77	31.0	23
4	13号线	69.83	4.36	40.9	16
5	5号线	98.46	4.28	27.6	23

排名	地铁线	日均客流量（万人次）	每站平均客流量（万人次）	通车里程（公里）	车站数（个）
6	9 号线	52.13	4.01	16.5	13
7	10 号线	162.40	3.53	57.1	46
8	6 号线	89.17	3.43	42.8	26
9	大兴线	34.93	3.18	21.8	11
10	14 号线东段、中段	60.21	3.17	31.4	19
11	7 号线	43.55	2.29	23.7	19
12	八通线	28.94	2.23	19.0	13
13	8 号线	39.37	2.19	26.6	18
14	昌平线	23.47	1.96	31.9	12
15	15 号线	37.39	1.87	41.4	20
16	亦庄线	20.70	1.59	23.2	13
17	房山线	14.17	1.18	25.4	12
18	16 号线北段	9.41	0.94	19.4	10
19	14 号线西段	6.40	0.91	12.4	7
20	机场线	3.23	0.81	28.1	4
21	S1 线	0.24	0.03	9.4	7

从区间断面来看，北京地铁 6 号线早高峰东段金台路—北运河西 9 座车站全部限流，满载率达到 123%。表 16 为 2016 年 6 号线高峰小时最大断面客流量统计，对比八通线可以看出，6 号线相较于八通线最大断面客流量更大，反映了 6 号线客流需求的紧张程度较高。

表 16　2016 年 6 号线高峰小时最大断面客流量统计

单位：万人次

线路	方向	高峰小时最大断面客流量	起始站
6 号线	上行	5.46	金台路—十里堡
	下行	5.31	十里堡—金台路

（3）沿线客流现状结论

通过分析八通线和 6 号线的客流情况，可以看出沿北京东西轴向的客流潜力十分巨大，尤其在早晚高峰更为明显。该部分客流跨行政区域通勤压力很大，以燕郊为首，每日早高峰约 6 万人次进入北京，跨区出行高峰集聚性强。

笔者查询资料得知，北京八方达公交公司每天从燕郊向北京城区输送大约 12 万人次，每日从燕郊进出北京的小轿车超过 5 万辆，根据现行副中心线开行方案，可以将其向东延长至燕郊镇，作为新的城市副中心线干线。在对其进行延长后，该线路早晚高峰期潮汐方向将会发生巨大变化，为了方便沿线旅客，可以在原有基础上增设双桥站、双桥东站、北苑南路、丁各庄桥、潮白河和燕郊西站，其中，北苑南路站可以换乘八通线，距离通州北苑地铁站 750 米，距离果园地铁站 700 米。增设这些车站可以惠及周边各大社区居民，统计资料显示，这些增设站点将在现有基础上新覆盖沿线居民超过25 万人（不包含燕郊镇）。除此之外，还可以有效带动周边旅游景点以及各工业园区的发展。

（四）怀密线

1. 现状概述

（1）线路简介

北京市郊铁路 S5 线（Beijing Suburban Railway Line S5），又称北京市郊铁路怀柔—密云线，是北京市郊铁路网络的组成部分，于 2019 年 4 月 30 日全线开通运营。该线路起自昌平区黄土店站，经怀柔北站至密云区古北口站，全长 135.6 公里，共设黄土店、昌平北、雁栖湖、怀柔北、黑山寺、古北口 6 个车站。怀密线目前每天开行 4 对列车，全线为非电气化区段，采用内燃机车牵引，当前正在实施电气化改造。。

（2）运营情况

怀密线开通至今，客流情况不乐观。表 17 是怀密线设计运营情况及不同时期的运营情况对比。可以看出，该线在运营初期，上座率极低，尤其是在工作日期间，近似于空驶运行，在全线贯通以后，每日客流量有所提升，但是距离设计标准仍然有较大的差距。

表 17　怀密线设计运营情况及不同时期运营情况对比

		设计情况	开通初期	近期
开通时间		2017 年 12 月	2018 年 3 月	2019 年 5 月
线路长度（公里）		135.6	78	135.6
运营区间		黄土店—古北口	黄土店—怀柔北	黄土店—古北口
站点个数		5	3	5
在轨时间（分钟）		118（怀柔北 58）	82	141
工作日	客流量（人次／日）	1500	37	187
	开行列数	下行 4 列上行 4 列	下行 2 列上行 2 列	下行 4 列上行 4 列
	上座率	—	2.28%	5.77%
周末	客流量（人次／日）	2500	80	652
	开行列数	下行 4 列上行 4 列	下行 2 列上行 2 列	下行 4 列上行 4 列
	上座率	—	4.93%	20.09%

2. 沿线客流情况

怀密线的定位为旅游线路，沿途经过较多的景点。从单位总数看，2015年怀柔共有 4320 个产业单位数，居北京 16 个区的首位；从游客规模看，2015 年接待游客人数 1297 万人次，居北京 16 个区的第 8 位；从旅游收入看，2015 年实现旅游综合收入 54.9 亿元，居北京 16 个区的第 9 位，在五个生态涵养区中居第 1 位。总体上，怀柔近年来旅游业发展迅速，居于北京北部郊区县的核心位置。

《怀柔区旅游业十三五发展专项规划》指出怀柔区旅游业发展的总体目标是使旅游产业成为全区经济的战略性支柱产业。规划到 2020 年，年接待游客量达到 1500 万人次左右，旅游综合收入达到 85 亿元。接待外埠及国外游客占客源总量的 15% 以上，过夜游客比例在 20% 以上。

从怀柔区"十二五"期间旅游业完成情况及"十三五"旅游规划目标可以看出，怀柔区旅游业发展势头良好，沿线客流需求将会在现有基础上有较大提升。

四　北京既有市郊铁路优化

（一）市郊铁路 S2 线未来发展建议

1. 线路定位

2019 年底京张高铁开通后，由于高铁旅行速度快，S2 线上的绝大多数中长途旅游客流将转移到高铁上。S2 线将实现沿线通勤为主、旅游为辅的功能转变。

2. 线路规划

当前线路设站较少，一旦用城市功能带动交通需求，就要进行车站加密并且提高市郊铁路的运行速度，至少在黄土店站至南口站区段车速要达到100 公里/时以上。

当前市郊铁路最大的问题是换乘不方便，而且最近只能到昌平区的黄土店站。规划在北京北站预留线路，恢复始发站到北京北站，发挥市郊铁路为通勤客流服务的最大效用，使去往北京市内工作的通勤客流更愿意选择乘坐速度较快的市郊铁路。此问题可以与铁总协调，利用混合动力动车组进入清华园—北京北段，为昌平—大兴纵向廊道提供基础；北京北—黄土店区段，线路与人口区域吻合，可通过增设站点吸引客流；黄土店—昌平区段，线路与人口区域有一定距离，可通过增设支线延伸服务范围；昌平—南口区段，目前没有居民区，可通过土地开发实现引流。

重点考虑京张高铁覆盖不到的区域，可通过增设中间站点、增加支线、怀密线提速、与怀密线共同引入北京北站等配套措施，形成怀柔、密云、昌平与城区四个都市圈节点间的快速通道，同时在北京北站、黄村站与地铁 4号线间实现便捷换乘，完成昌平—大兴通道的"软融合"。

新建 3 条 S2 支线，即昌平北支线、沙阳支线、马连洼支线，均为新建线路，串联西部人口密集区域并将这些区域并入副中心快速辐射网与大兴连接，三条小支线覆盖人口约 24 万。

3. 远期优化建议

远期优化应重点考虑 S2 线与地铁的互联互通问题，实现 S2 线市郊铁路与地铁的硬融合。S2 线与地铁互联互通可同时解决六大问题，即"昌平—首都核心区—大兴"南北廊道无法用市郊铁路实现快速联通的问题、列车无法进入清华园—北京北区段的问题、列车进入市区后的环境污染问题、共用检修设备的问题、主线剩余能力利用问题、列车在支线开行"翼型"列车的问题。尽管市郊铁路与地铁互联互通有一定的管理和技术难度，但互联互通利大于弊，并且能够缩短客流培育期、满足功能疏解的需求，因此，应力求实现北京市郊铁路的互联互通，具体路径如下。

在管理上，主要是推动铁路总公司认可有资质的列车在 S2 线上运行。这需要市领导与铁路总公司协调。由于铁路总公司出台有《自备铁路车辆经国家铁路过轨运输管理办法》，过轨运输有章可循，载客车过轨亦有先例，因此有一定操作空间。

在技术上，具体的互联互通方式为使用混合动力动车组、修建联络线及车载信号设备、设置调度台等。联通方案考虑两种，方案一是与地铁 4 号线联通，即新建北京北—西直门联络线，S2 线在西直门接入地铁 4 号线，在黄村站离开地铁 4 号线进入密兴线。工程条件许可时修建公益西桥—黄村联络线，在公益西桥站实现与密兴线互联互通，解决大兴线南段的运能紧张问题。方案二是与地铁 16 号线联通，经望京联络线在马连洼站接入 16 号线。新建丽泽商务区—黄村联络线，从丽泽商务区离开 16 号线与密兴线互联互通。前者客流效益好、支撑疏解效果好、运行时间短；后者工程实施条件更好、车辆条件好、运营条件好、更易于实施。在工程条件允许时，建议优先考虑方案一，方案二作为备选。

（二）副中心线规划结果与建议

1. 规划结果

副中心线主线西起涿州站，终点为燕郊站，新设琉璃河、窦店、良乡、燕郊等车站，全线共设 17 个站点，发车间隔为 12 分钟，旅行速度为 45～70公里/时。同时，在西北和东南方向分别设武清支线和门头沟（大台）支线。

在近期，可以通过调整部分车流到路网其他编组站，释放部分区间能力，通过调整部分长途客车始发车站到北京南站，释放部分车站能力，从而达到增开列车的目的。

在中期，通过在北京站与通州站之间修建新线彻底解决能力问题。经调查，北京到通州通道有增线的预留（有条件的情况下可延伸到燕郊、三河）（蒋小军，2017）。基于此，建议增加与副中心线平行的第三线，实现高峰期市郊铁路和大铁路的分开运行。第三线的运营主体应为地方，以破解运营难题（为避免环评等问题，线路名称不宜叫"市郊铁路"，可称"市域快轨"），同时，在第三线上增设双桥站、双桥东站、北苑南路、丁各庄桥、潮白河和燕郊西站等站，使站间距在 2.5 公里左右，从而达到吸引客流的目的。

2. 功能定位

副中心线主线提供长距离的穿城服务，串联了房山的一些居住组团、中心城内的几个铁路枢纽、副中心和三河（燕郊）的组团，为涿州等环京地区的交通出行提供新的通道，也为副中心提供了与中心城、西南远郊的连接。武清支线主要用于服务北京—天津通道内主要市域节点的出行，解决京津之间小节点间缺乏市郊运输服务的问题，支撑京津冀协同发展中的"京津"通道协同发展。大台支线主要用于将门头沟连入首都核心区和副中心，定位为旅游为主，兼顾通勤。

3. 规划建议

从上述分析中可以看出副中心线是一条非常好的东西向通道，建议：

（1）对既有线路全面改造，优化运营组织模式，推行快慢线、大小交路套跑等更为灵活的运营组织模式；

（2）优化建设时序，初期西边先建到衙门口；

（3）优化站点接驳拟合一体化开发，例如优化北京东站铁路枢纽与周边的一体化开发；

（4）西段在长阳设站，服务房山新城客流。

（三）怀密线未来规划分析

1. 线路定位

修建直接与古北水镇景区贯通的水镇支线，该支线与既有京通铁路在古北口站相接，支线长度约14公里，主要服务往来古北水镇的客流。

2. 需求分析

2018年，古北水镇客流量达256.49万人次。经查询电子地图，目前从北京市城区前往古北水镇根据时间会有不同的方案。在周末或节假日，会开设古北水镇专线公交，乘坐地点为东直门，行程用时约为1小时40分钟。而在工作日期间，该行程时间会极大地增加，从西北二环出发，到达古北水镇的时间在6小时以上。假设开通该支线，从西北方向到达古北水镇的时间可以压缩到一个半小时以下，则该线路至少将服务古北水镇一半的客流量，约128万人次/年。

3. 规划建议

怀密线目前客流较低的重要原因是怀柔科学城尚未同步建成，现阶段应重点考虑加快科学城的建设，待有一定客流后与S2线昌平支线配合。在北京北站改造完成后，可将其始发站从黄土店改为北京北站，更加深入城区吸引市内客流，在此基础上，在怀柔段适当加密站点，吸引沿线客流。建议：

（1）做好客流培育，加强宣传推广工作；

（2）加强景点与沿线车站的接驳；

（3）列车出发时间与频率需根据客流特征、景点开放时间等因素统筹考虑。

五　北京市郊铁路创新路径网络规划

（一）基本原则

按照京津冀一体化发展、统筹规划、一步到位、分阶段实施的原则，近期利用部分铁路线路剩余能力，中远期考虑修建新线。在网络结构上，城区共线、远郊支线，四网融合，都市圈内主要组团快速通达。

（二）主骨架

构建"两纵两横、干支结合、组团互联、四网融合"的市郊铁路网络，总里程848.9公里，其中，利用既有铁路资源511.4公里。

"两纵两横"为市郊铁路干线。"两纵"为密兴线、S2线（含南延伸线）。密兴线指利用北京地区范围内京承、丰双、京九既有铁路的剩余能力构建的线路"密云—怀柔—顺义—副中心—黄村—新机场—固安"，主线149公里。S2线（含东西延伸线）为"延庆—昌平—北京北—地铁4号线—黄村—新机场"，贯通后主线167公里；"两横"指副中心线（含东西延伸线）、怀密线。副中心线（含东西延伸线）为"涿州—良乡—北京西—北京—双桥—副中心—燕郊"，主线108.2公里，远期实现与天津联网，怀密线指连接"昌平—怀柔—密云"的市郊铁路线。

"干支结合、组团互联"指为了支撑功能疏解、连接各组团、吸引客流，在"两纵两横"的基础上共设10条大小支线，形成连接昌平、怀柔、密云、大兴、房山、副中心、首都核心区及河北廊坊、天津武清的市郊铁路网络。

"四网融合"指"两纵两横"市郊铁路与干线铁路、城际铁路、地铁之间实现分层次充分融合，具体包括"两纵两横"市郊铁路与干线铁路在北京西站、北京站、北京北站、副中心站实现便捷换乘；"两纵两横"市郊铁路远期与"京雄城际""京津城际"在多个主要城市节点上同站换乘，实现两网融合，锚固京津冀金三角；"两纵两横"市郊铁路远期与地铁4号线、地铁16号线等实现互联互通。

（三）支线

支线分为大、小两种支线。大支线主要实现周边组团的联结，解决功能疏解问题；小支线实现沿线客流点的吸引，解决既有铁路走向与城市发展不一致的问题。

1. S2线支线

S2 线支线包括小支线 3 条，即昌平北支线、沙阳支线、马连洼支线，均为新建线路，用于串联西部人口密集区域并将这些区域并入副中心快速辐射网与大兴连接，三条小支线覆盖人口约 24 万人。其中，昌平北支线途经 20 个社区、3 所高校以及 2 个科技园区，惠及人口约 6 万人；沙阳支线途经 3 个社区、2 个学校以及 2 个科技园区，惠及人口约 8 万人；马连洼支线途经 9 个居民区、2 所高校以及中关村软件园，惠及人口约 10 万人。

2. 密兴线支线

新规划市郊铁路密兴线从密云北站出发，向南贯穿密云区、怀柔区、朝阳区、通州区、丰台区和大兴区，终到河北省的固安县，全长 200 公里。全线利用京承铁路、丰双铁路和京九铁路。目前，京承铁路平均能力利用率为 46%，丰双铁路能力利用率为 67.5%，京九铁路为 47.2%，均有开行市郊列车的剩余能力。京承铁路双桥—怀柔为双线非电气化铁路，怀柔—密云为单线非电气化铁路。京九铁路为双线电气化铁路。

密兴线主线总服务人口约 133.5 万人，其中，涉及密云区约 4 万人、怀柔区约 2.5 万人、顺义区约 9.5 万人、通州区约 7 万人、朝阳区约 55 万人、丰台区约 35 万人、大兴区约 20 万人以及固安市约 0.5 万人。

密兴线支线包括大支线 3 条，小支线 1 条。大支线为连接望京与昌平的望京支线（利用东北环线）、新建平谷支线、连接黄村与廊坊的廊坊支线（利用既有京沪铁路）；小支线为连接怀柔科学城的科学城支线。望京支线主要用于联通西北地区（含中关村科学城）与副中心；平谷支线主要用于将平谷组团并入市郊铁路网；廊坊支线主要用于支撑京津冀协同发展中的"京冀"通道协同发展；科学城支线主要用于科学城人口直达市郊铁路。密兴线支线覆盖总人口约 103.9 万人。各支线情况具体如下。

怀柔科学城支线是从密兴线的怀柔站引出，终到怀柔科学城站，全长 6.5 公里，惠及人口约 0.4 万人（怀柔区）。怀柔科学城作为"三城一区"之一，规划面积约 100.9 平方公里，未来将会是北京的重要科学基地，客流需求较大。

望京支线从密兴线的双桥站和百子湾站引出，经过星火站、望京站、立水桥站，终到黄土店站，全长40公里，途经通州区、朝阳区和昌平区，总惠及人口约67.7万人（不含未来科学城人口），其中通州区约5.7万人，朝阳区约60万人，昌平区约2万人。线路沿线组团主要串联了回龙观、龙泽、北苑、酒仙桥等居住组团，望京、副中心两个商务办公区，此外还经过星火站、通州站和城市副中心站三个铁路枢纽站。从沿线服务组团分析，此线路是一条服务通勤和商务的线路。可以串联外部居住组团、新城等，并与城市副中心快速直连；能加强近郊新城（昌平）、远郊新城（延庆）与城市副中心的轨道联系，增强区县与城市副中心的通达性和时效性；并能串联星火站、通州站、副中心站等铁路枢纽。

平谷支线与密兴线的徐辛庄站接驳，起点位于东四环东风北桥，沿京秦高速公路，途经河北省三河市燕郊镇，经马坊镇至平谷新城，线路全长71.5公里，总惠及人口约18.5万人，其中朝阳区约9万人；三河市约6万人；平谷区约3.5万人。北京地铁平谷线规划采用大站快车，站间距8~9公里，时速160公里，大约是一般地铁速度的2倍。届时，往返于平谷和北京城区只需45分钟，将极大地提升沿线居民的出行便利性。

廊坊支线可利用既有京沪线开行市郊列车。廊坊支线是从密兴线的黄村站引出，经过魏善庄站、安定站、万庄站，终到廊坊站，全长42公里，总惠及人口约17.3万人，其中大兴约13万人，廊坊市约4.3万人。

3. 副中心线支线

副中心线支线包括大支线3条，分别为东部连接副中心枢纽和武清的武清支线、连接北京西和大台的门头沟支线，以及城市副中心线向西南方向延伸的涿州支线。武清支线主要用于服务北京—天津通道内主要市域节点的出行，解决京津之间小节点间缺乏市郊运输服务的问题，支撑京津冀协同发展中的"京津"通道协同发展。门头沟支线主要用于将门头沟连入首都核心区和副中心，定位为旅游为主，兼顾通勤。涿州支线将惠及良乡镇城区、窦店镇、琉璃河镇以及涿州城区居民。副中心线支线覆盖总人口约 110 万人，服务客流量约 8.5 万人次/日。各支线情况具体如下。

武清支线的开通，可以惠及沿线超过 40 万人。同时，大厂县目前每天有超过 1 万人次的公交通勤客流，香河县每天有超过 4 万人次的公交通勤客流，也将是未来武清支线最主要的潜在客流。大厂县有 13.07 万人口，目前在大厂县和北京之间往返主要依靠 817 路公交线路，该线路发车频率为 10 分钟，客流十分充足。但是由于线路绕行至燕郊，在途时间较长，全程需要两小时以上。如果开通此条支线，可以大幅压缩从大厂县进京的时间，有效吸引大部分客流。香河县域面积 458 平方公里，人口 33 万人。当前从北京出发到香河的交通方式主要为乘坐 938 快线公交，全程两小时左右。目前，938 快线公交由 120 辆客车运营，早晚高峰期发车频率为 5 分钟。2017 年 9 月，香河县开通了安平香汐花园—地铁潞城站快速直达专线 101，该条快速公交属于通勤公交，集中在上班早晚高峰时发车，每天往返 8 班。根据以上信息可知，在北京与香河县之间往返的客流充足。武清作为京津之翼，居住人口超过 110 万人。目前，通过城际列车从北京南到武清需要 30 分钟，二等座票价为 38.5 元，如果通过市郊列车来完成通勤需求，可以有效降低交通支出。据估计，目前沿线每天依靠公交完成运输的客流超过 4 万人次，这部分客流预计有一半左右可以被吸引至市郊铁路。

门头沟支线是城市副中心线向西北方向延伸的一条支线。根据线路条件，共设有衙门口、养马场、三家店、斜河涧、落坡岭和大台六个车站。养马场站于 2017 年被拆除，现具备恢复条件，周边有永定河休闲森林公园、首钢遗址公园等旅游景点；三家店站位于门头沟市区内，门头沟区是北京市下辖的市辖区，2016 年常住人口为 31.10 万人，具有良好的客流基础；斜河涧位于妙峰山镇，当地旅游资源丰富，人口数量过万，当前斜河涧站设有 2 个站台（3 个站台面）、3 条股道，且办理旅客乘降业务，具备市郊列车开行条件；落坡岭和大台两个车站距离市区稍远，但是附近旅游资源丰富，市郊铁路的开通可以有效带动当地的发展。据估计，其沿线通勤客流惠及总人数约为 20 万人。由于门头沟区旅游资源丰富，其旅游客流在周末或节假日期间每天预计超过 2.5 万人次，旅游客流也将成为门头沟支线的重要客流之一。

涿州支线主要途经地区包括良乡、窦店和琉璃河，最后到涿州。该线路将惠及沿线城区约 50 万人口。良乡站是既有三等车站，目前虽然暂停了客运业务，但是恢复客运业务不存在技术性问题。良乡是房山区区政府所在地，是全区政治、文化、商贸中心，良乡地区目前人口约有 11.2 万人，同时建设有大学城，具有良好的客流基础，适合开行市郊列车。窦店镇总人口 7.6 万人，窦店镇以高新科技产业为主，与北京市区之间客流较大，且现在窦店车站设有 2 台 5 线，经简单改造具备旅客乘降条件，可以作为市郊铁路的中间站。琉璃河镇全镇 7.5 万人，其中户籍 5.8 万人。琉璃河站属于三等车站，设有 2 台 8 线，而且目前北京市郊铁路副中心线的其中一组 CRH6A 型动车组停放至该站，证明该站具备开行市郊列车的天然条件。涿州全市人口总数超过 70 万人，城区人口超过 30 万人。目前往返于涿州和北京之间有三种方式：高铁、普速列车和公共汽车。由于高铁和普速列车在时间选择方面的局限性，目前公交 838 路出行仍为首选方式。高峰时期，838 路公交发车频率为 5 分钟，表明涿州和北京之间客流充足。据估计，目前沿线每天依靠公交完成运输的客流超过 4 万人，这部分客流在该支线开通后有很大概率被吸引至市郊铁路。

4. 怀密线支线

怀密线设古北水镇支线 1 条，支线长度约 14 公里，连接怀密线古北口站与古北水镇，以增加怀密线的旅游客流。古北水镇位于北京市密云区古北口镇，背靠司马台长城，坐拥鸳鸯湖水库，是京郊罕见的山水城结合的旅游度假景区。2018 年，古北水镇客流量为 256.49 万人次，支线服务古北水镇一半的客流量，约 128 万人次/年。该支线可与京津冀城际铁路规划统筹考虑。

（四）对"三城一区"的支撑方案

市郊铁路应当充分考虑支撑"三城一区"的建设与发展，根据位置和发展成熟度提出因地制宜的规划方案，初步考虑如下。

怀柔科学城距离原怀密线和密兴线均较近，考虑到与城市副中心的连接以及线路定位，建议通过小支线，实现怀柔科学城与密兴线连接，进入市郊铁路网，直达副中心和首都核心区。

未来科学城（经过 17 号线北段在建）位置距 S2 线、密兴线、东北环线均 18 公里左右，距离京沈客专 1 公里左右。方案有三：一是 5 号线向北延伸到未来科学城站，在 5 号线立水桥站与望京支线实现便捷换乘；二是新建"黄土店—未来科学城—顺义"市郊铁路；三是将部分新建线路与原机场专用线连接，共同引入张新站。综合可实施性、成本、与市郊铁路衔接条件等，方案一为优选方案。

中关村科学城：中关村科学城在首都圈层 30 公里范围内，属于城市轨道交通疏解范畴，然而，由于各种原因，中关村科学城与西南方向缺乏快速通道。通过延伸密兴线望京支线到马连洼站并与地铁 16 号线衔接，可以形成西北中关村科学城片区与副中心之间的快速通道。16 号线采用 8 辆编组 A 型车，隧道断面大、能力充足，远期可以与 S2 线与密兴线连接，统筹考虑贯通。

亦庄开发区：亦庄开发区入网方案以新建客货共用线为主，依托奔驰公司专用线（客运标准修建），向西连接密兴线—廊坊支线安定站、向北连接副中心线副中心交通枢纽，使亦庄开发区并入市郊铁路网络。本部分线路由于采用专用线，应采用大铁路制式，可以优先贯通。

（五）分阶段实施方案

1. 近期（2020 年前）

近期应以优化既有线、稳定规划、建立网络化主骨架为主。实施重点如下。

密兴线通车。由于京承线、京九线目前的能力利用率在 45% 左右，尚有剩余能力，与铁路总公司达成协议的可能性很大。同时，这两条线是"两纵"之一密兴线的重要组成部分。因此，建议积极与铁路部门协商，先期开通。

开通涿州支线琉璃河—副中心段列车 1 对：鉴于目前副中心线上有动车组在琉璃河过夜，清晨需要从琉璃河空车调拨到北京站，形成空跑浪费。建议利用这条运行线开通涿州支线琉璃河—副中心段。

东北环线改造。东北环线是串联 S2 线和密兴线的重要联络线，是现有几条市郊铁路成网的关键，也是先期最有可能成网的一条线。建议由北京市提议出资改造，由单线改为复线，形成铁路总公司和北京市各有一条单线的格局，从而争得经营开发上的主动权。同时利用改造机会向西延长与地铁16 号线衔接，形成中关村科学院区与副中心间的快速通道。

副中心线东延至燕郊。随着 2019 年京沈客专引入北京东站，副中心线压力稍有缓解，建议积极推进副中心线东延至燕郊，并在高峰方向增加至少 1 对列车，提升副中心线客流和服务水平，通过与铁总协商调整铁路编组计划，将丰台西的路网性车流调整到山海关、石家庄、济南西等编组站，将部分客车调到北京南站，为进一步增加副中心线列车并实现密兴线贯通预留条件。

S2 线增设车站。2019 年底京张高铁开通后，铁路总公司对 S2 线的态度预计会发生变化。利用这一时间窗口，在 S2 线增设车站，并与铁路部门探讨更加适合市郊线的运营管理模式，协调铁路总公司取得互通列车上道许可，必要时先行试点沙阳支线及土地综合开发。

怀密线优化。密兴线目前已完成到古北口的贯通和电气化改造，并延伸引入北京北站。

2. 中期（2020～2025 年）

北京站—副中心站间增加单线。彻底解决"一横"副中心线的运输压力问题，实现市区繁忙区段长途和市郊列车分开。由于京唐高铁有预留北京站至副中心站间的双线（唐军军，2016），但是这一线路面临环评问题，而改为市郊铁路（或市域快轨）则有利于解决环评问题。2021 年 9 月前，明确将这段留给市郊铁路，当能力紧张时将部分京唐高铁列车截流在副中心站。

副中心线西延至良乡，增开列车。2021 年丰台站落成时，北京西站及北京西站—良乡段的能力将得到极大释放，这时将是副中心线西延，完成"一横"的关键时间窗口。需要在这一阶段及时与铁路总公司协商，顺利完成西延。同时，在这一时间窗口应同时完成主要新建线路的推进（含各支线建设），完成互联互通所需的工程实施和设备采购。

3. 远期（2025~2030年）

利用土地置换等方式，推进完成货运外迁，丰台西、双桥只保留与北京地区关系密切的车流，实现 S2 市郊列车与地铁的互联互通示范工程。此时，北京地区铁路枢纽内的能力已得到极大释放，主骨架客流培育也已经初步完成，建议适时开通廊坊支线，并按需求开通门头沟支线。研究与河北、天津联网，与地铁互联互通，实现京津冀"四网融合"。

六 存在的问题与建议

（一）客流培育问题

目前市郊铁路的总体客流预期不足。尽管郊区与城区有一定的交通需求，但是实际出行总量很低。环北京地区全方式日出行量在 60 万人次左右，出行的主要方向集中在东部燕郊（占 40%，通勤时间达到 90 分钟）、房山（17%）、大兴（13%）、武清（16%）。现有开通的 S1 线、S2 线、S5 线的累计日均客流量仅有 5464 人次（其中 S5 只有 37 人次、S1 只有 390 人次，最高 1000 人次）。相比之下，国外东京 23 区与都市圈其他地区如多摩部、埼玉县及千叶之间的日均出行量均达到 150 万人次以上，与神奈川间的日均出行量也超过 100 万人次，总计超过 550 万人次。巴黎大区与城区之间的客流量在 260 万人次以上。

需求不足的主要原因是多方面的，其根本原因是大量的资源集聚在市中心，如教育、医疗、就业岗位等。具体原因还有线路开通与城市规划不同步（如怀柔科学城、副中心搬迁与相应线路开通不同步）；铁路线路的路由和车站设置都未考虑短途旅客站点乘降的需求，车站的接驳条件差，如 S1 线的通州、S5 线的昌平北站与核心区都有一定距离，周边衔接不便；原车站周边土地开发强度低、密度低，导致交通不方便；实名制、运行密度小、交通不方便；线路没有成网；等等。

要认识到客流需要培育。客流培育期至少 10 年，培育配套措施包括市郊铁路的规划与城市规划同步进行；利用既有铁路开行的市郊铁路改进车站接驳；增加必要的中间车站；TOD 综合开发（土地出让条件和政策支持）；采用地铁的运营模式；教育医疗等配套政策。出行习惯和市郊客流需要10～30 年的时间培养。在客流培育成熟之前，需要采取一定措施确保能力虚糜降到最低，如利用线路的服务富余能力在近期可考虑开行服务城市物流的列车，尽可能提高运营综合效益。

（二）与铁路总公司的合作机制

借鉴国外发展经验，市郊铁路近期可利用部分线路的剩余能力，考虑到体制机制现状，宜一事一议，远期应考虑修建新线。

利用干线铁路开展市郊铁路运输，可以节省投资，并有利于加速市郊铁路成网。目前依然有数量巨大的废旧铁路在原地产生消极的城市空间，也有一部分铁路运能浪费。类比国内外案例，有以下三种对既有铁路资源的利用形式：作为城市景观/步行空间载体、作为城市公共交通"新"载体和作为城市基础设施的配套资源。但如何合理利用既有铁路资源，应该要进行充分的调研和全面的探讨。目前仍然有许多现实的问题需要解决。这些问题中既有体制机制问题，又有技术问题，既有规划问题，也有运营问题。

在体制机制上，一方面，主管国铁的铁路总公司与主管城市交通的地方政府是两个独立的主体，二者的目标并不一致；另一方面，就国铁而言，我国铁路企业在以往较长的时间里，在社会公益性方面发挥了重要的作用，但对于其市场主体地位和责任的认识与实践不足，加之铁路企业资源涉及众多单位、众多部门，各单位、部门的资源各异，使得铁路从业人员不能充分发挥主观能动性，铁路企业市场化、产业化不够。

在技术上，目前，北京枢纽内的绝大多数线路没有剩余能力，已经开通的 S1 线即使只有 4 对列车，对短途市郊列车与长途东北方向进京列车也已经形成一定干扰，夕发朝至的长途列车晚点后调整余地受到一定影响。远期（2040 年）货运外迁后将有部分剩余能力。

规划上，铁路的线路规划走向、车站位置等与客流分布、产业分布、城市发展并不一致。

运营上，铁路的运营方式及规章制度等无法适应市郊铁路快速通勤的需要。

建议按照京津冀一体化发展统筹规划、一步到位、分阶段实施。近期利用部分线路的剩余能力，考虑到体制机制现状，宜一事一议，远期考虑修建新线。

在经营模式上，考虑到由铁路总公司进行经营与市郊铁路的服务要求有一定差距，建议在现有委托经营模式的基础上，创新合作模式，如在有潜在条件的线路上探讨网运分开模式，即地方负责运营，铁路负责路网及指挥列车。目前，新建副中心单线、东北环线、S2 线等有较大的模式创新潜力。李克强总理在政府工作报告中介绍 2019 年政府工作任务时指出，深化电力、铁路等领域改革，自然垄断行业要根据不同行业特点实行网运分开，将竞争性业务全面推向市场。在铁路干线部分，网运分开目前难度较大，在市郊铁路部分，可以考虑论证后先期推行。

（三）铁路货运外移的推进

铁路货运外移是城市发展的必然趋势。铁路和城市有三大矛盾：铁路用地比例大、公铁交叉干扰严重、对城市环保影响严重。货运系统外移，可以减少对城市的污染和干扰，符合枢纽内客内货外的设计理念，体现以人为本的原则，有利于实现铁路和城市的双赢。铁路总公司已经有修建货运外环线、疏解丰台西编组站等远期规划，但规划年限与北京市城市总体规划不同步。目前，北京城市化不断加速推进，为了保障北京市疏解政策的顺利实施，支撑京津冀协同发展，必须考虑提前加速实施铁路货运外移战略。具体建议如下。

由北京市先行做好准备工作，并与铁路总公司开展研究，实行分阶段货运外移方案。第一阶段调整编组站分工,将部分车流调整到山海关、石家庄、济南西站,同时稳定新编组站的规划;第二阶段新建编组站;第三阶段将所有路网性车流移除丰台西站,部分或全部置换丰台西站土地,或由北京市主导,与铁路总公司共同对车站所在位置土地进行开发利用,收益共享。

(四)发展资金问题

市郊铁路建设和运营需要的资金较多,据有关调查,新建成本约为地铁建设成本的1/5(不到2亿元/公里),如利用既有铁路改建,建设成本约1000万元/公里,运营成本约1.2亿元/年(以S2线为例)。北京市预计规划1000公里市郊铁路,预计利用既有铁路改建约511.4公里,总计建设成本约1051亿元,运营成本每年约20亿元(补贴约12亿元),财政压力较大,运营补贴将在较长一段时间内存在。

市郊铁路的发展需要积极拓宽融资渠道,建立政府、各类金融机构和社会资本相互支持的多元化、分线路的投融资体系,如采用公私合营模式。同时,"轨道交通+物业"的模式有望取得新的进展,成立市郊铁路公司,在客流培育期给予动态补贴,并负责沿线资源的综合开发,大站建设成集餐饮、娱乐、休闲于一体的大型商场,小站建设成支持当地生活的服务中心,支持部分市郊铁路发展。

(五)与地铁互联互通的问题

市郊铁路与地铁互联互通将极大地改善60~100公里级出行便捷度,提高客流吸引力,有力地支撑功能疏解。通过互联互通开行"翼型"列车还能有效解决干、支线客流密度差异大的问题。因此,应适时考虑市郊铁路与地铁互联互通的问题。

目前,市郊铁路与地铁互联互通需要解决的关键技术问题包括车、信号、调度,其中车的问题为核心。为了解决这一问题,可以考虑采用蓄电池/内燃+DC750V第三轨或接触网DC1500V混合动力动车组,这在法国、英国、美国均有应用,我国主机厂也有相关产品可供定制,由于没有受电弓,现有地铁隧道限界能够满足要求，可以通过动力分散和合理布置设备，降低轴重。具体车型建议为两组动车组重联，即"3+3"的形式，部分车的座椅"2+2"布置，以达到降低轴重同时方便长途旅客的目的（每列较原地铁列车损失能力约100人）；部分车座椅采用地铁车型布置，达到方便短途旅客并提高运输能力的目的。列车进入郊区后在干支线交界站实现分解，前1组前往干线长途，后1组前往组团内部支线，反方向列车合并运行（见图1），实现可变编组，适应市郊铁路不同位置客流的需求。

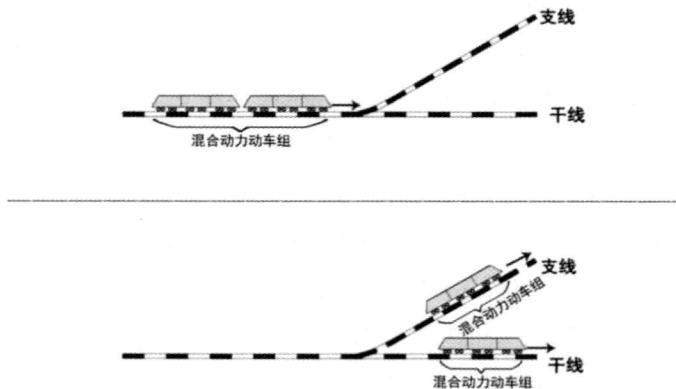

图1　干支线"翼型"列车开行示意

市郊铁路与地铁互联互通的关键管理问题主要有两个。一是过轨运输问题，各种线路进入铁路均属于铁路过轨运输，需根据相关办法向铁路申请要约。目前要约有效期1年。需要通过协调，达到中长期有效。二是特殊车辆办证问题，地铁车辆进入铁路虽然技术上没有问题，但在管理上，这一车型需要获得国家铁路局车证以及铁路总公司的技术认定，涉及新车型的需要政府相关部门与车辆制造厂共同与铁路总公司协调。

七　结论与展望

笔者对北京现有的几条市郊铁路进行了实地调研和考察，主要针对北京市郊铁路S2线、城市副中心线、怀密线，探究线路沿线客流和区域建设情况。研究国内外典型市郊铁路线路的发展概况，从中获得一些利用市郊铁路发展北京区域快线的创新路径及规划研究的新思路和新想法。

本报告根据调研结果结合北京市城市总体规划及国家发改委、国家铁路集团、交通运输部等出台的相关文件和标准，研究区域快线创新路径，进行城市轨道交通线网整体创新路径规划，并根据每条线路的客流以及位置特点进行具体的需求分析和优化建议。

在研究中我们提出了当前市郊铁路发展所存在的客流培育、合作机制、铁路货运外移、发展资金、互联互通等问题，探究如何利用市郊铁路带动沿线发展，进行首都功能疏解，缓解城市压力。对于市郊铁路和既有铁路线争能问题，研究了如何通过创新方法来进行疏解。探究区域快线新型合作模式，与北京市现实情况相结合，因地制宜，突破现有合作模式，创新发展。提出干线铁路、城际铁路、市郊铁路与城市轨道交通融合的方法，提出"四网融合"的技术、模式建议。

参考文献

白宝英、杨卫盛：《利用铁路枢纽线路开行市郊列车的有关探讨》，《铁道工程学报》2014 年第 31 期。

蒋小军：《京唐铁路引入北京枢纽方案研究》，《中国铁道协会运输委员会第十八届站场与枢纽年会论文集》，2017。

李得伟、李若怡、兰贞：《巴黎 RER 线现状分析及对我国市域轨道交通发展的启示》，《都市快轨交通》2017 年第 30 期。

李连成、陈晓博、吴文化：《上海金山市郊铁路发展中的问题与启示》，《综合运输》2014 年第 4 期。

刘丽亚：《发展我国市郊铁路的对策建议》，《综合运输》2015 年第 37 期。

刘学锋：《既有铁路改造为市郊铁路线路适用性评价研究》，硕士学位论文，北京交通大学，2014。

柳杨：《既有铁路在大城市轨道交通发展中的利用》，硕士学位论文，北京交通大学，2014。

全永燊、刘剑峰：《区域轨道交通规划若干问题与思考》，《城市交通》2017 年第

15 期。

时福久：《关于北京铁路局管内线路提速规划的总体思路》，《中国铁路》2001 年第 4 期。

唐军军：《京唐城际铁路北京至香河段线路方案研究》，《建筑工程技术与设计》 2016 年第 12 期。

王俏：《利用既有铁路资源开行市郊列车的探讨》，《铁道工程学报》2015 年第 8 期。

王永祥：《轨道交通建设对城市周边地区发展作用影响研究——以北京轨道交通平谷线为例》，《建筑与文化》2017 年第 6 期。

姚智胜、熊志华：《北京市轨道交通线网规划若干问题探讨》，《交通科技与经济》 2018 年第 20 期。

郑晓薇：《北京城市铁路西直门线路向南延伸实施性探讨——北京城市轨道交通线网优化调整建议之一》，《地铁与轻轨》2003 年第 1 期。

甄小燕：《部市合作建设市郊铁路的问题与建议——基于北京 S2 线调研的启示》， 《运输经理世界》2014 年第 10 期。

《北京市郊铁路城市副中心线开通运营》，《中国物流与采购》2018 年第 2 期。

《北京利用既有国铁开行市郊列车》，《交通与港航》2017 年第 4 期。

B.4
京津冀机场群发展与比较研究报告

摘　要： 本报告旨在研究京津冀机场群在范围界定、发展规模、管理体制、路面衔接等方面的现状，并从机场群规模与增速等角度，开展国内外具有代表性的大型机场群的比较分析。本报告从多个维度比较了纽约机场群、伦敦机场群、东京机场群、芝加哥机场群、巴黎机场群等成熟的世界级机场群，总结出世界级机场群的特征。针对京津冀机场群发展存在的问题，本报告认为应在京津冀机场群的授权保障协同、数据信息共享、集疏运体系等方面完善现有的管理体制，以进一步提升以北京为中心的京津冀机场群的国际影响力。

关键词： 京津冀　世界级机场群　航空运输

一　京津冀机场群发展现状

（一）京津冀机场群范围界定

京津冀城市群是中国的政治、文化中心，也是中国北方经济的重要核心区。机场群是与城市群是相伴相生的（冯正霖，2017），京津冀机场群对应京津冀城市群的空间地理位置，共包含 10 座运输机场（见表 1）。2019 年，京津冀机场群完成旅客吞吐量约 14665.6 万人次，较上年增长 1.1%；完成货邮吞吐量约 226.0 万吨，较上年减少 6.5%。

表1 2019年京津冀机场群客货吞吐量及增速

城市 （机场）	旅客吞吐量			货邮吞吐量		
	本期完成 （人次）	上年同期 （人次）	同比增速（%）	本期完成 （万吨）	上年同期 （万吨）	同比增速（%）
北京（首都）	100013642	100983290	-1.0	1955286.0	2074005.4	-5.7
天津（滨海）	23813318	23591412	0.9	226162.7	258734.8	-12.6
石家庄（正定）	11922801	11332518	5.2	53229.7	46145.9	15.4
北京（南苑）	5060412	6512740	-22.3	15513.5	25122.2	-38.2
北京（大兴）	3135074	—	—	7362.3	—	—
邯郸（邯郸）	970700	763938	27.1	1026.1	1005.2	2.1
秦皇岛（北戴河）	506522	414224	22.3	378.8	513.1	-26.2
唐山（三女河）	505175	574333	-12.0	1057.7	1192.2	-11.3
承德（普宁）	424397	436893	-2.9	45.1	94.1	-52.1
张家口（宁远）	304009	387230	-21.5	49.5	88.4	-44.0
合计	146656050	144996578	1.1	2260111.4	2406901.4	-6.5

资料来源：中国民用航空局。

（二）京津冀机场群发展规模

1. 京津冀机场群规模现状

根据国家发改委与民航局发布的《推进京津冀民航协同发展实施意见》（以下简称《实施意见》），北京大兴国际机场定位为"大型国际航空枢纽和京津冀区域综合交通枢纽"，北京首都国际机场定位为"大型国际航空枢纽和亚太地区重要复合枢纽"，天津滨海机场定位为"区域枢纽机场和我国国际航空物流中心"，石家庄正定机场将发展成为"航空快件集散及低成本航空枢纽"。

目前京津冀机场群在大兴机场投运后，已形成近3亿人次的设计容量，2019年京津冀地区的实际航空旅客总量为1.46亿人次，其中北京首都国际机场（以下简称首都机场）占68.20%、天津滨海机场（以下简称滨海机场）占16.24%、石家庄正定机场（以下简称正定机场）占8.13%，三大千万级机场共占京津冀机场群92.57%的旅客总量，由于北京大兴国际机场（以下简称大兴机场）在2019年9月才投入运营，2019年三大机场在机场群内占比相较2018年变化幅度均小于2个百分点（见表2）。

表2　2019年各机场旅客吞吐量在京津冀机场群内占比及变幅

城市 （机场）	本期完成 （人次）	机场群占比 （%）	上年机场群占比 （%）	较上年增长 （个百分点）
北京（首都）	100013642	68.20	69.65	-1.45
天津（滨海）	23813318	16.24	16.27	-0.03
石家庄（正定）	11922801	8.13	7.82	0.31
北京（南苑）	5060412	3.45	4.49	-1.04
北京（大兴）	3135074	2.14	0.00	2.14
邯郸（邯郸）	970700	0.66	0.53	0.13
秦皇岛（北戴河）	506522	0.35	0.29	0.06
唐山（三女河）	505175	0.34	0.40	-0.06
承德（普宁）	424397	0.29	0.30	-0.01
张家口（宁远）	304009	0.21	0.27	-0.06
合计	146656050	100.00	100.00	

资料来源：中国民用航空局。

从首都机场、滨海机场、正定机场三大机场2009～2019年旅客吞吐总量趋势（见图1）可以发现，京津冀机场群总体发展规模在不断扩大，首都机场占据机场群内近七成旅客份额（见图2）。

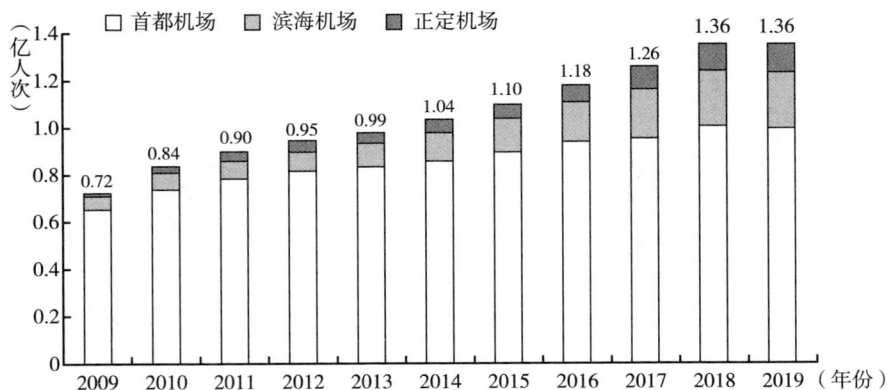

图1　2009～2019年三大机场旅客吞吐总量

资料来源：中国民用航空局。

2. 与国内其他机场群的规模和增速对比

京津冀机场群、长三角机场群、粤港澳大湾区机场群（以下简称粤港

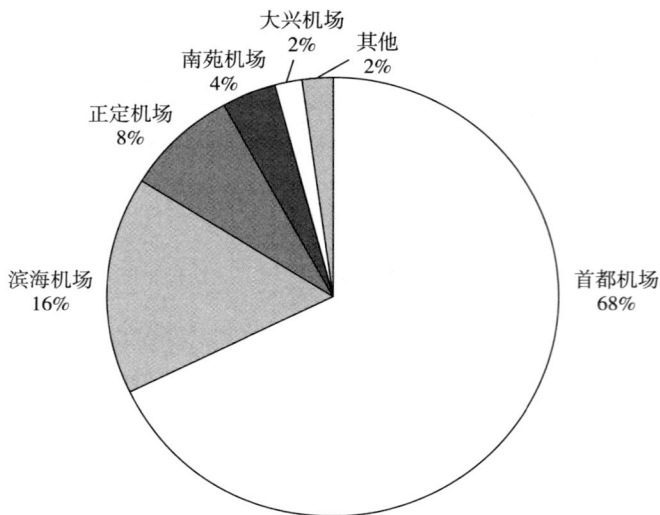

图2　2019年各机场旅客吞吐量在京津冀机场群内占比

资料来源：中国民用航空局。

澳机场群）以及成渝机场群2019年完成的旅客吞吐量分别为14665.6、26557.2、14202.5和11040.1万人次，较上年分别增长1.1%、7.0%、7.4%、8.2%，如图3所示。

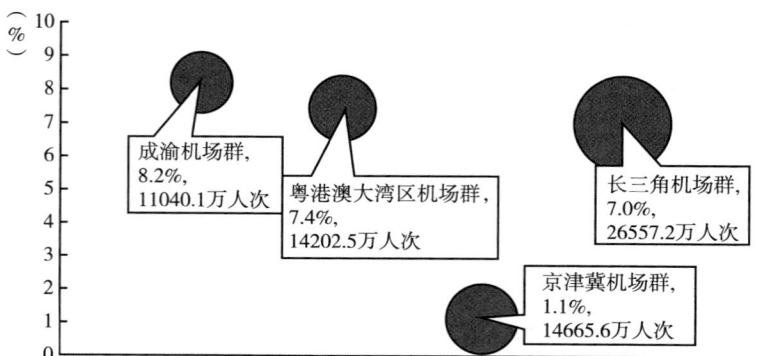

图3　2019年国内四大机场群增速对比

注：圆圈面积大小代表机场群2019年旅客吞吐总量大小。

资料来源：中国民用航空局。

（1）长三角机场群

长三角城市群是指在上海市、江苏省、浙江省、安徽省范围内，以上海为核心、联系紧密的 26 个市，常住人口约占全国的 1/6，经济总量约占全国的近 1/4。长三角机场群是长三角城市群内的机场群，主要包括上海的浦东国际机场、虹桥国际机场等 16 座运输机场。

从表 3 可看出，2015 ~ 2018 年，长三角机场群内六个大型机场运输规模的平均增速要显著小于其余大部分小型机场，小型机场的发展规模逐渐扩大，而大型机场旅客吞吐量趋于饱和。

表 3　2018 年长三角地区机场运输规模与 2015 ~ 2018 年平均增速

省市	机场	旅客吞吐量（万人次）	区域占比（%）	全国排名	2015 ~ 2018 年平均增速（%）
上海	上海浦东国际机场	7400.63	32.22	2	9.40
	上海虹桥国际机场	4362.80	18.99	9	4.33
安徽	合肥新桥国际机场	1111.06	4.84	37	15.52
	池州九华山机场	45.09	0.20	136	76.72
	安庆天柱山机场	47.76	0.21	134	39.56
浙江	杭州萧山国际机场	3824.16	16.65	10	11.66
	宁波栎社国际机场	1171.84	5.10	33	17.40
	义乌机场	163.57	0.71	72	35.57
	舟山普陀山机场	120.97	0.53	87	19.51
	台州路桥机场	111.22	0.48	91	12.75
江苏	南京禄口国际机场	2858.15	12.44	11	13.09
	无锡硕放机场	720.75	3.14	43	13.67
	常州奔牛国际机场	332.77	1.45	50	20.05
	南通兴东国际机场	277.13	1.21	52	32.78
	扬州泰州国际机场	238.44	1.04	57	24.11
	盐城南洋机场	182.22	0.79	68	12.66

资料来源：据全国机场生产统计公报整理。

根据 OAG 的数据统计，截至 2019 年底，长三角机场群定期航班共开通1333 条航线，可达 50 个国家/地区，包含 278 个城市、288 个航点。其中，国内航点和航线数量较多，分别为 165 个、1043 条（含地区航点 7 个、航线 53 条），而国际航点、航线分别为 123 个、290 条。开通国际航线的机场有 17 个，其中浦东（109 条航线）、萧山（48 条航线）、禄口（32 条航线）三个机场的国际航线最多，且与首尔、曼谷、东京、大阪、新加坡、济州、名古屋等亚洲城市来往最为频繁。开通洲际航线的有浦东（45 条航线）、萧山（12 条航线）、禄口（7 条航线）、新桥（1 条航线）4 个机场，与莫斯科、悉尼、巴黎、洛杉矶、马德里这些洲际城市往来最为频繁。此外，在长三角机场群中，有 132 家航空公司开通了定期航班，包含 50 家国内航（含地区航 11 家）、82 家国外航。

长三角机场群管理体制。目前，长三角机场群的管理机构尚未统一。上海市设立了上海机场集团公司，负责浦东和虹桥这两个市属的国际机场的管理工作。杭州萧山国际机场、宁波栎社国际机场、舟山普陀山机场和台州路桥机场由浙江省机场管理公司进行管理。另外，义乌市政府与浙江省机场集团有限公司（原浙江机场集团有限公司）签订了《义乌机场委托管理协议》，机场资产和人员一并委托给浙江省义乌机场管理有限公司运营管理，并由其承担相应的安全及经营风险责任。全省机场资源整合后，义乌机场基础设施的投资由义乌市政府承担；原机场管理机构义乌市民用航空管理局（站）仍然保留，负责《义乌机场总体规划》的修编、报批、建设，机场净空保护区内建筑物高度审核，监督、检查义乌机场范围内的航空活动等。江苏省目前有 9 个机场，现由归属地政府管理；此外，省政府交通厅通过设立民航处对全省机场的行业行政归口进行管理。合肥新桥国际机场和池州九华山机场由安徽民航机场集团有限公司负责管理，安庆天柱山机场由海航集团负责管理。

长三角机场群路面衔接。长三角机场之间除了上海虹桥机场和上海浦东机场有地铁直接连接外，其他机场之间由于跨省且相距较远，主要由铁路和高速公路进行连接。长三角地区目前高铁网络发达，已基本覆盖各主要机场城市。长三角地区沪、杭、甬、宁四个中心城市基本形成了以沪宁、沪杭、杭甬三条城际高速铁路为框架的区域内"1 小时高铁网"。此外，这四个中心城市还建成了环线和若干联络线相互贯通的高速公路"循环圈"，沪、宁、杭、甬四城之间 3 小时互通，节点城市 20 分钟之内可上

高速公路。但是合肥新桥机场及其他次级机场到各大机场之间的综合交通
网络还不发达。

（2）粤港澳机场群

粤港澳大湾区是由香港、澳门两个特别行政区和广东省的 9 个珠三角城
市组成的城市群，占地面积约 18 万平方公里。粤港澳机场群主要包括香港
国际机场、广州白云国际机场、深圳宝安国际机场、澳门国际机场、珠海金
湾机场 5 座民用机场。

2019 年，粤港澳五大主要机场旅客吞吐量合计超过 2 亿人次，货邮吞
吐量超过 790 万吨。其中，香港机场、白云机场、宝安机场规模较大，且香
港机场与白云机场 2019 年旅客吞吐量差距不大，香港机场 2019 年货邮吞吐
量远高于其他机场的货邮吞吐量。2019 年粤港澳机场群服务现状见表 4。

表 4　2019 年粤港澳机场群服务现状

机场	旅客吞吐量（万人次）	货邮吞吐量（万吨）	通航机场数量（个）	
			国内	国际
澳门国际机场	961.14	4.22	30	39
香港国际机场	7129	470	45	150
广州白云国际机场	7353	192	157	98
珠海金湾机场	1240	5.1	88	0
深圳宝安国际机场	5200	128	149	66

资料来源：根据公开资料整理。

航线网络方面，深圳宝安机场和广州白云机场的国内航线覆盖比较完善，
香港机场与国内的航线链接相对深圳和广州机场较弱；香港机场的国际航班
比例较高，国际航线网络更加完善，通航航点较多，国际航班频率更高。

粤港澳机场群暂没有统一的管理机制和综合的机场群管理机构，但通过
空域优化、促进互联互通、增进机场交流等方式，或成立共同发展小组，或
自主协商，从而统筹各方利益，促进粤港澳机场群内机场的协同发展。一是
成立发展小组，实现空域优化。2019 年 7 月 30 日，空管局、香港民航处和澳
门民航局三方签订了粤港澳大湾区空域协同发展三方协定书，将设立由空域

109

工作人员、主要航空公司和机场的代表所组成的粤港澳大湾区空域协同发展小组，使得大湾区地区的空域得到整体优化。二是交通统一规划，促进互联互通。2018年1月19日广东省发改委启动了粤港澳大湾区城际铁路建设规划的编制工作，项目研究地域范围包括：广东省的广州、深圳、珠海、佛山、惠州、东莞、中山、江门、肇庆9市和香港、澳门两个特别行政区。三是增进机场交流，形成有效竞合。2009年，经广州、香港、深圳、澳门、珠海5个机场高层的共同协商，发起且建立了大珠三角五大机场合作机制，并逐步设立和完善了五大机场主席会议制度。对于广州白云机场、汕头外砂机场、湛江机场和梅县机场，在航线的布局、航班时间、技术及设备的运用等资源方面实施统一管理。而深圳机场由深圳市政府管理，珠海机场由珠海市国资委与香港机场管理局合作管理。此外，香港和澳门机场分别归属两个特别行政区管理。

对于粤港澳机场群整体的管理协调暂无统一的机构，没有航权分配部门。香港机场、白云机场等五大机场国际国内航班兼得。通过粤港澳大湾区空域协同发展小组，以科学手段评估大湾区流量需求对空域运行的影响，为大湾区各机场的安全运作及发展规划提供技术支持，大湾区地区的空域将会得到整体优化。

粤港澳机场群路面衔接。可通过机场快线、巴士、出租车等方式来往香港各地和机场。白云机场可通过省内大巴和出租车、地铁、公交车等方式与市内相连。从澳门机场可乘坐直升机到达深圳和香港两地。从珠海机场可通过机场快线、市内公交、出租车等方式来往市区，但是高铁和轨道交通的联通还很不充分。建议利用高铁建立新的交通网络，实现大湾区机场群与地面交通的互联互通，达到30~40分钟完成大湾区五大机场之间的多机场中转目标，且符合高品质、优体验的中转要求。其中，东线连接广州、深圳和香港三地机场，西线连接广州、珠海和澳门三地机场，另通过港珠澳大桥高速路延伸线连接香港和澳门两地机场。

（三）京津冀机场群管理体制

首都机场、大兴机场和滨海机场均属于首都机场集团；正定机场、张家口机场等属于河北机场集团。但正定机场与首都机场签署了委托管理协议，管理趋于统一。京津冀机场群中的机场均由中国民用航空华北地区管理局进行安全监管。

大兴机场投运后，北京终端管制中心作为全国首个在一个终端区内同时指挥三个千万级机场的终端管制中心，将协调指挥首都、大兴、滨海两地三场中低空的航班运行。在远期规划中，正定机场也将由它指挥。

（四）京津冀机场群主要市场划分

目前京津冀机场群尚未形成统一的针对机场群的权属明确的管理机构。

根据 OAG 数据库，首都机场 2019 年共服务 81 家中外航空公司，其中中国国际航空股份有限公司（以下简称国航）占据 40% 的份额；同样，主基地航司天津航空在滨海机场、河北航空在正定机场份额均占据首位，为 19%、28%（见图 4、图 5、图 6）。

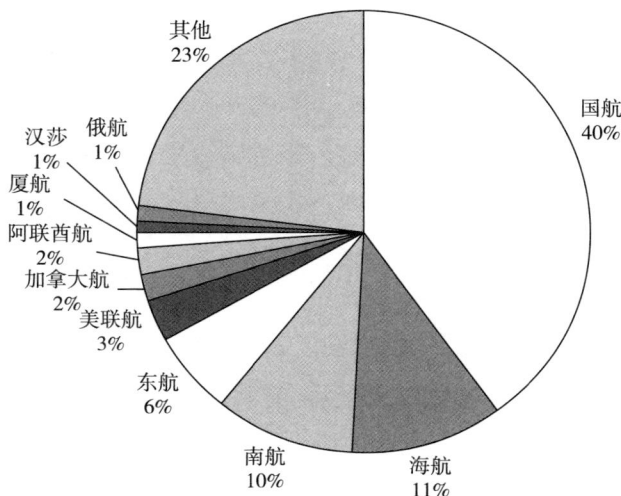

图 4　2019 年首都机场服务航司 ASK（可用座位公里）占比

资料来源：中国民用航空局。

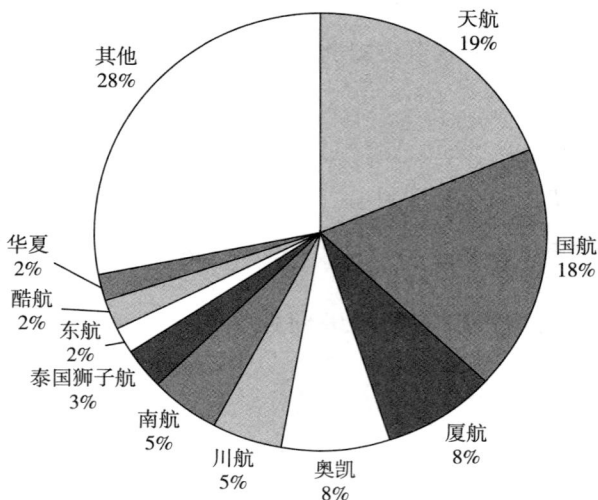

图 5　2019 年滨海机场服务航司 ASK（可用座位公里）占比

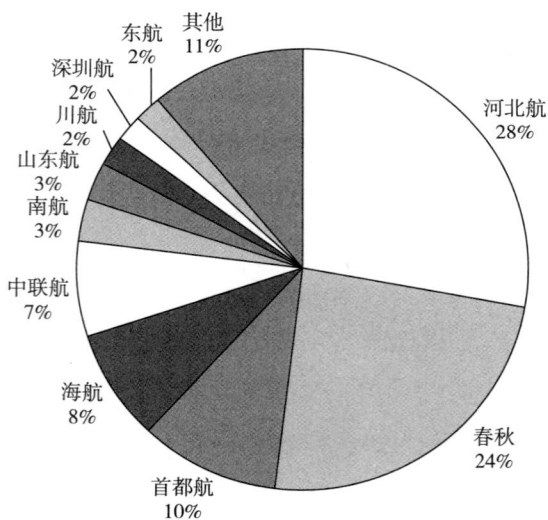

图 6　2019 年正定机场服务航司 ASK（可用座位公里）占比

大兴机场为 2019 年 9 月新增机场。预计到 2025 年将拥有旅客吞吐量 7200 万人次，货邮吞吐量 200 万吨，飞机起降 62 万架次的能力。截至 2019

年9月，共有66家航空公司意向入驻大兴机场，其中20家境内航空公司、46家港澳台地区及外国航空公司。2019年的冬春航季，大兴机场预计开通116条航线（国内、国际航线分别为101、15条），覆盖全球112个航点（国内、国际航点分别为97、15个）。据北京大兴国际机场航空公司基地的建设方案规划，东航、南航为大兴机场的主基地航空公司，国航为首都机场的主基地航空公司。

（五）京津冀机场群路面衔接

在京津冀世界级机场群中，主要机场与所在城市之间的集疏运通道，已经具备很好的基础。首都机场开通地铁机场线，并与城市地铁网紧密衔接，同时正在规划其他地铁线路、首都机场至大兴机场的城际联络线以及至京沈高铁的联络线。大兴机场—草桥的机场地铁线紧密连接了机场与北京市区，首都机场与大兴机场之间通过高速公路运输方式对客货进行集疏运。群内其他机场也都能通过公交、地铁等多种交通方式与城市中心连接。

但机场群之间尚未建立两两直达巴士，同时机场之间没有直达地铁等轨道交通两两相连，还有部分交通连接线路正在规划中。

二 国外世界级机场群案例分析

"机场群"不只是区域内多个机场的简单集合，而是以协同运行和差异化发展为主要特征的多机场体系（冯正霖，2017）。以下从范围和民航发展规模、管理体制、市场划分、地面衔接、对城市群的带动五个方面对世界级机场群进行分析。

（一）纽约机场群

1. 纽约机场群范围和民航发展规模

纽约都市圈是世界十大都市圈之一，北起缅因州，南至弗吉尼亚州，跨越了美国东北部的10个州。

纽约机场群的范围为纽约都市圈中核心城市纽约周边的机场，包含 3 个大型机场和 3 个小型机场，分别为肯尼迪机场、纽瓦克机场、拉瓜迪亚机场和泰特波罗公务机场、斯图尔特机场、大西洋城机场。

纽约机场群内部各机场的概况见表 5，6 个机场每年创造大约 54 万个就业岗位和超过 760 亿美元的营业收入。

表 5　纽约机场群中各机场情况

	肯尼迪机场	纽瓦克机场	拉瓜迪亚机场	泰特波罗公务机场	斯图尔特机场	大西洋城机场
运营年份	1948	1928	1929	1919	1939	1939
跑道（条）	4	3	2	2	2	2
航站楼（座）	8	3	4	6	1	1
旅客量（万人次）	6255（2019 年）	4633（2019 年）	3108（2019 年）	—	69（2018 年）	121（2018 年）
营业收入（2014 年，亿美元）	373	229	156	—	4.5	—
创造就业岗位（万个）	25.6	16.2	11.6	—	0.33	—
距离纽约时代广场（公里）	27	24	13	19	96	198

资料来源：根据飞常准官网及相关资料整理。

2. 纽约机场群"统一管理"的管理体制

（1）管理机构

纽约机场群内部的 6 家机场均归纽约新泽西港务局统一管理。港务局成立于 1921 年，管理纽约和新泽西地区最重要的交通设施。根据美国相关法律规定，港务局是具有法人资格的公共机构，有权在"纽约港区"（Port of New York District）购买、建造、出租或经营任何站点和交通设施。港务局是一个自负盈亏的实体。它没有从管辖区获得税收，也没有权力征税。港务局主要依靠设施业务产生收入——从纽约到新泽西之间的桥梁和隧道的通行费、机场和公共汽车总站的用户费、轨道交通系统的票价以及设施的租金、消费者服务和零售商店收入。

目前，港务局已经发展成了纽约大都市区内兼备海陆空交通，集设计规划、发展建设、运营管理于一体的公共机构，极大地促进了纽约大都市区的繁荣发展。港务局的管理组织机构见图7。

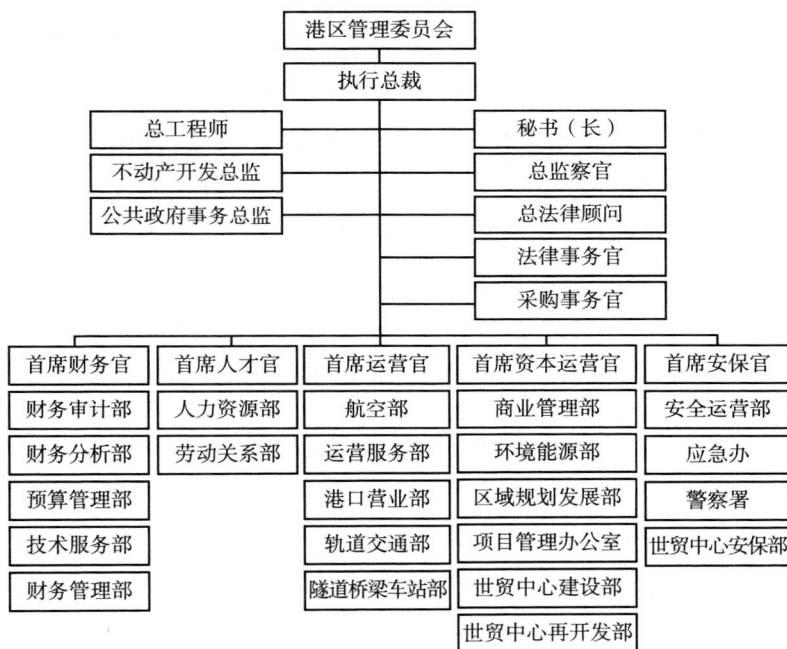

```
                    ┌──────────────┐
                    │  港区管理委员会  │
                    └──────┬───────┘
                    ┌──────┴───────┐
                    │   执行总裁     │
                    └──────────────┘
```

总工程师	秘书（长）
不动产开发总监	总监察官
公共政府事务总监	总法律顾问
	法律事务官
	采购事务官

首席财务官	首席人才官	首席运营官	首席资本运营官	首席安保官
财务审计部	人力资源部	航空部	商业管理部	安全运营部
财务分析部	劳动关系部	运营服务部	环境能源部	应急办
预算管理部		港口营业部	区域规划发展部	警察署
技术服务部		轨道交通部	项目管理办公室	世贸中心安保部
财务管理部		隧道桥梁车站部	世贸中心建设部	
			世贸中心再开发部	

图7　港务局的管理组织机构

（2）管理手段和经验

一是整体协调避免恶性竞争，机场群各个机场功能定位强调差异化。二是集中管控提升资源效能。从运营管理的角度来看，港务局负责监管机场所有业务，包括安全管理、运营管理、跑滑系统、轻轨等。港口管理局通过对其管辖范围内的机场进行集中和统一管理，形成了纽约机场集团相互补充和协调发展的良性格局。三是积极引导航班航线分流。港务局动态地调节机场之间的运输量，并通过各种手段（例如控制投资和价格）积极地引导航线航班分流。例如，通过限制拉瓜迪亚机场的航班最远飞行距离不得超过

2400 公里（1500 英里），来支持肯尼迪机场建设国际枢纽；通过降低收费标准、优化地面交通等办法，来吸引纽约三大机场的低成本航空公司到斯图尔特机场运营；通过提高安全保障标准、降低收费水平，将纽约三大机场的公务机吸引到泰特波罗机场运营；通过降低美联航在纽瓦克机场的航班票价来吸引旅客前往纽瓦克机场出行。四是建立多种资金来源渠道。港务局通过建立四个"资金池"来解决各个机场巨额建设资金投入不足的问题。不同资金池的资金来源为：（1）各个机场每年的收入约 25 亿美元；（2）民间资本资金池；（3）每位出发旅客收取 4.5 美元的旅客设施使用费用；（4）联邦政府的机场发展计划资金项目。其中民间资本资金池是最大的资金池。此外，港务局可以借助管理其他公共基础设施来实现建设资金的统筹利用。五是设法提高机场容量。纽约三大机场容量的调控均由 FAA（美国联邦航空管理局）负责，其高峰小时架次分别为：肯尼迪机场 81 架次、纽瓦克机场 81 架次、拉瓜迪亚机场 78 架次。因此需要发展新的机场来分流特定航班，有两种方式，一种是购买容量没有用尽的机场，一种是新建机场。港务局选择的是前者，其收购斯图尔特机场用于分流低成本航班，并充分考虑高速公路和铁路等地面交通问题，积极完善各机场的基础设施以进一步提高各机场的运营效率，从而提升整个机场群的容量。

3. 纽约机场群主要机场市场划分

纽约市场主要由美国联合航空、美国航空、美国达美航空、美国捷蓝航空等承运，占据了纽约市场（含国外承运人）64% 的份额。其中，捷蓝航空是美国的低成本航空公司，其余三者均是美国的主要航空公司，运营模式均以"多枢纽"为显著特征。

肯尼迪机场的驻场航空公司较多，呈现"群雄割据"的态势，不仅是捷蓝航空和挪威航空的运营基地，也是美国航空和达美航空的主要门户枢纽。其中，达美航空是最大的基地航空公司，但仅占不到两成的运力份额，捷蓝和美航分别占据一成左右，其他公司（最高份额不到 5%）占据了61% 的份额。主基地航空份额偏低也是肯尼迪机场中转旅客占比（22%）低于纽瓦克机场（32%）的一个重要原因。纽瓦克机场是美国联邦快递的货运枢纽，也是边境航空公司的重点城市，其中美联航以 64% 的运力份额占据了机场的主要份额，其他所有公司的份额均未能超过 5%。拉瓜迪亚机场是美国航空和达美航空的枢纽，为帮助肯尼迪机场建设国际枢纽，其"禁止飞行距离超过 1500 英里"的规定使机场以国内运输为主。其中，达美航空占据四成、美航接近三成、美联航和美西南也均有一成多的份额，四家公司共同占据了 87% 的市场。

美国承运人在纽约机场各有选择，美国联航独占了纽瓦克机场的国际业务，拥有美国纽约地区最大的国际航线网络，而达美航空和美国航空则共同经营纽约肯尼迪机场，其国际航线网络重点集中在欧洲和部分中美洲地区；在亚洲市场上，美国联合航空则是唯一的航空承运人。

此外，在美国国内通航机场数量上，虽然拉瓜迪亚机场最少，但是其在国内市场上的运营非常有特色。在与肯尼迪机场、纽瓦克机场相互重叠的大部分市场上，其座位运力份额都要高于二者。其主要国内市场为：佛罗里达州、伊利诺伊州、得克萨斯州、佐治亚州、北卡罗来纳州、俄亥俄州等区域。

4. 机场群的地面衔接

纽瓦克机场和肯尼迪机场都是通过引入机场轨道交通线同该区域原有轨道交通网络连接，交通更为便捷。纽瓦克机场提供前往附近地点的客运巴士服务，包括直达纽约中央车站、纽新航港局客运总站和肯尼迪机场的巴士。还提供机场大巴（NYC Airporter）前往纽约市的宾州车站（Penn Station），港务局巴士总站（Port Authority Bus Terminal）和中央车站（Grand Central Station），以及另外两大机场。

纽约机场之间通过纽约地铁系统、长岛铁路系统、新泽西轨道交通系统以及美国国铁连接，乘客可通过轨道交通系统在机场间转换或换乘至其他目的地。同时，机场大巴也提供接驳纽约两大机场和新泽西纽瓦克国际机场的专车。

5. 纽约机场群带动城市群

纽约机场群的三大机场由于其服务的旅客类型不同，在临空经济方面有些许差异：（1）拉瓜迪亚机场周边主要分布的产业（区）为服务商务旅客的现代服务业（如直升机租赁、汽车租赁、酒店餐饮、金融业等）；（2）肯尼迪机场周边主要分布的产业（区）为航空物流企业和货代企业（如联邦快递、联合包裹）、营销转运中心仓库、酒店餐饮、现代服务业等；（3）纽瓦克机场周边主要分布的产业（区）为航空物流业、高端制造业、临空服务业等。肯尼迪机场临空经济区早期的产业种类较多，除学校、教堂、大型购物中心、俱乐部等生活服务类产业外，还包括许多航空货物运输、航空货代和地面运输服务等与物流服务有关的公司。但由于受到机场周边公路设计容量和周围设施的限制，严重的交通堵塞使这些航空物流产业逐渐分流到纽瓦克机场，未来，肯尼迪机场可能将逐渐转向基于机场的以现代服务业为主的发展模式。

肯尼迪机场周边 10 公里内主要集中了汽车租赁、酒店、休闲娱乐、旅游等生活服务类产业，航空物流服务类产业的比重较小。

纽瓦克机场临空经济区以其高度发达的交通方式成为美国联邦快递、联合包裹等物流企业的货运枢纽。随着航空物流业的发展，目前临空经济区已成为汽车配件城、西门子工业公司、格兰杰工业供应公司等高端制造业的聚集地。拉瓜迪亚机场临空经济区的主要服务对象是商务旅客，酒店餐饮、汽车租赁、通用飞机租赁服务以及航空类培训学校等相关产业由此产生。

（二）伦敦机场群

1. 伦敦机场群范围和民航发展规模

伦敦都市圈是全球重要的金融、贸易、航运、文化创意中心，以伦敦—利物浦为轴线，包括伦敦、伯明翰、谢菲尔德、曼彻斯特、利物浦等数个大城市和众多中小城镇。

伦敦机场群的范围为伦敦都市圈中核心城市伦敦周边的机场（即大伦敦地区的机场），包括 5 座主要的民航运输机场，分别是希思罗机场、盖特威克机场、斯坦斯特德机场、卢顿机场、伦敦城市机场。

伦敦机场群内部各机场的概况见表 6。

表6 伦敦机场群中各机场情况

	希思罗机场	盖特威克机场	斯坦斯特德机场	卢顿机场	伦敦城市机场
运营年份	1946	1958	1991	1930	1987
跑道(条)	2	2	1	1	1
航站楼(座)	4(T1 关闭)	2	1	1	1
2019 年旅客量(万人次)	8088.43	4657.50	2812.43	1821.40	512.20
2019 年经济贡献(亿元)	4337	1038	—	—	—
创造就业岗位(万个)	83.87	20.07	—	—	—
距离伦敦市中心(公里)	22	52	48	56.5	11
辐射人口(万人)	1400	1200	1100	1000	

2. 伦敦机场群管理体制

伦敦机场群的五大主要机场曾由英国机场管理局（British Airport Authority，BAA）统一经营管理。BAA 成立于 1966 年，代表英国政府专门进行机场管理工作。随后受到英国反垄断机构影响，旗下机场被不断出售，2012 年，BAA 更名为希思罗机场集团，只运营希思罗一个机场。伦敦机场群从相对统一的所有权模式发展为多产权竞争模式。

目前，受到反垄断机构的限制，伦敦机场群内各机场间的协调合作范围只能局限在空域、公共基础设施领域，而无法到达市场经营领域。此外，政府在机场并未持股，各机场均由各自的机场管理公司管理，且股东呈现多元化趋势。例如，伦敦盖特威克机场隶属于常春藤控股公司、伦敦斯坦斯特德机场隶属于曼彻斯特机场集团、伦敦卢顿机场归卢顿自治市议会所有、伦敦城市机场由全球商业投资者计划和高星资本共同持有。政府主要通过民航局和公共管理机构，以公众咨询、报告审核和立法的方式对机场进行监管和约束，为了提高机场运行效率，英国民航局通过差异性收费政策对一些机型的航线进行了规范。具体的伦敦机场群管理体制见图 8。

3. 伦敦机场群主要机场市场划分

伦敦机场群内的五个主要运输机场的国际旅客比例都非常高，其共同重

1966年	英国机场管理局（BAA）	代表政府专门从事机场管理
20世纪80年代	英国机场管理局机场股份有限公司（BAA Plc.）	机场群实现私有化
2012年	BAA被英国反垄断机构强制拆分	盖特威克、斯坦斯特德股权被分别出售，BAA也改名为希思罗机场集团
2017年	五大机场产权主体各不相同，各机场的股东多元分散	伦敦机场群内各机场在空域、公共基础设施领域开展协调合作，在市场经营领域则不能够进行协调合作

政府在机场未持股，主要通过民航局和系列公共管理机构，以公众咨询、报告审核的方式对机场进行监管，并通过立法对机场的行为进行约束

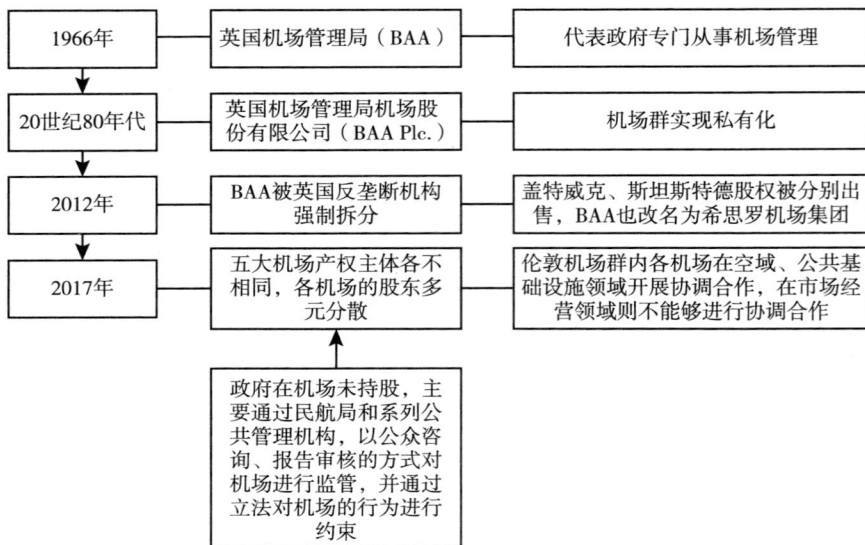

图8 伦敦机场群管理体制

点市场依次为西欧、东欧与中欧。除此之外，希思罗在北美、中东、亚洲等洲际航线上表现比较突出；盖特威克机场只有少量的北美洲、加勒比地区洲际航线；斯坦斯特德机场、卢顿机场与伦敦城市机场以欧洲航线为主。在国内市场上，由于伦敦机场群未进行统一管理，通航的国内17个机场中有12个都存在相互重叠的情况，但依然可以看出国内市场的差异化策略，其共同的重点市场为爱丁堡机场与格拉斯哥机场，希思罗在贝尔法斯特城市机场、曼彻斯特机场、阿伯丁机场、纽卡斯尔机场运力投入较多，而盖特威克机场的运力则在希思罗机场未投入运力的贝尔法斯特机场、泽西机场、格恩西机场、纽基机场、马恩岛机场。

英航（27%）、瑞安（13%）与易捷（13%）占据了大伦敦国际市场的53%。在具体运营层面，三个航空公司各有侧重。英航以希思罗机场为主，同时在盖特威克机场有部分航班，在伦敦城市机场有少量航班（但对城市机场而言已经是比较大的运力投入了）；瑞安以斯坦斯特德为大本营，同时在盖特威克与卢顿有少量航班；易捷以盖特威克为大本营，同时在卢顿机场

有部分航班，在斯坦斯特德有少量航班。伦敦机场群内成员机场的市场定位见表7。

表7　伦敦机场群内成员机场的市场定位

机场群	机场名称	市场定位	主要服务对象及运营航空公司
大伦敦地区机场群	希思罗国际机场	洲际、长途旅客、中转旅客	常规航空公司，几乎没有包机公司和低成本航空公司，是英航的主要枢纽机场
	盖特威克机场	远程旅客、包机、低成本旅客、非洲和南美航线	常规航空公司、包机公司和低成本航空公司
	斯坦斯特德机场	低成本航空服务、航空货运	低成本航空公司和货运航空公司，是瑞安航空公司的基地机场，也是美国联邦快递、日本货运公司在英国的航空货运中心
	卢顿机场	低成本航空服务、商务飞行	包机公司、低成本航空公司、私人飞机旅客
	伦敦城市机场	商务飞行、私人飞机	商务飞行公司

4. 机场群的地面衔接

伦敦三大主要机场都拥有机场快线，通往的车站也各不相同。希思罗机场通往伦敦帕丁顿火车站，新修建的机场快线与原机场快线共同使用，可服务于5号航站楼，此外4号航站楼的旅客需要乘坐机场免费交通工具前往2、3号航站楼乘坐地铁。盖特威克机场通往维多利亚车站，斯坦斯特德机场则通往利物浦火车站。此外，希思罗机场的长途大巴可以到达伦敦的各大城市。很多南部城市如布莱顿也有直达机场的火车线路，不需要去伦敦市内转车。

伦敦城市机场的主要服务对象为伦敦新兴金丝雀码头（Canary Wharf）的商务客流，机场往返市中心只需乘坐港区轻轨DLR。卢顿机场不仅服务伦敦，也是英格兰中部和北部地区城市的重要航空港，机场有往返圣潘克拉斯火车站的火车和往返维多利亚车站的大巴。

5. 伦敦机场群的城市带动

伦敦机场群中的希思罗机场是欧洲最繁忙的机场，位于英格兰大伦敦希灵登区，距离伦敦市中心24公里，是全球各国际航班的重要集散中心。其战略定位为：打造世界第一综合临空经济城。机场拥有长达4公里的购物街，零售业营业额约占整个机场收入的57%，在机场发展的成熟阶段，部分旅客量的增加得益于旅客的购物需求。

希思罗机场临空经济的构成主要有商业园区、物流、电子信息、旅游娱乐、商业服务、文化产业等。其中商务园区的比例最大，为各种类型的公司在此落户与发展提供了良好的条件，因此，为服务于商务人士，当地拥有许多高尔夫球场、国家公园、住宅等基础设施。

以机场周边城镇斯劳镇为例，希思罗空港城推动城镇由传统工业向高科技及现代服务业转型升级得益于机场庞大的客货流量所带来的企业聚集和多元化功能完善，斯劳镇提出的改善社区环境的"SLP计划"和"Slough之心"大型文化工程吸引了众多知识密集型企业和来自外地的高端人才，传统工业向信息通信、高端制造、文化创意、总部经济升级，原有的贸易园也关闭厂房，成为中小企业办公空间。最终，斯劳镇传统工业升级为高端化、功能综合的现代产业体系。

（三）日本东京机场群

1. 东京机场群范围和民航发展规模

东京作为全球最繁忙的地区之一，拥有两大机场，分别是东京羽田国际机场和东京成田国际机场。羽田机场作为日本客运量最大机场，目前仍以国内航线运营为主，兼营部分国际航线，但国际航线运力占比低于成田机场；成田机场则以国际航班为主，为日本第二大客运机场、第一大货运机场。需要说明的是，成田机场虽然位于东京都以外的千叶县成田市境内，但是机场的所有权属于东京。

2018年，羽田机场总旅客人数较上年增加2.5%，为8750.27万人次。

其中，国内航线的旅客人数增长了 1.5%，为 6936.85 万人次，国际航线增长了 6.4%，为 1813.42 万人次。国际航线中，日本旅客增长了 4.4%，为 957.14 万人次，其他国家的旅客增长了 8.6%，为 811.84 万人次。2018 年，成田机场旅客吞吐量达 4260.1 万人次，同比增长 4.7%。

东京机场群两大机场的错位发展的航线网络特点为：成田机场国际网络覆盖范围远大于羽田机场，但是航班密度小于羽田机场（见表 8）。成田机场日本国内航线网络无论从厚度还是密度方面，都与羽田机场相差很大。羽田机场国际航线数量与成田机场有较大差距，但其国际航线并不仅限于东北亚地区，在欧洲、北美也开通了。

表 8　2019 年 11 月东京羽田国际机场、成田国际机场连通性数据对比

单位：个

	连通国家和地区	连通城市	航线	运营航司	航班
东京羽田国际机场	21	81	169	62	75228
东京成田国际机场	50	139	307	83	18852

资料来源：根据公开资料整理。

羽田机场承运人运力份额相比于成田机场较为集中。全日空与日航是羽田机场的基地航空公司。全日空在羽田机场运力份额达到 39%，日航在此也拥有 34% 的运力份额。由于国内航班量占羽田机场总航班量的近 80%，羽田机场的其他主要承运人如天马航空、北海道航空等，也均为日本本土航空公司。2017 年在羽田机场运营的航空公司共有 44 家，其中全日空座位运力份额达到 42.12%，日本航空为 33.23%。成田机场承运人运力份额较为分散，全日空与日航作为成田机场两大基地公司，其运力份额分别仅有 16% 和 13%。日航自从破产和重组后，已从政府施加的航线限制中解放出来，将部分国际航班从成田机场转移至羽田机场，而随着羽田机场不断放量，此类转移可能会持续存在。

2. 东京机场群管理体制

从管理体制来看，羽田机场实施的是上下分离的管理体制，而成田机场实施的是上下一体的管理体制。所谓上下分离，就是指机场的所有权和管理权归属国家，机场的跑道、滑行道、停机坪、空管设施等由国家统一建设和管理，同时引入民间资本对航站楼进行建设经营，也即是建设—经营—转让的形式。成田机场的上下一体的模式即所有权和经营权都归属成田国际机场株式会社即原新东京国际机场管理局。成田国际机场株式会社主要负责维护和管理成田机场的设施，监督机场的经营范围、免税购物活动等，并开展货物仓库车位等的融资租赁业务等。

3. 东京机场群的市场划分变化

成田机场于1978年启用之后，主要承担国际航线的业务，而羽田机场则主要面向国内。但是越来越多的商务人士尤其是国际中短程航线旅客认为成田机场不太方便，于是羽田机场开始增加国际航线航班，并且满足深夜和凌晨的市场需求。成田机场则不断充实国际航线网络，同时努力增强国内转机能力。现在已经形成的格局是羽田机场以国内航线运营为主，兼营部分国际航线，但国际航线运力占比低于成田机场；成田机场以国际航班和部分配套国内航班为主。未来，随着东京奥运会的举办，羽田机场将对T2航站楼进行扩建并全部用于国际航班，国际旅客量将进一步增长。与之对应，成田机场也通过积极改扩建、延长营业时间吸引承运人，通过航线网络与承运人服务类型的差异化，减少与羽田机场的直接竞争。东京两大机场在定位的动态调整中，不断找到平衡，错位发展。

4. 东京机场群地面衔接

羽田机场位于东京都内，机场的旅客进入市区可选择三种交通方式：利木津巴士、京滨急行电铁（简称京急线）和东京单轨电车。而成田机场距离东京市区68公里，陆侧交通可分为机场巴士、JR东日本以及私铁京成线。成田机场有三家巴士运营商：利木津巴士、京成的东京班车和成田机场班车。其中，利木津巴士每小时运行1~6个班次，运营时间为6：00至23：00，票价约为其他两家运营商票价的3倍；而JR东日本和私铁京成线存在运营竞争关系，但这两条线路均为旅客提供特快和普快的运输服务。东京两大机场轨道交通路线见表9。

表9　东京两大机场轨道交通路线一览

机场	轨道交通方式		经过主要站点	票价
羽田机场	京急线	—	品川、浅草、横滨	410 日元
	东京单轨电车	快特、特急、急行、普通	浜松町站，可换乘山手线至东京、上野、新宿、池袋等地	490 日元
成田机场	JR 东日本	快速 Airport 成田 N'EX	到东京站约 82 分钟，停新桥、品川站，继续开往横滨、大船到东京站约 1 小时，根据车班不同，继续开往品川、新宿、池袋等车站	1280 日元左右
	私铁京成线	Skyliner	到日暮里约 36 分钟，到上野 41 分钟	票价根据站点
		Access 特急	到日暮里 54～77 分钟，到上野 59～82 分钟	到上野、日暮里 1240 日元，到新桥 1330 日元
		京成特急	到日暮里 80 分钟，到上野 85 分钟	1030 日元

资料来源：根据公开资料整理。

　　在轨道交通方面，成田机场和羽田机场之间的铁路路线单一，只能通过营浅草线和京急线、京成线直通运转。虽然该条线路可满足航空旅客在转机方面的运输需求，但耗时太长（最快的旅行时间为 103 分钟），相关服务并不理想。这是由于直达列车在都营浅草线区间运行的时速较低（仅为 30 公里）。

　　在规划建设方面，针对不同的交通运输方式，日本将其之间的无缝衔接、协同发展放在重要位置，且采取统一管理的形式。在地面交通的规划和建设方面，机场除了需要征求机场当局的意见之外，还会征询地方政府的意见，且与当地的土地和配套设施的开发规划同步。此外，为确保机场同其他交通运输方式之间的运营和发展协调统一，机场方面会采用每月召开例会的形式，针对已经出现的地面交通运输问题和未来机场集疏运规划方向，制订适合的交通发展计划。

5. 东京机场群的城市带动

基于羽田、成田两个机场的功能定位，羽田临空经济区和成田临空经济区的运营方式有所不同。羽田临空经济区为利用机场带来的庞大客流，主要采取的运营模式是航空客运与临空现代服务业叠加；而成田临空经济区则借助自身的地理优势及货流量，主要采取航空物流与高科技制造产业叠加的运营模式。

羽田临空经济区充分发挥该机场的客流资源和地理条件优势，将临空现代服务业设为主导产业，周围聚集了国际会展中心、迪士尼乐园、台场大型旅游游乐区以及大量的生产性服务业企业，涉及金融、会计、广告媒体和软件服务等企业。

成田机场货流量巨大，运输网络发达。成田临空经济区以此为依托，发展以航空物流和高科技制造为主的产业。成田机场物流中心是世界航空货物处理量最大的物流中心，许多国际物流企业的国际物流复合基地都汇集在此。另外重点发展高科技制造产业，成田机场在以机场为中心、半径10公里的范围内设立了12个临空工业园地，且城市功能水平较高，可作为进行国际贸易的基地。

（四）芝加哥机场群

1. 芝加哥机场群范围和民航发展规模

芝加哥机场群一般是指芝加哥市内的两个主要机场：奥黑尔国际机场和中途国际机场。我们将城市范围扩大到与芝加哥同属于伊利诺伊州的罗克福德市和离芝加哥较近的威斯康星州的密尔沃基市。因为这两个城市不仅与芝加哥相距较近，其机场也与芝加哥联系较为密切。

扩展的芝加哥机场群主要由5个位于密歇根湖西岸的机场组成：奥黑尔国际机场（ORD）、中途国际机场（MDW）、罗克福德机场（RFD）、行政机场（PWK）及米切尔国际机场（MKE）。奥黑尔国际机场、中途国际机场和行政机场都属于芝加哥市，芝加哥是伊利诺伊州第一大城市，是拥有近300万人口的美国第三大城市。罗克福德机场属于罗克福德市，罗克福德是伊利诺伊州第二大城市。而米切尔国际机场属于密尔沃基市，密尔沃基市是威斯康星州第一大城市。

2019年奥黑尔国际机场的旅客吞吐量为8088.43万人次，中途国际机场近几年的客流量和货运量有所下降。

2. 芝加哥机场群的管理体制

芝加哥市通过芝加哥航空管理局（CDA）运营奥黑尔国际机场和中途国际机场，作为独立的金融企业，这两个机场的运营预算与芝加哥市的预算是分开的，芝加哥市的税收没有为机场提供资金。芝加哥航空管理局的中心目标是：确保通过奥黑尔国际机场和中途国际机场的安全、高效的旅行；成功实施奥黑尔现代化计划（OMP）；加强奥黑尔和中途国际机场的经济活动和创造更多的就业机会；管理机场租户和特许经营许可证协议；管理地面交通设施；管理财务；研究、规划和发展活动；在设计、建造、运营、维护和日常机场功能方面，整合机场特有的、可持续的规划和实践。

芝加哥行政机场的管理是在芝加哥行政机场董事会的指导下进行的，董事会是由每个自治市的成员组成的一个顾问委员会，负责审议机场的当前和长期计划。罗克福德机场是由大罗克福德机场管理局监管，大罗克福德机场管理局是美国最早的机场管理局之一，成立于1946年，设有4个司法管辖区，由7名委员组成，委员会的委员负责制定政策和条例，管理机场的运作。米切尔国际机场归密尔沃基县政府所有，并由密尔沃基县机场部运营管理。

3. 芝加哥机场群的市场划分

奥黑尔国际机场及中途国际机场为主要客运机场。奥黑尔国际机场兼营国内与国际业务，通航至全球各大洲国家和地区的主要城市，西欧、中美洲、东北亚及加拿大是其主要服务区域。中途国际机场则基本覆盖国内东中西部，航班量较多的主要有明尼阿波利斯、巴尔的摩、亚特兰大、丹佛、奥兰多和拉斯维加斯等，国际航点主要集中在拉丁美洲的墨西哥和波多黎各。

奥黑尔国际机场承运人约95%为全服务型航空公司，主要承运人为美国联合航空公司及美国航空公司，二者均将奥黑尔国际机场作为枢纽机场运营，占奥黑尔国际机场运力合计超过60%，如图9所示。但机场目前国际化程度相比于同等级国际枢纽较低，国际运力份额较为分散，两大基地公司占市场份额不足50%，其中美联合航空公司国际化程度较高，美航较低。

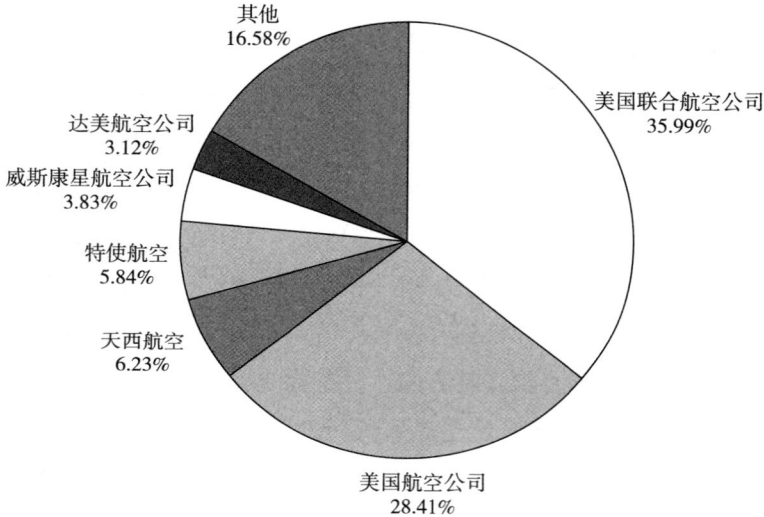

图9 奥黑尔机场运力占比

资料来源：飞常准官网。

除达美航空公司外，中途国际机场主要承运人为美国西南航空公司，其在中途国际机场运力份额高达87.21%，见图10。

罗克福德机场是北美UPS（美国联合包裹运送服务公司）第二大枢纽，承担芝加哥地区近10%货邮吞吐量。机场的主要航空公司是美国忠实航空公司（低成本航空公司），其他公司运力合计占比不超过1.2%，如图11所示。

由于米切尔国际机场会代替奥黑尔和中途国际机场的航班接待旅客，所以其承运人与两机场有很大联系，机场的主要承运人与中途国际机场相同均为美国西南航空公司，而美国联合航空公司和美国航空公司则为奥黑尔国际机场的主要承运人。达美航空公司在米切尔国际机场也有较大份额。米切尔国际机场运力占比见图12。

天西航空
1.89%　Volaris
1.51%

波特航空公司
1.99%

其他
0.71%

达美航空公司
6.69%

美国西南航空公司
87.21%

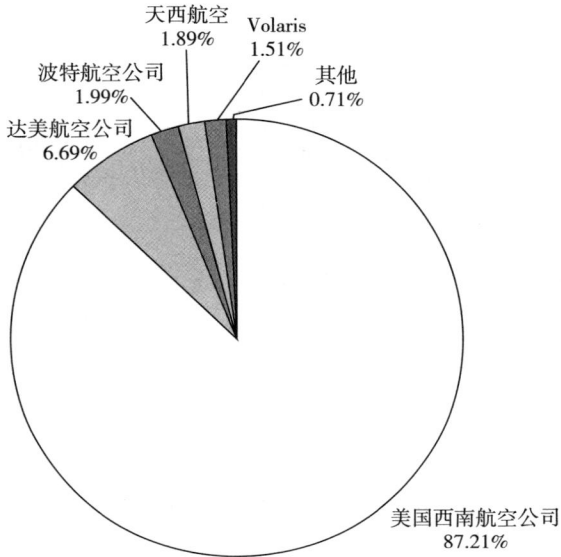

图10　中途国际机场运力占比

资料来源：飞常准官网。

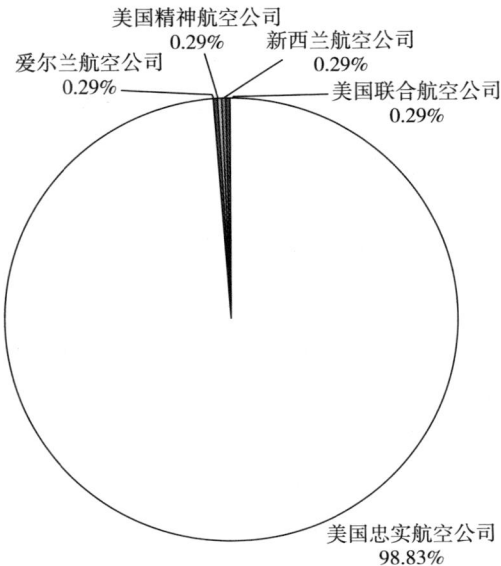

美国精神航空公司
0.29%　　新西兰航空公司
0.29%

爱尔兰航空公司
0.29%　　　　　　　美国联合航空公司
0.29%

美国忠实航空公司
98.83%

图11　罗克福德机场运力占比

资料来源：飞常准官网。

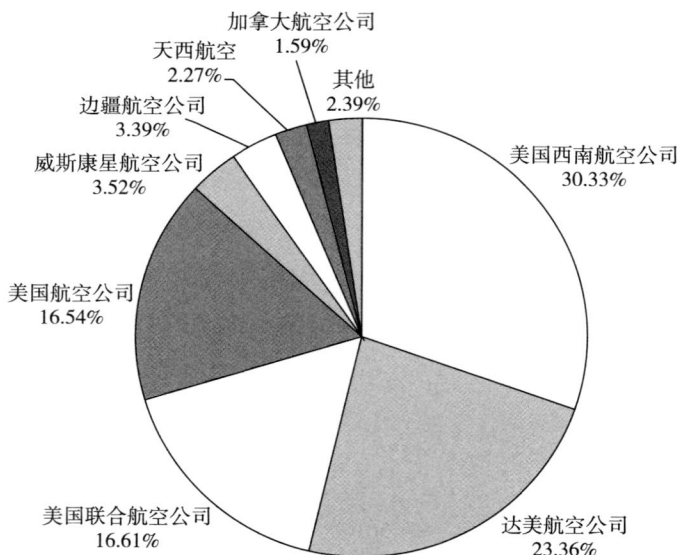

图 12　米切尔国际机场运力占比

资料来源：飞常准官网。

加拿大航空公司 1.59%
天西航空 2.27%
边疆航空公司 3.39%
威斯康星航空公司 3.52%
美国航空公司 16.54%
美国联合航空公司 16.61%
其他 2.39%
美国西南航空公司 30.33%
达美航空公司 23.36%

4. 芝加哥机场群地面衔接

自 1984 年以来，奥黑尔国际机场（西北走廊，蓝线）和中途国际机场（西南走廊，橙色线）都有铁路通行，奥黑尔国际机场和中途国际机场有直接的地铁连接，后来还开行了特快地铁列车。芝加哥的地铁线路能够将两个机场和市区直接连接起来。乘客直接从奥黑尔乘国际机场 CTA 在市区转一趟车即可到达中途国际机场。从奥黑尔国际机场乘出租车到中途国际机场是两个机场之间另一种方便的交通方式，如果有多个团队参加旅行，也可以使用"共享乘车"服务。除此之外，大巴 USA Tri State/United Limo 也提供奥黑尔国际机场和中途国际机场之间从清晨到深夜的每小时服务。

米歇尔国际机场班车运营商为威斯康星州东南部和伊利诺伊州北部（包括芝加哥）的酒店和所有其他地点提供门到门机场服务。美国铁路海华沙公司提供从密尔沃基市中心的联运站到芝加哥联合车站的服务。

5. 芝加哥机场群带动城市群

奥黑尔国际机场作为芝加哥机场群中最繁忙的机场，目前其周围已形成了"酒店和会展中心""工业和商业服务中心"两大空港城市：罗斯蒙特和斯科基。在机场东 4.83 公里处的罗斯蒙特依靠机场庞大的客流发展酒店业及以会展为特色的娱乐服务业，逐渐成为芝加哥商务和娱乐中心，并兼顾发展总部经济。而在机场东北 19.31 公里的斯科基则依靠住宅和商业优势，逐渐引入空港产业，形成以高科技园区、购物中心为主体设施，大量休闲、公共设施配套的综合空港新城，成为芝加哥郊外工业活动、零售业和商业服务综合发展最好的地方之一，拥有超过 212 家制造业企业。

（五）巴黎机场群

1. 巴黎机场群范围和民航发展规模

巴黎机场群内有 30 余个机场，由三个层次构成：第一层次为大型国际航空枢纽（戴高乐机场）；第二层次为区域型枢纽（奥利机场）与大型公务机场（布尔歇机场）；第三层次为一般通用航空机场。本部分主要介绍其中业务量最大的 3 座机场：戴高乐机场、奥利机场和布尔歇机场。

表 10　巴黎机场群 3 大机场基础信息对比

	戴高乐机场	奥利机场	布尔歇机场
运营年份	1974	1932	1919
占地面积（公顷）	3237	1530	553
距离巴黎市（公里）	25	10	7
跑道（条）	4	3	3
航站楼（座）	3	2	1

资料来源：根据公开资料整理。

戴高乐国际机场位于巴黎东北部 25 公里，是欧洲重要的航空枢纽，主要运营国际航线与洲际长航线；奥利机场距离巴黎市中心 10 公里，主营国内航线、非洲和加勒比航线以及低成本航空；布尔歇机场位于巴黎东北部 7 公里处，是欧洲最大的公务机场。

除戴高乐机场和奥利机场外，巴黎地区还有 11 个公务机场及通航机场由巴黎机场集团管理。其中布尔歇机场是欧洲目前最大的公务机场。巴黎机场集团曾公布至 2020 年的机场扩建规划。戴高乐机场将扩建 T2B 及 T2D 航站楼，并在两者之间添加联络道，旅客容量将在扩建完成后由 2016 年的 7200 万人次增加至 8100 万人次。

2. 巴黎机场群管理体制

巴黎机场群内各机场均由巴黎机场集团所有及管理。巴黎机场集团于 1945 年成立，2006 年上市，法国国家运输法规定由法国国家政府绝对控股。目前巴黎机场集团由法国政府控股 50.6%，荷兰史基浦机场集团占股 8%，法国万喜集团占股 8%，法国机构投资者占股 7%，外国机构投资者占股 15%，其他投资者共占股 11.4%。巴黎机场集团曾主导法国航空国际航线由奥利机场向戴高乐机场的转场。

3. 巴黎机场群的市场划分

2018 年，戴高乐机场旅客吞吐量为 7223.0 万人次，同比增长 4.0%，奥利机场旅客吞吐量为 3312.1 万人次，同比增长 8.8%。2018 年两机场总旅客吞吐量达 1.05 亿人次。2017 年，戴高乐机场和奥利机场两机场总旅客吞吐量首次突破 1 亿人次，巴黎机场群成为全球第七个旅客量过亿的机场群。

戴高乐机场目前共有 243 个通航点，其中国内通航点 14 个，欧洲通航点 97 个，洲际通航点 132 个。从国际离港座位数观察，欧洲是戴高乐机场国际出行的主要目的地，50% 的国际旅客由戴高乐机场飞往德国、意大利、英国等欧洲国家。奥利机场目前共有通航点 113 个，其中国内航点 30 个，是戴高乐机场的两倍多，欧洲通航点 38 个，洲际通航点 45 个。相比于戴高乐机场，奥利机场更偏向国内航线。通过离港座位数观察，北非摩洛哥等国，以及加勒比地区瓜德鲁普等法国海外省，是奥利机场洲际航线的主要目的地。

戴高乐机场三大航站楼分别由不同类型承运人运营，其运力占比见图 13。

奥利机场主要承运人仍为法国航空公司，法国航空公司占有 37% 的市场份额，法荷航集团旗下的低成本航空公司泛航航空，以及区域航班供给服务公司霍浦航空，在此也分别占有 8%、4% 的份额（见图 14）。与戴高乐机场不同，奥利机场低成本航空份额很高，除法国航空公司外，奥利机场其余承运人大多为低成本航空公司。

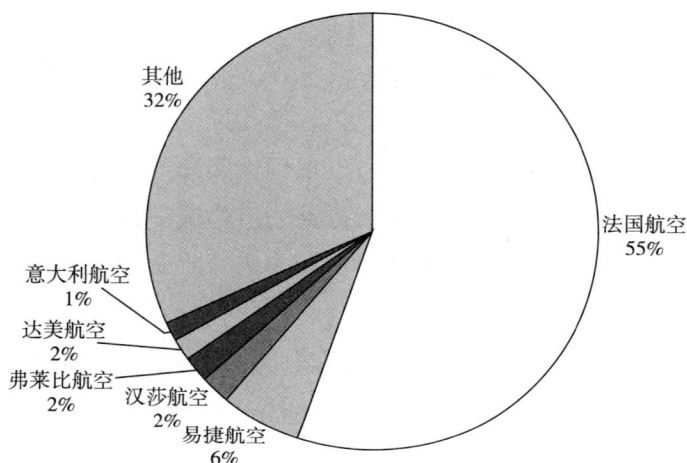

图 13　戴高乐机场运力占比

资料来源：飞常准官网。

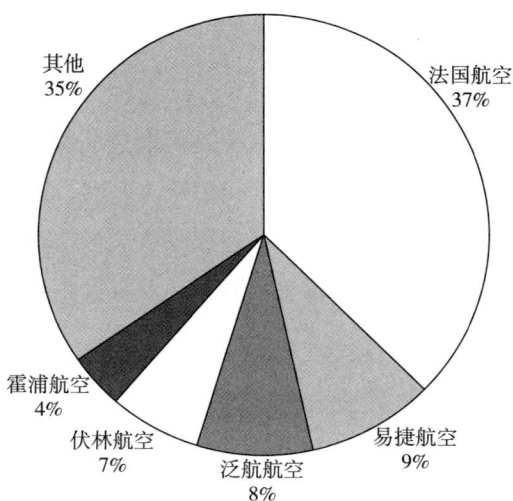

图 14　奥利机场运力占比

资料来源：飞常准官网。

4. 巴黎机场群地面衔接

巴黎机场群各成员机场周边交通便捷，拥有高铁 TVG、高速公路、快速轨道交通 RER、城市轨道交通、有轨电车等多种复合交通，能够满足不同目的交通集散的需求，能够快速联系欧洲各大城市以及巴黎市中心。机场航站楼直接与高速铁路以及区域铁路系统连接，提供多个去往巴黎市区的车次，高峰时间还会加开直达列车。法国铁路公司提供从机场航站楼到多处法国火车站的换乘服务，将高速铁路、市郊铁路和航空三种交通方式成功结合在一起，提供了交通转换中心的典范。此外，出租车也是一种有效的途径。

巴黎机场群戴高乐机场成功地将市郊铁路、高速铁路和航空三种交通方式融合在一起。在规划其航站楼时，引入中轴线的概念，其中一条中轴线是穿越航站楼的高速铁路，另一条是巴黎大区（即法兰西岛，由巴黎市和其他7个省组成）的区域快轨的支线，此支线在机场范围内设有两个站点，其中终点站设在戴高乐机场航站楼之中，与整个机场航站楼融为一体。轨道和航空的互相补充、高速公路的环绕，奠定了戴高乐机场作为欧洲交通枢纽重要位置的基础，被称为欧洲最大规模的"交通换乘中心"，是世界范围内综合客运枢纽的典范。

巴黎机场群主要机场之间的连通，一是可通过法国航空公司提供的戴高乐机场至奥利机场的直达大巴，每20～30分钟一班；二是可乘地铁经市区换乘到达。此外，大巴黎快轨系统也连接巴黎多个经济热点，不仅快速连接市区和郊区，还连接了3个大型机场与若干商业发展枢纽，进一步增强了机场之间的连通性。

5. 巴黎机场群带动城市群

巴黎机场集团下属房地产开发部作为一个独立事业部，主要负责实施凌空地产业务的开发，对机场周边土地的开发，对于一些商业项目地的设计、开发等。巴黎机场集团拥有机场范围内的所有土地，而其驻场单位大多数不拥有土地，包括法国航空公司也不拥有机场的土地资源，这一点和国内差别很大。

在 Hubstart ⓒ联盟的主导下，未来将建设戴高乐核心机场城（Roissypole），打造大巴黎地区的主要购物中心（Aeroville），建设具有独特区位优势的国际贸易中心（International Trade Center），打造大巴黎地区集商业创新、休闲、娱乐的文化综合体（Europa City），建设一个具有巴黎—亚洲商务中心的国际创业园区（Aerolians Paris）等。

三 世界级机场群特点总结及经验

通过单个案例分析，我们总结世界级机场群的特点及经验如下。

（一）运营规模庞大、航线网络覆盖广、核心机场作用显著

世界级机场群首先占有体量优势，它服务于世界大部分的人口，受众广泛，国内外旅客都认同它的航空地位。

世界级机场群的航线网络能够覆盖全球大多数主要城市和地区，通达性高，而且与世界主要城市之间有更高的航班频率。以纽约机场群为例，其国际航线网络覆盖亚、非、欧、南美洲的主要城市，且平均每天各通航点之间至少有两个航次。世界级机场群所属的成员机场及运营的基地航空公司的主要目标为构建通达全球的航线网络体系，要求连接全球主要国家和城市，具有较高的国际中转和国际通航点比例，该网络体系包含各种国际航空业务。

核心机场是世界级机场群的重要组成部分，是全球航线网络中的主要航空枢纽节点和龙头，在机场群中的作用明显。

（二）基于城市产业特点产生机场的类型分工

对于和城市群相辅相成的机场群，各城市主要机场分工定位不如单个城市内多个机场分工明确，机场之间的协作更多的是依靠城市之间产业链的分工，秉持和则共赢的理念发挥各家机场的特长。大纽约机场群内机场在定位方面虽然存在相似性，但由于城市在产业链上的分工存在差异，因此机场在市场细分和目标旅客方面依旧存在差异，形成良性竞争，美国东北部大西洋沿岸城市功能和机场类型对应分析如表11所示。

表 11　美国东北部大西洋沿岸城市功能和机场类型对应分析

	城市功能定位	代表城市	机场类型	原因
1	综合功能	纽约	综合机场、商务机场、旅游机场	—
2	服务业	华盛顿、泽西市、波特兰、巴尔的摩	商务机场	—
3	大型制造业、低附加值制造业、服务业	费城、曼彻斯特		制造业无航空物流需求，但有大量商务人群
4	高附加值制造业	普罗维登斯、哈特福德	综合机场	兼具航空物流和客流需求
5	高端服务业	波士顿	旅游机场（通用机场）	几乎无航空物流需求
6	高附加值制造业	阿伦敦、哈里斯堡	货运机场	高时效性的航空物流需求

（三）机场群管理模式明确，大多有管理机构进行引导和管理

目前，世界级机场群的主流管理方式还是集中统一式管理模式。纽约机场群6家机场均由纽约新泽西港务局统一管理，纽约新泽西港务局拥有广泛的综合规划职能，管理着纽约和新泽西地区最重要的交通设施，拥有较强的基础设施资源控制能力和跨区域协调能力，现已成为具有设计规划、发展建设、运营管理等功能的海陆空交通一体化公共机构。主要通过管制、投资、制定各机场差异化的收费标准、限制最大航程、限制最大起飞全重等措施动态调整各机场之间运量，引导航线航班分流，实现纽约三大机场较为均衡的"抱团"。伦敦机场群中的希思罗、盖特威克、斯坦斯特德等主要机场的产权属于英国机场集团，2012年起由于反垄断进行了拆分，但在其发展历程中主要还是实行统一管理。

另外，为避免竞争出现在腹地重叠和交叉市场，不管是哪一种管理模式，世界级机场群内成员机场应根据资源特点和当地市场需求的差异进行差异化互补性的功能定位，开展不同的业务细分航运市场，满足旅客从商务出

行到休闲出行、从低端到高端等各种出行需求。世界级机场群往往集低成本航空、包机运输、航空商务、航展、应急救援等功能于一体。

（四）机场群内实施差异化定位、分工合作、错位经营

世界级机场强调依据国际航线不同的通航地区、航线运营距离和国内外航班等进行分工合作的重要性（夏玉中，2014）。

纽约机场群各自差异化分工，纽瓦克机场国内国际市场并重发展，肯尼迪机场主要经营国际市场，拉瓜迪亚机场主要经营国内市场。芝加哥机场群也是差异化发展，奥黑尔机场主要为全服务航空公司服务，而中途机场主要为低成本航空公司服务。英国伦敦机场群中希思罗国际机场主要服务洲际、长途旅客和中转旅客，盖特威克机场主要经营部分洲际航线、远程旅客和包机服务、低成本航空服务，斯坦斯特德机场主营航空货运服务、低成本航空服务等，卢顿机场主要经营低成本航空服务、商务飞行等，伦敦城市机场主要经营商务飞行和私人飞行等。东京机场群基本形成羽田机场"主营国内兼部分国际航线"、成田机场"主营国际配套部分国内航线"的分工安排。差异化定位和合理分工提升了机场群的总体运行效率，也减少了机场群的运行风险。

在机场群内，由于机场在地理位置上相距不远，在目标旅客和航线布局上会存在较大程度的相似和市场同质。航空运输市场呈现以下特点，一是航空运输市场与城市经济状况相匹配，表现为航空运量旅客在全国比重与城市人口、GDP 在全国比重相对一致。二是航空运输在中心城市的集聚效应明显，表现为中心城市洲际、国际高端商务旅客的集中度较高。另外，无论是"单核枢纽"或"双核枢纽"运营的多机场体系，洲际、国际航空旅客在其中一个主核心枢纽机场的集中度都非常高。三是在航空运量增长中，中心城市起到主要作用。城市群航空市场呈稳步增长的发展态势，尽管部分非中心城市发展很快，但中心城市至少占整体增量的1/3。

（五）地面交通体系发达，集疏运体系完善

方便快捷、四通八达的地面综合交通运输体系使世界级机场群更为高效

地运营。机场与其腹地城市间以及各机场之间通过引进高铁、机场捷运、地铁等轨道交通以及陆路交通实现了快速联系，可快速分流溢出到不同机场，产生多个"连通器"效应。发达的地面交通体系也可以在出现紧急情况如航班大面积延误时高效快速地分流机场的滞留人群，缓解拥堵。如纽瓦克机场和肯尼迪机场开通了"机场捷运"服务，能将停车场、各航站楼、纽约地铁等连接起来，提供更高频率的运输服务。特朗普上台后，加大了机场建设的投资力度，肯尼迪机场提出了 100 亿美元计划，其中 70 亿 ~ 80 亿美元用于机场基础设施更新，15 亿 ~ 20 亿美元用于建设机场轨道交通。东京机场群中的成田机场和羽田机场都拥有机场大巴、出租车、电铁、电车等多种交通方式，而其中成田机场轨道交通的使用率占 34%，羽田机场轨道交通的使用率占 61.3%。

四 基于国际比较的京津冀机场群问题剖析

（一）机场群协同体制机制不健全

习近平总书记在考察北京新机场建设时提出了"京津冀三地机场如何更好形成世界级机场群"的关键性问题。打造世界级机场群是一项复杂的系统工程，关键是要发挥协同效应，使机场群内机场之间优势互补，应急备降，减少延误，更好地服务于区域城市发展和百姓出行。尤其在北京大兴国际机场投运的新形势下，北京由单一国际枢纽模式向超大双国际枢纽模式升级，"同质竞争"在所难免，京津冀民航协同发展目前存在的问题有以下两点。

1. 机场群内主要市场重叠度高，竞争明显

世界级机场群应根据城市发展定位、城市功能产业定位、机场的基础设施和综合保障能力和航司市场战略选择等实施分工合作、错位经营。世界级机场群通常集低成本航空、包机运输、航空商务、航展、应急救援等诸多航空运输功能于一体。根据《京津冀协同发展规划纲要》，京津冀机场定位见表12。

表 12 京津冀机场定位

机场	定位
大兴机场	大型国际航空枢纽和京津冀区域综合交通枢纽
首都机场	大型国际航空枢纽和亚太地区重要复合枢纽
	两大机场将形成协调发展、适度竞争的国际"双枢纽"机场格局,推动京津冀机场建设成为世界级机场群
滨海机场	区域枢纽机场和我国国际航空物流中心
	发展成为区域枢纽机场,成为北方国际航空货运中心
正定机场	发展成为航空快件集散及低成本航空枢纽

目前京津冀机场群已形成近 3 亿人次的年设计容量,而目前京津冀地区的实际航空旅客总量仅接近一半,整个京津冀机场群进入阶段性供大于求的状况。供远大于求的状况导致成员机场间尤其是大兴机场和滨海机场、正定机场之间竞相争抢有限的客货资源,功能区分度不高,难以按清晰的定位合理分工。这也是我国建设世界级机场群的通病,以粤港澳机场群为例,如表13 所示,在国内出港航线上,深圳宝安机场与广州白云机场有 101 个目的地机场重合,重合率较高。香港机场与深圳宝安机场和广州白云机场的重合目的地机场分别为 43 个和 45 个,超过 90% 的国内通航机场与深圳和广州机场重合。三个机场中深圳宝安机场的国内航线最多,共 19 条,其次是广州白云机场,有 13 条,香港机场则拥有 3 条(桂林、台南、花莲)。深圳宝安机场和广州白云机场相对香港机场,与国内各城市的航线网络连接更为完善。

表 13 粤港澳主要机场国内出港航线统计

出发机场	深圳宝安	广州白云	香港
出港航线(条)	120	116	48
覆盖地区(全国 34 个省级行政区)(个)	32(无港、澳)	33(无深、澳)	26
通达城市(个)	117	113	47
相同的通航目的地机场(个)	101(与广州) 43(与香港)	101(与深圳) 45(与香港)	43(与深圳) 45(与广州)
三个机场中特有航线(条)	19	13	3

资料来源:北京公交集团。

139

如表 14 所示，在国际出港航线上，深圳宝安机场与广州白云机场有 40 个目的地机场重合，香港机场与深圳宝安机场有 45 个目的地重合，香港机场与广州白云机场有 63 个目的地重合。香港机场可通达深圳宝安机场和广州白云机场超过 75% 的通航点，广州白云机场可通达香港机场约 50% 的通航点，深圳宝安机场可通达香港机场约 35% 的通航点。

表 14 粤港澳主要机场国际出港航线统计

出发机场	深圳宝安机场	广州白云机场	香港机场
出港航线（条）	57	79	123
各大洲通航点数量（个）	亚(36)、欧(11)、大洋(6)、北美(3)、非(1)	亚(50)、欧(11)、大洋(9)、北美(5)、非(4)	亚(70)、欧(25)、大洋(13)、北美(11)、非(4)
通达国家/城市/机场	29 个国家的 56 个城市的 58 个机场	41 个国家的 76 个城市的 79 个机场	48 个国家的 116 个城市的 123 个机场
相同的通航目的地机场（个）	40（与广州）45（与香港）	40（与深圳）63（与香港）	45（与深圳）63（与广州）
三个机场中特有航线（条）	8	12	51

资料来源：北京公交集团。

2. 缺乏机场群管理机构

目前，我国京津冀机场群还没有统一的管理机构和明确的管理授权，各成员机场"竞争有余而合作不足"。从机场网的角度看，各成员机场间缺乏有效的合作机制，难以通过迅速备降机场群内其他机场来提高整体安全性，暂未实现机场间快速中转、行李联运和应急状态下的备份服务等功能。

机场群的管理分为统一管理模式和分散管理模式，实行统一管理模式的包括纽约机场群（由新泽西港务局统一管理）、伦敦机场群（由英国 BAA 统一管理，2012 年起为防止机场集团垄断，开始实行不同归属的分散管理）等。实行分散管理模式的以日本东京机场群为主，成田机场群隶属于成田国际机场株式会社，羽田机场隶属于日本国土交通省，暂无统一管理机构。总体来看机场群统一管理还是主流模式,"统一协同管理"是管理的趋势。五大世界级机场群管理体制对比见表15。

表15　成熟的五大世界级机场群管理体制

机场群名称	主要机场	管理体制
巴黎机场群	戴高乐机场	巴黎机场集团(ADP)所有及管理
	奥利机场	
	布尔歇机场	巴黎机场集团管理
伦敦机场群	希思罗机场	由英国机场管理局机场股份有限公司进行集团化企业模式的管理和运营,英国民航局和竞争委员进行监督管理
	盖特威克机场	
	斯坦斯特德机场	
	卢顿机场	
	伦敦城市机场	
纽约机场群	肯尼迪机场	纽约新泽西港务局管理
	纽瓦克机场	
	拉瓜迪亚机场	
	斯图尔特机场	
	大西洋城机场	
	泰特波罗公务机场	
芝加哥机场群	奥黑尔国际机场	芝加哥航空管理局(CDA)管理
	中途国际机场	
	罗克福德机场	大罗克福德机场管理局管理
	行政机场	行政机场董事会管理
	米切尔国际机场	密尔沃基县机场部管理
东京机场群	羽田国际机场	所有权和管理权归属国家,引入民间资本对航站楼进行建设和经营
	成田国际机场	由成田国际机场株式会社所有并经营

(二)机场群间交通数据信息共享存在壁垒

"数据信息共享协同"是指从数据和运营体系的角度,借助公共资源,提高机场群内各机场的运营效率。从信息网络的角度看,机场群发展过程中机场网络节点、航线网络节点和空管网络节点都呈现分散状态，导致民航系统的高效运作需要强大的信息系统的支撑。京津冀机场群目前暂未搭建一个数据、经验和管理能力相结合的数据信息共享平台，民航与铁路等其他地面交通方式的信息连通更是壁垒重重，双方信息不能及时共享，数据模式也各有差异，难以为"空铁联运"提供基础信息条件。

世界级机场群内信息系统对接快速，智能化、信息化管理水平高。如巴黎机场群通过数据信息平台建设实现了运力班次有效衔接、中转换乘信息互联共享，在设计航站楼时引入中轴线概念串通地面交通，成功将市郊铁路、高速铁路和航空三种方式融合起来，通过数据信息的共享积极开展空铁联程等运输服务，奠定了巴黎作为欧洲交通枢纽的基础，也为其机场之间、机场与腹地之间联通发展提供了基础。

世界级机场群还通过信息的共享机制从航权和收费标准等层面识别临近机场间平衡的可能性，例如东京机场群羽田机场的起降费、旅客设施使用费等收费标准由国土交通省制定，成田机场的起降费、旅客设施使用费等收费标准由成田机场公司制定。虽然价格决定主体不同，收费价格管理体制不同，但两机场收费标准仍能通过共商共享呈现出差异化的特征。新泽西港务局通过管制、投资和价格等多种手段，在纽约机场群各机场之间动态地调整运量。

（三）机场的地面集疏运体系不健全

城市交通与机场交通规划中，综合交通衔接系统一直没有得到足够的重视，过长的地面出行时间大大降低了航空运输的服务质量和服务效率，也制约了基础群作用的发挥。现存地面集疏运体系问题主要体现为以下两点。

1. 机场区域的综合交通运输衔接体系亟待改进

伦敦机场群与周边地面运输和城市轨道交通系统甚至欧洲其他国家的交通系统有机地连接起来。在这种高度发达的交通系统环境下，对于大多数伦敦地区居民而言，这6座机场基本上都处于1小时行程内，从而便于消费者根据自己的旅行目的地、出行时间和价格承受能力来选择机场。以盖特威克机场为例，南方铁路亦设有"格域特快列车"从盖特威克机场直达维多利亚站。旅客亦可通过维珍的列车前往牛津、伯明翰及曼彻斯特等北方城市。新建的大兴机场在多种运输方式方面还有很大的提升空间。

2. 基于机场群的多机场快速连通与服务通道的考虑和建设不足

目前，京津冀机场之间快速换乘方式以机场大巴、出租车、自驾车为主，还没有形成大运量、快速高效的专用交通系统。机场与机场之间发达的快速网和完善的干线网还没有形成。而从世界范围来看，世界五大机场群内部的机场间具有可满足大运量和快速高效要求的专用交通系统。只有航空网、铁路网、高速网、地铁网、城市公交网、机场大巴网等相互综合在一起才能满足旅客的真实需求，而这些不同交通网络的衔接程度对机场的发展作用巨大，只有不同交通网络高效衔接，机场才更具备吸引力，反过来又会促进其他交通网络的发展，进而促进当地经济发展。

（四）京津冀通关便利化水平有待进一步提高

目前，我国实施 144 小时过境免签政策的城市和口岸众多，共有 15 个省 20 个城市 27 个口岸对 53 个国家实施了过境免签。从京津冀片区来看，北京、天津、石家庄、秦皇岛都实施了该项政策。同时，国务院批准，2018 年起，京津冀地区实行过境免签联动，凡是持有效国际旅行证件和前往第三国（地区）联程客票的外国人，从京津冀指定 6 个口岸中的任一口岸入境或出境，都可在京津冀地区免签停留 144 小时。免签联动政策有效地简化了签证的手续，有利于提高入境旅游人数，目前免签联动政策已经覆盖了 53 个国家，大大提升了实施城市的旅游竞争力。

但数据显示，我国海关通关环境水平在全球海关中整体排名处于中等偏下的水平，我们还需要改善通关环境。北京 2019 年 1～10 月 144 小时过境免签旅客为 3.75 万人次，同比增长 23.15%，但是和同为直辖市和国际大都市的上海相比还差距明显，2018 年上海过境免签旅客达 5.4 万人次，占全国的 54%，而北京仅占 37.6%。

（五）机场群和城市群的互动发展较弱

1. 机场群处于发展初期，与城市群未形成良性互动

按照机场生命周期理论，根据旅客吞吐量的变化，机场的生命周期分为机场建设期、初始期、商业化服务初始期、形成期、成长稳定期、成熟期和受限期等七个阶段。目前京津冀机场群处于初始运营阶段。在这一阶段，京津冀机场群的运营总量将有显著的提升，但其设计容量仍将严重过剩。由于大兴机场的启用，首都机场因主要基地航空公司的转场分流客货运量大幅度下降，正定机场由于大兴机场的直接虹吸作用客货运量显著流失，滨海机场则因自身航空市场的成熟而增速相对减缓保持小幅增长（欧阳杰，2014）。机场群各机场之间发展不平衡，还处于自身发展时期，需假以时日才能协调发展。对城市的带动作用还没有充分发挥出来，处于发展初期的机场群与城市群之间还未形成良性的互动关系。

2. 集疏运体系不发达，影响了机场群与城市群的联动

目前，京津冀机场的集疏运体系并不发达。一方面，首都机场、滨海机场和正定机场各自的集疏运体系不发达带来诸多问题。一是机场带来的客流并不能有效在城市间流动，运输方式少、路途时间长、所需费用高和服务水平差在一定程度上降低了人们去市区消费和旅游的欲望，乘客的消费潜力没有被挖掘出来。二是不发达的集疏运体系不仅会限制机场的辐射范围，还会减少人们对飞机出行这一方式的选择，也会减少企业在机场空港区的入驻，尤其是一些对集疏运体系要求高的物流公司等，城市的发展对机场的发展带动作用弱。另一方面，京津冀机场之间不发达的集疏运体系会降低首都机场、滨海机场和正定机场之间的联系，不利于京津冀机场群之间的协同和发展壮大，由此带来两个后果，一是机场群各机场之间的联系弱势必会导致与之所对应的城市间的联系弱，缺乏联系的城市群并不是真正意义上的城市群，只是地理位置集中而已。二是机场群各机场之间联系弱也会导致整个京津冀机场群发展较差，较差的机场群难以带动城市群的发展，二者共同减弱了机场群和城市群之间的联动作用。

3. 机场周边产业发展雷同

机场周边的产业发展主要是服务于机场功能的，对机场功能的实现有着重要意义。然而，不同的机场由于其地理位置和资源条件不同其功能定位不同，服务其机场功能实现的产业也应有所差异。

国际上临空经济服务于机场功能做得较好的是希思罗机场（见图15）。希思罗机场是英国首都伦敦的主要机场，是世界主要航空枢纽，也是全球各国际航班的重要集散中心，主要服务国际远程旅客和中转旅客。机场附近临空经济的发展以商务、旅游休闲为主。

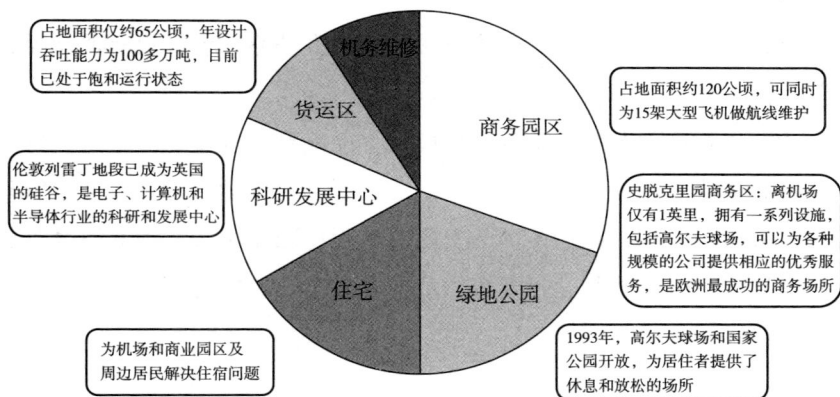

图15 希思罗机场临空经济带产业功能结构

资料来源：根据公开资料整理。

五 京津冀机场群发展的建议

（一）明确机场群协同发展管理机构，明确授权保障协同

为回应习近平总书记提出的"京津冀三地机场如何更好形成世界级机场群"问题，需要深入研究协同管理机构和管理模式，研究机场之间的协同和机场与地面交通的协同，从全局的高度明确一个机场群管理机构来统筹

管理，划定明确责权范围，监督落实机场的已有功能定位。

应根据我国民航关键资源配置的历史以及我国管理体制的特点，参考世界级机场群的主流管理模式，从战略规划、运行组织和监督管理三个层次研究构建一体化组织管理模式。

目前京津冀机场群内首都机场、大兴机场和滨海机场归首都机场集团旗下；正定机场、张家口机场属河北机场集团旗下，正定机场已经与首都机场签署了委托管理协议。机场群内9个机场，包括4个千万级的机场都归首都机场集团管理，首都机场应该可以发挥机场群管理机构职能，但是首都机场作为上市公司，企业性质明显，统一管理成员机场容易形成垄断。华北管理局监管京津冀所有机场，也曾经成立了京津冀办公室，但因没有明确授权作用有限。

京津冀机场群内各机场地理位置相近，航线叠加度高，任其自由发展和竞争，势必造成资源浪费和效率低下。应在明确机构的基础上，通过管理机构和第三方深入研究，在借鉴国际上限制航程、限制飞机最大起飞全重、机场收费差异化定价、管制、投资等做法的基础上，制定合理的引导政策，促进机场群协同互补。

（二）建立京津冀机场群大数据运行中心，实现数据信息共享

构建京津冀机场群共享资源库——"大数据运行中心"，是保障京津冀机场群协同运行的基础平台，通过共享机场运行数据资源、基础设施资源等使机场间互相掌握各自动态信息，以便在发生重大航班保障问题的情况时，进行资源的共享，减少机场损失。机场群的持续发展必须实现多个机场间的信息互联互通和资源库的共享。如果各个机场各自封闭，相关数据信息不共享，势必导致机场群只是物理意义上的机场群，而不是智慧型的机场群。京津冀机场群共享资源库——"大数据运行中心"的建立是保障京津冀三地机场协同运行的基础平台条件，通过共享机场运行数据资源、基础设施资源等来使机场间互相掌握动态信息，以便在发生重大航班故障的情况时，进行资源的互相共享，减少机场损失。

京津冀机场群大数据运行中心的"数据"可分为两个维度，第一个维度是基础运行信息资源、航站楼资源、飞行区资源、公共区资源、特殊保障资源、图文资料；第二个维度是依资源使用情况分为常态化资源、特情资源、应急资源以及相应的场景化应用案例。

京津冀机场群中，北京大兴机场和首都机场的定位均为大型国际航空枢纽，而大兴机场进一步体现出"复合"枢纽特点，大兴机场在发展运营之初以"国家新动力源"高起点起步，且未来发展规模可观，预计2022年旅客吞吐量将达4500万人次，2025年旅客吞吐量将达7500万人次，由大兴机场牵头建立京津冀机场群大数据运行中心，占据先发优势，在助力大兴机场"凤凰展翅"的同时，对于实现多个机场的互联互通和协同运行非常重要。

京津冀机场群"协同管理决策大脑"的构建要"赋感、赋知、赋思"，利用物联网技术实现"赋感"，利用大数据技术实现"赋知"，利用云计算及人工智能技术实现"赋思"。其中，"赋思"为最终目标，使得京津冀机场群拥有"聪明"的大脑，具备动态伸缩、资源调配、高效能配比的能力，实现各机场高效协同运行和应急状态下的资源备份和调控，从而打造"门到门"的全过程交通出行链的信息平台。

应基于京津冀机场群大数据运行中心这个大数据和智能化"协同管理决策大脑"平台，构建京津冀机场群航空枢纽协作机制，推进三地机场协同运行和联合管理，加强安全、运行、服务等标准对接，同时推广普及电子客票、联网售票，提升智能化管理水平，实现目标一致化、定位差异化、运营协同化、决策智能化。未来，数据运行中心将进一步从民航起步，扩宽为综合交通运输体系的大数据运行中心，推动空铁联程联运，加快民航、铁路、道路等运输信息系统的对接，鼓励开展空铁等联程运输服务，实现运力班次有效衔接、中转换乘信息的互联共享，进一步提升信息资源的有效利用率。

同时建议成立京津冀机场群地面交通管理委员会，加强对城市群和机场群内地面交通运输市场的调研与预测。根据客货运的实际需求流量，有重点地对北京"一市两场"机场联络线、地铁、高速公路等进行优化开发，对北京、天津、河北等地的机场地面交通规划进行整合，加强与城市交通指挥中心的互联互通，构成全过程交通出行链，探索发展基于大数据的绿色节能的定制公交。

（三）打造以机场为核心的集疏运体系，创新开通"空铁联运"

机场群的协同表面上看是机场之间的协同，从综合效率来看更重要的配套是机场之间地面集疏运体系。地面综合交通效率必然影响到世界级机场群的整体运营效率。纽约三大机场都有轨道交通，方便联结各航站楼、停车场、长岛铁路和纽约、新泽西地铁，机场巴士也可通往市区主要站点。无论是成田机场，还是羽田机场，都引入了多种交通运输方式，包括单轨电车、机场大巴、京成电铁等公共交通方式，并且机场方每月还召开专门的会议，研究机场和铁路大巴出租车等其他交通方式的协调问题。综合交通运输大大提高了机场的集疏运效率，也使得机场建设更加开放、有竞争力。

北京大兴机场基础设施在集高铁、城际轨道、机场快轨、高速公路等多种交通于一体方面已经有所进展，为构建"天上一张网、地上一张网、地下一张网"的立体交通网络奠定了基础。建议深入推动空地联运产品的研发和推广；探索创新大兴机场空地联运产品，包括空轨联运、空铁联运、空巴联运等，发展城市航站楼建设运营新模式，在京津冀机场群协同中发挥重要作用。

同时，提高交通智能化水平。京津冀作为唯一有"国门"优势的机场群，应尽快在北京两大国际枢纽之间、枢纽机场与天津等区域机场之间、机场与城市高铁车站之间建设便捷的轨道交通系统。

另外，建议成立京津冀机场群地面交通管理委员会，加强对城市群和机场群内地面交通运输市场的调研与预测。根据客货运的实际需求流量，有重点地对北京"一市两场"机场联络线、地铁、高速公路等进行优化开发，对北京、天津、河北等地的机场地面交通规划进行整合，加强与城市交通指挥中心的互联互通，构成全过程交通出行链。

（四）优化城市产业与机场定位的耦合协同，差异化互补发展

首先，机场群内的机场定位要符合城市产业发展需要。优化临空经济区与机场定位的耦合协同，实现以机场为核心动力源的三圈层的协调匹配。三圈层主要是指机场群内机场之间协同、地面交通之间协同、机场周边产业之间的协同。

其次，认准定位后要充分发挥所长。在政策、交通、产业基础等方面，京津冀地区不同省市的资源优势是有所差异的。为防止招商中的压低入驻价格和恶性竞争，选择临空产业时，要经过比选择优而入。针对服务业外迁，北京可围绕高端服务业的临空指向型产业而发展；天津在工业方面有着雄厚的基础，可大力发展高端制造业；河北的天然地理条件优渥，应以电子信息、生态农业等临空型产业为主要发展对象。因此应将滨海机场定位为货运物流中心，临空经济区应以现代物流业为主，建设成为具有区域影响力的物流集散中心辅助其他已有优势的产业引入；将正定机场定位为区域枢纽和低成本机场，则周边临空经济区应以中低端休闲娱乐产业为主，以对接低成本航空较早或较晚的时刻安排；将北京双机场定位为国际枢纽，在临空经济建设时应多偏向商务、高端、科技、国际等元素，从而实现机场群内机场之间、地面之间、机场周边产业之间的三圈层的协调匹配。

（五）构建以北京为中心的国际航空交通体系，进一步提高国际影响力

京津冀世界级机场群以构建"通达全国、辐射全球"的国际航空交通体系为重点，北京两大国际枢纽机场，应充分发挥其"国之重器"的作用。北京作为特大城市，拥有两个上亿级的大型机场，如何将这两个机场都打造成国际枢纽是个世界级的难题。根据国际经验，北京首都机场和大兴机场也需要优势互补、相对差异。大兴机场在打造国际枢纽的同时要体现作为京津冀地区综合交通枢纽的特点，成为我国大型机场综合交通枢纽

的典范。

便利的通关环境对于打造国际一流航空枢纽、建设世界级城市群至关重要。通关环境的改善有利于促进出入境、国际贸易的便利化程度，加速要素流通，提高资源配置效率，提升城市国际化水平，进一步提高京津冀通关便利化水平，提高国际影响力。京津冀地区的北京、天津、石家庄、秦皇岛等地区都实施了144小时过境免签证政策，下一步要争取过境免签共享。同时应加强北京的通关便利化建设，目前北京过境免签旅客占全国的37.6%，而上海过境免签旅客占全国的54%。配合世界级机场群建设的新课题，需要系统研究京津冀通关进一步便利化问题。

参考文献

冯正霖：《实现世界级城市群和机场群联动发展》，《人民日报》2017年7月24日，第7版。

傅卿娜：《世界级城市群体系下的长三角机场群协同发展初探》，《民航管理》2018年第11期。

国家发展改革委、民航局：《推进京津冀民航协同发展实施意见》，《民航管理》2017年第12期。

侯燕：《临空经济中的文化产业支撑研究》，《经济论坛》2016年第8期。

李可等：《法国综合运输管理体制及协调发展研究》，《综合运输》2014年第9期。

李瑛珊：《加快粤港澳大湾区世界级机场群建设》，《珠海特区报》2020年8月31日，第6版。

欧阳杰：《思考基于现代综合交通体系的机场发展》，《中国民航报》2017年11月9日，第1版。

欧阳杰等：《基于生命周期理论的京津冀机场群协同发展战略》，《综合运输》2014年第12期。

綦琦：《构筑珠三角协同航空体系，以有限空域满足市场增量需求》，《中国交通报》2015年4月13日，第3版。

深圳市机场（集团）有限公司调研组：《借鉴国际机场群发展经验，加快世界级机场群建设》，《民航管理》2018年第4期。

苏亚男：《基于城市群背景下的机场群地面交通一体化研究》，硕士学位论文，中国民航大学，2017。

王家康：《美国机场群发展的影响因素、路径及其挑战——兼论对我国机场群建设的启示》，《空运商务》2018 年第 11 期。

王瑞萍：《伦敦与巴黎机场群发展对京津冀机场群协同发展的启示》，《中国民航报》2016 年 2 月 1 日，第 5 版。

韦薇：《基于枢纽机场的长三角机场群协调运行管理关键理论与方法研究》，博士学位论文，南京航空航天大学，2014。

徐焕然：《京津冀机场群中天津机场货运发展路径分析》，《空运商务》2019 年第 2 期。

杨慧娟：《世界级机场群：长三角的新名片》，《大飞机》2020 年第 6 期。

杨学兵：《论京津冀世界级机场群的集疏运通道构建》，《民航管理》2019 年第 10 期。

姚晏斌：《国外机场临空地产发展的经验借鉴和启示》，《现代商业》2018 年第 9 期。

张洁：《京津冀区域多机场系统航线评估与网络优化》，硕士学位论文，南京航空航天大学，2019。

张越等：《美国东北部多机场系统运营管理模式》，《综合运输》2007 年第 4 期。

赵冰等：《多机场临空经济区差异化发展经验及对北京临空经济区的启示》，《企业经济》2018 年第 37 期。

中国民航局：《国际航权资源配置与使用管理办法》，《中华人民共和国国务院公报》2018 年第 27 期。

左伟伟：《基于骨干航线网络结构的京津冀世界级机场群建设研究》，硕士学位论文，中国民航大学，2016。

夏玉中：《北京市多机场协同发展研究》，硕士学位论文，北京交通大学，2014。

B.5
北京临空经济区的交通运输系统建设
策略分析报告

摘　要： 本报告重点分析了北京临空经济区的交通运输系统建设策略，
具体包括新机场建成后北京临空经济区交通运输系统的需求、
建设和运营策略，并分析了相关地区如何加强合作，充分发
挥机场及相关交通功能对促进区域协调发展的作用。本报告
从京津冀一体化、首都大都市区发展视角切入，对临空经济
区的交通运输系统进行分析，重点分析了北京临空经济区的
功能和特征，以及在京津冀协同发展背景下，北京一城两场
的构建。在应用价值方面，本报告针对北京临空经济区的交
通运输系统存在的突出问题和矛盾，提出了促进交通系统优
化和北京临空经济区功能高效发挥的政策建议，还提出了促
进京津冀协同发展的建议，为相关部门决策提供重要参考。

关键词： 临空经济区　综合交通运输系统　首都经济圈

一　引言

（一）研究对象

本报告以北京临空经济区为立足点，以包括新机场在内的两大机场临空
经济区交通运输系统为研究对象，充分考虑北京临空经济区的交通运输系统
特殊性，结合国内外临空经济交通运输系统发展的经验教训，在理论分析和

发展策略分析的基础上，提出适合北京大都市区的交通运输系统发展的重点、策略、路径等相关建议，以及促进京津冀协同发展的建议。

（二）概念界定

1. 临空经济区

临空经济区一般定义为机场对周边地区产生直接或间接经济影响，促使技术、资本、人口等要素资源在机场周围集聚，形成的多功能经济区（曹允春、踪家峰，1999）。姜斌远从航空运输功能角度出发，认为临空经济区是由于航空运输带来的巨大效益，促使航空港周边区域开始集聚生产、贸易等生产活动，从而形成的多功能经济区（姜斌远，2006）。曹江涛从区位优势角度切入，提出临空经济区是机场利用其区位优势吸引劳动力、资本、技术等经济要素，使得生产、流通、贸易等活动向机场周边地区不断集聚，最终发展起来的多功能经济区域（曹江涛，2007）。

本报告中的临空经济区包括三个层次和三个圈层，三个层次是依据行政区进行划分，微观临空经济区所在行政区为第一个层次，临空经济区所处城市为第二个层次，临空经济区所处城市群为第三个层次。三个圈层是依据地理空间进行划分，将以微观临空经济区为核心，10~15公里范围内的地区称为核心区，15~30公里范围内的地区称为聚集区，30公里范围外的地区称为辐射区。

2. 交通运输系统

关于交通运输系统的概念，不同学者有不同的观点。

荣朝和提出综合交通运输系统是指各种运输方式（公路、铁路、水运、民航及其各种形态）、各种交通要素（运输服务、运输装备、运输组织、运输政策等）在社会化的运输范围内和统一的运输过程中，按照各自的技术经济特点，在资源整合基础上所形成的分工协作、有机衔接、连续贯通、布局合理的一体化组织系统（荣朝和，2009）。基于该概念可知，综合交通运输系统包括的基础要素有功能与服务、载运装备、技术与标准、基础设施、组织与市场结构以及管理体制与政策，这些基础要素间紧密联系，相互支撑，共同高效地满足现代社会经济一体化和可持续运输的需求（见图1）。

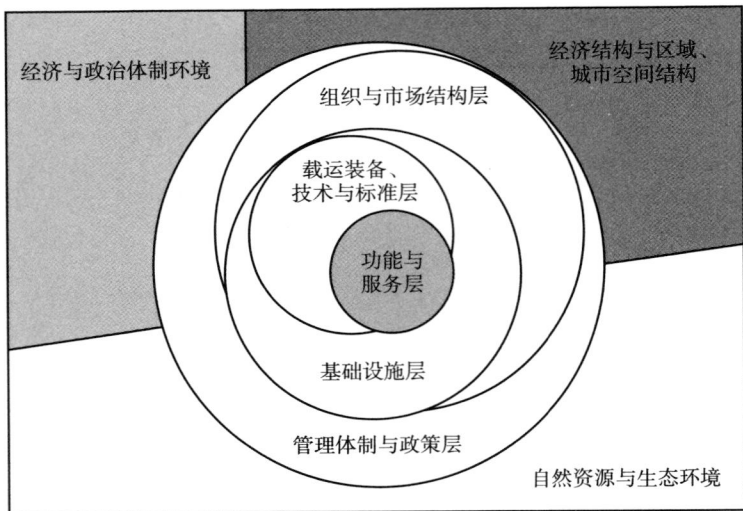

图1 综合交通运输系统所包含的要素

解潇提出交通运输系统是由五种运输方式（公路、铁路、航空、水运、管道）的四个要素，包括运输网络设施、运载工具、客货流、组织管理构成的复杂基础设施动态系统（解潇，2018）。

本报告中临空经济区交通运输系统是指在临空经济区内构建的，能够辐射服务于城市、城市群以及远距离城际空间范围的公路、轨道等多种运输方式的，运输线网设施、运载工具、组织管理、政策体制等构成的复杂系统。临空经济区的交通运输系统不仅服务于临空经济区，更服务于城市、城市群以及全国，因此本报告中交通运输系统不局限于服务临空经济区的城市交通系统。

（三）研究重点与目标

本报告研究重点包括：北京临空经济区面临的交通运输系统问题，细分为共通性和特殊性问题；完善北京临空经济区交通运输系统建设策略要解决的体制机制问题；北京临空经济区的交通运输系统的构成、重心和发展路径问题。

本报告研究的主要目标包括：分析国内外临空经济区的交通运输系统建设策略的异同，从中提炼出有益于北京临空经济建设与发展的策略；分析以北京新机场为代表的临空经济区的交通运输系统面临的突出矛盾和问题，提出要解决的重点交通运输系统问题；分析北京临空经济区的交通运输系统发展策略的重点、任务、策略、路径等，以供相关部门参考。

（四）总体框架与基本思路

本报告研究的总体框架如图2所示。

首先，针对北京首都机场与新机场的临空经济区发展现状，分析存在的交通体系问题，既要分析交通运输系统问题，也要分析促进北京临空经济区功能发挥的方法。

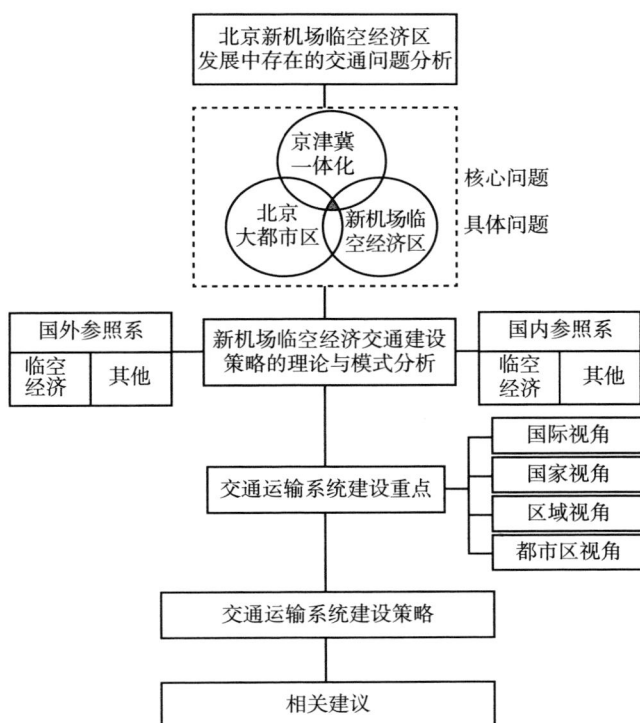

图2　本报告研究的总体框架示意

其次，分析国内外的机场临空经济区发展经验，从国内深圳宝安机场、广州白云机场、上海浦东机场，国外首尔仁川国际机场、东京成田国际机场、马来西亚吉隆坡国际机场等经验入手，总结它们发展过程中共同存在的规律。

最后，从国际、国家、区域、大都市区视角，提出北京临空经济区的交通运输系统总体思路、发展战略、交通运输系统重点、实施路径等建议。

本报告研究的基本思路如图3所示，基于国内外临空经济区的交通运输系统建设策略的经验，在充分调研的基础上，把握北京临空经济区的交通运输系统存在的突出矛盾和问题，提出促进京津冀综合交通系统优化和北京临空经济区功能高效发挥的建议，供相关部门决策参考。

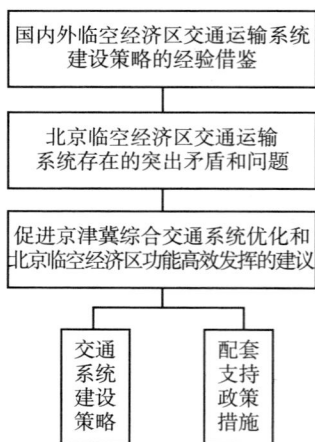

图3 本报告研究的基本思路示意

二 北京临空经济区交通运输系统发展概况

首都国际机场是连接国内外的重要交通枢纽，随着其航空业务量的快速增长，近年来机场业务量已进入饱和状态，同时受到规模和环境限制难以扩容,大兴国际机场建设便由此开始(刘武君,2012)。大兴国际机场位于京津冀中心地带,可凭借其地理优势将其建设为集航空、高铁、城际铁路、公路、地铁等多种运输方式于一体的现代综合交通枢纽,加速带动京津冀协同发展,打造首都经济圈。

(一)北京临空经济区发展现状

目前,北京市有两大国际机场:首都国际机场和大兴国际机场。

1. 首都国际机场

首都国际机场位于北京市东北郊顺义区,距离北京市中心30公里。北京顺义临空经济区规划范围见图4,首都国际机场规划面积为115.7平方公里〔参见《关于支持首都机场临空经济示范区建设的复函》(发改地区〔2019〕375号)〕。

功能定位:大型国际航空枢纽、亚太地区的重要复合枢纽、国际交往中心功能核心区和首都生态宜居国际化先导区。

2. 大兴国际机场

北京大兴国际机场是首都的重大标志性工程,新机场临空经济区将成为京津冀协同发展的示范区,新机场的建设将大力推动京津冀地区城市经济的协同发展。

2018年大兴区(不含开发区)实现地区生产总值700.4亿元,比上年增长7%;高技术制造业和现代制造业分别实现产值137.9亿元和406.1亿元,分别比上年增长24.8%和5.3%〔参见新区(大兴—开发区)2018年国民经济和社会发展统计公报〕。

如图5所示,2005~2017年大兴区(含开发区)年度生产总值逐年递增,经济发展势头迅猛,而新机场的建设与不断发展,毫无疑问将会带动新一轮地区经济增长。

如图6、图7所示,1990~2017年大兴区(含开发区)第二产业产值占比基本保持平稳,而第三产业产值占比逐年增加,这也表明大兴区的产业结构逐渐合理化,开始转向以第三产业为主导的发展方向,可以说,第三产业是大兴区经济发展的重要助力,在未来经济发展中将起到不可忽视的作用。

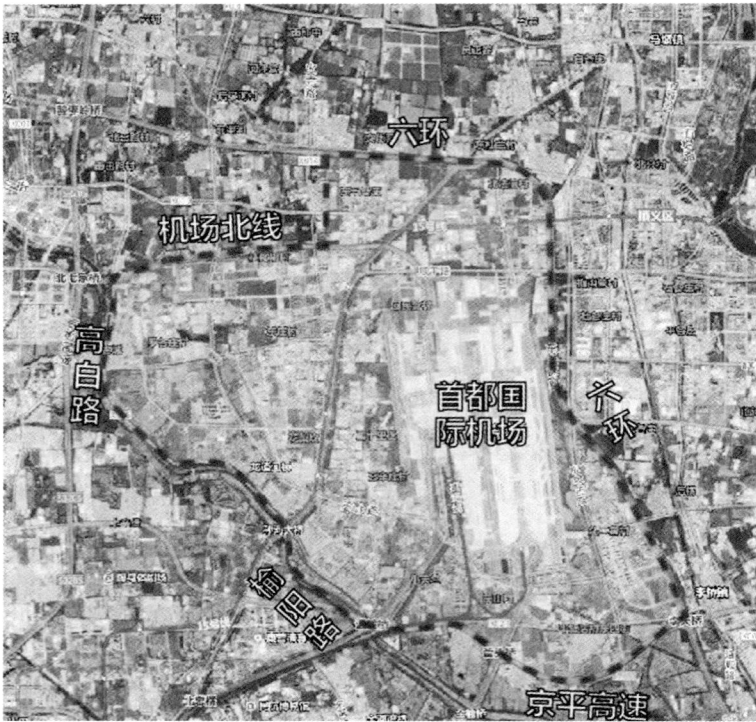

图4 首都机场临空经济区轮廓示意

资料来源:《盘点2019年北京临空经济核心区大事件:这一年值得我们骄傲》,搜狐网站,2020年1月2日,https://www.sohu.com/a/364285568_99965849。

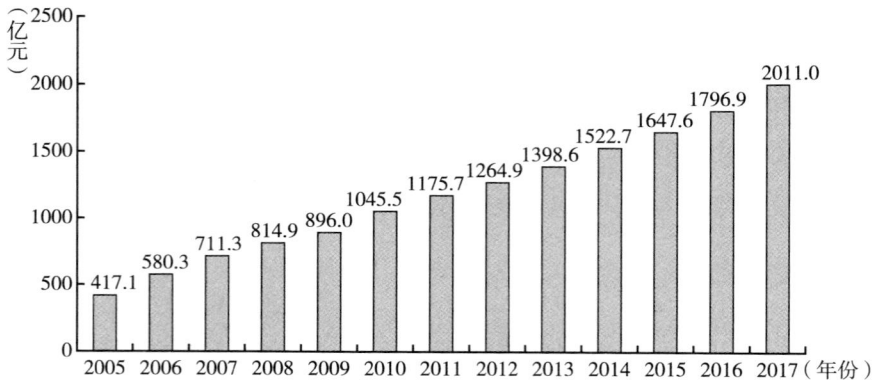

图5 2005~2017年大兴区(含开发区)年度生产总值

资料来源:《2018年大兴统计年鉴》。

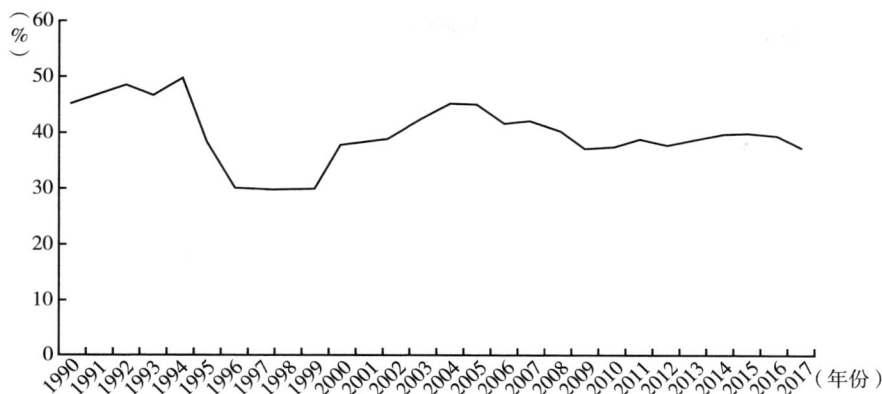

图6 1990～2017年大兴区（含开发区）第二产业产值占比

资料来源：《2018年大兴统计年鉴》。

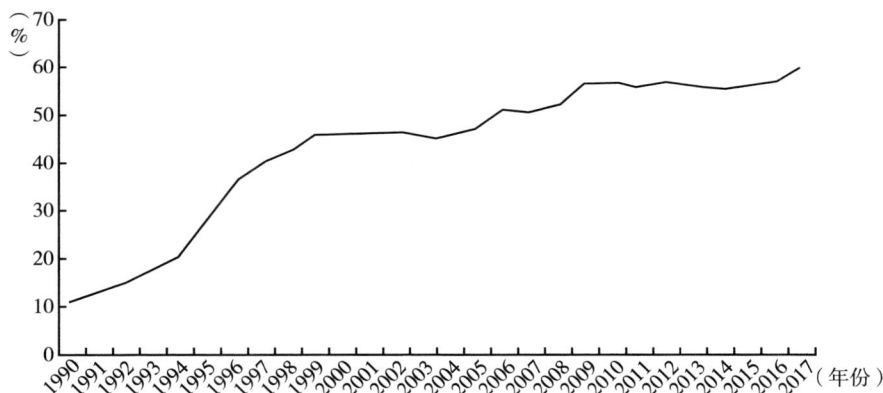

图7 1990～2017年大兴区（含开发区）第三产业产值占比

资料来源：《2018年大兴统计年鉴》。

在新机场建成后，大兴区将凭借其地理优势与交通优势，发展以科技为主要动力的高新技术产业和战略性新兴产业，努力建设成为京津冀协同发展的区域典范，成为京津冀协同创新的战略高地，最终成为创新驱动与科学发展的先行模范区。

（二）北京临空经济区交通运输现状

为辅助北京大兴国际机场通航需求，已有多条高速公路、城际铁路与地铁规划建设，形成服务于大兴国际机场的大型交通网，其中地铁线为大兴国际机场线，铁路线路为京雄城际铁路、廊涿城际铁路，高速公路包括京开高速公路、京台高速公路、大兴国际机场高速公路与大兴国际机场北线高速公路。

1. 城市交通

（1）地铁新机场线

北京地铁新机场线是专为大兴国际机场服务而建设的一条地铁线路，将大兴区礼贤镇与草桥连接起来，市内旅客将在草桥站换乘前往机场，中途设观音寺站、大兴机场站、南航站楼站等地铁站（新浪网，2019a）。为方便携带行李的旅客，车辆采用高速动车组座椅模式，设有大件行李置物架等设施，同时在草桥站，乘客可以办理值机、行李托运手续，此条地铁线路充分考虑机场旅客需求，十分方便快捷。

（2）城际铁路联络线

城际铁路联络线连接了北京新旧两座机场，是十分重要的一条线路。城际铁路联络线一期工程，连接廊坊东站和新机场，为东西向；二期工程连接首都国际机场和廊坊东站，为南北向。可以说，该条城际线路以廊坊东站为连接点，将北京新旧两机场联系起来。

（3）新机场高速路

新机场高速公路连接南四环与北京新机场，其中四环到五环为城市快速路，五环到新机场为高速公路，将新机场与北京南市区连接起来。

（4）机场大巴

大兴国际机场机场大巴目前已开通多条线路，其中8条市内线路可达北京各火车站，也包括通州线、房山线、亦庄线等，机场大巴连接市内的同时，也与外环区域紧密相连。

2. 城市群交通

（1）京雄城际铁路

京雄城际铁路是新建的一条城际铁路，自李营站起，途经大兴区、新机场、霸州市，将从北京新机场航站楼下穿过，进入新机场站后，将从航站楼地下二层穿越而过，旅客可以通过扶梯进入地下乘坐。

（2）京开高速

京开高速北起北京南三环西路玉泉营立交桥，南至开封，分主辅路，主路自南六环至西黄垡桥；辅路自魏永路至大礼路。

（3）京台高速

京台高速即北京—台北高速公路，2016年12月正式通车（新浪网，2019）。京台高速公路起于南五环与104国道相交处南至田家营村（京冀界内），途经天津、廊坊、沧州。

（4）新机场北线高速

北京大兴国际机场北线高速公路共三段，中段西起京开高速，东至京台高速；其余两段正在建设中，西延工程自京开高速至涿州界；东延工程自京台高速至廊坊界。机场北线高速的双向延伸，进一步打通了主城区与临空经济区的快速通道，实现廊坊、新机场、涿州便捷连通，有效促进了京津冀大交通网络融合。

（5）天津至北京新机场联络线

天津至北京新机场联络线，自天津西站起至固安东站，途经胜芳站、安次区、永清县，可以乘坐京雄城际铁路至北京大兴国际机场。这一铁路线路将天津与新机场联系起来，进一步打通京津冀交通联络网。

（6）省际客运专线

已开通4条省际客运班线，包括保定线、天津线、廊坊线和唐山线（搜狐网，2019）。机场大巴连接市内的同时，也与周围城市紧密相连。省际出租汽车方面，按省市分开设置蓄车区、候车区、落客区，方便乘客搭乘。

（三）北京临空经济区交通运输系统面临的问题

1. 机场快线与城市功能融合度低

首都机场快线目前设站东直门站、三元桥站、3 号航站楼站、2 号航站楼站，而城市主要商务办公区如金融街、中关村、CBD 等对应的轨道站点分别是复兴门、西单、海淀五路居、中关村、望京站等。在工作日，居民商务出行比重较大，对出行时间的要求比较高，此外，选择飞机出行的乘客对出行便利性、舒适性要求很高，而机场快线与首都商务功能较低的融合度将导致居民需要通过多次换乘、花费更多的时间到达机场，这将降低机场快线对乘客的吸引力以及机场快线的上座率。

地铁新机场线从北京南三环的草桥站至大兴机场，从草桥到新机场站最快只需要 19 分钟（澎湃网，2019），此线路是去往大兴机场的主要公共交通线路。但目前地铁新机场线已开通站点草桥站、大兴新城站与城市商务功能融合度低，未能满足乘客出行需求。草桥站距离客源集中地海淀、朝阳区较远，乘客需乘坐其他地铁换乘至草桥站，需多次转乘才可到达机场站，因此大兴机场对于市内客源的吸引力仍有待讨论。地铁新机场线二期工程将连接金融街、西二旗等商务区轨道站点，将为这两大就业地提供便捷、充足的跨市商务出行服务。

此外，新旧机场衔接太远，目前，大兴机场到首都机场的轨道出行方式是从大兴机场地铁站乘坐北京大兴国际机场线到草桥站，从草桥站乘坐 10 号线到三元桥，再从三元桥站乘坐首都机场线到 T2 航站楼。耗时约 2 小时，费用共 65 元（高德地图查询数据）。无论从时间成本还是金钱成本来看，两机场之间的交通连接还不太便捷，不利于两机场乘客之间的交通联系。

2. 机场与其他城际交通枢纽连通度低

北京南站到首都机场的轨道交通运行时间为 80 分钟，乘客需换乘三条轨道线，费用共 30 元。北京西站到首都机场的轨道交通运行时间为 80 分钟，乘客也需换乘三条轨道线，费用共 30 元。与北京首都国际机场相比，大兴机场与其他城际交通枢纽尤其是铁路枢纽的衔接成本较低。从北京南站到大兴国际机场仅耗时 40 分钟，花费 38 元，但是乘客需换乘 3 条轨道线；从北京西站到大兴国际机场耗时 48 分钟，花费 39 元，乘客全程需换乘 3 条轨道线。可以看出，换乘频率和金钱成本都较高。在京津冀协同发展背景下，北京首都国际机场和大兴机场与天津高铁站、石家庄高铁站点之间的交通仍不便利。大兴机场到天津站的机场巴士 + 轨道运行时间为 3 小时 10 分钟，费用为 78 元，共换乘三次（高德地图查询数据）。

3. 机场快速路交通拥堵发生率较高

首都机场与中心城之间有四条高速公路通道，即机场高速、机场第二高速、机场北线高速 + 京承高速、机场南线高速 + 京承高速。机场高速从二环东直门北桥起，连接三环、四环和五环路与首都机场，与市区东北二环区域相连通；机场第二高速与东五环相连；机场北线高速与南线高速，连接京承高速，可通往北三环。

根据北京市干线公路网规划，首都机场陆侧尚有三条高速公路未完成建设，包括京密高速、机场北线西延及机场第二高速南延。其中机场北线高速公路横穿北部地区，而机场第二高速南延主要服务东部地区南北向交通。由于这两条通道的缺失，北部及东部地区与机场之间的机动车出行大部分通过北五环及东五环绕行，加剧了五环路的拥堵。

首都机场高速在距离、价格、便利性等方面较其他通道有明显优势，近70% 的机动车选择机场高速通行，导致机场高速长期处于拥堵状态，高峰时段道路负荷度达 0.9 ~ 1.3（白同舟，2016）。机场高速还承担了中心城到顺义等东北地区的过境交通，早、晚高峰过境交通对机场高速及机场附近区域影响突出，使拥堵情况进一步加剧。

对于新机场周边高速，预计在新机场投入使用后，有三条南北向的高速公路可以通往新机场，分别是京台高速、新机场高速和京开高速，而新机场北线高速将这三条线路连接起来（新浪网，2019b）。北京新机场高速公路北起南四环公益东桥，终点为北京新机场，其中，四环到五环段为城市快速路，五环到终点段为高速公路；北京大兴国际机场北线高速，自京开高速至京台高速；京台高速（北京段），北起南五环向南延伸，加强了亦庄、大兴新城与中心城区的交通联系；京开高速北起北六环魏永路，向南延伸。

北京新机场高速公路线路连接城市南部区域与新机场，是私家车前往新机场的主要路段之一，是市区与新机场的连通通道，但其中部分路段，例如新机场高速路四环到五环段，同时也作为城市快速路，承担市内通勤功能，城市市内交通与机场交通混杂，尤其在通勤高峰期，市内通行与机场快速路乘客共同使用这一路段，极易引起拥堵，乘客拥堵疏解将是一个不得不面对的问题。

4. 机场大巴与城市功能的融合度较低

首都机场巴士现有18条线路联系市内与机场，市区机场巴士线路主要分布在五环及其以内区域，覆盖范围主要为沿环路线路附近区域，见表1。首都机场市区机场巴士线路沿环路单一布置，与香港机场巴士多元化线路相比，与城市公交系统缺乏有效衔接，无法兼顾不同区域、不同类型旅客的出行需求。

表1 首都省际机场巴士线路基本情况

线路	票价	路程
北京—天津	82 元	单程
北京—秦皇岛	140 元	单程
北京—廊坊	60 元	单程
北京—保定	100 元	单程
北京—唐山	100 元	单程
北京—沧州	100 元	单程
北京—赤峰	150 元	单程
北京—张家口	100 元	单程

资料来源：北京首都国际机场股份有限公司官网，http://www.bcia.com.cn/jcbs.html#offSet。

目前首都机场已开通了串联周边主要大中城市如天津、沧州、廊坊、保定、秦皇岛、唐山、赤峰、张家口等的8条省际线路，但服务能力相对有限。以首都机场至天津的巴士线路为例，单向运输能力仅约1000人次/天，且单程运营时间为两个半小时，远无法满足城市群地区与首都机场间的交通需求（张俊等，2013）。尽管北京与天津、石家庄、唐山等城市之间已修建城际铁路或开行动车组列车，但由于周边城市机场接驳轨道系统比较孤立，还无法与其他铁路线路进行便捷有效的换乘，因此与使用机场大巴实现服务周边主要城市的目标还存在一定距离。

目前，大兴国际机场开通了6条机场巴士线路，其中白天班线5条，夜间班线1条，自大兴国际机场至前三门。机场巴士票价40元，发车间隔为半小时，省际巴士有4条线路，分别是保定线、天津线、廊坊线、唐山线（见表2）。

表2　大兴机场巴士线路基本情况

线路名称	始发站	终点站	票价
北京站线	北京站	大兴机场	40元
北京西站线	北京西站南广场	大兴机场	40元
北京南站线	北京南站	大兴机场	40元
通州线	通州（太阳花酒店）	大兴机场	40元
房山线	房山交通局	大兴机场	40元
宣武门夜航线	宣武门	大兴机场	40元
保定线	保定城市航站楼	大兴机场	70元
天津线	天津通莎客运站	大兴机场	75元
廊坊线	廊坊客运总站	大兴机场	35元
唐山线	唐山汽车客运西站	大兴机场	120元

资料来源："机场巴士线路介绍"，北京首都国际机场股份有限公司官网，http://www.bcia.com.cn/jcbs.html。

新机场处于运营初期，机场巴士线路并不多，市内巴士线路主要是与火车站连接，除此之外市内仅有一条宣武门夜航线，市郊线有两条，通州线与房山线，机场巴士线网覆盖率低。

目前，大兴机场巴士对市区主要对外公路枢纽的覆盖不足，特别是与北京城区连接不够，包括公路枢纽站点、大型宾馆及商场，缺乏与市内公共交通系统的衔接；机场巴士服务范围覆盖的铁路站点包括北京站、北京西站和北京南站，但是两者之间的换乘依然存在步行距离过长、需要借助其他交通工具的问题，缺乏有效的接驳工具与手段。

大兴机场省际巴士目前有保定线、天津线、廊坊线、唐山线，线路数量较少，有待进一步扩增；运营能力方面，与首都机场巴士存在相同的问题，即服务能力相对有限，远无法满足城市群地区与首都机场间的交通需求。

三　国内外临空经济区交通运输系统建设案例分析

（一）国内临空经济区交通运输系统建设案例分析

1. 深圳宝安机场

（1）城市轨道交通

目前，通往深圳宝安机场的轨道线有两条：机场快线 11 号线和地铁 1 号线。机场快线 11 号线共有 11 个站点，依次经过福田区、南山区、宝安区，贯穿大空港地区、城市商务区，止于碧头站。地铁 1 号线共有 30 个站点，途经宝安、南山、福田、罗湖 4 个核心区。该线路起始价 2 元，全程 9 元，与地铁 11 号线共同服务机场乘客城际出行需求，也为深圳常住沿线居民提供通勤服务。

（2）城市公交

如表 3 所示，深圳宝安机场共有 14 条公交线路，分别通往深圳龙华区、光明区、龙岗区、南山区、惠州市、宝安区等轨道线无法覆盖的地区，与轨道线形成良好互补。此外，这些公交线路发车间隔较为合理，票价较低，符合乘客时间和金钱方面的要求。

表 3　深圳宝安机场公交接驳线基本情况

线路编号	线路起讫站	服务时间		发车间隔	票价
		往新航站楼方向	反方向		
M416	机场东地铁公交接驳站—宝安机场场站	6：30～23：30	6：30～22：40	15～25 分钟	2 元
E31（原机场 4 线）	华南城南公交总站—机场新航站楼	6：00～20：00	8：00～22：00	20～30 分钟	10 元

续表

线路编号	线路起讫站	服务时间		发车间隔	票价
		往新航站楼方向	反方向		
M387（原机场5线）	长凤路总站—宝安机场场站	6：00～21：00	6：40～22：00	15～30分钟	2.5元
E32（原机场7线）	沙湾公交场站—宝安机场场站	6：20～21：00	7：20～22：00	20～30分钟	10元
M528（原机场8线）	深圳湾口岸公交首末站—宝安机场场站	6：40～22：00	6：30～21：30	15～30分钟	3元
E29（原机场9线）	坂田象角塘总站—宝安机场场站	7：00～21：00	7：00～21：00	30～120分钟	10元
M527（原机场10线）	海上世界接驳站—宝安机场场站	7：00～22：00	6：20～21：30	10～30分钟	2～7元
E16	观澜长途客运站—宝安机场场站	6：30～20：00	7：00～20：00	20～30分钟	10元
E21	坑梓公交总站—机场新航站楼	5：00～19：00	7：20～21：00	20～30分钟	10元
M472	塘坑总站—机场新航站楼	6：30～21：00	6：30～21：00	15～30分钟	2.5元
NE29	壹成中心第九区公交总站—机场新航站楼	23：30～6：30	21：30～1：40	30～40分钟	8元
NE30	海上世界公交接驳站—机场新航站楼	23：00～6：30	21：00～2：00	30～60分钟	6元
NE31	坂田风门坳总站—机场新航站楼	20：50～0：30	22：20～1：50	30分钟	8元
NM387	机场地面交通中心西平台—长凤路总站	——	23：00～1：00	60分钟	2.5元

资料来源："深圳宝安机场公交线路介绍"，深圳机场集团官网，http://www.szairport.com/szairport/lwszsq/201406/fb74c88f02ec420aab260f781d98b3cc.shtml。

（3）机场大巴

宝安机场共有4条机场快线，机场快线1号线途经宝安区、南山区、福田区、罗湖区，机场快线2号线途经光明区、龙华区、龙岗区，机场快线3号线途经光明区、龙华区、罗湖区，机场快线4号线途经龙华区、宝安区。4条机场快线覆盖了深圳市所有行政区，也实现了与主要地铁站点、铁路站点、商务区的有效融合。以机场快线1号线为例，机场快线1号线途经深航大厦、投资大厦、华联大厦，到达罗湖火车站，乘客到达罗湖火车站，可转乘长途大巴赴广东省内各城市。机场快线3号线，途经龙胜地铁站、金地梅陇镇到达深圳北站，乘客可在深圳北站乘坐铁路到达省内其他地区或者省外地区（见表4）。

表4 深圳宝安机场机场大巴基本情况

	始发站	终点站	首班时间	末班时间	票价	在途时间
1号	华联大厦	深圳机场	4：30	21：00	20元	每30分钟一班车，全程约40分钟
	深圳机场	火车站西广场	6：30	航班结束	20元	每30分钟一班车，全程约40分钟
2号	龙岗城市候机楼	深圳机场	5：00	21：00	30元	每30分钟一班车，全程约50分钟
	深圳机场	龙岗城市候机楼	7：00	2：00	30元	每30分钟一班车，全程约50分钟
3号	深圳北	深圳机场	5：00	20：00	24元	每30分钟一班车，全程约50分钟
	深圳机场	深圳北	7：00	2：00	24元	每30分钟一班车，全程约50分钟
4号	坪山城市候机楼	深圳机场	4：30	21：30	35元	每40分钟一班车，全程约90分钟
	深圳机场	坪山城市候机楼	7：00	1：40	35元	每40分钟一班车，全程约90分钟

资料来源："深圳宝安机场机场大巴线路介绍"，深圳机场集团官网，http://www.szairport.com/szairport/yxxl/jcdbtt.shtml。

（4）出租车

旅客可在T3航站楼地面交通中心二楼东侧的士站乘坐出租车。网约车可在T3航站楼地面交通中心南侧P3停车场乘坐。

（5）快速路

深圳宝安机场周围也有不少高速公路。东侧有广深高速公路、107国道、宝安大道，南侧有机场南路、机荷高速公路等。

（6）粤港澳大湾区交通（来往港澳和广东各地）

目前，深圳宝安机场有到粤港澳大湾区内广州市、河源市、中山市、珠海市、香港等地的大巴，且目的地一般为当地的汽车站、火车站或者航站楼（见表5），实现了粤港澳大湾区内空港、铁路、公路的无缝衔接，真正实现城市群交通一体化发展。

表5 深圳宝安机场通往粤港澳大湾区的大巴基本情况

目的地	始发站	终点站	发车时间	票价	时间
广州市	机场	广东省汽车客运站	9：00～20：00（约60分钟一班）	75元	约1.5小时
河源市	机场	河源城市候机楼	10：40～18：00	80元	约3小时
江门市	机场	江门汽车总站	17：40	105元	约2小时
中山市	机场	中山城市候机楼	9：10～20：30	75元	约2小时
东莞市	机场	东莞城市候机楼	8：00～21：00	45元	约1.5小时
		虎门客运站	8：50～20：50	45元	约1小时
		常平汽车站	9：20～21：10	35元	约1.5小时
		清溪汽车站	8：05～19：35	45元	约1小时
		石龙汽车站	8：45～20：35	40元	约1.5小时
惠州市	机场	惠州汽车总站	8：05～21：30	70元	约1.5小时
		惠州汽车客运总站	8：10～19：00	60元	约1.5小时
		惠州汽车站	8：10～19：00	70元	约2小时
珠海市	机场	拱北	8：30～21：40	100元	约2小时
香港	机场	香港观塘（途经元朗候机楼、屯门候机楼、观塘候机楼）	8：05～20：45（15～45分钟一班）	130元	约2小时
		香港机场	9：05～19：35（15～30分钟一班）	200元	约2小时

资料来源："深圳宝安机场通往粤港澳大湾区的大巴线路介绍"，深圳机场集团官网，http：//www. szairport. com/szairport/laiwga/list_ jcjt. shtml。

2. 广州白云机场

（1）城市轨道交通

广州地铁3号线北延段（番禺广场站—机场北站）是主线的一段。乘坐该线可到达高增换乘9号线，也可乘坐至嘉禾望岗换乘2号线与14号线，或通过换乘其他地铁线路前往广州市的其他区域；继续乘坐即可直达广州市的中心城区天河区，进而到达广州市中心商务区；在天河区，同样可以到达广州东站与天河客运站，再转至其他城市，也可以通过换乘到达广州火车南站并搭乘武广高铁及广珠城际铁路，转至其他城市。

广州白云机场轨道交通建设十分完善。首先，广州白云机场地铁线可直接到达市内天河区，不必换乘；其次，也可乘坐机场地铁通过换乘到达市内火车站、汽车站，转至其他城市也十分便利，不必再换其他交通方式；最后，到达市内后，也可换乘至市内商务区。

（2）城市公交

白云机场空港1号线（环线），票价3元，4：00～22：00每10分钟一趟，22：00至0：00约15分钟一趟，0：00～4：00约30分钟一趟。空港1号线从T1航站楼28号门出发，途经民航中南管理局、南航明珠酒店、南航信息楼、污水处理厂、穗佳综合楼、南联食品公司、汉莎食品公司、国航大厦、T2航站楼（26号门）、广州国际物流中心，最终至T1航站楼（30号门）。广州公交708路是连接市区与机场的公交线路，票价3元，从人和墟总站始发，从南进入广州白云机场，机场内设1站——白云机场1号候机楼，由北驶出，在北出口设1站——广州国际物流中心，最终至金港城。

空港1号线作为环线，将白云机场周边连接起来，包括酒店、各公司大楼以及航站楼，满足乘客机场内部交通需求；公交将白云机场所在的广州东北地区花都区连接起来，满足这一地区乘客交通需求，弥补了地铁未覆盖的机场区域与花都区的交通连接功能。

（3）机场大巴

机场空港快线终点站，机场入口共开通有16条"空港快线"及"机场快线"，可由广州市各区直达机场（见表6）。

其中从化线与增城线，直接连通机场与从化、增城，满足机场以北地区交通需求；1号线、3号线通往白云机场以南地区，1号线停站为医院、广州火车站、白马大厦，3号线在1号线方向上继续向南，停靠站为酒店与商业广场；2号线、4号线分别通往市中心天河区，2号线前往酒店与商业城，4号线在2号线偏北位置通往酒店宾馆；机场快速线路在大巴基础上开往更远区域，包括国际会展中心、自贸区等。机场市内大巴给予乘客充分选择空间，满足乘客商务、旅行等交通出行需求，十分便利。

表6 白云机场市内大巴线路基本情况

线路	线路名称	票价	发车间隔
空港快线1号线	白云机场—民航售票处	20元	20～30分钟
空港快线2号线	白云机场—天河华师大厦酒店	25元	30～60分钟
空港快线3号线	白云机场—星都酒店	22元	—
空港快线4号线	白云机场—万科尚城御府	30元	30～90分钟
增城线	白云机场—增城候机楼	50元	—
从化线	白云机场—从化候机楼	35元	50～90分钟
广州南站	白云机场—广州南站	60元	—
机场快线5号线	白云机场—港润酒店	24元	30～60分钟
机场快线6号C线	白云机场—天河华师大厦酒店	15元	30～90分钟
机场快线7号A线	白云机场—番禺宾馆	36元	—
机场快线7号B线	白云机场—祈福新邨	36元	40～60分钟
机场快线7号C线	白云机场—中国南沙自由贸易区	53元	60分钟
机场快线8号A线	白云机场—华厦国际商务酒店	32元	60～90分钟
机场快线8号B线	白云机场—新塘粤巢至尊酒店	38元	60分钟
机场快线8号C线	白云机场—威尔登酒店	32元	120分钟
机场快线10号线	白云机场—广州轻纺交易园	27元	30～60分钟

资料来源：广州白云国际机场股份有限公司官网，https：//www.gbiac.net/byairport-web/traffic/index? urlKey=areaBus&folderId=1509。

（4）出租车

T1航站楼机场A、B到达区域，均设有出租车上客点，A到达区出租车上客点设在A8号门外，B到达区出租车上客点设在B4、B8号门外；T2航站楼国内到达厅出租车上客点设在50、53号门外，国际到达厅出租车上客点设在国际到达厅门外。

（5）快速路

广州市机场高速公路可以按方位简单分为南线和北线：南线S41，连接广州市区与白云机场；北线G45，沿其可由外地驶入白云机场，这是一条连接广州北部地区与新白云国际机场的交通线。机场高速S41线与市内环城高速分工明确，将广州市中心与白云机场紧密相连，G45线则将白云机场与其北部相近城市连接，两条线路共同搭建起广州周边地区与白云机场间的通道。

（6）省际巴士

广州白云机场有到省内珠海市、中山市、惠州市、佛山市、东莞市、肇庆市等地的大巴。如表7所示，机场大巴向北可连通韶关、向东可连通河源、惠州、深圳，向西可连接云浮，向南可连接佛山、江门、中山、珠海等，各城市大巴终点站一般为当地的火车站或者航站楼。白云机场省际大巴连通了省内多个城市，不仅深入内陆，甚至连通了珠海地区，使白云机场成为连接四方的交通枢纽，进一步实现周边城市群交通一体化发展，满足乘客商务、旅行等多方面换乘需求。

表7　白云机场省内大巴线路基本情况

城市	线路名称	票价	发车间隔
珠海	白云机场—珠海拱北	95 元	30 ~ 50 分钟
中山	白云机场—中山古镇	71 元	—
中山	白云机场—中山市区	71 元	30 ~ 50 分钟
深圳	白云机场—深圳	95 元	60 ~ 70 分钟
中山	白云机场—中山小榄	71 元	—
惠州	白云机场—惠州	90 元	70 ~ 80 分钟
佛山	白云机场—佛山市区	40 元	30 ~ 40 分钟
佛山	白云机场—佛山龙山	50 元	60 ~ 90 分钟
佛山	白云机场—顺德	50 元	30 ~ 50 分钟
佛山	白云机场—佛山西樵	50 元	60 ~ 70 分钟
佛山	白云机场—佛山桂城	35 元	60 ~ 80 分钟
佛山	白云机场—佛山高明	55 元	—
肇庆	白云机场—肇庆	31 元	—
东莞	白云机场—东莞南城	55 元	30 ~ 60 分钟
东莞	白云机场—东莞大朗	73 元	60 ~ 80 分钟
东莞	白云机场—东莞万江	55 元	60 ~ 70 分钟
江门	白云机场—台山	90 元	70 ~ 90 分钟
清远	白云机场—清远	40 元	50 ~ 70 分钟
阳江	白云机场—阳江	130 元	—
云浮	白云机场—云浮	85 元	—
韶关	白云机场—韶关	80 元	—
河源	白云机场—河源	110 元	60 ~ 80 分钟

资料来源："省内大巴线路介绍"，广州白云国际机场股份有限公司官网，https：//www. gbiac. net/byairport – web/traffic/index？urlKey = cityBus&folderId = 1508。

3. 上海浦东机场

（1）城市轨道交通

上海浦东机场的轨道交通线路有三条——地铁 2 号线（浦东机场—徐泾东）、地铁 2 号线（浦东机场—广兰路）、地铁 2 号线（广兰路—徐泾东），由西到东，将浦东机场与市内相连，与虹桥机场也可通达，十分便利（见表 8）。

浦东机场位于 2 号线路东部终点站，虹桥机场位于 2 号线路西部终点站附近，2 号线路东西向贯穿上海地区，途经市中心，可在多处进行换乘，到达市内各金融区、商务区、酒店、火车站、汽车站等，直接连通了浦东机场与市内。

表8　浦东机场轨道交通线路基本情况

线路	始发站	主要停靠站	终点站
地铁 2 号线（浦东机场—徐泾东）	浦东机场	海天三路、川沙、唐镇、龙阳路、张江高科、世纪公园、陆家嘴、人民广场、静安寺、中山公园、虹桥 2 号航站楼	徐泾东/淞虹路
地铁 2 号线（浦东机场—广兰路）	浦东机场	海天三路、远东大道、凌空路、川沙、华夏东路、创新中路、唐镇	广兰路
地铁 2 号线（广兰路—徐泾东）	广兰路	广兰路、金科路、张江高科、龙阳路、世纪公园、陆家嘴、人民广场、静安寺、中山公园、虹桥 2 号航站楼	徐泾东/淞虹路

上海轨道交通的覆盖范围十分广泛，可以满足乘客在上海的交通出行需求，包括商务出行需求、旅行出行需求等；同时，乘客也可以通过在市内汽车站、火车站，甚至转至虹桥机场，转乘其他交通工具，例如火车、汽车等，前往上海周边地区；地铁轨道交通又将上海市内两大机场连接起来，极大地提升了上海内部交通连接性，将上海打造成了一个大型交通枢纽城市。

（2）机场大巴（包括公交）

机场地面公交大巴共有 9 条线路，包括 1 条夜间线路，通往虹桥枢纽交通中心、城市航站楼、火车站、汽车站、地铁站等，将机场与市内相连，乘客可乘坐机场大巴前往市内，包括徐汇区、闵行区、虹口区、长宁区、静安区、黄浦区、莘庄以及上海自贸区，方便快捷。其中机场一线将浦东机场与虹桥枢纽站相连通，昼夜均有线路安排，发车间隔为15～45分钟；机场二线连接浦东机场与城市航站楼，市内乘客可在航站楼乘坐大巴前往机场，发车间隔30～45分钟；机场五线、机场七线、机场八线、机场九线均前往火车站、汽车站、地铁站等，方便乘客进行市内换乘。由大巴所停靠站点可知，浦东机场大巴满足乘客住宿、旅行、换乘等多方面交通需求，覆盖范围广，线路合理，十分便捷（见表9）。

表9　浦东机场市内大巴线路基本情况

线路	线路名称	票价	发车间隔
机场一线	浦东机场—虹桥枢纽东交通中心	34元	15～25分钟
机场二线	浦东机场—城市航站楼（静安寺）	24元	30～45分钟
机场四线	浦东机场—虹口足球场（花园路）	18～24元	15～25分钟
机场五线	浦东机场—上海火车站（南广场）	18～24元	15～25分钟
机场七线	浦东机场—上海南站	8～20元	20分钟
机场八线	浦东机场—南汇汽车站	2～10元	15～30分钟
机场九线	浦东机场—莘庄地铁站南广场	24元	30分钟
机场环一线	浦东机场—航城园	2元	30～45分钟
守航夜宵线	浦东机场—虹桥枢纽东交通中心	18～34元	45分钟

资料来源："地面公交线路介绍"，上海机场（集团）有限公司官网，https://www.shanghaiairport.com/cn/jcjt/index_53181.html。

（3）出租车

出租车乘车点位于第一层（到达层）28号门，乘客可自行乘坐前往市内，上海市出租车收费标准见表10。

表10　上海市出租车收费标准

	日间（5：00～23：00）	夜间（23：00～5：00）
0～3公里	14元	18元
3～10公里	超出部分2.5元/公里	超出部分3.1元/公里
10公里以上	超出部分3.6元/公里	超出部分4.7元/公里

资料来源："出租车信息介绍"，上海机场（集团）有限公司官网，https://www.shanghaiairport.com/cn/jcjt/index_53191.html。

（4）快速路

浦东机场高速公路，即申嘉湖高速，是连接上海、浙江的一条重要高速公路，在金山区与浙江省交界，向北进入上海浦东机场；上海迎宾高速，是一条连接上海市区与浦东国际机场的高速公路，向南进入上海浦东机场（车主联盟网站，2016）。两条高速线路均与绕城高速相连接，最终与市内相通，连接上海市内与机场，同时申嘉湖高速可通过沪芦高速连接机场与上海南部地区，迎宾高速可通过绕城高速连通浦东机场与上海北部地区。

（5）省际巴士

目前浦东机场省际巴士共有 22 条线路通往其他城市，向北可连接启东市、昆山市、南通市等，向南通往义乌、嘉兴等，向西通往无锡市、苏州市等，多条巴士线路连通上海周边城市（见表 11）。浦东机场省际大巴连通了浙江省内多个城市，深入内陆，将沿海地区与内陆城市连为一体，浦东机场成为连接四方的交通枢纽，同上海虹桥机场一同成为城市交通枢纽，进一步实现周边城市群交通一体化发展，满足各类型乘客需求，使上海逐渐成为国内首屈一指的枢纽中心城市。

表 11　上海浦东机场省际巴士线路基本情况

线路	途经	票价	单程距离（公里）
杭州	直达	120 元	219
嘉兴	直达	70 元	133
义乌	直达	180 元	323
青田	直达	300 元	540
昆山	直达	76 元	94
苏州	直达	90 元	134
无锡	直达	100 元	180
张家港	直达	122 元	189
南通	直达	100 元	241
启东	直达	70 元	225
湖州	南浔站、织里（晟舍汽车站）	全票 120 元；站级票价 100 元	199
常州	直达	130 元	189

线路	途经	票价	单程距离（公里）
靖江	直达	158 元	238
瑞安	温州	240 元	500
海盐	平湖	75 元	150
普陀	直达	230 元	300
宁波	直达	160 元	256
慈溪	直达	130 元	220
桐乡	乌镇	全票 78 元;站级票价 73 元	142
绍兴	直达	135 元	282
泰兴	直达	168 元	231
江阴	华西	130 元	173

资料来源："长途客运线路介绍"，上海机场（集团）有限公司官网，https://www. shanghaiairport. com/cn/jcjt/index_ 53196. html。

（二）国外临空经济区交通运输系统建设案例分析

1. 首尔仁川国际机场

（1）轨道交通

仁川机场到首尔站有韩国机场快线 AREX 线，具有两种类型的组织服务方式：直达快线和普通列车。直达快线运行时间为 43 ~ 51 分钟，普通列车为 59 ~ 66 分钟。该机场快线也连接了仁川机场两个航站楼以及金浦机场，还衔接 6 条首尔地铁线，使乘客能够更便捷地到达市内其他目的地。

（2）道路交通

岛屿机场：拥有两条分别从东向和西向进场的高速公路，高速公路连接了两个航站区，车行距离为 19 公里（用时 15 ~ 20 分钟）。

（3）机场大巴

从仁川机场到首尔市区最方便的交通工具是机场大巴，仁川机场大巴有很多条线路，站点几乎覆盖了整个首尔市，不管从仁川机场前往首尔的哪个地方，都可以乘坐机场大巴到达，所需时间为 1 ~ 1.5 小时。

（4）出租车和接机车

韩国的出租车分为普通出租车、模范出租车和大型出租车三种。与出租车性质相同的一种交通方式是接机，也是直接从仁川机场乘坐专车前往目的地，价格则比出租车要低很多。

2. 东京成田国际机场

成田国际机场距离东京市区约 60 公里，主要负责国际线的运输。

（1）轨道交通

成田国际机场到达市区的轨道交通有成田 Skyliner 线、Access 线、京成本线和 JR 线。Skyliner 线是到东京市区最快的电车，自成田机场至上野站只需 36 分钟，在上野站可以换乘市内环线到达市内其他主要地区。Skyliner 线全部为指定座席并且空间很大，乘客还可购买包括 Skyliner 车票 + 都营地铁 + 东京 metro 地铁在内的交通联票。都营地铁与东京 metro 地铁两种交通工具可以到达市内大多数地方。乘坐 Access 特急，从成田机场到上野需 55 分钟，到浅草需 50 分钟，价格比 Skyliner 线便宜。京成本线是到市区最便宜的轨道，耗时大约 90 分钟，在日暮里或者上野站换乘山手线可到达各目的地。

（2）机场大巴

机场大巴站点几乎覆盖了东京都市圈内所有地区，包括东京 23 区、东京都外地区、千叶区、神奈川县、茨城县、埼玉县、栃木县、群马县、羽田国际机场以及其他地区。

3. 马来西亚吉隆坡国际机场

吉隆坡国际机场距离城市中心 45 公里，2017 年旅客吞吐量为 5856 万人次（澎湃网，2018）。

（1）轨道交通

吉隆坡国际机场有两条轨道线：机场快线和机场普通线。机场快线是前往市区最快最便捷的交通方式，时速 160 公里，全线没有停靠点，运行时长为 28 分钟，在市区车站为旅客提供部分航空公司的值机服务；普通线停靠5 站，为市区提供通勤服务。

（2）机场大巴

吉隆坡机场有许多不同的机场巴士公司在运营，目前有 4 家巴士公司经营从吉隆坡机场往返吉隆坡市区的路线，可以前往富都车站、吉隆坡中央车站、市区酒店、南湖镇长途汽车总站 BTS 等地。吉隆坡机场大巴班次均是 20 ~ 30 分钟一班，每班行驶时间为 1 ~ 1.5 小时。同时，吉隆坡机场也提供其他的普通公交服务，如 Trition bus、KR Travel and Tours、Skybus、Aerobus、NadiKLIA、Starshuttle，为吉隆坡市区其他地区提供服务。

（三）国内外临空经济区交通运输系统建设规律

1. 交通连通

①机场临空经济区内有轨道、机场大巴、普通公交、出租车、网约车等多种城市交通方式。②机场临空经济区内轨道交通有两种类型，一种是机场快线，主要将多个航站楼或者城市内多个机场、多个对外交通枢纽连接；另一种是普通轨道，串联多个商务、商业、居住、旅游点，既为机场乘客提供服务，也为城市常住居民提供通勤服务。③引入多个机场大巴运营主体，主体可为航空公司、旅游公司、市场化主体等，为不同圈层（临空经济区、所在区、所在市、城市群）不同出行目的乘客提供精准、精细化的出行服务。④在机场设铁路站点，将城市轨道、铁路、航空三种交通方式有效连通。⑤机场轨道交通可直达铁路枢纽，实现城市轨道、铁路、航空三种交通方式有效连通。⑥机场大巴可直达主要公路交通枢纽，实现航空、公路、城市公交三种交通方式有效连通。⑦将机场功能部分前置于铁路枢纽或者一些城市轨道枢纽。

2. 功能融合

①机场轨道交通能够串联城市主要对外交通枢纽、城市内部商务区、商业区、旅游景点，可直达主要对外交通枢纽、城市内部商务区、商业区、旅游景点。②设置铁路站点的机场，需提供直达所处城市群内主要地级市的铁路服务。③部分机场大巴站点设置与轨道线路一致，为不乘坐轨道的乘客提供服务。④部分机场大巴站点设置与轨道线路互补，站点几乎覆盖所在市内

的所有行政区以及行政区内的所有主要站点，如酒店、旅游景点、居住区、商业中心等。⑤部分机场大巴需要为城市群内其他地级市的乘客提供直达快速服务，既可提前根据大数据设置站点，也可由乘客通过网约车平台进行预约，随机精准设置站点。⑥机场大巴在夜间也要为城市主要居住区、商务区的乘客提供服务。

3. 联程票价

①航空与大巴联票，该机场大巴的供给主体可为航空公司，也可为旅游公司；②航空与高铁联票，吸引更多人乘坐高铁去城市群次级中心乘坐飞机；③航空与城市轨道联票，吸引更多乘坐路面交通的乘客选择轨道交通出行。

四 北京临空经济区交通运输系统建设总体思路

（一）指导思想与原则

1. 指导思想

全面贯彻党的十九大和十九届三中、四中全会精神，深入学习贯彻习近平总书记系列主要讲话精神，坚决落实京津冀协同发展规划纲要，准确把握北京"四个中心"功能定位，以加快转变发展方式为主线，统筹临空经济区各运输方式发展，优化综合运输规划布局，加强机场与其他运输方式高效衔接，促进机场与城市功能有机融合，搭建信息资源共享平台，提升综合运输服务一体化水平，全面构建"安全、便捷、高效、绿色、经济"的临空经济区综合运输体系。

2. 基本原则

问题导向，着眼长远。以北京临空经济区交通运输系统发展中的问题为导向，着力解决目前最为突出和迫切的问题，在解决问题时，要着眼长远，强化顶层设计，制定总体目标，提出发展思路，将工作举措作为整体推进的组成部分。

深化改革，激活市场。全面深化交通运输行业改革，使交通运输市场在资源配置中起决定性作用，更多依靠市场机制，而非行政手段；确定政府职能范围，梳理政府、市场、社会之间关系，加快建立有利于构建现代化综合运输体系的体制机制。

统筹规划，有序推进。推进机场与对外交通运输方式统筹规划，加强交通与国土、城乡等专项规划的衔接，编制和完善综合运输体系规划及各运输行业专项规划，统筹协调各方力量推动规划科学有序实施。

（二）基本发展内容

根据国内外临空经济区交通运输系统建设经验，本报告将临空经济区交通运输系统发展内容分为五个指标，分别为：服务圈层、交通连通、功能融合、信息服务、组织管理（见图8）。

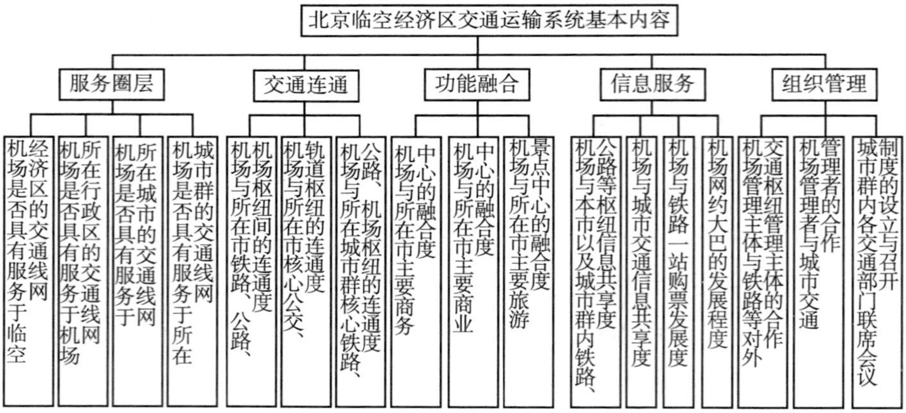

图8 北京临空经济区交通运输系统基本内容示意

1. 服务圈层

该指标用于衡量机场交通运输方式服务于以机场为中心不同圈层尺度的能力，可分为机场交通运输方式服务于机场临空经济区的能力、机场交通运输方式服务于机场所在行政区的能力、机场交通运输方式服务于机场所在行政区邻近区的能力、机场交通运输方式服务于所在城市的能力、机场交通运输方式服务于所处城市群的能力。国内核心机场以及国际机场应该构建服务于多级圈层的交通运输系统，提高机场与不同空间尺度的融合发展程度，提高乘客的出行效用。

2. 交通连通

该指标用于衡量乘客接驳换乘满意度，可分为机场与所在市铁路枢纽连通程度、机场与所在市公路枢纽连通程度、机场与所在市城市客运交通系统连通程度、机场与所在城市群核心城市铁路、公路、航空枢纽的连通程度。具体衡量指标用乘客对交通融合的满意度进行评价，例如机场交通运输系统是否包含了多种市内交通运输方式，以及各种市内交通运输方式直接服务范围是否覆盖铁路枢纽、公路枢纽等，若覆盖，换乘次数、运行时间、花费金额如何等。

3. 功能融合

该指标用于衡量机场与城市商业、商务、旅游、居住等城市功能融合发展的程度，尤其与城市商务办公功能的融合发展度，可分为机场与城市商业融合发展度、机场与商务融合发展度、机场与旅游融合发展度、机场与大型居住区融合发展度。具体衡量指标，可用乘客对功能融合发展的满意度进行评价，如机场交通运输系统直接服务范围是否覆盖核心功能区，机场交通运输系统到核心功能区的换乘次数、运行时间、花费金额等。

4. 信息服务

该指标主要用于衡量机场与其他对外交通方式以及城市交通方式的信息共享程度以及机场应用新业态交通提供接驳服务的程度，包括机场与本市以及城市群内铁路、公路等枢纽信息共享程度，机场与城市交通信息共享程度，机场与铁路一站式购票发展程度，机场内网约车、网约大巴的发展程度。机场信息高质量发展有助于提高城市应急管理服务水平以及为乘客提供精准化、门到门的出行服务。

5. 组织管理

以上四点评价指标均依赖于各交通部门以及交通与城市国土规划部门的有效合作，包括机场管理主体与铁路等对外交通枢纽管理主体的合作、机场管理者与城市交通管理者的合作、城市群内各交通部门联席会议制度的设立与召开。

（三）评价指标选取

以上五个方面的内容都可转换为乘客对临空经济区交通运输体系的满意度评价指标体系（见表12、表13、表14）。

表12　机场与城市客运系统旅客接驳满意度调查指标

空间可达性	机场内是否有轨道交通服务
	机场内是否有公交线网服务
	机场内是否有跨域大巴服务
	机场内是否有私家车停车以及网约车停车场
	服务于机场的快速路等交通基础设施是否完善
时效性	换乘时长
	售票或充值的排队等候时间
	乘车等候时间
	城市客运运营时间(首末班车时间)和调整信息发布
便捷性	利用信息技术(网站、手机应用、微信和微博等)规划和了解城市客运换乘出行信息的便捷程度
	城市客运系统出入口的设置及到达的便捷程度
	城市客运系统售票、充值和检票设备操作的简便程度
	换乘导向标识便捷性
	车站和车厢内导向标识便捷性
	自动扶梯和直梯的配备和运行情况
	方便大件行李、婴儿车和特殊人群出行的无障碍设备设施的配备(如坡道、升降平台、无障碍洗手间等)
	洗手间的配备
	换乘途中与站内手机通信上网信号
	换乘途中与站内购物与使用服务设施的便捷程度
舒适性	换乘途中的舒适度和艺术设计
	去轨道站、公交站、停车场换乘途中的拥堵情况(限流或安检造成的拥堵)
	站内拥挤情况
	站内环境卫生(站厅、站台、洗手间等)
	站内物理环境(温度、亮度、通风和噪声)
	工作人员的服务水平(售票、安检、引导人员和服务热线等)
经济性	城市客运车票价格及折扣合理性
	城市客运车票票制的多样性(如多日通票、定向月票等)

表 13　机场与其他对外客运系统之间旅客接驳满意度调查指标

空间可达性	机场内轨道线网是否可直达或者通过轨道站内换乘到达其他对外客运枢纽
	机场内公交线网(机场大巴)是否可直达其他对外客运枢纽
	机场内跨域大巴是否可直达城市群内其他主要城市及其主要对外客运枢纽
时效性	换乘时长
	售票或充值的排队等候时间
	换乘站点乘车等候时间
	换乘方式运营时间(首末班车时间)和调整信息发布
便捷性	利用信息技术(网站、手机应用、微信和微博等)规划和了解换乘信息的便捷程度
	目标站点的设置及到达的便捷程度
	到达其他对外客运枢纽的换乘次数
	换乘售票、充值和检票设备操作的简便程度
	换乘方式的导向标识便捷性
	目标站点导向标识便捷性
	自动扶梯和直梯的配备和运行情况
	方便大件行李、婴儿车和特殊人群出行的无障碍设备设施的配备(如坡道、升降平台、无障碍洗手间等)
	目标站点洗手间的配备
	换乘途中与目标站点内手机通信上网信号
	换乘途中与目标站点内购物与使用服务设施的便捷程度
舒适性	换乘途中的舒适度和艺术设计
	换乘途中的拥堵情况
	目标站点内拥挤情况
	目标站点环境卫生
	目标站点内物理环境(温度、亮度、通风和噪声)
	换乘服务工作人员的服务水平(售票、安检、引导人员和服务热线等)
经济性	换乘方式价格及折扣合理性
	换乘票制的多样性(如多日往返等)
及时性	是否全天提供到城市各功能区的交通方式

表 14　机场与城市各功能之间旅客接驳满意度调查指标

空间可达性	机场内轨道线网是否可直达或者通过轨道站内换乘到达城市主要商务、商业、旅游、居住功能区
	机场内公交线网(机场大巴)是否可直达或者通过换乘到达城市主要商务、商业、旅游、居住功能区
	机场内是否有网约车停车场及网约大巴,将乘客直接运送到目的地

时效性	换乘时长
	售票或充值的排队等候时间
	换乘站点乘车等候时间
	换乘方式运营时间（首末班车时间）和调整信息发布
便捷性	利用信息技术（网站、手机应用、微信和微博等）规划和了解换乘信息的便捷程度
	目标站点的设置及到达的便捷程度
	到达各城市功能的换乘次数
	换乘售票、充值和检票设备操作的简便程度
	换乘方式的导向标识便捷性
	目标站点导向标识便捷性
	自动扶梯和直梯的配备和运行情况
	方便大件行李、婴儿车和特殊人群出行的无障碍设备设施的配备（如坡道、升降平台、无障碍洗手间等）
	目标站点洗手间的配备
	换乘途中与目标站点内手机通信上网信号
	换乘途中与目标站点内购物与使用服务设施的便捷程度
舒适性	换乘途中的舒适度和艺术设计
	换乘途中的拥堵情况
	目标站点内拥挤情况
	目标站点环境卫生
	目标站点内物理环境（温度、亮度、通风和噪声）
	换乘服务工作人员的服务水平（售票、安检、引导人员和服务热线等）
经济性	换乘方式价格及折扣合理性
	换乘票制的多样性（如多日往返等）
及时性	是否全天提供到城市各功能区的交通方式

五　促进北京临空经济区交通运输体系建设的对策

京津冀协同发展规划进一步明确了北京"全国政治中心、文化中心、国际交往中心、科技创新中心"的城市战略定位。文化传播及交流、国际人员往来及物资交换、科技创新成果及信息互通等功能的实现都离不开大型枢纽机场的支撑，完善首都机场、大兴机场与首都城市中心、周边城市之间的交通通道将变得更加重要。

（一）促进机场与城市功能的紧密融合

1. 内延现有机场轨道线路

目前地铁新机场线已开通站点草桥站、大兴新城站与城市商务功能融合度低，未能满足乘客出行需求。相比东部地区，草桥站与西部区域联系更为紧密，与各火车站也可通过换乘到达；但距离客源集中地朝阳区等东部区域较远，乘客需由东至西，乘坐其他地铁换乘至草桥站，需多次转乘才可到达机场站，耗时较多。

大兴机场位于首都城市中心以南，紧密联系北部区域较难实现，但加强与东西部区域联系则较为可行。因此除现有草桥站线路，连接城市西部区域以外，为更好地覆盖东部区域旅客，机场轨道交通线还可以再规划建设另一条线路，例如向东规划至东南三环潘家园地铁站、十里河地铁站等，减少东部区域乘客的换乘时间，更加方便市内各区域乘客前往大兴机场。

现有首都机场快轨共开通包括东直门、三元桥、3 号航站楼、2 号航站楼在内共 4 站，与城市中心区商务、商业、旅游景点的融合度很低。建议将现有首都机场快轨内延，与 5 号线、4 号线、6 号线、1 号线、9 号线连接，方便乘客换乘到达北京市内主要的商务、商业中心、旅游景点、居住区以及对外交通枢纽。

2. 多样化机场轨道交通服务

为提高机场的吸引力，一方面需要缩短乘客到达机场的时间，另一方面又需要尽可能为城市更多居民提供直达或者少换乘而到达机场的服务。因此，建议为首都机场和大兴机场提供多样化的轨道服务，包括快线和普通轨道。快线主要服务主要的商务区、对外交通枢纽；普通轨道串联多个商务、商业、居住区，尽可能为更多乘客提供服务。建议将 15 号线在望京西站东延至机场站，可提供机场到 CBD 的直达轨道服务。建议大兴机场线继续北延，与 7 号线、1 号线等多条环线内轨道线连接，为核心区内各功能提供直达服务。

3. 提供精细化机场巴士服务

关于首都机场和大兴机场巴士的线路设计方面，建议结合旅客出行特征，分析旅客的出行需求，对目标人群进行细分，改变现有的单一性巴士线路设置，同时规划快线、普线、专线等线路，为旅客提供多层次、多元化的巴士线路，满足不同的旅客出行需求。

机场快线提供一站式到达的服务，直接连接市区最大的旅客吸引点，提高运行速度，完成机场到市区的快速输送，通过市区内交通枢纽对客流进行集散，能够更好地满足时效性要求高的旅客需要。机场普线提供多站式服务，走行大客流走廊通道，连接城市主要商业区、居住区等，其特点是线路长、站点多、覆盖需求大，能够更好地满足日常居民或旅客出行需求。

机场巴士专线则是专门满足某一区域出行的需求，主要针对目的地以酒店、居住地居多的旅客特征，建议在星级酒店集中区域和密集的居住区域分别开通酒店和社区专线，例如回龙观、天通苑等居民集中住宅区。同时，合理规划客运站专线，解决与城市外围交通枢纽缺乏衔接的问题。

机场巴士主体供应方面，应鼓励多主体参与到机场巴士的运营中，包括航空公司、网约车公司、旅游公司等；并基于居民不同出行目的开通不同路线，如商务、旅游、跨省出行等，可由专门的公司运营相应的机场巴士，为乘客提供定制化服务。

4. 建设城市航站楼

城市航站楼是一个十分特殊的公共交通基础设施，一般依托轨道交通或机场巴士运行，将机场部分功能前置于城市内部，实现便捷的交通转换并可以直达机场，可以有效解决部分大型机场交通问题。城市航站楼除相关基本功能外，还可以不断开拓其他功能，可依托机场旅客特点及城市航站楼的聚集效应进行综合商务开发。

选择飞机出行的乘客对便利性、舒适性要求很高，而机场快线与首都商务功能较低的融合度将导致居民需要通过多次换乘、花费更多的时间到达机场，这将降低机场快线对乘客的吸引力，进而降低机场快线的上座率。针对机场轨道交通起点站距离首都机场过近、与城市轨道网络衔接差的问题，建议进一步向城市西部建设小型城市航站楼。

鉴于机场快轨东直门站已经开通东直门城市航站楼功能，应进一步便捷东直门站小汽车和机场快轨换乘；而在城市中心商务区地铁站，建议建设小型城市航站楼，商务出行对出行便利性、舒适性要求很高，在商务区建设小型城市航站楼可以使得旅行更便捷。

（二）加强机场与对外交通枢纽的有效连通

1. 加强新旧机场交通联系

北京新机场位于北京大兴区与河北交界处，是与首都机场同等重要的大型国际枢纽机场。这两个机场相对独立运行，尽管新机场会吸引走北京及周边地区部分航空客流，但首都机场凭借其空间区位优势及丰富的国事活动保障经验，在未来依然会发挥地区航空运输的主体作用。

建立两机场间快速连接通道必要与否主要由两机场间中转旅客量和两机场间区域的潜在旅客量大小决定。通过分析东京、上海等地案例，参考北京主基地航空公司的转场方案，预计两机场间中转旅客和通行员工数量都有一定限制，但两机场间的廊坊、亦庄、北京城市副中心等区域拥有较大的潜在航空旅客数量。可见，两机场间的衔接有必要，但不是需要马上解决的关键问题。因此，建议两机场间的快速连接通道既要提前规划，更要遵循规律，自然连接，按需建设。因此，新机场建成后与首都机场之间的交通联系也很重要，以上海为例，地铁2号线将两机场直接联系起来，使得上海成为一个城市交通枢纽；而北京市两机场间，联系十分薄弱，大兴机场到首都机场的轨道出行方式需多次换乘，较为费力，且总耗时较长。因此，可考虑建设另一条线路，例如向东规划至东南三环潘家园地铁站、十里河地铁站等，不仅可以解决东部地区乘客换乘问题，同样也可以减少从首都机场前往大兴机场的换乘次数，增强两个机场的联系；除此之外，也可考虑在两机场之间开通机场大巴线路。两机场加强联系，竞争又合作，共同将北京市打造成像上海一样的枢纽中心城市。

2. 强化首都机场与铁路联系

未来城市发展竞争，不再局限于个体之间，而是逐渐在城市群之间展开。机场作为航空运输的重要基础设施，是城市群联动发展、相互作用、开展对外联系与交流合作的重要通道。

首都机场与市区内北京站、北京西站、北京南站等主要铁路枢纽距离较远，并且缺乏直接交通联系，因此只能通过地铁或者机场大巴前往市内火车站，也可考虑在东直门换乘站安排前往各火车站的大巴线路，实现首都机场与各个主要铁路枢纽之间的连接，最终实现与周边主要城市枢纽节点的轨道连通，奠定首都机场与铁路实施"空铁联运"的交通基础，促使道路交通向轨道交通转化。

3. 鼓励新机场与铁路一体化发展

作为定位于服务城市群的新机场，大兴机场站周边已设有京霸城际铁路车站，在规划大兴机场与高速铁路的连接时，已根据"以人为本、功能优先"的原则，将铁路站点与航站楼紧密融合，形成一体衔接、高效换乘的基础设施，之后将逐步实现把轨道交通设施引进机场，以实现高铁站与机场航站楼两个交通极的"两极直通"。相比首都机场，大兴机场具有得天独厚的空铁联合发展条件。后期也可以考虑引入城际高铁车站，例如引入京沈、京张高铁车站。

另外，建议民航和铁路不仅要建立物理层面的连接，还要持续完善空铁联运合作运营机制，通过实现机场和航空公司的"代码共享"为旅客提供真正意义的"空铁联运"服务。这需要双方积极推进在服务流程、技术标准、信息系统、票务结算等方面的对接，实现空铁联程联运"一票通"，促进联运服务的新市场化发展。

（三）完善机场市内交通运输系统

1. 加快首都机场高速公路建设

机场高速通常与绕城高速相连，以方便市内乘客与周边城市旅客驾车前往，但由于北京特有的通勤特色，工作日也有大量通勤人员选择绕城高速，机场交通与通勤交通混杂问题亟待解决。

参照北京市干线公路网规划，首都机场陆侧将会建设几条高速公路，包括京密高速、机场第二高速南延路段，但建设进度缓慢。由于这两条通道的缺失，北部及东部地区与机场之间的机动车出行大部分绕行北五环及东五环，加剧了五环路的拥堵。机场北线高速横穿北部地区，而机场第二高速南延服务东部地区南北向交通，其建成后将极大缓解城市快速路拥堵问题。

2. 建设大兴机场复合交通网

大兴机场周围现有四条高速公路，包括京开高速、京台高速、大兴国际机场高速公路以及将三者串联起来的新机场北线高速。建议在大兴机场新建一个地面综合交通枢纽站点，能更好地为旅客提供公共交通服务，解决首都机场一般的公共交通出行比例过低的问题，也能同时解决可能出现的高速公路过度拥堵的问题。

综合交通枢纽站点的建设，以与航站楼无缝衔接为出发点，重点发挥轨道交通接驳的集疏运功能，能够提升公共交通的出行效率，避免出现大量乘客选择驾车前往机场快速路导致大量机场交通与通勤交通混杂的情况。具体而言，建议围绕大兴机场区域，包含目前已有的一条机场快轨线，构建复合轨道交通网，包含地铁快线、地铁普线、高速铁路、轻轨地铁等各种公共交通方式，形成大兴机场综合交通枢纽，提升公共交通运输能力；同时为了更好地服务河北与雄安新区，建议规划完善大兴机场综合交通与雄安新区之间的轨道线路和专用高速公路，并优化其与河北各区域的连接。

3. 扩大机场大巴站点覆盖范围

新机场处于运营初期，机场巴士线路并不多，市内巴士线路主要连接火车站，除此之外市内仅有一条宣武门夜航线，市郊线有两条——通州线与房山线，机场巴士线网覆盖率低。建议随着客流量逐渐增加，机场大巴对市内的覆盖程度也应当逐渐提高，上海浦东机场就有十几条大巴线路，十分便利。

另外，机场巴士服务范围覆盖的铁路站点包括北京站、北京西站和北京南站，与北京城区，包括枢纽站点或者大型宾馆及商场等连接不够，不能满足乘客商务出行需求，因此建议后期增加巴士线路时，将商务出行、旅行出行等要素均考虑在内，使巴士线路不仅覆盖市内，同时停靠站点也能满足乘客各类需求。

大兴机场省际巴士，目前仅有四条线路，包括保定线、天津线、廊坊线、唐山线，线路数量较少，大兴机场作为京津冀共同发展的枢纽，其与河北、天津的联系尤为重要，可以逐渐增加省际巴士线路，满足城市群地区与首都机场间的交通需求。

4. 降低机场高速的交通压力

目前机场公路出行比例高于轨道，这给机场高速带来很大的压力，同时轨道交通资源没有得到有效使用。建议：①在机场周边建设替代性道路，降低现有机场高速的交通压力；②通过调整价格来均衡多条机场高速的利用；③通过完善公共交通基础设施，并辅以经济手段，减少公路的使用，提高轨道的使用率；④通过经济手段，提高机场大巴的通行率和使用率，降低私家车的通行率和使用率。

六　完善北京临空经济区交通运输体系的保障措施

（一）规划保障

为构建需求导向、市场引领、服务先行的北京临空经济区交通运输系统，需要从规划制度层面做出突破。第一，需要实现各种市内交通方式的一体化规划布局，实现各种市内交通方式资源的最优配置、功能的优化互补。第二，需要形成城市对外交通方式与城市内部交通方式的一体化规划布局，城市对外交通方式所在的交通枢纽，是城市特殊的空间场所，需要进行专业化的综合交通规划，需要城市对外交通方式主管部门与城市交通主管部门，以及交通枢纽所在片区地方政府部门建立多方主体间的有效合作机制。第三，需要实现交通与城市、国土的一体化规划。交通规划必须与城市、国土规划相辅相成，其中任一环节的脱节必将导致交通与城市功能的不匹配，以低融合的发展状态，既无法提高交通系统的运营效率，也无法满足城市居民的出行需求，最终会影响到城市整体经济效益。第四，需要实现城市群内交通系统的一体化规划。城市对外交通枢纽不仅服务于所在城市，也服务于周边城市，为扩大城市对外交通方式的辐射范围，需要构建跨区域，尤其是跨城市的城市群内高效便捷的交通运输系统。

（二）组织保障

市内交通方式的一体化规划，对外交通方式与市内交通方式的一体化规划，交通与城市、国土的一体化规划，都离不开相关主管部门间的有效合作，包括地铁、公交、城管等市内交通主管部门间的有效合作机制，城市对外交通主管部门与城市内部交通主管部门间的有效合作机制，交通与规划国土部门间的有效合作机制，城市群内不同城市交通之间的有效合作机制。

建议北京市内交通运输主管部门在临空经济区综合运输体系的建立与管理过程中形成主导、主体、主动意识，积极与铁路、机场、公路等大交通部门及城建、国土、规划、交管等相关部门以及城市群内其他地级市协作，形成综合运输体系建设与管理工作小组，并主动承担北京市综合交通运输规划责任。同时，也需要完善市内交通运输部门内的职能结构，将规划目标落实到具体的责任主体，并建立健全决策层与执行层间的协商机制，及时将综合运输发展中的新情况、新问题上报决策层，由决策层进行统筹指导。

（三）平台保障

随着物质文化生活逐渐丰富，当前广大人民群众出行需求呈现个性化、多样化的特点，对一站式购票、中转换乘、退改签等服务的灵活性、变通性提出了更高的要求。建议推动建立综合交通的统一信息服务平台，打造面向民航旅客的"超级航旅纵横"，通过整合民航、铁路、公路、地铁、网约车等旅客出行信息和需求，为民航旅客提供线下门到门、线上端到端的链条服务。

平台保障具体包括以下四个方面。一是建立空铁、空轨客票的混合生成、查询、销售订单平台，完善联程、往返、异地等票务服务，并对支付、退改签和清结算等全流程进行技术与政策支撑；二是优化身份查验制度，通过一体化检验，简化机场、铁路、地铁的入站、通关、安检服务；三是完善旅客服务系统，建立更加方便快捷的抵离班次信息通告、查询服务，并推行跨运输方式的异地候机候车、行李联程托运等配套服务；四是建设相关大数据服务，当出现延误、取消等非常情况时，对旅客出行数据进行分析，通过科学算法优化，提供给旅客更加丰富的行程可能性，给出多维度的组合线路建议以及自动退改签等服务，为旅客节省时间，提高出行效率。

北京机场综合交通体系建设，涉及民航、铁路、市政等多个行政部门，更是涉及跨行业、跨部门、跨行政区划的综合协调，也涉及国家、机场管理当局、地方交通管理部门和企业等多方利益，牵扯关系复杂，有必要从行政法规、长远发展规划、协调协作、综合管理等基础方面加强保证，确保综合交通体系的有序运转，为旅客提供便捷、高效的出行服务。

参考文献

白同舟：《城市群大型枢纽机场陆侧交通通道优化建议——以北京首都国际机场为例》，《2016年中国城市交通规划年会论文集》，2016。

曹江涛：《临空经济区与区域经济发展的互动关系研究》，博士学位论文，南京航空航天大学，2007。

曹允春、踪家峰：《谈临空经济区的建立和发展》，《中国民航学院学报》1999年第3期。

国家发展改革委、民航局：《关于支持首都机场临空经济示范区建设的复函》（发改地区〔2019〕375号）。

姜斌远：《广州临空经济区发展的基本思路》，《广东培正学院学报》2006年第1期。

刘武君：《北京新机场与城市区域发展》，《北京规划建设》2012 年第 4 期。

荣朝和：《关于运输经济研究基础性分析框架的思考》，《北京交通大学学报》（社会科学版）2009 年第 8 期。

解潇：《西安地区交通运输与经济发展协调性测度研究》，博士学位论文，长安大学，2018。

张俊、李堃、李卓：《首都机场陆侧交通优化策略研究》，《综合运输》2013 年第 3 期。

《不止是"五纵两横"，北京新机场交通体系进度全整理!》，新浪网，2019 年 5 月 13 日，https：//finance.sina.com.cn/roll/2019 – 05 – 13/doc – ihvhiews1642312.shtml。

《大兴机场巴士全面恢复运营啦！今后坐飞机方便啦!》，搜狐网，2019 年 8 月 8 日，https：//www.sohu.com/a/412144336_ 771423。

《北京大兴国际机场地铁线开通运营，草桥站到机场只需 19 分钟》，澎湃网，2019 年 9 月 26 日，https：//www.thepaper.cn/newsDetail_ forward_ 4529858。

《19 号线后年开通 从金融街到新机场仅需半小时》，新浪网，2019 年 6 月 24 日，https：//finance.sina.com.cn/china/gncj/2019 – 06 – 24/doc – ihytcitk7280396.shtml。

"深圳宝安机场轨道交通线路介绍"，深圳机场集团官网，http：//www.szairport.com/szairport/lwszsq/201408/e15866bd5cd94a098d877d0f1801c68b.shtml。

"机场穿梭巴士及公交车线路介绍"，广州白云国际机场股份有限公司官网，https：//www.gbiac.net/byairport – web/traffic/index？urlKey = shuttleBus&folderId = 1527。

"申嘉湖高速全程最新路线图（地图 + 实时路况查询）"，车主联盟网站，2016 年 9 月 27 日，http：//www.bestunion.cn/c/2016 – 09/15961.html。

"机场铁路指南"，仁川国际机场官网，https：//www.airport.kr/ap_ lp/ch/tpt/pblctpt/airtrainf/airtrainf.do。

"道路交通路线介绍"，仁川国际机场官网，https：//www.airport.kr/ap_ cnt/ch/tpt/direction/direction.do。

"机场大巴线路介绍"，仁川国际机场官网，https：//www.airport.kr/ap/ch/tpt/busRouteList.do。

"成田机场与东京市中心各地的电车和巴士的交通信息"，成田国际机场官网，https：//www.narita – airport.jp/ch1/access/city_ access。

《2017 全球机场客流量 50 强出炉：北京第二浦东第九》，澎湃网，2018 年 3 月 13 日，https：//www.thepaper.cn/newsDetail_ forward_ 2026674。

"轨道交通线路介绍"，吉隆坡国际机场网站，http：//www.kliaekspres.com/。

"机场公交服务介绍"，马来西亚机场控股公司网站，http：//www.klia.com.my/klia2 – getting – around/transport/public – transport。

B.6
京津冀公路交通发展报告

摘　要： 随着京津冀交通一体化的发展以及对公路交通能力和水平的要求日益增长，京津冀地区公路交通的发展迎来新的挑战，进入新的发展阶段。本报告立足京津冀一体化协同发展的视角，梳理了北京、天津和河北的公路交通发展现状，并对冬奥会以及公路互联互通服务对公路交通的影响开展了系统性分析。本报告认为京津冀各城市居民综合交通调查范围被城市边界限定，各级政府、机构和企业的数据共享难，以及区域交通规划体系结构较脆弱是目前亟待解决的问题。此外，本报告展望了5G网络、车联网等技术在京津冀智能交通发展中的应用。本报告相关结论和建议旨在为有关部门的管理决策提供理论依据。

关键词： 京津冀　公路交通　未来交通　5G

一　引言

　　京津冀协同发展交通需先行。区域空间发展布局的框架由交通构成，京津冀协同发展带来的大量人口的流动和产业的聚集，也需要交通作为载体。为全力打造现代化综合交通体系，提高可持续发展能力，向具有全球竞争力的世界级城市群迈进，北京市依据京津冀的城镇体系规划和产业功能布局，有计划地推动京津冀交通一体化发展，构建一体化的区域综合运输服务体系，力图实现多种交通方式有机融合、协调发展。一方面，快速、便捷、高效的交通一体化体系的建立，极大地方便了各城市间的联系，对促进京津冀协同发展，疏解首都非核心功能具有重要意义；另一方面，构建和完善综合交通运输系统，可促进区域合作，增强京津冀区域经济一体化，打通生产要素壁垒，不断激发京津冀地区的经济发展动力和活力，从而更有效地疏解首都非核心功能。

京津冀集铁路、公路、水运和航空等多种运输方式于一体，各类基础设施齐备，形成了内外通达且运力在国内领先的海陆空立体化的综合交通运输网络。在交通先行的京津冀协同发展下，将形成"四纵四横一环"的网络化交通格局。公路的应用最为广泛，同时也是最为灵活、产生最早的运输方式，正如老话所讲"要想富，先修路"，公路运输方式对于社会经济发展意义重大。即使在多种运输方式共存的现代，四通八达的公路网对于门到门的货物流通、人员输送仍有不可替代的作用。同样，在京津冀的协同发展过程中，公路交通的畅通无阻也是构建交通一体化的重要一环。

随着京津冀三地的协同发展，昔日的规划和目标正在逐步落实。9000公里的高速公路网目标将要达成，"断头路""瓶颈路"不断被打通、消除，电子不停车收费系统已较为普及、一卡通的互联互通初步形成并在稳步推进，便捷畅通的公路交通网不断被完善，交通智能化管理水平和区域一体化的运输服务水平正一步步提高。交通一体化正在逐渐为京津冀全面协同发展提供框架性支撑。

（1）基础设施方面，公路和轨道网络逐渐完善，支撑了京津冀重要区域之间的有机联结。首都地区环线、京秦等高速公路，在北京市域范围内已建设超过200公里；近五年，京津冀打通或拓宽"断头路""瓶颈路"27条段，实现了高速公路系统的无缝对接。基础设施的完善，提升了京津冀互联互通的水平，加强了与全国范围的交通联系。

（2）出行服务方面，管理水平持续升级，实现了公交票务系统的跨地市融合。2018年6月4日，京津冀互通卡开始发行，目前已覆盖京津冀以及全国范围137个城市。此外，京津冀区域的省际收费站自2019年9月起已开始逐渐拆除。相关的行动为出行者提供了便利，为未来提供智慧化、精准化、个性化的出行服务奠定了基础。

（3）协调制度方面，区域联席会多样化开展，推进了"统筹、法制、应急"多角度下政府间的有效互动。京津冀目前建立了"区域交通一体化统筹协调小组""交通一体化法制与执法协作""京津冀交通应急联动合作"等联席会制度，用于协调区域层面的重要交通事务。联席会制度在现阶段交通一体化的统筹中发挥了重要的作用。

本报告按照从整体到局部的脉络梳理了当前京津冀公路交通建设的进展情况，包括基础设施和信息服务等，介绍了冬奥会对京津冀公路交通的牵引影响，分析了京津冀公路交通发展存在的问题和面临的挑战，最后对京津冀公路交通未来的发展从智能和技术等层面进行了展望，以期为京津冀地区公路交通的发展指明方向，并为有关部门的管理决策提供依据。

二　京津冀公路交通发展现状及分析

交通一体化作为京津冀协同发展和首都经济圈建设的基本条件和重要支撑，对于加快推进京津冀产业协作、调整优化城市布局和空间结构、扩大环境容量生态空间、推进市场一体化进程、形成环渤海新的增长需要意义重大。按照国家对京津冀协同发展的要求，交通一体化的任务目前被分为八大类，包括公路、航空、轨道、港口、运输服务、城市交通、绿色交通、智能交通，公路方面为完善便捷通畅公路交通网，运输服务方面为实现区域一体化运输服务，城市交通方面要发展公交优先发展的城市交通，智能交通方面要提升交通管理水平的智能化，绿色交通方面要发展绿色安全可持续交通。

这样，交通一体化工作建设与管理并重（硬件与软件并重），重点工作与一般性工作同时考虑（合理安排建设工作时序）。实现交通一体化以及京津冀之间互联互通的目标不是一蹴而就的，而是要有所侧重地选择并按照一定的顺序，最终实现区域的协同发展。

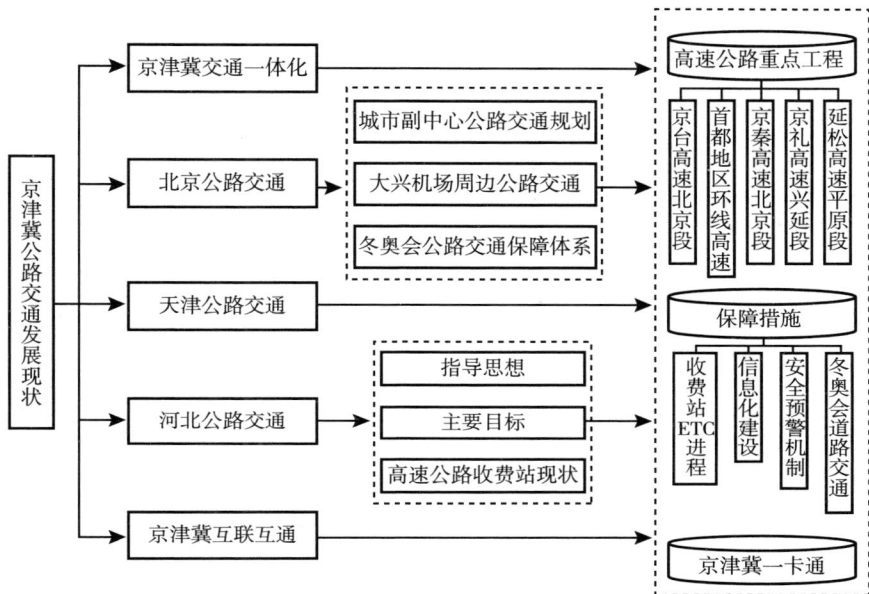

图1　京津冀公路交通发展现状

（一）京津冀公路交通一体化发展现状

随着京津冀协同发展的逐步推进，京津冀交通一体化的进程也在不断地深化，目前已在多方面取得进展，包括建设高效密集的轨道交通网，完善公路交通网，构建现代化的津冀港口群，打造国际一流的航空枢纽等。近几年京津冀一带多条铁路和公路建成或开始建设，机场、港口群及临空经济区的合作进入新的发展阶段，以轨道交通为骨干的多节点、网格状、全覆盖的区域交通网络已经逐渐形成并日趋完善，地区间互联互通的程度也在不断提高，省市相互协作进入新的发展阶段，交通一体化加速推进，区域综合交通网络基本形成，已经成为我国基础设施较为齐全、运输能力较强的综合枢纽区域之一。2018年京津冀公路交通运输主要数据见表1。

《京津冀协同发展交通一体化规划》（交通运输部联合国家发改委编制）于2015年12月正式出台。依据该规划，未来京津冀交通将呈现"四纵四横

197

表1　2018年京津冀公路交通运输主要数据

	北京	天津	河北
公路里程(公里)	22256.0	16257.0	193252.0
公路网密度(公里/百平方公里)	135.6	135.9	102.5
等级公路里程(公里)	22256.0	16257.0	188475.0
高速公路里程(公里)	1115.0	1262.0	7280.0
高速公路网密度(公里/百平方公里)	6.8	10.5	3.9
一级公路里程(公里)	1457.0	1209.0	6341.0
二级公路里程(公里)	4029.0	2986.0	20987.0
客运量(万人次)	44577.0	12259.0	35133.0
旅客周转量(亿次公里)	99.9	76.4	227.6
公路货运量(万吨)	20278.0	34711.0	226334.0
公路货物周转量(亿吨公里)	167.4	404.1	8550.2

资料来源:《北京统计年鉴2019》《天津统计年鉴2019》《河北经济年鉴2019》。

一环"网络化格局,"单中心放射状"通道格局将成为历史。其中的高速公路结构体系包含了已有的京沪、京台、大广、京藏、京港澳等高速公路路线,并包含几条规划的重要高速路线(见表2),将很好地缓解北京过境交通压力,使内部节点城市全面联通,建立重要交通通道之间的联系,构建与港口联系紧密的重要出海通道,形成沟通我国西北、东北、华中、华南及更远地区的交通线路。未来在规划指导下将快速推进公路建设、断头路改造。

当前,京津冀地区内正在建设南北贯穿太行山的太行山高速公路、首都地区环线高速重要组成段且连接几条重要高速的承平高速公路、作为2022年冬奥会重大交通保障设施的延崇高速等。京津冀地区内仅剩的两条高速公路"断头路",即京秦高速公路北京段、密涿高速公路通州大兴段,也即将建成通车。备受关注的首都地区环线高速公路在承平、密涿等高速公路修建的推进下即将成环通车;G105国道也将进行升级改造,改造后将成为连通京津冀三地的新通道;首都地区环线高速公路承德至平谷段、新机场北线高速东延、G105国道三条道路将连接打通。"十三五"期间,京津冀地区还将新增4条国道,分别为G335、G234、G230和G5091;三地也将加快推进区域内各等级公路建设工作；河北作为京津冀地区公路建设的重要省份，到2020年将实现省内县县通高速、镇镇通干线、乡乡通三级。

表2 京津冀协同发展交通一体化规划主要高速公路

布局形态	名称	高速公路
四纵	沿海通道	沿海（G0111）、长深（G25）、唐港、唐曹、迁曹（2020.1.15通车）
	京沪通道	京沪（G2）、京台（G3）、京津塘、京津、天津绕城南段（G2501）
	京九通道	大广（G45,北京以南）、北京城区经新机场至霸州（2020年底通车）、新机场北线高速（2019.7.1通车）
	京承—京广通道	京港澳（G4）、京昆（G5）、大广（G45,北京以北）
四横	秦承张通道	首都地区环线北段（2018.8.20通车）、秦承
	京秦—京张通道	京藏（G6）、京新（G7）、宣大、京哈（G1）、京秦（G1N）（2018.8.29）
	津保通道	荣乌（G18）、津石（G0211）（2020年底通车）、天津绕城北段（G2501）
	石沧通道	石黄（G1811）
一环	首都地区环线	首都地区环线G95高速（2018.8.10通车）、涞水—涞源高速（G9511）

2018年5月国务院常务会议做出了推动取消高速公路省界收费站的重要部署。交通运输部在新法规中明确收费公路除出入口外，不得在主线上设置收费站。取消高速公路省界收费站，是一项重大的民生工程，也是交通运输行业深化供给侧结构性改革、推动高质量发展的重要内容。2018年8月20日，京秦高速北京段通车，成为北京第一条跨省界而不设主线收费站的高速公路。2019年8月15日，唐廊高速河北—天津界丰南主线收费站开始拆除改造。丰南主线收费站是京津冀地区在重要部署之后拆除的首个高速公路省界收费站，这也标志着京津冀地区的高速公路收费站的拆除工作正式启动。2019年9月10日，长深高速公路宁河省界站开始拆除，天津市首个高速公路省界收费站也开始开始拆除，河北与天津都开始了收费站拆除工作，这标志着京津冀地区高速公路省界收费站拆除工程全面启动。

ETC 业务在全国范围内大力推广，尤其在国家战略发展区域京津冀 ETC 联网基础设施配套完善，可有效提升区域路网的通行能力，促进区域社会效益不断增加，进一步加快我国高速公路通行效率，进一步凸显高速公路在区域经济发展中的关键性作用（朱自博，2019）。

（二）京津冀一体化下北京市公路交通发展现状

当前，京津冀交通一体化公路网发展速度较快，已经形成了较为完善的国家高速、省际高速和干线公路网体系，对社会和民生经济的发展起到了较好的支持作用。北京市定期会通过各种渠道，主要包括北京、天津、河北三地政协全会以及百姓热线等进行信息的收集，以解决问题为导向制定年度总任务与总目标，例如深入开展京津冀公路管理立法协同与规范性文件对接、加强跨区域联合执法合作、推进"通武廊"区域打造京津冀协同发展实验示范区、加强治超执法协作等。

北京市先后建成通车首都地区环线高速通州大兴段、京台高速北京段、京昆高速北京段、京秦高速北京段、京礼高速兴延段、延崇高速平原段、大兴国际机场高速及北线高速京开至京台段，已建成高速公路总里程约 1150 公里。"十二五"期间北京市高速公路建设速度为 70 公里/年，自京津冀交通一体化工作开展以来，"十三五"期间北京市高速公路建设速度达到 196 公里/年。2019 年北京市在公路交通方面还围绕四个重点区域开展工作，包括推进北京城市副中心建设、推进大兴国际机场周边公路交通建设、支持雄安新区规划建设、完善冬奥会大型活动交通保障体系。

北京段高速公路建设状况如下。

（1）京台高速北京段

该段于 2016 年 12 月 9 日正式通车，道路全长 26.6 公里，双向八车道。京台高速公路（北京段）是京津冀一体化过程中北京市所推进的一项具体举措，也是交通部提出的打通"最后一公里"的重点工程。京台高速公路北京段贯通后，"五纵五横"运输大通道的路网规划将得到进一步完善。至此，《国家高速公路网规划》涉及的 7 条首都放射线高速路全部实现。

（2）首都地区环线高速通州大兴段

该段于 2018 年 8 月 20 日正式开通，全长 38 公里，双向六车道。首环高速（通州—大兴段）连接了京津高速、京沪高速、京哈高速三路，潮白河和北运河两河。首都地区环线高速正式成环对疏解北京东六环过境货运交通和车流压力起到重要的作用，进一步完善了国家高速公路网建设。通州至大兴段沿线与多条高速放射线相交，将为北京周边 13 座河北新城诸如燕郊、涞水、涿州等带来直接的交通便利，为京津冀区域周边主要城市之间"一小时交通圈"、主要城市与周边卫星城市间"半小时生活圈"提供重要的交通支撑。

（3）京秦高速北京段

该段于 2018 年 8 月 29 日正式通车，京秦高速北京段是北京至秦皇岛高速公路 G0121 的组成部分，道路全长 6.3 公里。京秦高速公路的建成使得京津冀交通一体化迈出了坚实的一步，京秦高速公路能够分流京哈高速近一半的运输压力，带动周边产业及旅游事业正向发展，打造京津冀主要城市与周边卫星城市"一小时生活圈"。随着首都地区环线高速通州至大兴段和京秦高速北京段的通车，国家高速公路网在北京的"断头路"，以及京津冀三地的高速"断头路"已全部打通。

（4）京礼高速兴延段

该段于 2019 年 1 月 1 日正式开通，全长 42.2 公里，全线设计为双向四车道。京礼高速是 2019 年北京世界园艺博览会的保障项目和 2022 年在北京市区、延庆区及张家口市召开的冬季奥林匹克运动会的配套项目，也是京津冀一体化西北高速通道之一。

（5）延崇高速平原段

该段于 2019 年 1 月 1 日正式开通，路线全长约 42 公里，双向四车道。延崇高速是完成京津冀交通一体化目标的西北高速通道之一，是连接北京城区、延庆新城与河北省崇礼的交通快速干道，同时也是 2019 年世园会园区和 2022 年冬奥会赛场联络通道，延崇高速平原段的开通将为世园会和冬奥会顺利召开提供重要交通保障。

（6）大兴国际机场高速及北线高速京开至京台段

该段于 2019 年 7 月 1 日正式开通，路线全长约 25 公里。大兴国际机场北线高速公路河北廊坊段高速全长约 10 公里，总投资 42.8 亿元，采用双向八车道标准建设，设计时速 120 公里。北京大兴国际机场北线高速全部开通后，将用最短距离实现京开高速、大兴国际机场高速、京台高速三条南北主动脉东西互通。同时，可连接京港澳高速、首都地区环线高速等重要交通线路，实现新机场与北京中心城区、天津、保定、廊坊等城市以及河北雄安新区之间快速连接，形成集航空、高铁、城际铁路、地铁、公路等多种交通方式于一体的"环首都一小时"综合交通运输体系。

（三）京津冀一体化下天津市公路交通发展现状

从整体上看，天津部分公路还存在道路车道不匹配、路网衔接不顺畅等问题，需要继续对道路设施进行提升和改造。应当消除断头路，加快京津冀公路间的互联互通，实现区域公路交通一体化和京津冀公路交通一体化并行。在公路建设方面，津石高速公路既是天津经过雄安新区到达石家庄同时沟通西部腹地的最便捷通道，也是从雄安新区直抵渤海的最便捷出海通道。天津西段京沪高速至津冀静海界力争 2020 年内与河北段同步主体完工，早日实现通车。工农大道是天津市滨海新区南部的一条重要南北向干线公路，目前天津正在对其北起天津大港港中路、南至河北黄骅省界全长 7.3 公里的路段进行升级更新，预计 2021 年 7 月底完工。

天津正在有序开展区域网络对接，提升京津、京哈公路的道路等级，实现北京和天津间的互联互通，如打通通唐路、新宝坻大道和北京行政副中心街道之间的道路。通过京津冀交通路网一体化建设，完善以天津市为核心、与周边区域重点城市互联互通的公路网络，强化天津市的辐射功能。

京津冀一体化中天津将与河北省周边县快速化连通、网格化对接。京津冀交通一体化要构建多节点、网络化和全覆盖的现代化立体交通网络。到 2020 年京津冀要达成京津冀交通一体化的目标，建成全方位完善互通的公路网络。目前天津境内的 4 条高速公路、7 条普通干线公路建设已取得阶段性成果，一个快速沟通北京、天津与河北省主要城市，广泛覆盖城乡地区，高效便捷畅通的区域公路网络已基本形成。

京津冀交通一体化所涉及的天津市境内国省道总里程约 100 公里，主要包括邦喜公路、仓桑公路、侯玉公路、津围公路北二线、高王公路、梅丰公路、滨玉公路等（见表 3）。其中，天津市蓟州区 4 条，宁河区 2 条，武清区 1 条。建成后，天津市与北京市、河北省的普通国省道接口将达到 32 个，实现了相同标准的对接，基本清除了省际的"断头路"和"瓶颈路"，进一步加强京津冀之间的交通一体化。

表 3　京津冀交通一体化中天津相关国省道建设情况

国省道名称	建设情况
津围公路北二线(往承德方向)	已通车
梅丰公路(往唐山方向)	主体工程已完工
高王公路(武清—通州方向)	在建
滨玉公路(滨海新区—唐山)	在建
邦喜公路(蓟州—唐山)	在建
仓桑公路(蓟州—三河)	在建
侯玉公路(蓟州—三河)	在建

（四）京津冀一体化下河北省公路交通发展现状

河北省是京津冀一体化的重要环节，从地理位置上来看河北省环绕北京天津。实施京津冀一体化战略期间，北京大外环高速公路河北境内的主要路段基本建设完成，此外打通和拓宽了河北省连接京津的高速公路里程达1300 公里。2015~2020 年，河北省全部清除了与北京和天津之间的"断头路""瓶颈路"，首都地区环线高速公路的建成也有效缓解了北京过境交通压力。至 2020 年，高速公路通车里程将达到 9000 公里（同比增加 3000 公里）。京秦高速、密涿高速、京礼高速和承平高速等的通车使京津冀区域交通一体化水平进一步提高，基本形成了多节点立体化的高速公路路网（崔德赛、康丽滢，2018）。

1. 河北省道路建设现状

京津冀交通一体化中河北省的道路建设现状见表4，随着表中的高速公路、国省道的建成通车，河北省与周边城市的干线公路接口将新增19个（与北京和天津的接口为10个），达到157个，其中普通干线公路接口108个，高速公路接口49个。

表4　京津冀交通一体化中河北省道路建设现状

建设现状	道路名称
连通京冀已建成通车	G1京哈高速、G3京台高速、G4京港澳高速、G5京昆高速、G6京藏高速、G7京新高速、G45大广高速
连通津冀已建成通车	G1京哈高速、G2京沪高速、G3京台高速、G18荣乌高速、G25长深高速、G0111沿海高速
新改建高速公路	京港澳、京台、太行山、京沪等高速公路（2100公里）
新改建国省道	G111、G228和省道S308等普通干线公路（2316公里）

资料来源：崔德赛、康丽滢《京津冀区域高速公路运营管理一体化与协调联动保畅机制的构建》，《交通世界》2018年第8期；中华人民共和国交通运输部，http://www.mot.gov.cn/2019wangshangzhibo/2019ninth/zhibozhaiyao/201909/t20190926_3277040.html。

2019年底，河北省与北京市正式签署了国道G335和西太路京冀界接线协议。至此，2016～2020年"十三五"规划的京津冀干线公路"对接路"全部完成路线方案对接，实现统一规划、统一标准。"十三五"以来，河北省已打通和拓宽"对接路"共计13条450公里，包括密涿高速和京秦高速等京津冀干线公路；正在建设京德高速公路和京雄高速公路等9条路段共计510公里；按计划推进国道G335、承平高速等5个路段共计125公里的工程。

2. 河北省高速公路收费站现状

根据统计，2019年河北省取消了45个高速公路收费站，其中4个为省界高速公路收费站，19个为京津冀间的高速公路收费站。京冀、津冀交界高速公路收费站具体取消情况见表5。

表5 京冀、津冀交界高速公路收费站取消情况

地区	名称	数量（个）
京冀交界收费站	京港澳河北主线站（G4）、京藏高速京冀界主线站（G6）、京台高速京冀界主线站（G3）、首都地区环线高速广阳主线站（G95）、京哈高速香河主线站（G1）、大广高速京冀界固安主线站（G45）、大广高速金山岭站（G45）、京昆高速涞水主线站（G5）、京新高速京冀界主线站（G7）	9
津冀交界收费站	荣乌高速津冀主线站（G18）、秦滨高速涧河主线站（G0111）、唐廊高速丰南主线站（S3500）、长深高速丰南西主线站（G25）、京沪京台高速连接线津冀界廊坊主线站（G3600）、京沪高速青县主线站（G2）、秦滨高速津冀主线站（G0111）、京秦高速段甲岭主线站（G0121）、京秦高速津冀界玉田主线站（G0121）、荣乌高速黄骅北主线站（G18）	10

资料来源：中国公路网，http://www.chinahighway.com/article/63990.html。

（五）冬奥会对京津冀公路交通的牵引影响

1. 北京冬奥会道路交通保障体系建设

2022年冬奥会将对京津冀交通一体化产生较大的积极作用，而京津冀交通一体化也将为冬奥会提供交通保障。为服务冬奥会，涉及北京市的道路工程主要有5条，分别是1条公路和2条高速公路改线、2条公路大修。上述工程的建设完工既能为冬奥会交通保驾护航，也能进一步提升京津冀交通一体化水平。

两条改线高速公路是京礼高速（延崇北京段）和京礼高速（兴延段），这两条路作为2022年冬奥会的重要道路，首尾相连。作为京津冀交通一体化的重要组成部分，京礼高速（延崇段）是北京市西北方向的第三条高速公路通道。在2022年冬奥会期间京礼高速（延崇段）的主要任务是实现北京延庆和河北省张家口崇礼赛场之间的快速通达。京礼高速（延崇段）全长116公里，北京段全长33公里，平原段全长33公里。建成通车后，从北京市区出发到延庆只需要50分钟，到达崇礼大约90分钟。2022年冬奥会期间京礼高速将被划为奥运专用道路。京礼高速（兴延段）全长42公里，

双向四车道，已于 2019 年 1 月 1 日通车，京礼高速是 2019 年北京世界园艺博览会的保障项目和 2022 年冬奥会的配套项目。

一条改线公路即松闫路，起点在北京冬奥会延庆赛区竞赛馆西侧，终点位于西大庄科村。是除延崇高速外，唯一可以进出延庆冬奥会赛区的道路。松闫路改线工程已于 2018 年底完工。

两条大修公路分别是国道 110 和松闫路，作为北京冬奥会的备用道路，松闫路和国道 110 两条路计划 2020 年底完工。

2. 河北冬奥会道路交通保障体系建设

河北省始终坚持落实"四个办奥"的理念，对交通保障项目给予高度重视，与各方力量合作，将计划落实到实地，争取国家资金 50.7 亿元、省级资金 3.1 亿元，共计 53.8 亿元，用于京津冀交通一体化项目工程实施及冬奥会重点交通保障设施建设。

截至 2019 年 9 月 15 日，京礼（延崇）高速公路河北主线段，路基工程完成 99.65%、桥涵工程完成 99.16%、隧道工程完成 97.84%、路面工程完成 92.74%、房屋建设工程完成 69.77%，而张承高速公路崇礼南互通路段路基工程完成 95%、桥涵工程完成 85%、路面工程完成 55%、房屋建设工程完成 45%。张家口赛区普通公路项目全部开工。张家口南综合客运枢纽改扩建项目也在有序地推进。按照预定计划，崇礼至太子城公路、崇礼客运枢纽 2019 年内主体完工。

（六）京津冀互联互通服务发展现状

1. 京津冀一卡通普及现状

根据交通运输部工作部署，北京已实现与全国 288 个城市互联互通。截至 2019 年底，全市累计发行北京交通互联互通卡 716.66 万张，全面覆盖本市地面公交和轨道交通。目前，三地公交地铁基本实现通刷。

根据《交通运输部关于京津冀城乡客运道路一体化改革试点工作实施方案的批复》，在津冀两省市以及毗邻区域交通主管部门的大力支持下，平谷至河北三河、平谷至天津蓟县（今蓟州区）（含南线、北线）、平谷至河北遵化、平谷至河北兴隆、平谷至河北快活林 6 条毗邻区域道路客运公交化改造试点班线于 2015 年至 2016 年相继正式开通运营。

目前，北京公交集团共运营跨市域线路 41 条，连接北京周边廊坊（三河、大厂、香河、固安、霸州、永清）、张家口（沙城、涿鹿、下花园）、保定（涞水）等市县，线路长度 2766 公里。

现在已经发行京津冀市政交通一卡通，在河北办卡，可以在北京和天津刷卡乘坐公交车；自 2017 年底已实现区域内地铁一卡通互联互通。未来部分道路客运班线将实现公交化运营，不同运输方式之间旅客"联程联运"也有望实现。

2. 京津冀智慧交通一体化发展现状

三地将积极探索联合工作机制和执法模式，建立全面覆盖、快速反应、协调联动的交通安全应急响应体系。推动京津冀在执法标准规范和处罚裁量标准上的逐步统一，建立区域道路运输违法信息互联互通机制，实现运营车辆、运营驾驶员、处罚信息联网共享。推进京津冀地区交通与铁路、航空邮政等部门的信息共享。推进云计算的大数据挖掘分析应用，为行业运营管理、交通信息服务、对外数据开放提供基础支持。

3. 京津冀交通信息数据一体化发展现状

本部分主要从京津冀信息数据一体化的基础设施、系统建设和出行信息服务三方面进行介绍，并对三个地区的发展状况进行比较。总体来看北京的相关建设相对完善，天津和河北处于快速发展阶段。

（1）基础设施

北京地区的基础设施建设相对完善，并且已经初步建成交通委系统内部综合数据服务平台，这能够使交通委的业务系统实时交换与共享；已建成交通委内网络及核心信息系统，实现了网络安全集成建设；北京的网络信息系统的链路接入类型有 4 种，包括互联网、政务外网、政务内网和外部业务专线网络（目前有 17 条专线），从而实现了与市委、市政府、交通运输部、市级委办局、交通委系统重要行业单位的互联互通。

天津的基础设施建设处于一个快速发展阶段，已初步建成市政公路信息化数据平台，实现了公路基础设施、交通流量等数据的采集；已实现交通运输部电子政务专网、市委市政府专网的连接；已建成市区市政公路设施及城市部件空间数据库；天津市政公路局门户网站已升级改版，包括公共服务频道、行业办事频道和政务工作频道。

河北的基础设施建设处于一个快速发展阶段，已完成政务内网、政务外网和交通运输行业专网建设；已完成交通政务网络平台、公文流转交换系统、省市县三级视频会议系统（远程指挥调度系统）建设；已建成全省高速公路通信系统骨干传输平台。

（2）应用系统建设

北京的应用系统建设是京津冀地区中较为完善的。首先，北京已形成以TOCC一期为龙头的多层次交通运行监测调度体系，已接入6000多项动静态数据、6万多路视频和26个应用系统。其次，北京拥有较为完善的物流营运系统、道路路网系统、公共交通运营与管理系统、紧急救援系统等应用系统，包括路网管理与应急处置系统、城市道路基础数据库系统、公路路网管理信息系统、营运车辆卫星定位监管平台、省际客运信息系统、出租车监控调度中心、轨道交通智能化运营体系、轨道交通物联网、公交智能调度管理体系及极端天气交通应急保障物联网体系等。

天津已建成相对较为完善的交通应用服务系统。目前，天津的交通应用系统主要包括：以公路、城市道路、桥梁等基础设施数据库为支撑的应用系统，市政公路地理信息综合应用系统，高速公路路网管理中心，对长途客运、公交、出租、危险品运营车辆的实时跟踪、监测、指挥、调度信息收集与存储管理系统，轨道信息调度系统，天津港信息监控指挥中心系统，船舶交通管理与信息系统，等等。

河北的交通应用服务系统建设处于快速发展阶段。目前，河北的交通应用系统已完成省交通运输厅网站群建设，该系统可以提供政务信息公开、在线行政许可等"一站式"服务。同时，河北已完成构建11个公路业务子系统、12个运输管理业务子系统、2个铁路业务子系统、4个城市客运业务子系统及6个港航子系统。

（3）出行信息服务

北京地区的公共出行信息服务机制是京津冀地区最为完善的一部分。首先，北京已经成功构建多模式综合交通信息服务系统，包括网站、电话热线、广播、路侧情报板、电子站牌、车载导航仪、手机短信等，能够对实时路况进行全方位播报。其次，北京已构建基于浮动车的动态交通信息服务系统及地面公交动态信息服务系统。最后，北京已形成智能化交通枢纽平台试点及中心城内停车诱导服务系统试点。同时，北京已构建完成成熟的电子不停车收费系统（ETC）。目前北京的 ETC 站点已覆盖市域全部高速路出入口，并且拥有超过 130 万名 ETC 用户。

天津地区的公共出行信息服务系统正在大力发展中。目前，天津已构建完成滨海新区公交实施智能电子站牌系统。该系统可以提示途经公交与本站的距离。天津的 34 个收费站设有 ETC，并已于 2014 年底实现 ETC 站点覆盖全部市域高速路出入口。

河北的公共出行信息服务系统正在逐步完善。目前，河北拥有的为公众出行提供信息服务的平台主要包括：交通公众出行网、高速公路客服电话96122、短信服务平台、调频交通广播、路况信息网及高速公路服务区路况信息显示系统。同时，河北正加快推进高速公路 ETC 的建设，到目前为止河北的 ETC 站点覆盖率已达到48%，拥有超过 27 万名 ETC 用户。

（七）京津冀公路交通一体化发展问题分析

目前，京津冀公路交通不断发展壮大，特别是高速公路路网已形成雏形，其高速路网密度是全国平均水平的 3.52 倍，但与"构建安全、便捷、高效、绿色、经济的现代化综合交通系统"的发展目标仍有一定的差距，制约了区域经济进一步的均衡充分发展。归纳起来，主要存在以下四个方面的问题。

（1）在公路路网规划建设方面，区域公路建设尤其是高速公路建设缺乏有效的协调管理，导致建设资源分布不均，主要集中于发达地区，各区域自行规划，各自建设，自成体系，导致了系统工作效率低、建设成本增加、资源浪费、发展不平衡不充分等一系列问题。例如河北，长期以来的地区发展水平和宏观经济政策等原因导致其高速公路密度仅为北京的1/2、天津的1/3。

当前，全国高速公路网主要呈现以北京为中心，而天津、河北等地处于边缘的发展态势，这也造成天津、河北等地与国家运输通道的衔接不畅。在京津冀地区，高速公路系统呈以北京中心城为核心的放射线布局，而天津长期以来都是以北京为中心的交通系统连带的一小部分，这就造成了天津与京广铁路、京九铁路、京包铁路等国家的重要运输通道的衔接关联性较差，公路和铁路的路网通达性与北京地区完全无法比较，使得天津在国家交通枢纽中的地位与北京相去甚远。同时，大量的跨区域的交通，都需要经过北京转运，给北京枢纽站点造成了过大的运输压力。北京枢纽功能的不断增强，已经从过去的交通优势转变为如今的交通问题，这也是北京拥堵问题长期得不到解决的原因之一。而天津、保定等北京周边城市的交通有提升的空间，环北京快速通道亟须建设。

京津冀一带的区域高速公路主要呈现以北京为中心的放射线布局，长时间缺少环形线路缓解压力，导致多城间的交通衔接仍然通过北京枢纽来实现，北京枢纽作用的凸显也反映了天津的副枢纽功能没有得到很好的发挥。与此相似的例子是通往北京首都机场的长途客运已经覆盖了天津和河北省的多个城市，前往天津机场的长途客运线路却是少之又少，也使得天津机场的航线和航班次数以及运输量都与北京有很大的差距，使得其区域功能不能充分发挥。

（2）在路网运营管理方面，三地所属行政区域不同，各地高速公路运营管理模式及管理主体各异，而区域管理者在制定管理体制、制度时，缺乏通盘考量，缺少与其他地区的交流沟通，区域内尚未形成统一的路网协同管理和服务机制，缺乏在突发事件应急处置、重要时期和重大节假日保畅、利用联网ETC追查偷逃通行费、养护人力与机械设备、实时路况信息资源共享等方面的协调联动和统一的管理平台，这也是当前京津冀高速公路一体化发展中需要解决的关键性问题。

（3）在交通规划协同数据调查和共享工作方面，未有实质性进展。目前用于指导交通规划的数据，如居民出行调查数据仍是在北京、天津和河北行政区划范围内分别进行调查、收集和使用，且针对城市群层面的出行调查也未开展，城市群交通一体化规划面临着数据缺失的困境。此外，由于行政区划的限制，各地现有的交通规划基础数据（公路交通量、土地利用数据、交通枢纽出行数据等）还未建立合理的共享机制，导致科学的城市群交通一体化规划也难以开展。除此之外，各级政府、企业等各个层次交通信息沟通共享机制的缺乏，使得区域间铁路、航空、公路以及城市交通的运营组织、票务、售票系统等的衔接不够流畅，客运联程联运和货物一票到底的实现也较为困难。

（4）在公路规章制度方面，部分领域的地方标准还未进行协调统一。当前，京津冀三地均根据当地的实际情况，研究制定了相应的地方标准，导致对于同一项标准，各地有着差异性的要求，造成了实际工作的困难。如，河北省制定了《公路融雪剂》（DB13/T 1411-2011）地方标准，但是这一标准与北京融雪剂的固体溶解能力评价标准不一致，因此可能出现在河北地区使用的公路融雪剂到了北京地区使用则不符合标准的情况。另外，京津冀三地在出租车服务规范、出行信息化互联互通规范、公路护栏加固改造技术规范、道路养护管理技术规范、车辆维修行业环保标准、港口危货管理规范等规章制度方面也存在急迫的统一需求，这些问题需要三地共同协调解决。

三　京津冀公路交通发展展望

近年来，国家始终大力推动京津冀一体化的发展进程，现如今交通层面的一体化格局已基本形成，京津冀地区的公路交通也迎来了新一轮的发展。预计到2030年，网络化的综合交通体系将基本建成，一体化服务格局将基本形成，城际铁路以及公路交通网络将愈加完善，将逐步建成基于绿色交通、智能交通的智慧城市群以及达到国际先进水平的综合交通运输体系。

（一）京津冀公路交通一体化所面临的挑战

1. 居民综合交通调查范围被城市边界所限定，难以获取京津冀层面的居民出行信息

应周期性开展居民综合交通调查，北京最近一轮调查（第5次）于2014~2015年实施。传统的调查主要面向城市内部出行，调查主体和出行范围均限定于城市内部，很难获取京津冀区域范围的出行特征。此外，京津冀各城市在调查时间、问卷设计、抽样方法等方面均不一致，阻碍了多城市出行特征融合分析的开展。

2. 各级政府、机构和企业的数据共享难，单一组织所掌握的数据无法全面反映京津冀综合交通特征

数据的共享是跨区域交通一体化协调发展的科学要求，也是三地持续讨论的紧迫事务。目前，北京建立了交通信息中心等数据管理实体，天津和河北各城市的交通数据资源组织形式也不尽相同。此外，随着互联网出行和地图导航服务等新兴业态的出现，相关企业掌握了大量的跨城市出行数据，形成了"多源、异构、动态、海量"的京津冀交通大数据特征。总的来看，数据资源分布庞杂，各组织有数据共享使用的诉求，但实际很难操作。

3. 京津冀联动的交通一体化规划制度缺失，区域交通规划体系结构较脆弱，未来交通供需易错位

近年来，三地主要是通过"城市内部独立规划、跨城边界对接连通、重大项目国家协调"的方式开展交通设施规划建设。如清除"断头路"等行动，实现了交通流在城市边界的连通，但三地目前还未建立制度化的交通规划联合编制体系，无法对京津冀出行需求进行空间层面的全局把握，且大量的协调需要依赖上级政府，工作量大，自发式互动的程度较弱。随着首都非核心功能的疏解、副中心的建设、雄安新区的开发以及北京、天津双都市圈的逐渐形成，人们的出行行为和活动范围也将相应转变，可以预见，京津冀城市间联系将越来越紧密，跨城市的通勤、商务、休闲等出行需求将持续增长，这对区域交通的全局规划提出了新的要求。

（二）京津冀公路交通发展应处理好的关系

公路交通是连接城市的纽带，要实现京津冀协同发展的目标，就必须建成完善的系统化的公路交通网络，实现公路交通一体化。这不仅有利于疏解首都压力，实现非首都功能的转移，而且能够合理发展城市群结构，在京津冀地区创造出新的经济增长极。为了实现这个目标，要处理好以下三方面关系。

一是疏解与聚集的关系。北京作为首都，也是北方地区的经济、政治、文化中心，在承载了许多功能的同时，也有极大的压力。要着力于对北京非首都功能进行疏解，在周边地区制定各项配套的政策措施，达到良好的疏解效果并能有效维持。与此同时，还要继续建设绿色高效的交通网络以配合疏解工作，促进疏解的人口和产业的聚集，建设"一小时城市圈"，促进京津冀协同发展。

二是重点与一般的关系。要完成京津冀交通一体化，必须分清主次、有所侧重，有重点、有顺序地推动京津冀地区的交通发展，最终达到全面互联互通的目的。在基础设施建设、对接的过程中，要紧紧围绕"一核、双城、三轴、四区、多节点"的空间格局，着力推进重点地区的配套基础设施建设，如北京大兴国际机场、城际轨道交通网络等的建设项目，以及北京大外环货运通道等重点公路建设项目等。

三是建设与管理的关系。要实现京津冀交通一体化发展，不但要注重公路交通基础设施的建设工作，还要加大软环境的建设力度，即交通政策的引导、调控以及体制机制的建设、改革等。建设世界一流的城市群、都市圈，要实现软硬件并重，多角度、多层次地制定创新型的协调组织计划、运营管理体系以及政策法规制度等。

（三）京津冀公路交通发展方向

要实现京津冀交通一体化的发展，必须建设现代化的交通网络，将智能交通的理念应用于京津冀的公路交通建设之中，只有这样才能实现京津冀协同发展的共赢战略。国家对京津冀地区的海、陆、空已经进行了较为详尽的战略部署和顶层设计，所以加大基础设施的投入是否合理还有待商榷。

从交通行业现状可以得知，各交管部门拥有不同的信息处理系统，垂直性特点强烈，资源分散、内容单一，缺乏各部门之间的联系，这是目前较为紧迫的问题。通过5G、车联网、智能交通技术等先进技术，我们可以将现有的交通信息处理体系不断完善，建成京津冀综合智能交通信息体系，有利于实现信息资源之间的互联互通，也为未来交通模拟、运营管控与决策体系奠定了坚实基础。

交通规划的根本目的之一是解决交通拥堵，交通拥堵带来的损失往往是多元化的，例如时间损耗、能源损失以及环境污染等。通过现行政策，例如限行限号、大力发展公共交通等，可以对交通拥堵起到一定的缓解作用，但这样的缓解是暂时的。通过京津冀综合智能交通信息体系，我们可以利用云计算、云服务等手段，从技术层面为交管部门以及政府提供更为全面的服务与帮助，也有利于无人驾驶、大数据等先进技术手段的研发与落实。

展望京津冀公路交通，应以开放的心态，综合各方面的力量，着眼于长远谋划发展。京津冀高校、科研机构应该参与进来，与政府交通部门合作，利用物联网、移动互联、云计算、大数据技术深入研究，推动京津冀智能公路交通的建设，服务于社会（张焕生等，2018）。

（四）智能交通在京津冀公路交通发展中的作用

智能交通技术可以有效缓解北京的交通拥堵问题，也可以提升出行的安全性。未来，国家将大力推进可持续交通的发展，智能交通和低碳出行是可持续交通的两大抓手，清洁能源汽车、公交车、创新型运输体系以及现代化轨道交通网络的不断发展对既有交通运输结构调整起到了关键性作用。

随着我国5G事业的不断发展，"互联网+""万物互联"的概念被进一步深化和落实，各智能终端之间完成了多路由的交换。交通运输系统是物理的，这也就说明人和物的移动也需要一个特定的地点。交通网络的网状特点是一个路由，而移动互联网的优势正是将这些交通网状的特点和多路由的作用充分发挥，这也是未来需要考虑的。智能交通应利用多路由结构进行创新性服务升级，在京津冀地区大胆应用于市场，例如借助"互联网＋"实现基础设施的运行状态监管、实时交通信息的交互处理、多式联运、智能物流等。

合作式交通，是国际上的一种新型交通模式，是通过互联网和最新一代移动通信的手段，在交通领域中将交通运输服务与移动互联相融合的新型服务模式。通过这种模式，客户可以自主选择交通方式，实现了运输服务的个性化、定制化服务。在京津塘高速公路，我国已经启动了合作式交通的示范工作，例如监控视频数据处理、路测技术、建立基于 OTT 理念的高速公路服务体系、沿线气象监测数据挖掘，以及 AI 应急事件处理系统。

自 20 世纪末开始，自动驾驶交通工具开始上路测试，标志着自动驾驶的发展迎来了新时代，在研究这项技术的过程中，汽车产业与信息产业的支持是不可缺少的，自动驾驶革新了人类交通工具的基本范式。

目前智能交通的发展处于初级智能运输系统阶段，刚进入计算型神经网络阶段，仅依靠数学模型，还没有用到模型设计和辨识识别。未来的智能交通，将朝模式识别和人工智能的方向发展。从国际发展趋势来看，智能交通将逐步朝依托计算的自主交通方向发展。

（五）5G 网络在京津冀公路交通发展中的作用

第五代移动通信技术（5th generation mobile networks 或 5th generation wireless systems、5th-Generation，简称 5G 或 5G 技术）是最新一代蜂窝移动通信技术，也是 4G（LTE－A、WiMax）、3G（UMTS、LTE）和 2G（GSM）系统的延伸。5G 的性能目标是高数据速率、减少延迟、节省能源、降低成本、提高系统容量和实现大规模设备连接。

智能交通系统（Intelligent Traffic System，简称 ITS）又称智能运输系统（Intelligent Transportation System），是将先进的科学技术（信息技术、传感器技术、计算机技术、数据通信技术、电子控制技术、运筹学、自动控制理论、人工智能等）有效地综合运用于交通运输、服务控制和车辆制造，加强道路使用者、车辆、道路三者之间的联系，从而形成一种提高安全性能、提高效率、改善环境、节约能源的综合运输系统。它的应用范围可以是机场、车站客流疏导系统，城市交通智能调度系统，高速公路智能调度系统，运营车辆调度管理系统，机动车自动控制系统等。智能交通系统通过促进人、车、路的和谐、密切配合提高交通运输效率，缓解交通拥堵，提高路网通行能力，减少交通事故的发生，降低能源消耗。

新一代蜂窝移动网络即5G出现之后，基于5G的智能交通方向的研究也有了阶段性的突破，AI、VR、AR等先进技术让这一阶段的研究成果更具可行性和实践性。

5G网络在智能交通中的应用有两个主要的方向：首先是为交管相关部门提供信息，有助于缓解交通拥堵、提高交通运输服务效率；其次是为客户提供详尽、准确的实时交通信息，有助于帮助客户合理选择出行方式以及提升客户交通出行的安全性等。

在交通管理方面，大数据分析与智能决策是智能交通的核心内容。在5G技术的加持下，互联互通的特点让多技术、多设备之间迅速契合，收集到的信息和数据可以进行系统化的整理和汇总，并通过大数据分析的手段，对交通运输网络的实时状态进行分析、预测和调控。这种新型的信息化交通管理模式，提高了交通运输服务的效率，也为未来的其他领域的管理模式提供了借鉴。

从京津冀公路交通的具体发展情况来看，我们应充分发挥我国在5G通信技术领域的显著优势，在京津冀地区完成广而精的5G信号覆盖，建设网络基础设施，为以后低延时、高质量的通信服务做好准备，同时大力发展智能公路、自动驾驶等相关科技，对未来的公路交通发展做出初步设计，利用大数据分析技术，为民众提供及时准确的交通信息以及停车信息，进一步缓解交通拥堵，同时采集实时数据，方便整体的综合交通设计与规划。

（六）车联网在京津冀公路交通发展中的作用

车联网主要指车辆使用车载设备的无线通信系统，对使用无线通信且连接在网络平台上的所有车辆交通流动态信息进行有效利用，以期在车辆运行过程当中提供有效的服务。由此可以看出，车联网有以下几个特征：第一，车联网可以帮助车辆驾驶者实现导航，并通过车载无线通信系统与其他车辆通信提高车辆的运行效率；第二，车联网可以使车与车之间保持安全的距离，降低交通事故发生的概率。

车联网通过5G技术万物互联的特点，主要实现了"三网融合"，即将车际网、车内网和车载移动互联网进行融合。同时，实现车与人、车与车、车与路、车与车内、车云平台等全面连接，利用传感技术感知车辆的状态信息，并借助无线通信网络与现代智能信息处理技术实现交通的智能化管理，以及交通信息服务的智能决策和车辆的智能化控制。

与国外车联网产业发展相比，我国车联网技术发展较晚，我国的车联网技术2009年才刚刚起步，最初只能实现基本的导航、救援等功能。随着通信技术的发展，从2013年开始，我国的汽车网络技术能够实现简单的实时通信，例如实时导航与实时监控。2014～2015年，3G技术与LTE技术开始应用于车载通信并且实现了远程控制。2016年9月，奥迪、宝马、华为与戴姆勒等公司合作并且成立了5G汽车联盟（5GAA），同时开始与汽车经销商合作，开始研究应用的背景。2017年底，国家颁布多项法案，将车联网技术提高到了国家战略层面，与此同时，人工智能与大数据技术的应用又使车联网可以有更多的应用前景，如企业管理和智能物流。此外高级驾驶辅助系统（ADAS）等技术可以实现与环境信息交互，使得基于使用情况或使用者行为的保险（UBI）业务的发展有了强劲的助推力。未来，依托于人工智能、大数据和语音识别等技术的发展，车联网将与互联网结合得更加紧密，为用户提供更具个性化的定制服务。

车联网的应用方向可以大致分为三类，即车辆安全、智能交通以及信息服务。

（1）车辆安全：车辆安全是目前车联网应用最为广泛，也是最为重要的领域，通过C-V2X技术，车辆可以实现与周边车辆以及人、路、路网之间的信息交换，为自动驾驶、碰撞预警等功能提供基础的环境支持。

（2）智能交通：车联网可以在智能交通场景下提供有效的服务，大数据与 C – V2X 技术、人工智能、云计算等技术共同使用可以优化交通管理，了解周围车辆环境状况与车辆信息，并对周围环境进行处理和及时调配车辆行驶状态，控制信号配时。车辆自适应的车辆编队技术可以减轻交通拥堵，提高交通运输效率，为人们提供绿色高效的出行体验。

（3）信息服务：车联网技术可以让车辆直接连接互联网，通过"互联网＋"，可以轻松进行车内的娱乐活动（例如观看电影、电视节目，玩游戏等）和车与车之间的信息交换等，还可以实时监测车辆健康状况，有助于车主掌握车况信息，提升驾驶的安全性等。

从京津冀公路交通的发展来看，5G 结合 C – V2X 技术，有利于提升驾驶的安全性，也为未来的自动驾驶培育了良好的土壤；也能够通过大数据和云计算，把控实时交通情况，有助于交通管理部门、交通规划部门提升工作效率，改善普通民众的出行体验。建议重视车辆及公路运输的增值服务的创新，充分利用 5G 和车联网的优势，发展出更多更好的增值服务，为供给侧结构性改革以及创造就业机会增添动力，实现京津冀经济协同发展的良性循环。

（七）未来京津冀公路交通的发展趋势

1. 基于云计算的智慧运输系统

在现行的交通运输模式下，亟待解决的问题集中于交通信息采集、路径优化算法、车辆健康数据和实时路况信息等几个方面。5G 高速率、低延时的信息传递特点可以在一定程度上为解决这些问题提供帮助。

云计算（cloud computing）是分布式计算的一种，指通过巨大的"云"网络将复杂的数据处理程序分解成无数个小程序，然后将这些小程序分步骤返回给用户。过去的网络速度无法支撑庞大数据的传输，云计算的算力也受到了带宽限制。而现如今的 5G 网络环境，突破了这一瓶颈，借助全双工、多入多出技术以及多路由的框架结构，让对交通信息和数据的实时处理、实时分析变为可能。

未来，在京津冀综合智能交通体系下，可以将采集来的大量繁杂的交通数据和信息，通过云计算技术，利用机场、车站等公共场所的监控视频数据以及摄像头拍摄的车辆交通数据，对车流量、拥挤程度、路面状态、温湿度、噪声等信息进行实时监控，再通过对云计算的结果进行分析，利用计算机视觉等技术，最终得到有用的结论来对交通进行诱导和调控。

2. 基于无人驾驶的智慧生活

5G 技术、车联网技术的不断发展为无人驾驶技术的落地创造了良好条件。未来，载运工具将发生新一轮的革新，汽车不仅是代步工具，也是可以聚会、吃饭、工作甚至是长期居住的场所，停车场也将有商业空间或居住空间的属性，道路资源将得到更合理的利用。

结合京津冀公路交通发展情况，无人驾驶技术将大大减少城市之间的交通成本，京津冀城市群将成为一个整体，人们的工作地和居住地受到的制约将大大减少，汽车也将变得更为高效、更为节能，交通运输的安全水平也将显著提升，停车难、交通拥堵等问题也将得到更好的解决。

（八）总结

京津冀公路交通的发展还存在许多问题，任重而道远，我们不妨放宽眼界，利用新方法、新手段，借助 5G 和车联网技术、智能交通技术解决这些问题。

在这些技术的有力帮助下，京津冀地区的交管相关部门将更容易、更快速、更准确地掌握各地区、各时段的交通信息，通过对信息进行分析和处理，能够给出合理的调度手段，缓解公路交通压力。在 5G、车联网等技术落实后，车与车、车与人、车与路将会形成一个完整的网络体系，配合既有的 GPS 技术、信息交互技术等，公民能够得到更为精准的实时交通信息，有助于提高交通的自主选择性和安全性、舒适性等。未来的京津冀公路交通服务必将是一片潜力无限的"蓝海"。

未来，可以优先在冬奥会相关基础设施和周边著名景点进行试点，逐步将新技术进行推广。借鉴国际国内其他城市的成功经验，打造未来城市的智能物流产业，使其京津冀城市群本身的特色和优势，提升城市群的国际竞争力，也为其他地区的公路交通发展做出表率。

参考文献

崔德赛、康丽滢：《京津冀区域高速公路运营管理一体化与协调联动保畅机制的构建》，《交通世界》2018 年第 8 期。

黄焕君：《5G 网络在智能交通中的应用发展趋势分析》，《电脑与电信》2020 年第 4 期。

张焕生、郝国芬、李国芹、刘春玲：《京津冀交通智能一体化发展对策探索》，《产业与科技论坛》2018 年第 10 期。

赵岩：《一体化的路径——"2016 年京津冀交通一体化发展论坛"实录》，《中国公路》2016 年第 15 期。

朱自博：《取消省界收费站对高速公路交通管理的影响及对策探讨》，《中国交通信息化》2019 年第 12 期。

专题报告

Special Reports

B.7
2022年冬奥会背景下的
京张高铁发展研究

摘　要：　2022年冬奥会作为重大国际赛事，不仅是展示我国形象的重
　　　　　要窗口，也是京津冀地区一体化发展的关键助力。京张高铁
　　　　　是京张冬奥会的重要交通保障设施，研究其在冬奥会中的作
　　　　　用具有重要意义。本报告利用定性与定量相结合的方法，分
　　　　　析了京张智慧高铁技术创新对京津冀区域交通网络与物流产
　　　　　业的影响，明确了京张高铁的交通可达性、接驳便利性以及
　　　　　奥运绿色交通理念等重要作用，并提出了将京张高铁的长编
　　　　　组车厢作为应急物流运输设施的建议，以应对突发情况，提
　　　　　高奥运物流体系的可靠性。相关研究成果能够为推动京张高
　　　　　铁发展以及提升冬奥会交通保障水平提供参考。

关键词：　京张高铁　2022年冬奥会　京津冀协同发展

一 项目概述

（一）研究现状

从京津冀城市群的高铁规划和高铁建设来看，京张智慧高铁是京津冀城市群概念提出之后的第一条高铁。目前，关于冬奥会和京张智慧高铁背景下的区域发展研究论断较多，本报告将从冬奥会背景下的京张区域经济发展、交通运输业发展两个方面展开介绍。

（1）高铁对城市经济的影响研究

通常，一条高铁线路的开通，将会带动沿线城市经济增长，使经济产业链紧密联系、城市之间协同发展、人员物流高效流动，产生"高铁经济"，现有研究大多对高铁的影响进行量化分析，如基于双重差分模型，采用2004～2016年我国各城市的面板数据，考察高铁是否开通、城市高铁站点数量两个变量对技术进步的影响效应（易虹汝，2020），再如通过建立高速铁路评价指标体系，以京沪高铁沿线城市为例，分析2007～2017年高铁路网对不同城市间的发展影响情况（郭文琦等，2019）。

（2）重大赛事对区域经济发展的影响研究

借助冬奥会的全方位影响力及其辐射能力，张家口地区经济发展必将再上新台阶，冬奥会也是促进产业结构调整、提升城市综合竞争力的良好契机。下面从往届国际奥运会产生的经济效应和2022年冬奥会对京张区域经济发展的影响两方面展开介绍。

一方面，有学者对往届国际奥运会对于举办地的经济发展进行了统计分析。以往学者对奥运会进行的经济统计分析表明，奥运会能有效促进当地的经济发展，带来可观的经济效益。例如1992年巴塞罗那奥运会产生了260.48亿美元的收益（姜同仁、钱杰，2008）。另一方面，一些学者定性分析了冬奥会对京张区域经济发展的带动作用，从金融视角出发，研究了奥运对当地经济的影响（刘旭等，2019），冬奥会也进一步促使京张区域经济协调发展，加快区域的一体化进程（刘彦汝，2019），推动加速京津冀协同发展（于世彬，2019）。冬奥会将对张家口的经济结构调整产生重要影响，建议张家口积极采取措施融入京津冀协同发展圈（王军，2019）。冬奥会对张家口交通、旅游、娱乐、体育等多个产业发展有着积极的影响（丁宇峰、刘会静，2018）。

（3）新技术对京张区域交通运输业发展的影响

冬奥会背景下，关于冬奥会和京张高铁背景下京张区域交通运输业发展的研究主要有以下两部分。

一是对创新组织方式及智慧交通的研究，举例如下。从组织机构和相关技术等方面介绍盐湖城冬奥会交通组织和管理理论（杨新苗，2004）。对盐湖城冬奥会期间交通情况进行分析，由此为组织北京2008年奥运会提供宝贵经验（于春全、周天雨，2002）。结合智慧交通发展趋势和现状，对张家口市智慧交通发展策略进行尝试性的探索（宋占锋等，2018）。从张家口交通发展现状出发，提出建立健全各项道路交通安全制度等建议（李秀玲，2016）。针对承办2022年冬奥会的张家口崇礼区域，提出构建综合运输网络和以公共交通为导向的运输管理系统（井国龙，2019）。

二是对新技术对于物流行业的影响研究，举例如下。通过文献资料法和专家访谈法，根据冬奥会体育赛事大型项目物流的特点，提出冬奥会物流规划管理创新策略（王彦英等，2019）。分析5G技术对物流和供应链的影响，从多方面阐述5G技术在物流中的应用（田金龙，2019）。分析国内外物流智能化的发展现状并对进展成果做出了总结（白如雨等，2015）。

综上所述，现有研究存在一定问题。一是2022年冬奥会是我国首次举办冬季奥运会，加之京张两地与国外所举办过冬奥会城市不同，因此不能简单照搬国外的相关经验。二是既有研究侧重于冬奥会和京张高铁对于张家口或北京交通的影响，鲜有学者研究京张智慧高铁在冬奥会中的功能定位分析。三是既有研究对冬奥会背景下京张物流体系发展的研究较少。因此，本报告主要从以上问题出发，分析京张高铁的功能和定位，研究新技术的出现对城市交通和物流的影响，分析冬奥会背景下京张智慧高铁在智慧交通和智慧物流中发挥的重要作用。本报告研究的技术路线见图1。

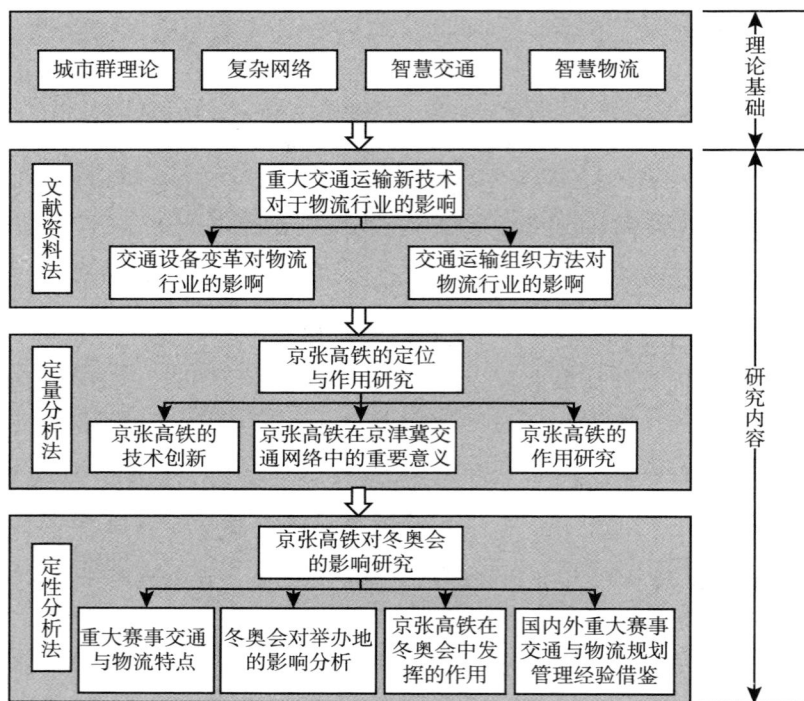

图1　技术路线

（二）研究目的及意义

冬奥会不仅是向世界各国展示中国风貌的良好契机，还是进一步提升京津冀地区国际影响力的关键节点。京张高铁"奥运专线"的开通将进一步拉动京津冀周边区域融合发展。在这个契机下，研究京张高铁在冬奥会中的作用尤为重要。

两地联合举办冬奥会将对京津冀地区的协同发展产生重大影响，这一举措与京津冀协同发展的国家战略和当前推动转型发展的主题高度契合，在一定程度上将进一步推动张家口地区在社会、经济、文化各领域树立全面开放的决心，全方位加快加深京津冀地区协同发展。同时，这对于张家口更好地融入首都经济圈具有积极而深远的意义。2022年冬奥会由北京和张家口联合举办，对于京津冀地区尤其是河北是一次空前的历史机遇，冬奥会将加速京冀经济、基础设施、交通、环境治理和旅游一体化的快速发展。本研究的主要目的及意义有以下三点。

（1）本研究拟综合京津冀协同发展、科学可持续发展、2022年冬奥会以及相关政策，充分借鉴国内外奥运赛事尤其是冬奥会对承办地经济发展的促进经验，以城市群理论、复杂网络及智慧交通等理论为依托，利用定性定量相结合的方法研究2022年冬奥会对张家口地区发展的带动作用；研究有利于提升城市群对外交通效率，整合综合运输资源，促进区域经济协同发展，促进京津冀城市群核心城市对外交通的顺利发展，促进区域内核心城市功能、交通、物流、经济的发展和完善的措施。

（2）本研究将明确北京和张家口的功能定位，分析京张高铁对沿线城市尤其是张家口及周边区域经济的带动作用，明晰京张高铁在促进京津冀、中西部交通融通方面的深远意义。通过文献法总结高铁对于城市经济、交通、物流等产业的影响，进而分析京张高铁的开通对于京津冀交通和物流基础网络带来的影响，提出测度京津冀现有交通网络通达性及稳定性的方法，对京津冀交通一体化提出优化建议。研究将深入分析京张高铁中西部经济融合发展的深远影响，并结合国家相关政策、国内外重大赛事管理建设经验和相关理论基础提出政策建议，为交通网络优化提供理论和方法，促进京津冀一体化进程。

（3）通过总结国内外交通领域新技术及物流组织模式的创新给产业发展带来的巨大促进作用，预估京张智慧高铁开通带来的技术性变革对于我国交通网络和物流行业的重大影响。研究成果将为冬奥会期间交通、物流组织和运营提供理论依据，有助于识别京张高铁对京津冀交通一体化产生的促进作用，充分发挥京张高铁在赛事期间、赛事过后的重要作用，助力冬奥会圆满举行，还将为张家口地区发展提供更加有针对性的对策。

二 重大交通运输新技术的影响分析

随着我国经济的快速发展，物流产业受到高度重视。交通运输不仅是物流发展的重要组成部分和关键环节，也是物流的重要载体，建设和完善符合我国国情的综合运输体系，在此基础上提高整体运输效率，是我国运输一体化实现的实际需求和必要条件。因此，有必要大力推进现代物流和交通运输业的协同发展，以降低物流成本，提高社会总体运营效益。未来以技术进步为核心实现现代运输与物流的发展，总体上符合国家对运输和现代物流的发展决策，而交通运输新技术，诸如智能高铁、集装箱的发展，物联网技术的应用等，都为交通运输业的发展增添了活力。因此，在我国智能化、高速化的综合运输体系快速发展的背景下，无论是货物运输还是现代物流，其发展进程也都在不断加快，质量也在稳步提高。基于上述原因，下面将着重分析交通运输设备和交通运输组织方法等新技术对物流行业的影响。

（一）交通运输设备的影响分析

交通运输设备不仅是实现交通运输职能的物质载体与保障手段，也是各种运输方式得以实现的物质保障，设备的不断发展与对应技术的更新对于促进交通运输业的综合性发展、社会经济的繁荣都具有极其重要的作用，其作用主要可以分为社会作用、经济作用、军事国防作用以及其他作用。因此，本报告主要从高铁、集装箱、物联网三个方面，分析其对交通运输与现代物流的影响。

1. 高铁变革的影响分析

高铁的发展带动了物流的产业结构和企业结构的调整，加速了市场经济国际化进程，一定程度上解决了我国现有铁路货运的难题，推动了我国综合运输服务体系的发展进程，对物流市场的改革、工农业和商贸业的健康发展等方面产生了积极影响，主要体现在以下几个方面。

（1）激活铁路货运优势，促进综合运输服务体系形成

高铁的发展带来的运能释放促进了客车化的新型铁路货运组织方式的实现，在这一条件下，铁路可以放大其成本低廉、运量巨大的优势，使全国物流资源在公、铁、航、水等运输方式的运量分配更加合理，加快形成全国范围的综合运输服务体系。此外，新型货运组织方式例如客车化开行等，促进了运输方式间的有效衔接，实现了铁路与公路、铁路与水路的联合运输，加快了我国综合物流体系的形成，在降低我国物流成本方面发挥了巨大作用。

（2）促进物流市场改革，优化物流服务方式

采取发挥铁路货运的优点、推出多种类的铁路物流产品的措施，能够缓解铁路运输能力的限制，进而促进铁路优势运距内的货源回归，在此基础上改变公路运输距离过长的现状。铁路运输附加值较高的快件可以降低小件和快件的物流成本。铁路物流服务质量的提高也将促进物流服务方式、资源配置和效率的调整和优化。并且铁路将在发展中不断加大业务覆盖面，通过业务外包、行业联盟、合资等方式与其他物流企业合作，开发铁路物流的新领域。这些都将大大提高铁路货运物流的服务质量和市场竞争力。

（3）全面整合供应链

高铁发展带来的运力释放，将进一步发挥铁路在国民经济中的关键作用：铁路货运产品的创新，可以推动铁路在物流金融、仓储、加工等方面的业务拓展，丰富铁路物流功能，提升其整合供应链的能力。随着铁路在国家综合运输体系建设中作用的增强和物流服务模式的优化，铁路与工农业、商贸业联动发展将得到进一步加强。

2. 集装箱设备的影响分析

集装箱设备的发展加强了集装箱装车保障，扩宽了铁路集装箱货物品类，并且丰富了公铁联运服务产品。公铁联运方面，我国公铁联运发展潜力逐步释放，公路治超在一定程度上促进了货物由公路运输向铁路运输转移。2017年，全国铁路集装箱发送量为1029万TEU，同比增长37%，连续三年实现铁路集装箱发送量增幅20%以上，铁路运输进入历史最好的发展时期。铁路集装箱发送量变化统计如图2所示。

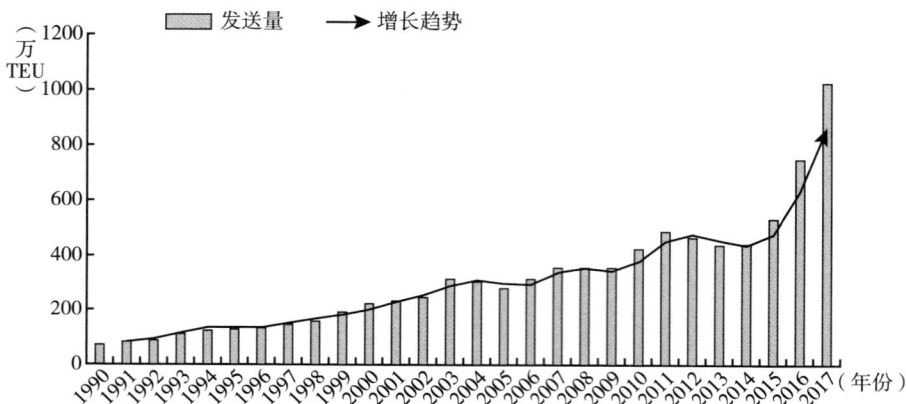

图2 铁路集装箱发送量变化统计（1990~2017年）

资料来源：国家统计年鉴。

铁水联运方面，沿海港口铁水联运量呈明显上升态势。2012~2017年我国主要港口集装箱铁水联运量如图3所示，2017年前三季度中国港口完成铁水联运量250万TEU，全年全国规模以上港口完成集装箱铁水联运量348万TEU，占规模以上港口集装箱吞吐量的比重为1.47%。

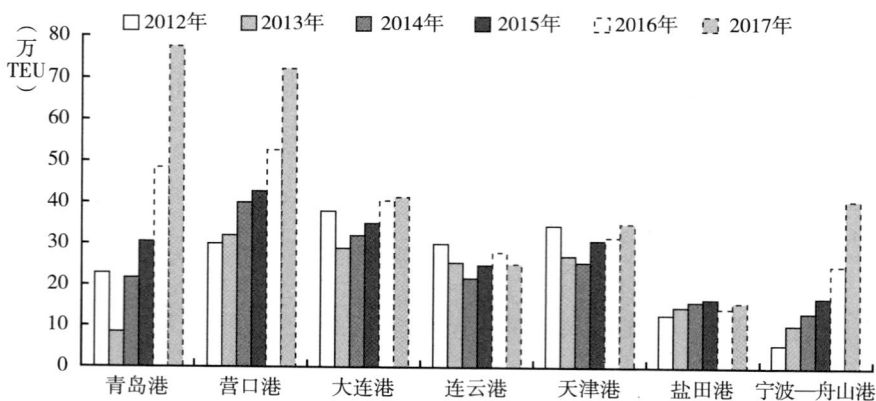

图3 主要港口集装箱铁水联运量统计（2012~2017年）

资料来源：国家统计年鉴。

内河港口铁水联运方面，2017 年，重庆果园港"前港后园"和铁水联运功能基本形成，港口集装箱吞吐量完成 31.5 万 TEU，其中铁水联运量超过 5 万 TEU，较 2016 年增加 50%。万州港完成铁水联运量 3.67 万 TEU，同比增长 14.6%。

（1）集装箱的积极影响

①集装箱促进航运业转型

传统航运业的运作流程极其复杂，内部运作以及外部运作环节需要投入极大的人力及时间成本。集装箱最大的特点就是标准化，几乎能够适用于所有的轮船，航运行业在采用集装箱之后，减少了运输环节的复杂流程，提升了装卸效率，大大降低了成本。同时，由于人力投入的减少，码头附近的生活区和作业区也大面积减少。因此，集装箱运输有效改善了航运业的整体运作环境，使整个航运业运行效率到达一个较高水平，产业转型顺利实现。

②集装箱影响了相关从业者的利益

传统航运业的运作需要依靠大量的人力资源，但集装箱的出现减少了工人的使用数量，一部分的工人失去了工作。因此在初期，推行集装箱遇到了巨大困难，工人的抵触情绪严重。但工业向机械化发展是必然趋势，机械化会带来极大的经济效益，必然吸引众多资本家的投资。因此，码头工人与资本家进行了利润谈判，双方就利润分配达成了统一的意见，这就是集装箱对航运业从业者的改变。

③集装箱提高了全球化的程度

随着集装箱的普及，大宗货物已开始在全球范围内流通，在一种价格低廉且高安全性的集装箱运输系统下，一个国家的制造商更希望去其他国家或地区寻找更加便宜的原材料。在这种情况下，整个地球已经成为一个大型工厂，每个国家（地区）将工作拆分至这个大型工厂，共同完成商品的生产。因此，可以说集装箱在某种程度上加速了全球化的进程。全球集装箱分工也大大改变了每个国家在传统政治和经济结构中的地位。中国也是全球分工的受益者。集装箱运输是中国经济快速发展的推动力，因为集装箱运输带动了中国产品的全球流动，促进了中国出口经济的发展，加快了中国的产业转移和集聚速度，辅助中国在世界政治经济结构中获取新地位。

（2）集装箱多式联运对现代物流的影响

①促进现代物流一体化发展

集装箱多式联运与现代物流的协同发展是中国集装箱运输逐渐加入全球运输市场的必要条件，而现实的发展为此创造了可能性。首先，现代物流需要可以提供增值服务的节点，在发展多式联运的过程中，基于前期分货、集货的需要，我国在一些必要节点率先建设了一批提供服务的设施，因此具有先天发展优势。其次，在多式联运模式中形成覆盖全国的运输网络是发展现代物流的集散系统的保证。在 20 世纪 80 年代后期，我国投入了大量资金用于建设运输基础设施，尤其是 90 年代以来，陆上和水上的集输系统运行顺利，集输系统搭建了基础性平台以发展现代物流。

②促进现代物流信息系统的发展

1997 年，随着我国集装箱运输 EDI（Electronic data interchange，电子数据交换）示范工程的顺利实施，集装箱多式联运的信息化建设也随之发展。目前，我国已经建立了"国际集装箱运输电子信息传输和运作系统及示范工程"，多个港口的 EDI 网络覆盖当地船运公司（或其船舶代理）、货运代理、集疏运场站、港口码头等单位，形成了一个以港口 EDI 服务中心为中心的信息传输网络，并且实现了与当地其他行业的 EDI 网络互相联通。信息化是发展现代物流的必要技术条件，我国集装箱多式联运的信息化建设为现代物流信息系统建设打下了坚实的基础。

（3）智能集装箱系统实现海运供应链革新

①装载 RFID 技术的智能集装箱实现利润增加

A. T. Kearney 公司针对全球 25 家覆盖范围最大的进口商和出口商的物流代理进行的研究调查发现，RFID 技术具有很多不可替代的优点：降低产品库存量；减少出现缺货的可能；避免订货与交货期差异过大的情况；降低管理费用和成本；防止集装箱丢失及被偷窃的情形；等等。除此之外，

Bearing Point 公司对 Savi 科技公司提供的 RFID 技术的使用分析发现，通过应用 RFID 技术，能够有效减少通过海关时产生的手续费用，提高集装箱的运送效率。此外，斯坦福大学的研究也表明，使用装载 RFID 的集装箱能为货运人带来更多的利润，使用这种集装箱运输的利润可比使用普通集装箱每次高 400～1800 美元。

②智能集装箱系统实现海运供应链革新

集装箱智能化带来的变化反映在供应链的各个节点上，为供应链上每一个参与者带来更多利润。供应链中的货主、货运人和承运人无须支付比现有集装箱系统更多的运输成本，就可以随时了解货物状况，并享受智能集装箱系统带来的安全性和及时性。供应链港口和货站可以通过使用智能集装箱系统来降低劳动力成本，从而节省大量资金，同时极大地节省港口和货运站的监控成本。同时，供应链的隐性参与者——保险公司也受到了积极影响，智能容器带来的供应链的安全性和可视性的提高降低了风险发生的概率，保险公司可以向使用智能容器系统的企业承诺 25％ 的溢价折扣或者降低保险费，可以为无担保的危险商品或有价值的商品提供其他种类的保险，间接增加保险公司的收入。

3. 物联网技术的影响分析

（1）物联网技术的应用及影响

①信息监控及分析

物联网技术可以在整个供应链上实现对设备、包裹和人员的实时监控，并且从监控系统中采集大量的信息数据进行分析，识别不良行为，有助于控制库存数量、识别储存环境、选择运输路径等，实现各节点的最优化运行，最大限度地避免供应链各环节问题的出现。

②仓库管理

一方面，通过物联网对仓库中的设施进行优化管理，避免仓库设施出现过度使用或限制情况，同时，保证库存水平的平稳，避免缺货情形的发生。另一方面，实现库存管理的智能化，依靠物联网技术，实时向管理人员传输异常信号，在此基础上，库管人员可以及时采取措施。

③预测性维护和库存

连接到 ERP 系统的传感器可以识别出有问题的部件，并在发生故障之前或在设备耗尽关键消耗品之前自动发送警报。随着时间的推移，企业可以预测季节性高点和低点，并相应地增加或减少库存，从而减少库存过剩，制订维护计划并长期提供帮助。

④运输可见性

使用物联网实时跟踪和监控货物，通过混合传感器、GPS 和移动网络实现企业 IT 平台与运输设备的互联，通过互联获取货物状态、地理位置和温度等大量数据。对此数据的即时访问意味着企业可以快速做出基于信息的决策，从而避免或最小化潜在的问题。通过运输可见性，企业还可以通过优化运输路线、降低二氧化碳排放或提高货物安全来优化供应链。

⑤"最后一公里"

通过将物联网支持的监控和跟踪平台集成到企业工作流程中，物流公司可以使用有效的路线优化、实时跟踪和预测延迟计算等工具。同时，移动应用程序可以让快递企业实时更新信息。客户在购买时注重可靠性，因此将跟踪信息直接发送到应用程序，可以提高其对服务企业的信任感，减少对客服热线的拨打。同时，制造商和零售商可以利用物联网的力量来洞察客户是如何使用产品的。该反馈环路可帮助制造商改进产品，并为一些产品提供预测维护服务。

⑥更智能的供应链

物联网为企业实现了实时的各环节的可视化，以及更高程度的自动化和更科学的大数据分析。最终，供应链流程得到了根本改善，企业可以提高效率，并通过使用数据分析得到更多的新市场机会，从而提高企业经营利润，降低运营成本。

（2）"互联网 +"开启集装箱运输新变革

2015 年李克强总理在政府工作报告中重点提出了"互联网 +"战略，这给集装箱运输行业带来了新的发展机遇。传统的集装箱运输货物位置信息查询极不方便，或者只可以查询到海上的位置信息。如今的经济活动更加多样化，互联网与集装箱运输融合后，实现了集装箱门到门及海上全程定位跟踪网络可视化。可以利用互联网的技术即时地传送物流信息，提升效率，减少操作人员进行货物查询工作的次数，降低整个环节的人力成本。

（二）交通运输组织方法的发展与影响分析

科学的交通运输组织方法，能够整合各种运输方式、运力资源，覆盖多个运输组织市场，打破地区分割、行业分割，利用其信息优势，发挥各种运输方式的长处，合理地组织运输。交通运输与现代物流正是依托交通组织模式，安全、高效地开展货物运输活动。多式联运和高铁货运是不同时代出现的两种新型运输组织模式，对于推进运输结构调整、促进物流业降本增效具有重要作用，是引领国际物流通道建设、推动物流运输便利化的基础工程。

1. 国内交通运输组织方法的创新发展

（1）多式联运的创新发展

多式联运是依托两种及以上运输方式的有效衔接，提供全程一体化组织的货物运输服务。近年来，加强多式联运新型装备的研发应用，一直是物流运输行业的重要目标，从事物流运输的单位和企业也做了大量有益的尝试。

①新型装备

在这一领域的研发应用中，中车长江运输设备集团有限公司借助在重载和快捷铁路货运装备以及车辆轻量化领域的成熟技术处于国际领先的水平，设备技术创新的优势有利于发挥其在多式联运中的作用，并且中车长江通过自主研发公路、铁路多式联运装备以及智能系统，在解决当前公铁联运设备不足、枢纽快速运转设备不足，特别是公铁水无缝衔接欠缺等问题上，取得很大成效。

②新机制

河南贯彻落实了郑州—卢森堡、"空中丝绸之路"等重要指示，积极响应"一带一路"建设，全省上下通力合作，立足区位优势和交通优势，创建了"理念引领、规划引领、政策引领，办公联署、政策联动、服务联手"的"三引三联"多式联运协同工作新机制，并先后在成立省级层面多式联运协调机构、出台高速公路货车分时段差异化收费政策、出台危险品罐式集装箱推广政策、研制航空集装器整板运输专用车四个方面取得了"全国第一"。

③新模式

成都铁路局依托"陆上+空中"丝绸之路，发展"高铁+航空"货物联运模式，公铁空共用货物运载单元，全程采用空铁联运单，实现"一单到底""一厢到底"的新模式。成都铁路局还会同金融机构开展了国内首次以铁路货物运单为载体，基于控货权及国内信用证结算的铁公联运"一单制"试点。这对于陆路运输突破单证物权凭证限制、拓展金融属性、丰富实体企业贸易融资工具、加速发展以铁路为骨干的多式联运具有重要的创新实践意义。

（2）"高铁+快递"

"高铁+快递"是铁路管理部门全面推进运输领域供给侧结构性改革的成功实践。这一模式的成功不仅加强了铁路在我国综合交通运输体系的主要地位，而且也是联合快递行业多式联运的一次有益实践，同时也为快递行业发展提供了新业态模式。

"高铁+快递"是转变发展方式、寻求高质量发展的必然要求，推动运载工具集约化、标准化，高铁走在了前列。这一模式的产生是创造性的，同时也具有必然性。使用高速铁路运送快递是响应国家调整运输结构的要求的举措，长期以来，我国公路货运占总体运输方式的比例偏高，没有完全发挥铁路运量大、能耗小的优势，从一定程度上来说这种运输结构也制约了物流效率。另外，随着电子商务以及新零售等业态兴起，我国快递需求与日俱增，需要有新的运输形式来满足市场需求。

"高铁+快递"模式作为铁路部门推进运输供给侧结构性改革、优化铁路货运结构的重要成果，同时也是快递行业在多式联运领域的具体实践，对于提高铁路在国家综合交通运输体系中的地位、推动快递行业发展都具有重要意义。发展"高铁+快递"也可以进一步降低物流成本。我国高铁已经具备开展快递业务的基本条件。

2. 国外交通运输组织方法的创新发展

（1）美国多式联运创新发展之路

美国政府采取了政策、立法、机制创新等一系列有效措施对各运输方式竞争与合作关系进行协调，随着时间的推移，最终形成了多式联运的格局。美国的多式联运发展主要从以下两点出发。

①技术创新与制度创新

为了应对铁路发展过程中的难题，美国最先出现了以集装箱、双层集装箱、驮背运输等为代表的多式联运技术。同时，政府部门在特定市场环境下为多式联运市场机制的产生奠定了基础，可以说，由政府主导的制度创新是美国多式联运发展至今最大的推动力。

②技术创新是基础，制度创新是助推器

推动多式联运高速发展的因素之一是以一系列立法措施为代表的制度体系的革新。例如"斯塔格斯铁路法"代表着美国开始放松对运输业的管制，开始了对运输业的改革，这一改变推动了运价以及多式联运代理制等方面的改革，使得运输业得以发展出接近自由市场的体系。

（2）国外高铁货运的先进经验

国际上，高铁货运主要存在三种模式。一是客货混装，这种模式下货运与客运在多方面实现一体化。最具代表性的是美国曾经开行的 Talgo XXI 型摆式列车。二是旅客和货物分别装载在不同列车。这一模式可以满足不同 OD 的客货车在同一线路联挂运行。三是旅客列车和货物列车共线独立运行。在这一模式下客货装卸时间可以不同，也不一定在同一站停靠。

三　京张高铁的定位与作用研究

作为中国第一条自主设计和建造的铁路，京张高铁一直是我国百年工业文明的象征。京张高铁的开通，不仅意味着京—张发展进入"高铁时代"，更翻开了京津冀一体化协同发展的新篇章。为了研究京张高铁对于京津冀一体化，特别是对张家口市发展的带动作用，本部分将从京张高铁对于京津冀城市群交通网络的意义、京张高铁对于北京市和张家口市发展的作用两个方面进行研究分析。

（一）京张高铁在京津冀铁路交通网络中的重要意义

本部分采用复杂网络方法探究了京津冀铁路交通网络的现状，研究结果表明，京津冀铁路网中北京、天津城市之间联系最为密切，北京与其南部城市之间的联系密切程度次之，而北京与其西北城市如张家口市铁路路网联系较疏远。通过分析现状，我们可清晰地发现，京张高铁的开通，能极大程度地加深张家口等京西区城市与京津冀地区城市群的融合程度，为我国京津冀地区实现更好更快的发展提供助力。

1. 复杂网络理论基本统计参数

（1）度与度分布

度是指与节点直接相连的其他节点的个数。一个节点的度与其在网络中的核心性是正相关的。换句话说，如果某点具有较高的度数，则意味着其居于网络的中心，具有较大的影响力。计算公式为：

$$D_i = \sum_{j \in N} a_{ij}$$

其中，D_i 表示节点 i 的度。a_{ij} 表示节点 i 和节点 j 的连接关系，两节点直接相连时取 1，否则取 0。

度分布的定义是在网络中随机选定的节点的度恰好为 k 的概率分布，即网络中度为 k 的节点的个数在总个数中的比例。度分布情况通常可用分布函数来描述，度分布函数能够充分反映网络的宏观统计特征。当度分布函数满足幂律分布时，说明该网络是无标度网络。此外，将不同度值的概率累加起来构成的累计度分布，在一定程度上也能够反映网络度分布的规律。当度分布服从幂指数为 r 的幂律分布时，累计度分布同样服从幂律分布，幂指数为 $r-1$。

（2）最短路径长度

最短路径长度就是在网络中连接任意两点的最短路径上的边数，即所有连通节点通路中，从一节点到另一节点最少需要经过的边数。最短路径长度越小，两节点关系越密切。

平均路径长度指网络上各节点对之间最短路径长度的平均值。它反映网络整体的密切水平，同时也是衡量网络是不是"小世界"的重要测度。

（3）聚类系数

复杂网络中，聚类系数是指节点与其邻居节点之间存在的连边数量与最多存在边数的比值，即某节点的邻居节点之间相连的程度。从图形角度讲，也可定义为包含节点 i 的三角形数量与以节点 i 为中心的三点组数量的比值。假设节点 i 与 K_i 个节点相连，K_i 个节点之间实际存在的边数为 E_i，最多存在 $\dfrac{K_i(K_i-1)}{2}$，则节点 i 的聚类系数计算公式为：

$$C_i = \frac{2E_i}{K_i(K_i-1)}$$

平均聚类系数指所有节点聚类系数的平均值，它反映了网络整体集团化的程度，同时也是衡量网络小世界效应的重要指标。

（4）介数

①节点介数

在复杂网络中，节点介数是指节点在其他节点对的捷径（最短路径）上的数量比例。节点介数可以衡量该点能够控制其他点之间交往的能力。假设一个点在许多其他点对的捷径上，则该点具有较高的介数，对其他节点的控制与影响力较强。计算公式为：

$$b_{jk}(i) = g_{jk}(i) / g_{jk}$$

$$B_i = \sum_{j}^{n} \sum_{k}^{n} b_{jk}(i)$$

其中，

g_{jk} ——节点 j 和节点 k 之间存在的捷径条数；

$g_{jk}(i)$ ——节点 j 和节点 k 之间存在的经过第三个节点 i 的捷径条数；

$b_{jk}(i)$ ——节点 i 处于节点 j 和节点 k 之间的捷径上的概率；

B_i ——节点 i 的介数。

②边介数

在复杂网络中，边介数是指边出现在其他节点对的捷径上的数量比例。边介数可以描述一条边对信息的控制程度。介数越大，说明边的影响和控制力越大。计算公式为：

$$L_{jk}(h) = l_{jk}(h) / l_{jk}$$

$$H_h = \sum_{j}^{n} \sum_{k}^{n} L_{jk}(h)$$

其中，

l_{jk} ——节点 j 和节点 k 之间存在的捷径条数；

$l_{jk}(h)$ ——节点 j 和节点 k 之间存在的经过边 h 的捷径条数；

$L_{jk}(h)$ ——边 h 处于节点 j 和节点 k 之间的捷径上的概率；

H_h ——边 h 的介数。

2. 京津冀铁路网络基本介绍

（1）铁路线路

铁路线路按其设计速度可分为普速、快速、高速三类。速度不大于 160 千米/时的非客运专线和不大于 140 千米/时的客运专线通常为普速铁路。快速铁路的类别较为丰富，总体来说，设计速度在 160~250 千米/时。高速铁路则是指设计速度 250 千米/时及以上，且设计标准等级高、可供列车高速行驶的铁路线路。

铁路线路建设的类型应根据所处地区的经济发展水平以及人口数量、所经城镇数量和规模、所在通道客流特征和其在铁路网中的角色决定。近年来京津冀铁路发展迅速，已逐渐形成多种类、广覆盖的铁路网格局。除既有的普速铁路和快速铁路外，又增加了高速铁路线路，如连接北京和天津的京津城际铁路、连接北京和石家庄的京石客运专线等，这些高速铁路线路设计速度可达 350 千米/时，大大拉近了城市之间的时空距离。未来京津冀城市群将建设"四纵四横一环"为骨架的城际铁路网，可实现中部核心区主要城市之间"半小时到1小时"交通圈、中心城市间"1小时到2小时"交通圈、中心城区与周边城镇"半小时到1小时"通勤圈。

（2）铁路车站

铁路车站，是供铁路管理部门办理客、货运输业务以及列车技术作业的场所。根据"铁路车站等级核定办法"的规定，车站可分为六个等级，分别是特等站、一等站、二等站、三等站、四等站、五等站。各等级车站核定依据条件见表1。

表1 车站等级核定依据条件

车站业务	车站等级	条件			其他要求
		日均上下车和换乘旅客人数（人）/办理到发、中转行包件数（件）	日均装卸车辆数（辆）	日均办理有调作业车辆数（辆）	
办理客运或货运、货物列车解编技术作业单项业务为主的客运站或货运站、编组站	特等	60000/20000	750	6500	具备三项条件之一
	一等	15000/1500	350	3000	具备三项条件之一
	二等	5000/500	200	1500	具备三项条件之一
办理客运、货运业务并担当货物列车解编技术作业的综合业务的车站	特等	20000/2500	400	4500	具备三项条件中两者
	一等	8000/500	200	2000	具备三项条件中两者
	二等	4000/300	100	1000	具备三项条件中两者
	三等	2000/100	50	500	具备三项条件中两者
	四等	办理综合业务，但按核定条件，不具备三等站条件者为四等站			
	五等	只办理列车会让、越行的会让站与越行站，均为五等站			

资料来源：《铁路车站等级核定办法》。

京津冀城市群内所有车站由北京铁路局管辖，目前共有 127 个客运营业站，其中特等站 6 个，一等站 26 个，二等站 39 个，三等站 41 个，四等站以及五等站共 15 个。此外，还有只提供旅客乘降或列车会让的 108 个乘降所。乘降所旅客人数及停靠列车少、业务量低或位置偏僻，一般由与之相邻的三等及以上客货运站负责管理。

3. 京津冀网络车站数据获取与筛选

本研究选取京津冀城市群即北京市、天津市以及河北省 11 个地级市中的车站作为研究对象，统计各个城市的车站，以及车站之间的线路连接关系和互通联系。数据来自中国铁路 12306 网站 （https：//www. 12306. cn/mormhweb/kyyyz/）和中国铁路地图网（http：//cnrail. geogv. org/zhcn/）。

对统计得到的数据进行筛选，其条件为以下四点。

（1）从车站等级核定条件来看，车站等级越高，承担的交通任务越重，在整个铁路网络中越重要。为简化铁路网络同时不影响整体铁路结构，本报告不考虑京津冀城市群中四等站、五等站及所有乘降所。

（2）统计数据中近期部分新建的车站官方并未核定等级，应根据核定条件及参考条件综合考虑此类车站是否保留。如大兴机场站和北京大兴站。大兴机场站是北京大兴国际机场地下高速铁路车站，目前负责京雄城际铁路客运服务，远期来看可连接北京城际铁路联络线以及廊涿城际线，通往环北京区域内各县市。大兴站是大兴新城经济发展的重要门户，也是北京大兴机场与北京城区接驳的重要节点。考虑到其重要的政治意义，统计数据中应对这两个车站予以保留。

（3）选择目前正在运营且有旅客服务的车站。昌平站、张家口站等车站是为配合京张城际铁路修建和站场改造，已封站暂停业务，因此本报告暂不予考虑。

（4）车站应提供京津冀城市群内部各城市之间的铁路出行服务。承德南站、承德县北站、平泉北站均处于京沈高速铁路上，目前只建设了承德与沈阳之间的线路，承德与北京之间并未连通，由于这三个车站实际并无京津冀城市之间的铁路出行服务，因此本报告不予考虑。

由上述条件筛选出本报告所需京津冀铁路车站共 105 个（见表 2）。

表2　京津冀城市群内车站及其等级

城市	等级	车站
北京	特等	北京南、北京、北京西
	一等	北京东
	二等	怀柔北、黄村、三家店
	三等	密云北、顺义、通州西、通州、昌平北
	未核定	北京大兴、大兴机场
天津	特等	天津
	一等	天津西、静海、塘沽
	二等	武清、蓟州北、滨海北、滨海、军粮城北、天津北、天津南、杨柳青、滨海西
	三等	芦台
石家庄	特等	石家庄
	一等	石家庄北、正定机场
	二等	正定、高邑西、辛集
	三等	辛集南、晋州、藁城、藁城南、元氏、高邑
唐山	一等	唐山
	二等	唐山北、滦县、滦河
	三等	玉田县
秦皇岛	特等	山海关
	一等	秦皇岛
	二等	北戴河、昌黎
邯郸	一等	邯郸、邯郸东
	二等	磁山
	三等	武安、涉县
邢台	一等	邢台、邢台东
	二等	沙河市
	三等	临城、清河城
保定	一等	保定、保定东
	二等	涿州东、高碑店、高碑店东、徐水、定州、定州东
	三等	涿州、白涧、涞源、白洋淀、白沟
张家口	一等	宣化、沙城
	三等	张家口南、下花园、柴沟堡
承德	一等	承德
	二等	隆化
	三等	兴隆县、鹰手营子、上板成、下板城、北马圈子、平泉、滦平、四合永

续表

城市	等级	车站
沧州	一等	沧州、沧州西
	二等	泊头、任丘
	三等	青县、东光、吴桥
廊坊	二等	廊坊、廊坊北
	三等	霸州、霸州西、燕郊
	未核定	胜芳
衡水	一等	衡水
	二等	衡水北、景州
	三等	深州、枣强

4. 铁路地理网络特征分析

（1）度与度分布分析

在铁路地理网络中，车站的度值表示经过该车站的基础设施线路条数，反映车站与其他车站联系的便捷性。车站度值越大，说明该车站能够到达相邻的车站越多。运用 MATLAB 计算京津冀铁路网络中 105 个车站的度值（见图 4）。

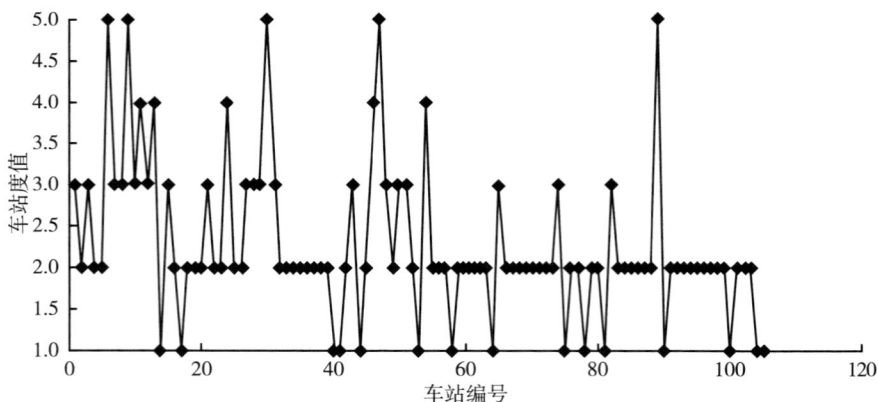

图 4　车站度值

整个网络中，车站度值最小为 1，共有 15 个车站，这些车站位于铁路网的边缘，服务于京津冀内部出行的铁路列车到达这些车站无法再开往别的区间；车站度值最大为 5，共有 5 个车站，其次度值为 4，共有 5 个车站，说明这些车站与 5 条或 4 条线路相连，具备线路换乘的能力，是网络中的枢纽，在网络中有较为重要的作用。度值较大的车站统计见表 3。节点度排在前 11 名的车站有 4 个车站位于北京，3 个车站位于天津，说明京津两地的铁路建设程度高，具有重要的交通功能。在京津冀铁路地理网度值排名前十的车站中，京西北城市只有张家口市的沙城车站度值较大，说明京西北城市与京津冀城市群铁路建设程度偏低，京张高铁的建设能有效加强京西北城市与京津冀城市群两大核心城市北京、天津的联结，更好地实现城市间的资源互换与人才沟通。

表 3　铁路地理网中度值较大的车站

序号	车站名称	车站编号	度值	归属城市
1	天津西	30	5	天津
2	唐山	47	5	唐山
3	北京西	9	5	北京
4	石家庄	89	5	石家庄
5	北京东	6	5	北京
6	唐山北	46	4	唐山
7	昌平北	13	4	北京
8	沙城	54	4	张家口
9	滨海北	24	4	天津
10	黄村	11	4	北京
11	天津南	31	4	天津

（2）路径长度分析

路径长度代表从一个节点到另一个节点需要经过的边数，在铁路地理网络中表示列车从一个车站到另一个车站需要经过多少区间路段。计算京津冀铁路网 105 个车站之间的路径长度，统计见图 5。

计算得知，网络平均路径长度为 9.34，表示列车从一个车站到另一个车站平均需要经过 9.34 个路段，即中间经过 8.34 个车站，这主要与京津冀城市群地形南北长、东西窄有一定的关系，南北的车站通行列车需要途经较多的车站。网络中路径长度最大为 26，为承德的平泉站（节点编号 41）到邯郸的涉县站（节点编号 104）。从京津冀城市群地理位置上看，平泉站位于东北角，涉县站位于西南角，两站距离最远，因此计算结果与实际相符。

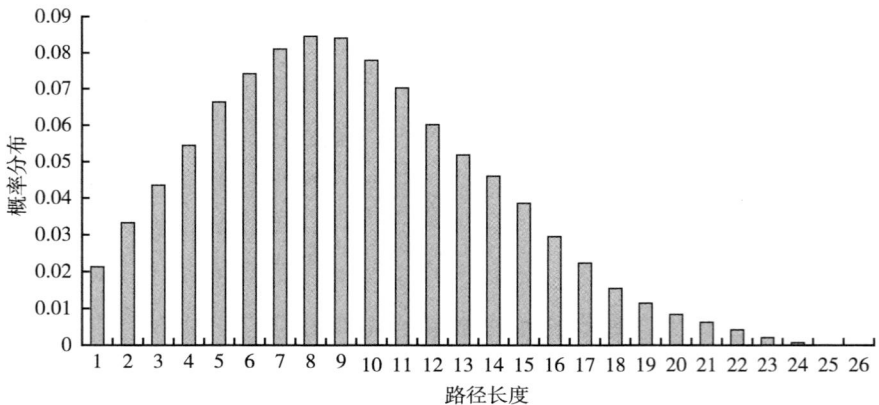

图 5　京津冀铁路网 105 个车站之间的路径长度

（3）聚类系数

聚类系数表示网络中车站之间的聚集程度，即车站的邻居车站之间是否也有线路相连。根据聚类系数的计算公式运用 MATLAB 得到图 6 中的结果。通过计算得知，铁路地理网络平均聚类系数为 0.0275，网络整体聚集性较差。

从图 6 中可以看出，90% 以上的节点聚类系数为 0，说明大多数车站的邻居车站之间互不相连，无信息交流，车辆无法通行。网络中只有 9 个车站的聚类系数大于 0，说明与这些车站相连的车站彼此间也有线路相连，车站所对应的邻居车站之间连通性好、通达性高。

（4）介数

由介数的定义可知，该指标能够反映站点和路段在最短路中的重要作用，介数值越大，说明站点或路段影响的最短路数量越多。利用 UCINET 软件中的等级简化程序（Hierarchical Reduction）对铁路地理网络中的 105 个站点进行分析。其计算原理为：首先计算出各个节点的介数值，删除其中介数为 0 的

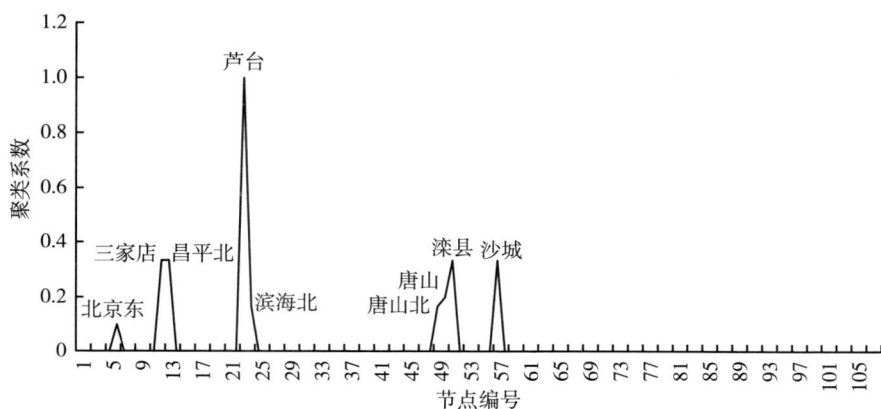

图6 聚类系数

点，对删除后的图重新计算各个节点的介数，继将其中介数为 0 的节点删除，重复以上步骤，直至删除所有节点，由此得到一个嵌套系列（见图7）。

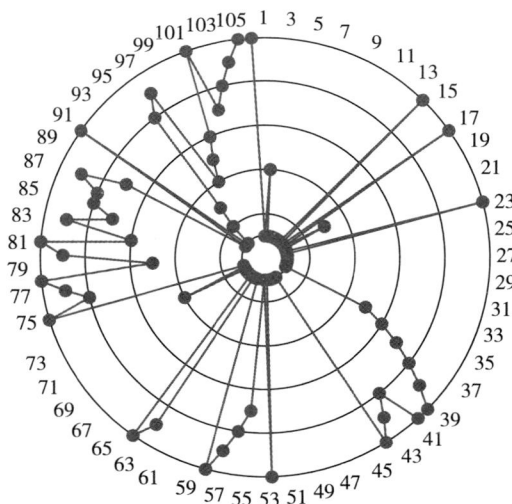

图7 节点介数等级嵌套

注：本图绘制 1、3、5、7、9、10 所对应环数，其他环数略。

图 7 中第 i 环表示在第 i 次迭代中被删除。从中可以看出，节点 14、17、23 等 16 个节点在第一次迭代中就被删除，说明这些点中间中心度最

低。而节点 6、7、8、9 等 54 个点在第 10 次迭代中被删除，由此看出这些点是图中最核心的点。

对等级嵌套图中介数最大的 10 个节点进行排序（见表 4）。从中可以看出，这些车站位于北京、天津、保定、石家庄，其中以北京居多。其原因为：在实际地理位置上，四个城市在京津冀城市群中均处于中心位置，边缘城市互通列车必定需要经过中心城市的车站，由此造成京津保石的车站介数较高。

表 4 等级嵌套图介数排序

排序	车站名称	车站编号	介数	归属城市
1	北京西	9	4508.633	北京
2	北京	8	4097.128	北京
3	北京东	6	3765.662	北京
4	石家庄	89	3010	石家庄
5	涿州东	60	2543	保定
6	黄村	11	2505.967	北京
7	高碑店东	62	2423	保定
8	静海	30	2418.274	天津
9	保定东	69	2303	保定
10	北京南	7	2192.495	北京

此外，统计铁路地理网中 120 条边里介数较大的 10 条，见表 5，将表中线路相连得到图 8。从中可以发现，这 10 条边可分为两部分，一是北京几个车站之间的联络网，二是京石高速铁路。由此可知，北京铁路及京石高速铁路影响着京津冀城市群铁路网络整体的连通性，其基础设施建设至关重要。

表 5 统计铁路地理网介数排序

排序	节点 i		节点 j		介数
	编号	车站名称	编号	车站名称	
1	8	北京	9	北京西	1627.8
2	8	北京	6	北京东	1442.1
3	9	北京西	60	涿州东	1353.5
4	62	高碑店东	60	涿州东	1293.5

排序	节点 i		节点 j		介数
	编号	车站名称	编号	车站名称	
5	62	高碑店东	69	保定东	1233.5
6	69	保定东	71	定州东	1173.5
7	7	北京南	8	北京	1132.0
8	71	定州东	92	正定机场	1119.5
9	89	石家庄	92	正定机场	1067.5
10	11	黄村	9	北京西	973.2

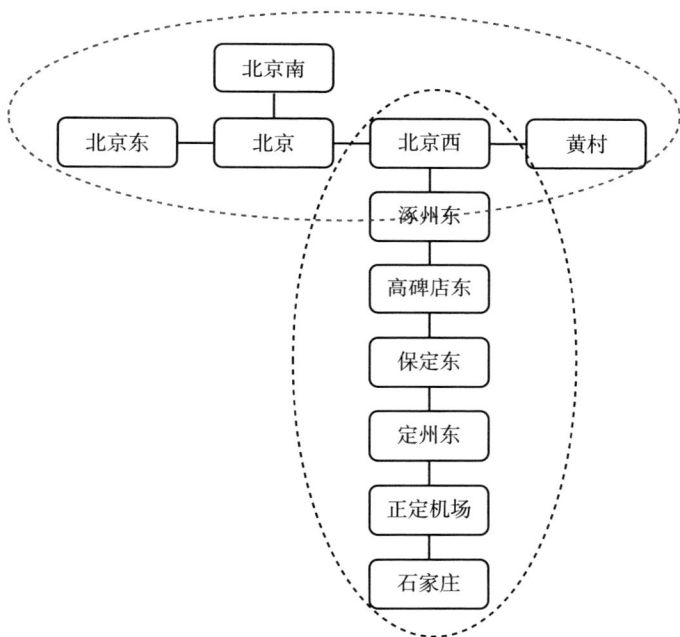

图8　介数排名前十车站线路连接

由此也可得出，京津冀城市群中，北京与京南城市联系更密切，与京西北城市如张家口市铁路路网联系较疏远。

5. 京张高铁在京津冀铁路交通网络中的作用

京张高铁开通后，张家口进入首都"一小时经济圈"，并和呼张、大张两条高铁线路相连，这对于促进京津冀协同发展以及连通西部地区具有重要意义。京张高铁的建成意味着京张两地时间距离大大缩减，对于增强北京对京西北地区的辐射带动作用具有极其重要的作用，有利于促进京津冀的协同发展。张承地区，特别是张家口地区是京津冀协同发展中的西北部生态涵养区，其与北京关系密切。借着京张两地联合举办冬奥会的契机，开通京张高铁，必将促进北京和张家口间人流以及物流和信息流的高效快速流动。另外，通过京张高铁这一条线，京津冀区域可以进一步与内蒙古等地连接，这也使得"轨道上的京津冀"目标进一步得以实现。此外，京沈高铁北京至承德段工程也在加快推进，不久即将开通，届时北京和京津冀西北部生态涵养区的联系将愈加紧密。

（二）京张高铁的作用研究

1. 加快京津冀一体化进程

作为国家高速铁路建设"八纵八横"中的京兰通道的重要组成部分，京张高铁同时也是2022年北京冬奥会在交通领域采取的重要保障措施。在京张高铁建成以后，北京至张家口的乘坐时间预计将缩短到1小时内。同时，由于与呼张、大张两条高铁线路相连，其在促进京津冀的协同发展以及加强与西部地区的连通上具有极其重要的意义。京张高铁的建成通车将大大缩短京张两地的时间距离，充分发挥北京对京西北地区的辐射带动作用，从而进一步促进京津冀协同发展。

张承地区具有优质的生态环境以及旅游资源，在旅游、休闲、度假、养老、科技、文化、生态农业等产业上具有独特优势。随着京张高铁以及公路系统等交通基础设施的完善，区域内共建共享具有可行性。要牢牢抓住2022年冬奥会在北京、张家口两地联合举办的重要契机，进一步促进京张多领域合作尤其是围绕冬奥产业合作。利用筹办冬奥会和合作发展冬奥产业的契机，加大力度拓展京张合作的深度和广度，进而落实京津冀协同发展战略。

京张高铁促进京张冬奥产业带建设。京张高铁是冬奥会的重要交通基础设施保障，因此会促进京张冬奥产业带的发展建设。"核心—边缘"结构是国内外中心城市与其周边地区长期处于的一种结构状态，京津冀地区的

"核心—边缘"结构凸显，北京作为核心地区建设密度过高，其他地区作为边缘地区建设密度过低，这已经成为不可忽视的问题，针对这一问题，众多专家学者通过分析研究得出，重构首都圈的结构和分工是解决这一问题的有效办法。京津冀协同发展战略中有如下重要内容：打造"功能互补、区域联动、轴向聚集、节点支撑"和"一核、双城、三轴、四区、多节点"的网络空间结构，在北京市延庆区和张家口市设立"西北部生态涵养区"，主打功能为生态景区、休闲度假等。

2. 帮助张家口市成为京西北地区中心

由于相对于周边城市，张家口市对外开放较晚，所以当地的经济发展水平相对滞后，当地人民生活水平也与发达地区有较大差距。通过调查所得数据分析可知，京津地区和内蒙古中部地区的人均GDP分别是张家口市的3倍及2.5倍左右。张家口对外开放较晚也导致城市的发展进度以及城市的体量相比北京差距很大，在人力资源、区域规划、配套设施等方面，和北京的差距也比较明显。由于"马太效应"，张家口和北京两座城市的产业无法对口，相关性逐步降低，形成恶性循环。

京张高铁的开通意味着张家口融入首都"一小时经济圈"，使得张家口市居民生活更便利，未来人才流入增多，加之张家口市是北京连接京津冀西北部山区的枢纽之地，战略地位极高，京张高铁的开通将促使张家口市成为京津冀城市群西北部地区中心。张家口应借助举办冬奥会将对城市规划和建设产生巨大影响的契机，推动城市在服务设施方面的建设和发展，使居民的日常生活更加舒适便捷，改良区域分布、景观、政策制度等，强调城市中心的基本功能。

3. 帮助北京非首都功能释放

习近平总书记在2015年2月10日中央财经领导小组第九次会议中指出：要疏解北京"非首都功能"，"作为一个有13亿人口大国的首都，不应承担也没有足够的能力承担过多的功能"。参照国家发展和改革委员会相关人员说法，非首都功能疏解是通过"几个一批"指导北京旧城以及中心城区疏解工作，其中包括"一批制造业""一批城区批发市场""一批教育功能""一批医疗卫生功能""一批行政事业单位"。张家口市具有优质生态资源，是宜居城市，张家口空气质量综合指数曾在长江以北37个监测城市中排名第一。京张高铁的开通，意味着张家口市将纳入北京"一小时经济圈"，这对于接收北京非首都功能具有天然优势。同时，张家口市也确立了生态经济发展的战略，为张家口抢抓黄金发展机遇期，加快提升产业结构层次改革，拓展产业领域，实现经济社会与生态环境协调以及可持续发展指明了方向。

4. 京张冬奥会成功举办的重要保障

高速铁路以平稳、快速、安全性高著称，京张高铁建成投运意义重大，京张高铁的开通将在一定程度上确保京张冬奥会人员运输的时效性与安全性。习近平总书记强调，京张高铁作为北京冬奥会的重要配套工程，其开通运营标志着冬奥会配套设施建设取得了新进展，其他各项筹备工作也都要以高标准、高质量的要求持续推进，以确保冬奥会如期顺利举办。

四 京张高铁对冬奥会的影响分析

2022年冬奥会将在北京和张家口两地举行，京张高铁使两地的联系更加紧密，成为冬奥会的重要保障设施。本部分从重大赛事的交通与物流特点着眼，分析重大赛事对举办地的影响，总结国内外重大赛事交通与物流管理经验，明确京张高铁在冬奥会中的作用。

（一）重大赛事交通与物流特点

冬季奥运会是体育界的盛事，参赛运动员、观众、体育工作者的数量是庞大的。冬奥会交通需求有集中性、巨量性和准时性要求高的特点，冬奥物流具有集中性、不确定性和阶段性的特点，同时冬奥会的物流服务还对安全提出高标准要求，决定了冬奥会必须建设一个具有科学的预测决策能力，响应快速、应变能力强以及服务质量保障能力高的交通与物流系统。本部分对冬奥会的交通特点以及物流特点进行分析，为分析京张高铁在冬奥会中的作用提供基础。

1. 重大赛事交通特点

（1）交通需求聚集度高

冬奥会赛事持续约 20 天，受赛事的影响，冬奥会期间滑雪旅游客流将大幅减少，但同时会有大量的奥运客流。一是由于冬奥会的赛事在北京和崇礼两地同时举行，因此其主要客流一般集中在北京直连崇礼的通道上，而张家口市将承担其中部分客流的中转和接待。二是雪上项目观众的总数量由售出门票的上限数量确定。三是冬奥会期间参赛人员、奥运官员、志愿者、安保人员、媒体人员等人群主要在崇礼奥运村及赛场集中，对外围区域交通组织影响不大。根据往届冬奥会观众数量情况分析，2022 年冬奥会观众总人数预计达到 200 万人次以上，其中观看雪上项目的观众占 30% 左右，且主要集中在张家口赛区，因此预测冬奥会期间张家口赛区客流量将达到约 3 万人次/日，高峰期可能达到 7 万人次/日。

（2）交通服务客户群多样

冬奥会作为国际上的一项重大赛事，受众广泛。冬奥会期间的客流主要包括：奥运大家庭成员、赛会工作人员、媒体记者、志愿者、观众等。其中，奥运大家庭成员的出行需求主要取决于赛事安排，比较便于组织。因此需要重点关注的是赛会工作人员、媒体记者、志愿者、观众等主要群体的交通客流。不同的客户对交通的需求不同，这就要求奥运会举办地能够提供多样性的、有层次性的出行方式，满足客户群的多样性需求。

（3）准时性、可靠性要求高

冬奥会各赛事时间固定，运动员与观众必须在赛事开始之前到达活动场地，因此对赛事举办地以及场地附近点的交通组织规划及管控有着极高要求，保证举办场所与节点间网络的连通可靠性，提高交通管制水平，能够有效提高准时性。

2. 重大赛事物流特点

（1）集中性

京张冬奥会所包括的竞赛和非竞赛场馆集中分布在北京、张家口、延庆

3 个区域，在 3 个区域中，北京奥林匹克中心区集中承办 5 个冰上项目，大的比赛项目，包括雪橇、雪车和高山滑雪集中在延庆赛区举办，张家口赛区场馆举行其他大部分赛事。由于比赛场地、场馆、新闻发布中心、运动员居住的奥运村、颁奖广场等围绕冬奥会建设的设施相对比较集中，因此形成的奥运物流也会比较集中。历届冬奥会的资料显示，一般冬奥会的开幕式、闭幕式和重点、热点赛事区域场馆、比赛器材、新闻转播设备空间分布更为集中，因此会形成更为复杂的人、物、场景，物流的强度也会急剧增大，这些都是冬奥会物流需要重点加以关注的突出特点，以保障好物资的集中供给并及时做好物资回收工作。2022 年冬奥会的 100 多个小项目中，短道速滑、花样滑冰等中国队有望夺金的项目预计会受到广大滑冰爱好者的青睐，这几个项目的相关比赛场馆也相对会吸引更多的观众，因此需要提前做好场馆清理、废弃物回收的人员和物资安排。

（2）不确定性

在冬奥会举办期间，存在很多不稳定、难以预料的影响因素。首先，历届冬奥会举办经验表明，奥运会专用物流中心的仓储空间中用来储存比赛所需的器材、设备的仅有不到一半，余下的空间将要储存什么物品事先都不得而知。其次，由于受交通事故、地理灾害、恶劣天气、国内外政治环境等因素的影响，不可预防的突发物流事件都有可能发生在冬奥会期间，因此其物流需求具有很大的不确定性，并且这些突发性的物流事件扩散速度快、影响面广，发生以后必须尽快处理。

（3）安全性要求高

冬奥会对于各项赛事的赛时的精确度要求很高，从冬奥物流需求的主体——比赛运动员个人的高科技办公设备、生活物资等，到冬奥物流需求客体——赛事物流中涉及的比赛器材以及冬奥新闻转播的相关设施设备，几乎都是需要高度保障的关键物品。个人高科技办公设备价值高、涉及的信息保密要求高，因此这类设施的安全保障至关重要，安全性要求极高。而相关赛事的比赛器材如果损坏，在短时间内找不到替代品，就会对比赛的进程和结果造成影响。所以为了满足冬奥物流对于安全性的高要求，筹办阶段一定要提前做好物流上的应急规划以便及时应对比赛时出现的突发情况。

（4）阶段性

冬奥会物流一般可分为三个阶段，分别为冬奥会筹办时期的物资准备阶段、赛事举办时期的物资再补给阶段以及赛事举办后的物资回收阶段。其中，在物资准备阶段，物流工作人员任务重、事务繁忙，各场馆物流负责人需有序及时地做好设施物资采购订单计划的制订、选择供应商、执行订单，经由冬奥会下设的物流部同意，向奥运物流基地中心仓库提交采购清单，安排运输时间计划表等一系列工作；在赛事举办时期的补给物流阶段，其物流活动主要是依据各场馆的实际物资需求进行物资补充或调整，这个阶段的物流强度波动性大、不确定性强；物资回收阶段主要是每场比赛结束之后的部分设施物资需要得到及时的清理、回收和处理以及冬奥会结束之后的物资集中回收，其中冬奥会结束之后的物资集中回收是整个冬奥会物流中集中度和强度都最高的一个阶段，要求在有限的时间内对所有从奥运物流中心主仓库运出来的设施、器材等物品进行清理回收。

（二）冬奥会对举办地的影响

大型赛事的举办往往会给举办地带来很大的影响，奥运会作为国际盛事，其前期的准备和举办会促进举办地的发展，本部分从经济、文化、环境多角度出发，针对冬奥会对张家口的积极影响进行分析。

1. 带动张家口经济发展

（1）推动城市结构优化

近几年，为了冬奥会的顺利举办，张家口市加大了城市改造力度，城市化建设速度不断提升。为了建成"宜居、宜业、宜商、宜游的北方山水园林城市"，张家口已经采取治水、扩容、合理布局、工业外迁等举措，借鉴国际优秀案例，请国际知名设计单位与设计大师对市容进行改造，大力推进冬奥会相关基础设施建设，加快城镇化进程，加速建设交通新枢纽、城市新地标、CBD以及新的经济增长极。这对改善民生也有很大作用。

2022年冬奥会将提供多种交通基础设施组成的立体互补的交通服务，

以最小化三个奥运村到竞赛场地、训练场地的交通时间。在场馆建设环绕基础配套设施方面，制订了76个涉奥项目分年度开工计划，竞赛场馆已全部开工建设，新建场馆见表6。

表6　新建场馆及管理者一览

场馆类型	场馆名称	管理者或所有者
竞赛场馆	国家速滑馆	北京市政府/北京新奥集团有限公司
	国家高山滑雪中心	北京市政府
	国家雪车雪橇中心	河北奥雪投资有限公司
	北欧中心跳台滑雪场	河北奥雪投资有限公司
	冬季两项中心	河北奥雪投资有限公司
	北欧中心越野滑雪场	河北奥雪投资有限公司
非竞赛场馆	首体短道速滑馆	国家体育总局
	北京奥运村	北京新奥集团有限公司
	延庆奥运村	北京控股集团有限公司
	张家口奥运村	河北奥雪投资有限公司
	延庆山地媒体中心	冬奥组委
	张家口山地媒体中心	冬奥组委
	北京赛区颁奖广场	冬奥组委
	延庆赛区颁奖广场	冬奥组委
	张家口赛区颁奖广场	冬奥组委

（2）带动相关产业迅速发展

筹办和举办冬奥会，会影响整个城市，尤其是旅游、餐饮、文化、体育、娱乐、医疗等方面，都会有或多或少的变化，居民的日常出行、活动，都会变得更加舒适、便捷，借此机会，市政府将重新思考当下的管理制度、城市功能布局、景观设计等多方面的问题，增强张家口市各区域的城市功能。并且随着2022年冬奥会的举办，当地各行业、各企业的发展也会受到其"绿色、环保、可持续发展"理念的影响，同时，冬奥会的筹办会产生许多工作机会，带动当地供给侧结构性改革。投资学中有乘数理论，根据这一理论可以得知，张家口筹办冬奥会不但能带动基础设施建设，还能促进绿色生产以及第三产业的发展。比如近年来为了实现绿色发展、智能先行的理念，张家口市实施了一系列绿色智能产业项目，例如张北云计算产业园、北方硅谷高新技术产业园等，同时为了更大限度地让广大群众共享奥运成果，积极发展全域旅游，进一步推进区域旅游一体化融合发展。

2. 提升张家口的文化品牌

（1）推进奥林匹克主义精神和张家口地区历史文化的互融

冬奥会使得张家口这座城市充满了奥林匹克精神，也为张家口地区历史文化的传播提供了窗口。这座城市整个赛区的平面设计参照以红山文化"玉猪龙"为核心，古杨树区域设计为"冰玉环"形象，跳台滑雪场设计为"雪如意"形象，给张家口的文化打了最好的广告，也给人们带来审美上的崭新体验。不仅如此，张家口市还筹办了崇礼国际滑雪节、张北草原音乐节、蔚县国际剪纸艺术节、康保草原国家马拉松、尚义赛羊会、沽源全国风筝精英赛等一系列赛事、节庆活动，通过各种各样的活动对本市的文化进行大力宣传，推进了文化、体育等多方面的深度融合，提升了社会的凝聚力和向心力，加快推进城市改革发展，提升城市的文化软实力。

（2）加快张家口文化产业发展

借助举办冬奥会带来的文化融合机遇，张家口继续挖掘"冰雪文化"，推动相关文化产业发展。张家口积极放大冬奥会效应，通过建立奥林匹克公园、奥林匹克博物馆，打造张北中都草原文化产业园、崇礼冰雪文化创意产业园区等工程，将文化产业项目建设作为核心支撑，促进文化产业的发展。

（3）促进中西方文化融合

冬奥会是世界级的体育比赛，是奥林匹克精神的有力体现，举办冬奥会既是与先进文化深入交流的机会，又是集全国人民之力提升民族凝聚力和向心力的工程。举办冬奥会是促进本土文化同西方文化交流的良好契机，也能促进培养"创新、包容、开放、争先"的城市精神与文化，唤起信心与自豪感，为加快改革开放的推进以及未来经济的持续发展打下良好的民意基础。

3. 加快张家口的生态建设

（1）推动张家口地区可再生能源示范区建设

冬奥会的举办城市一般都有推行绿色发展理念以及可持续发展的政策与技术，例如，温哥华在冬奥会期间就把水资源的可持续利用作为特点。张家口在这方面也采取了有效举措，在治气、治沙、治水等改善生态的方面着重发力，建设可再生能源示范区，目前已编制完成《低碳奥运专项规划》。同时，对可再生能源价格的形成和交易机制以及土地、林业政策进行创新，通过合理配置整体公共资源，保障风电产业的健康快速发展，以加快示范区奥运配套设施建设进程与清洁能源的本地消纳。

（2）加快张家口地区能源保障体系建设进程

国家电网着力加快张家口全球能源互联网示范区投资建设项目进度，确保于2020年之前全面完成"以电代煤""以电代油"，为低碳奥运专区乃至低碳城市的建设提供有力支持。截至目前，可再生能源发展与技术研究院的设立已经提上日程，国际可再生能源署、国际可再生能源技术创新中心也达成了合作意向，合力开展可再生能源的生产、储存、输送与应用，支持绿色奥运。在智能输电通道建设方面，已完成两座千伏变电站的建设工作，位于张北的正负500千伏柔性直流输变电工程换流站也已经初步完成选址工作。在电供暖改造方面，2020年将继续推进工作，气供暖工程达到4.87万平方米，电供暖试点完成11.7万平方米。目标到2020年，城乡全体改用电供暖（集中供暖除外）；张北县阿里数据中心年可消纳新能源电力4亿千瓦时；沽源风电制氢项目20万千瓦风力发电实现并网发电，制氢站2020年上半年投产；两个日产万立方米级沼气工程正在建设。张家口大力推进绿色高效的冬奥清洁能源供应体系建设，借助冬奥会与国家治理雾霾政策，加快建设生物质能、风电光伏、太阳能等多元化清洁能源供应体系，向国家光伏发电优惠政策看齐。在有条件的城市、工业园区以及偏远农村着力打造太阳能光伏发电体系。研究生物质能、地热能供电装置的可行性。

（3）促进张家口初步建成绿色城镇体系

在奥运场馆、普通民居、市政交通等领域，可持续发展理念也得到了很好的贯彻。为加强节约节能的环保意识，在规划、设计以及建设中严格执行国家及省节能评估指标以及审查制度，严格落实节能、节水和环保材料的设计要求，配套基础设施除地标性建筑外，一律用可拆卸材料建造，或采取临时建筑的措施，避免不必要的拆除工作。2019 年开始建设的项目，一律应用环保材料，普及绿色照明。智慧交通项目于崇礼区全面实施，促进新能源汽车的发展与使用。张家口市做好赛区绿化落实工作，编写方案，着力推进9 个方面的 45 项具体工作。目前，张家口市 PM2.5 的平均浓度为 31.6 微克每立方米，空气质量综合指数为 4.19；崇礼区 PM2.5 平均浓度为 26 微克每立方米，空气质量综合指数为 3.01。要求于 2022 年底前，分层次、分阶段地改善空气质量，以保证 2018～2019 年张家口赛区的空气质量大幅提升，PM2.5 的年均浓度降到低于 25 微克每立方米，并于 2020～2021 年继续保持成效；争取在 2021～2022 年，主城区与崇礼区均达到赛区的空气质量标准，其他区域也要逐步将空气质量提高，达到京津冀地区的领先水平，并继续保持。

（三）京张高铁在冬奥会中的作用

1. 京张高铁在冬奥会交通体系中的作用

京张高铁作为支持冬奥会的关键基础设施配套工程，能够顺利开通运营对于冬奥会其他配套设施的建设工作起到了示范效应，下面对京张高铁在奥运交通体系中的作用进行分析。

（1）提高交通可达性。京张高铁的建成，使北京到张家口的最短时间由 3 小时 7 分钟压缩至 56 分钟，提高了交通可达性。

（2）提高接驳便利性。京张高铁上的太子城站是世界首个建在奥运村内的高铁站，车站提供多种接驳方式，包括公交车、专车服务。这为冬奥会运动员及相关参赛人员提供了极大便利。

（3）贯彻绿色交通理念。京张高铁在设计与施工时都秉持绿色环保的理念，在线路旁采用内层灌木、外层乔木的多层绿化带形式，突出奥运的可持续发展理念，成为冬奥会绿色交通体系的重要一环。

（4）缓解其他交通方式的压力，满足乘客需求多样性。京张高铁共包括17辆长编组、8辆短编组以及多辆动力集中等多款复兴号新型动车组，时速分别为350公里、250公里以及160公里，定员人数分别为1283人、613人、720～1102人。京张高铁动车的长编组、大容量能够缓解其他交通方式的压力，并且不同型号的列车可以满足冬奥会观众交通服务需求的多样性。

（5）提高奥运交通舒适性。动车客室整体设计简洁温暖；各等级客室都符合其功能定位，为不同旅客提供舒适的乘车环境，媒体区域舒适明快，烘托出不同的客室氛围；车内座椅严格按照人体工学进行设计，同时采用智能设备控制车内灯光，车窗采用变色技术，多方面提高旅客乘车过程中的舒适度。

（6）提升奥运交通智能化水平。京张高铁首次将自动驾驶技术应用在动车组上，实现了车站自动发车与停车、区间自动运行、车门/站台门自动开合与联动控制的功能；通过故障预测和健康管理两大核心，为动车提供预警信号、故障定位，维护行车安全，并为运营决策提供智能化的建议。

2. 京张高铁在冬奥会物流体系中的作用

京张高铁作为冬奥会的重要保障基础设施，不仅对冬奥会交通体系有积极作用，同时也对冬奥会物流体系具有促进作用。

（1）提高运动员参赛物资运输便利性。京张高铁设有奥运专列，每辆奥运专列的第1、4、8节车厢都有滑雪板存放处，可以为参会运动员运送赛事物资，提高奥运物资运输的便捷性。

（2）提升奥运物流应急性。虽然京张高铁现在没有投入全货运车厢，但是高铁货运随着顺丰与中铁的成功合作俨然成为一种趋势，京张高铁的长编组车厢可以作为应急物流运输设施，应对突发情况，提升奥运物流体系的应急性。

（3）保证奥运物流的时效性。京张高铁多种动车开行频次高，一天24次，为服务冬奥会开辟货运车厢，可以减少公路运输的不确定性，并且减少在途时间，保障奥运物资的准时送达。

五　总结

京张冬奥会作为与国家战略同步、与城市规划契合的重大国际赛事，不仅是向世界展示我国形象的窗口，同时也是提高京津冀区域国际影响力的机会。冬奥会将推动京津冀地区的产业结构升级，促进经济、文化、生态领域的全面发展，加速京津冀一体化进程。京张智慧高铁作为京津冀区域第一条智能化高速铁路，将加强北京与张家口两地的联系，推动京津冀区域的深度合作与一体化发展。同时，京张高铁作为2022年京张冬奥会的重要交通保障设施，研究其在冬奥会中的作用具有重要意义。本报告从重大交通运输技术对物流业的影响、京张高铁的定位与作用、京张高铁在冬奥会中的作用等方面进行研究与分析，主要工作如下。

（1）总结国内外交通运输领域设备技术与组织模式创新，通过定性与定量相结合的方法，分析技术与组织模式创新对交通与物流产业的影响，为研究京张智慧高铁技术创新对京津冀区域交通网络与物流产业影响提供理论基础。

（2）总结京张智慧高铁在智能动车组与地下车站建造技术方面的创新，获取京津冀地区铁路网络数据，利用复杂网络理论，分析京津冀地区的地理网络特征，对比京张高铁开通前后网络特征变化，明确京张高铁在京津冀地区交通网络中的作用；结合城市群理论，对京津冀地区主要城市重要性进行分析，探讨京张高铁对京津冀地区发展的影响，进一步分析京张高铁开通对北京与张家口城市定位和功能的影响，明晰京张高铁对于京津冀地区交通融合与城市功能定位转变的意义。

（3）搜集整理历届冬奥会交通物流资料，总结重大赛事期间的交通与物流特点，分析国内外举办方对于赛事期间交通与物流的规划管理案例，总结成功经验，为京张冬奥会交通与物流规划提供建议；收集张家口市申奥至今的经济、文化、生态数据，分析数据变化，明确冬奥会对于举办地的影响；结合京张高铁对京津冀地区的影响分析，探讨京张高铁在冬奥会交通体系与物流体系中的作用。

通过分析交通运输新技术对物流行业的影响、京张高铁的定位与作用、京张高铁在冬奥会中的作用，得到如下结论。

（1）重大交通技术与组织模式创新能够促进物流行业的改革与发展。交通设备与信息技术变革以及交通组织模式变革，有利于提高物流运输效率，调整物流市场格局，促进物流服务方式优化调整，推进供应链整合，带动农业、工业、商贸业的协同发展。

（2）京张高铁提高了北京至张家口的可达性，提升了京津冀地区交通网络的运输效率，加速了京津冀地区的经济交流，有助于促进京津冀区域一体化协同发展，帮助北京疏解非首都功能，提升张家口城市地位，扩大京津冀地区的辐射范围。

（3）冬奥会交通与物流具有集中性、不确定性、安全需求高等特性，交通与物流设施建设、政策法规引导、交通物流技术应用有利于保证冬奥会期间交通与物流的高效、有序、安全。冬奥会的举办，有利于举办地推动城市结构优化，带动相关产业发展，提升文化影响力，贯彻奥运可持续发展思想，加速能源体系建设，促进举办地的经济、环境、生态多领域发展。京张高铁有利于缓解冬奥会赛事期间的交通压力，提高奥运物流的应急能力，为奥运交通与物流提供保障。

参考文献

白如雨、杜娟：《物联网推动物流智能化发展的动力机制分析》，《科技经济市场》2015 年第 3 期。

丁宇峰、刘会静：《2022 冬奥会对张家口产业转型的影响及对策》，《时代金融》2018 年第 14 期。

郭文琦、朱君：《基于云模型的高速铁路沿线城市经济社会影响研究》，《铁道运输与经济》2019 年第 41 期。

姜同仁、钱杰：《2008 年奥运会对我国"京津冀"地区经济发展影响的研究》，《北京体育大学学报》2008 年第 31 期。

井国龙：《冬奥会张家口赛区交通规划思路》，《交通与运输》2019 年第 35 期。

李树苗、闫绍华、李卫东：《性别偏好视角下的中国人口转变模式分析》，《中国人口科学》2011 年第 1 期。

李秀玲、刘素芳、吕永生：《基于申奥背景下的张家口市城市交通管理的研究》，《科技展望》2016 年第 26 期。

刘旭、杨继新、杨波：《张家口市"奥运经济"监测报告》，《河北金融》2019 年第 6 期。

刘彦汝：《2022 年冬奥会对京张区域经济协同发展的推动作用》，《现代营销》2019 年第 5 期。

宋占峰：《助力"冬奥"——张家口智慧交通策略研究》，《张家口职业技术学院学报》2018 年第 31 期。

田金龙：《浅谈 5G 技术对物流与供应链管理的影响》，《商讯》2019 年第 27 期。

王军：《2022 年北京冬奥会的举办对张家口经济的影响》，《石家庄职业技术学院学报》2019 年第 23 期。

王彦英、孙琴、周三元：《2022 年冬奥会物流规划管理创新策略》，《北京体育大学学报》2018 年第 41 期。

杨新苗：《解读 2002 年美国盐湖城冬奥会交通组织方案》，《道路交通与安全》2004 年第 5 期。

易虹汝：《高铁建设对城市经济的影响效应研究——基于技术进步视角》，《中国商论》2019 年第 24 期。

于春全、周天雨：《盐湖城冬奥会交通考察报告》，《道路交通与安全》2002 年第 1 期。

于世彬：《北京 2022 年冬奥会的经济价值研究》，《体育科技文献通报》2019 年第 23 期。

余蓉、曾川江、赵霖潇：《浅析科学技术对物流经济的影响》，《物联网技术》2017 年第 7 期。

B.8
北京既有三条市郊铁路的现状与发展研究

摘　要： 北京既有三条市郊铁路对市郊区与主城区之间的交通发挥了
　　　　一定的作用，但在运营站距、服务范围、运行速度、公交接
　　　　驳等方面存在一定的问题，制约了市郊铁路对区域发展的作
　　　　用。通过分析，本报告提出了相关建议：第一，城市副中心
　　　　线的功能定位为双向通勤交通，以公交化运营模式，开行站
　　　　站停和直达的"双向通勤列车"；第二，S2线的功能定位为
　　　　通勤交通和旅游交通，近郊区以通勤交通功能为主，远郊区
　　　　以旅游观光交通功能为主；第三，怀密线的功能定位为通勤
　　　　交通、旅游交通和带动沿线发展；第四，提高列车运行速度，
　　　　对S2线和怀密线进行电气化改造，城区始发站延伸至北京
　　　　北站。

关键词： 市郊铁路　通勤交通　公交化运营

一　北京既有三条市郊铁路的现状

（一）城市副中心线现状

1. 线路及其与既有铁路的关系

北京市郊铁路城市副中心线是连接北京主城区和通州区的电气化铁路，
全长32.7公里，设有北京西站、北京站、北京东站、通州站和乔庄东站，
平均运营站间距为8.2公里，各运营站间距见表1。设计最高运行速度200
公里/时。2017年12月31日，北京西站至通州站区段正式开通运营；2019
年6月20日，东延至乔庄东站。

表1　北京城市副中心线各段运营站间距

区段	运营站间距(公里)
北京西站—北京站	9
北京站—北京东站	5
北京东站—通州站	15
通州站—乔庄东站	3.7

北京站—通州站区段是既有铁路京哈线的一段,通州站—乔庄东站为新建线路,长3.1公里,由北京城市铁路投资发展有限公司投资建设。北京东站—通州站区段有双桥站,为一等货站,城市副中心线列车不在该站停靠。

2. 车站及接驳情况

北京城市副中心线沿途各站的公共交通接驳情况差异较大。其中,北京西站、北京站和乔庄东站周边公共交通接驳线路多,衔接距离较近,其余各站公共交通接驳线路少,衔接距离较远。

(1)北京西站

北京西站是特等站和综合交通枢纽,地铁9号线和7号线以及多条公交线路与之连接(见表2)。从地铁换乘城市副中心线,步行需要6分钟左右;从北广场公交车站换乘城市副中心线,距离100米左右。

表2　北京西站公共交通接驳线路一览

公共交通	站点名称	线路	换乘步行距离(米)	换乘步行时间(分钟)
地铁	北京西站	地铁7号线,地铁9号线	156	2
公交	北京西站南广场	53路,72路,109路电车,122路,349路,410路,616路,927路,941路,981路,982路,993路,997路	272	4
	北京西站	9路,21路,40路,47路,50路,52路,54路,65路,67路,83路,301路,320路,319路,373路,374路,804路,387路,414路,437路,609路,616路,661路,622路,663路,673路,694路,695路,741路,802路,823路,901路区间,901直达,937路支线,特2路,特6路,运通102路,205路夜班,209路夜班,212路夜班,213路夜班	512	7

注:考虑到实际路况,各线路换乘步行速度不一,以下不再一一注明。

资料来源:北京公交集团。

（2）北京站

北京站是特等站和综合交通枢纽。有地铁2号线和多条公交线路与之接驳（见表3）。从地铁换乘城市副中心线，步行需要2分钟；从公交换乘城市副中心线，北京站西公交站距离北京站最近，步行时间约为4分钟。

表3 北京站公共交通接驳线路一览

公共交通	站点名称	线路	换乘步行距离（米）	换乘步行时间（分钟）
地铁	北京站	地铁2号线	156	2
公交	北京站西	夜21路,夜17路,夜5路,103路,104路,夜10路外环,夜28路,夜19路,夜24路	312	4
	北京站	24路,机场大巴,北京站—北京西站接驳线	330	5
	北京站东	619路,622路,637路,638路,668路快线,668路,804路,938路快线,夜10路内环,夜19路,夜5路,20路,夜17路,夜24路,403路,122路,957路,29路,674路,52路,39路,北京站—北京西站接驳线,9路,126路,639路,805路快线,夜21路,夜28路,140路	450	7
	北京站前街	674路,126路,619路,特2路,夜10路外环,夜28路,9路,804路	476	7
	北京站口东	1路,126路,637路,特2路,夜1路,夜24路,140路,120路,52路	810	12

资料来源：北京公交集团。

（3）北京东站

北京东站建于1938年，是客货运一等站，于2012年7月1日停办客运业务，2015年2月1日恢复办理客运业务。北京东站极为简陋，周边都是破旧民房，站前道路狭窄，周边没有停车场。售票窗口与进站口分时段开放，乘客有时不得不露天候车。

通过30分钟一班的专204路摆渡车，北京东站可以与多条公交线路接驳。北广场公交车站距离北京东站100米，运营时间为06：30～20：30，发车间隔30分钟；31路、138路、专87路公交车在北京东站附近的车站与北京东站步行距离近900米，步行时间13分钟；11路、30路、31路、54

路、138 路、486 路、605 路、973 路、985 路、专 175 路公交车在北京东站附近的车站（北京东站北站）与北京东站的步行距离 700 米，步行时间 10 分钟。北京东站附近设有地铁 1 号线和 14 号线大望路站，步行距离 1.3 公里，步行时间 17 分钟。北京东站周边公共交通接驳情况见表 4。

表 4　北京东站公共交通接驳线路一览

公共交通	站点名称	线路	换乘步行距离（米）	换乘步行时间（分钟）
地铁	大望路站	地铁 1 号线，地铁 14 号线	1300	17
公交	北京东站北广场	专 204 路	100	2
	北京东站北	11 路，138 路，30 路，31 路，486 路，54 路，605 路，973 路，985 路，专 165 路，专 204 路，夜 25 路，专 175 路	700	10
	北京东站	31 路，138 路，专 87 路	900	13

资料来源：北京公交集团。

（4）双桥站

双桥站是既有铁路京哈线、京承线、丰双线和双沙线的一等站，是北京铁路枢纽东部辅助编组站。目前不办理旅客乘降，可办理整车、零担货物发到。双桥站距离北京东站 7.2 公里，距离通州站约 8 公里。双桥站邻近车站见表 5。

表 5　双桥站邻近车站一览

上行车站	线路名称	下行车站
北京东站	京哈铁路	通州站
北京东站	京承铁路	通州西站
百子湾站	丰双铁路	终点站
终点站	双沙铁路	星火站

由于双桥站不办理客运业务，所以与之接驳的公交线路较少。如表 6 所示，距离双桥站最近的公交站为双桥火车站北口站，步行距离 250 米，步行

时间 4 分钟，仅有专 36 路停靠；其次为东柳站，步行距离 910 米，步行时间 13 分钟，有 397 路、411 路、475 路、36 路和运通 111 路停靠此站。双桥地铁站距离双桥火车站约为 1.9 公里，步行时间 25 分钟。

表 6　双桥站周边公共交通线路及站点一览

公共交通	站点名称	线路	换乘步行距离（米）	换乘步行时间（分钟）
地铁	双桥站	地铁八通线	1900	25
公交	双桥火车站北口站	专 36 路	250	4
	东柳站	397 路,411 路,475 路,专 36 路,运通 111 路	910	13

（5）通州站

通州站是既有铁路京哈线的三等中间站，2007 年 4 月 18 日，因中国铁路第六次大提速而停止办理客运业务。2017 年 12 月 31 日，因北京市郊铁路副中心线开通，经站房及站台改造，恢复办理客运业务。通州站只经停副中心线的列车，不办理其他客运业务。

有专 205 路、809 路、通 4 路、647 路公交车与通州站接驳，其中专 205 路由通州站前广场始发；809 路、通 4 路、647 路与通州站的步行距离均为 550 米左右，步行时间 8 分钟左右。距离最近的地铁站——北运河西站 2.4 公里（见表 7）。

表 7　通州站公共交通接驳线路一览

公共交通	站点名称	线路	换乘步行距离（米）	换乘步行时间（分钟）
地铁	北运河西站	地铁 6 号线	2400	30
公交	通州站	专 205 路	50	0.5
	通州站	809 路、通 4 路、647 路	550	8

（6）乔庄东站

乔庄东站是新建车站，于 2019 年 6 月 20 日投入运营。该站不设置人工售票窗口，不发售全路网联网客票，不办理其他客运业务。除副中心线列车到达及始发时间外，站房处于关闭状态。

有专 206 路、312 路、T109 路等 10 余条线路与乔庄东站接驳，其中专 206 路由乔庄东站站前广场始发；建材城公交站［312 路、317 路、587 路、666 路、668 路、668 路快车、911 路、T109 路、T112 路、T113 路、快速直达专线 123 路、快速直达专线 7 路、通 18 路、通 45 路、通勤（微）60 路］与乔庄东站的步行距离为 200 米，步行时间约为 3 分钟。该站距离最近的地铁站——北运河西站 2 公里（见表 8）。

表 8　乔庄站公共交通接驳线路一览

公共交通	站点名称	线路	换乘步行距离(米)	换乘步行时间(分钟)
地铁	北运河西站	地铁 6 号线	2000	25
公交	乔庄东站	专 206 路	50	0.5
	建材城站	312 路、317 路、587 路、666 路、668 路、668 路快车、911 路、T109 路、T112 路、T113 路、快速直达专线 123 路、快速直达专线 7 路、通 18 路、通 45 路、通勤(微)60 路	200	3

3. 沿线土地开发状况

北京城市副中心线沿线土地开发程度高，整体差异较小。其中北京西站至北京东站区段位于城区四环内，土地利用率高，土地开发密度大。通州站—乔庄东站位于通州城区，土地开发程度较大，仅有乔庄东站周边居民区部分处于在建状态。而北京市区到通州城区的连接部分，沿线土地开发程度较低。

（1）北京东站周边土地开发情况

北京东站地处中央商务区，周边土地开发强度大。北邻建国路及华贸中心等 CBD 核心区，相距约 800 米；南邻百子湾居民区；西邻八王坟长途客运站，相距约 500 米；东边毗邻四惠客运枢纽，相距约 1.3 公里。北京东站周边居民区、写字楼区、医院、商圈配套齐全。

（2）双桥站周边土地开发情况

双桥站位于北京市朝阳区，东距通州站约8公里，西距北京东站7.2公里。双桥站周边土地开发密度较大，北侧有双桥铁路小区、天泰新房苑小区等大型居民区；东南侧有朝阳区第二实验小学、北京工业大学附属中学等学校；南侧为美术馆和影视基地；西侧分布有文化产业园。

（3）通州站周边土地开发情况

通州站位于通州老城区，周边2公里范围内聚集了建筑时间为1975～2000年的小高层居民小区，商业配套和学校配套较好，土地开发程度较高、密度较大。通州站北侧有新城东里西区、西营前街小区等老小区，南侧为艺苑西里、蓝山国际公寓等大型社区。附近有潞河中学、通州区第二中学、通州区第六中学、南关小学等。

（4）乔庄东站周边土地开发情况

乔庄东站西侧分布大型居民区，商业设施与公交配套较为完备。东侧是北运河，对岸为运河生态公园和北京市行政副中心；西南侧滨江帝景小区已竣工；南侧尚未开发。乔庄东站与北京市行政副中心相距约3公里。

4. 列车及班次

在城市副中心线上运行的是被命名为"京通号"的CRH6A型城际动车组，最高运行速度为200公里/时。车厢宽敞舒适，设有卫生间、免费Wi-Fi、座椅电源插座等人性化设施。2019年底，北京城市副中心线开行列车6对，具体时刻见表9。

表9 北京城市副中心线列车时刻

北京西—乔庄东				
车次	北京西站	北京站	北京东站	通州站	乔庄东站
S101	07：00	07：14	—	07：33	07：43
S103	07：18	07：32	07：42	07：56	—
S105	07：48	08：02	—	—	08：27
S111	13：12	13：28	—	13：49	14：11
S107	18：27	18：41	—	19：01	19：10
S109	19：44	19：58	20：07	20：21	20：30

乔庄东—北京西				
车次	乔庄东站	通州站	北京东站	北京站	北京西站
S110	05：51	06：00	—	06：31	06：45
S102	07：07	07：16	07：31	07：43	07：58
S112	11：55	12：04	12：20	12：33	12：50
S104	17：58	—		18：22	18：38
S106	18：29	—	18：47	18：58	19：13
S108	—	18：55	—	19：14	19：29

资料来源：12306 网站（https：//www.12306.cn/），2019 年 12 月 31 日。

5. 客运量及客座率

北京副中心线开通以来，客运量呈增加趋势，但客座率较低。例如，2019 年 7 月 19 日 S105 列车定员 477 人（1 号车厢定员 45 人，4 号车厢定员 62 人，8 号车厢定员 50 人，其余车厢定员 64 人），乘客 100 人左右，客座率约为 20%；北京站下车乘客约有 1/3，其余乘客在乔庄东站下车（通州站通过不停车），也就是说，从北京西站直达乔庄东站的乘客 70 人左右，约占定员人数的 15%。从乘务员、安检员处了解到，周末与工作日旅客数量相差无几。S105 列车是副中心线早班车中乘客较多的一列，可见其他车次客座率更低。

（二）S2 线现状

1. 线路及其与既有铁路的关系

S2 线是北京开通的第一条市郊铁路，全长 108.3 公里，设有黄土店、沙河、昌平、南口、东园、三堡、居庸关、青龙桥西、八达岭、康庄、延庆、沙城 12 座车站，其中停靠站 6 座，分别为黄土店、南口、八达岭、康庄、延庆、沙城，平均停靠站间距为 21.7 公里，其中黄土店站—南口站 30 公里，南口站—八达岭站 21 公里，八达岭站—康庄站 9 公里，康庄站—延庆站 12 公里，延庆站—沙城站 23 公里（见表 10）。2008 年 8 月 6 日开通时自北京北站始发，终到延庆站，全长 82 公里。2012 年 12

月，西延至河北省张家口市怀来县，增加康庄、沙城两站。2016 年 11
月，为配合京张高速铁路北京北至清河段引入北京铁路枢纽工程施工，
北京市郊铁路 S2 线市内始发（终到）站由北京北站迁移至黄土店站。S2
线由既有铁路京包线的一段（北京北站—沙城站）和康延支线（康庄
站—延庆站）构成。

表 10　北京 S2 线各段运营站间距

区段	站间距（公里）
黄土店站—南口站	30
南口站—八达岭站	21
八达岭站—康庄站	9
康庄站—延庆站	12
延庆站—沙城站	23

资料来源：中国国家铁路集团有限公司。

2. 车站及接驳情况

北京 S2 线沿途各站的公共交通接驳情况较好，多数站点周边公共交通
接驳线路多，接驳距离短，而八达岭站由于位于景区附近，没有公交线路与
之接驳。

（1）黄土店站

黄土店站位于北京市昌平区霍营，是一座临时客站。8 号线、13 号线地
铁霍营站 G4 出口与之连通，有多条公交线路与黄土店站接驳。地铁 13 号
线霍营站 G4 出口换乘 S2 线，步行需要 4 分钟，沿途标识和指示清晰；公交
371 路、462 路、478 路等从地铁霍营站公交站换乘 S2 线，步行距离 873
米，步行时间 12 分钟；公交专 21 路高、专 42 路内环、专 42 路外环等从地
铁霍营站东公交站换乘 S2 线，步行距离 761 米，步行时间 11 分钟；公交
606 路从地铁霍营站南公交站换乘 S2 线，步行距离 779 米，步行时间 11 分
钟（见表 11）。

表11 黄土店站公共交通接驳情况

接驳方式	接驳站点	接驳线路	换乘步行距离（米）	换乘步行时间（分钟）
地铁	地铁霍营站	地铁8号线、13号线G4出口	272	4
公交	地铁霍营站东公交站	专21路高，专42路内环，专42路外环，专52路，快速直达专线165路	761	11
	地铁霍营站南公交站	606路	779	11
	地铁霍营站公交站	371路，462路，478路，607路，681路	873	12

资料来源：北京公交集团。

（2）沙河站

沙河站位于北京市昌平区沙河镇，是原京张铁路上的一个三等火车站，距离黄土店站15公里左右，2012年9月15日起停止客运业务，现站内进行改造。有多条公交线路与沙河站接驳。345路、519路、670路、878路、883路公交车在沙河站公交站换乘S2线，步行距离556米，步行时间8分钟（见表12）。

表12 沙河站公共交通接驳情况

接驳方式	接驳站点	接驳线路	换乘步行距离（米）	换乘步行时间（分钟）
公交	沙河站（公交站）	345路，519路，670路，878路，883路，887路，889路，919路，922路，945路，专45路高峰，专49路，专66路高峰，专70路，快速直达专线199路，快速直达200路，快速直达专线71路，快速直达专线87路，昌19路，昌20路，昌21路，昌22路，昌53路，昌58路	556	8

资料来源：北京公交集团。

（3）昌平站

昌平火车站是京包铁路和京通铁路上的一个枢纽站，昌平站位于昌平区马池口镇上念头村，位置比较偏僻，离昌平城区比较远。2016年11月1日起，为配合京张城际铁路修建和站场改造，昌平站停止办理S2线及4471/2

次列车客运乘降业务。2019 年昌平站改造成为高铁站，并重新恢复客运业务。

有两条公交线路与昌平站接驳，590 路、昌 57 路在红冶钢厂东公交站换乘 S2 线，步行距离 445 米，步行时间 6 分钟（见表 13）。

表 13　昌平站公共交通接驳情况

接驳方式	接驳站点	接驳线路	换乘步行距离（米）	换乘步行时间（分钟）
公交	红冶钢厂东（公交站）	590 路、昌 57 路	445	6

资料来源：北京公交集团。

（4）南口站

南口站是京包铁路京张段上的一座二等中间站，2013 年 3 月，南口站站房列入全国重点文物保护单位名录。南口站临街，站房较小，设施陈旧简陋，站前没有停车场；售票窗口与进站口分时段开放。

有多条公交线路与南口站接驳。公交 376 路、883 路快车（道北）、887 路、快速直达专线 148 路在南口北站公交站换乘 S2 线，步行距离 443 米，步行时间 6 分钟；公交 357 路、655 路、870 路、883 路、通勤班车（地铁苹果园站—延庆南菜园总站）等在南口东街公交站换乘 S2 线，步行距离 770 米，步行时间 11 分钟（见表 14）。

表 14　南口站公共交通接驳情况

接驳方式	接驳站点	接驳线路	换乘步行距离（米）	换乘步行时间（分钟）
公交	南口北站公交站	公交 376 路,883 路快车(道北),887 路,快速直达专线 148 路	443	6
	南口东街公交站	公交 357 路,655 路,870 路,883 路,快速直达专线 66 路,昌 11 路,昌 12 路,昌 13 路,昌 20 路,昌 33 路,昌 69 路,昌 70 路,通勤班车(地铁苹果园站—延庆南菜园总站)	770	11

资料来源：北京公交集团。

（5）东园站

东园站是京包铁路京张段（京张铁路）上的一座四等站，建于1912年。仅办理北京市郊铁路S2线的通过服务，各次列车在本站通过不停车。由于不办理客运服务，东园站附近没有公交线路与之接驳，距离昌平西山口地铁站4.6公里。

（6）居庸关站

居庸关站是京包铁路京张段（京张铁路）上的一座中间四等站，建于1912年。已停办旅客乘降、行李、包裹托运，不办理货运营业，无公交线路与之接驳。

（7）八达岭站

八达岭站是京包铁路京张段（京张铁路）上的一座四等中间站。八达岭站客流较大，但候车厅较小，设施也不够完善；站前没有广场及停车场，道路较窄（两车道），八达岭站距离八达岭长城景区较近，出站口距离南城登城缆车站260米，距离北城登城缆车站830米，步行登城1280米，无公交接驳。景区内部设有免费接驳车，接驳车途经八达岭火车站，不停车。接驳车终点八达岭公交站距离八达岭站53米。

（8）康庄站

康庄站位于北京市延庆区，是康延支线与京包线的一座三等接轨站。有多条公交线路与康庄站接驳。Y20路、Y21路、Y44路在姬庄子公交站和康庄镇政府公交站换乘S2线，其中姬庄子公交站与康庄站步行距离557米，步行时间8分钟；康庄镇政府公交站与康庄站步行距离541米，步行时间也是8分钟（见表15）。

表15　康庄站公共交通接驳情况

接驳方式	接驳站点	接驳线路	换乘步行距离（米）	换乘步行时间（分钟）
公交	姬庄子（公交站）	Y20路、Y21路、Y44路（区间）	557	8
	康庄镇政府（公交站）	Y20路、Y21路、Y44路（区间）	541	8

资料来源：北京公交集团。

（9）延庆站

延庆站是康延支线上的一座火车站。站内设施破旧，天桥锈迹斑驳。站前广场较大，设有电动汽车充电桩，出租车辆较为集中。

有多条公交线路与延庆站接驳。出站口有由延庆站开往世园会 BH3 停车场的免费接驳摆渡车，人满即发，最大间隔 30 分钟，首车 9：00，末车17：30。Y6 路公交车在延庆火车站公交站换乘 S2 线，步行距离 100 米，步行时间不到 2 分钟；Y10 路、Y15 路、Y17 路等在延庆火车站北广场公交站换乘 S2 线，步行距离 158 米左右，步行时间 2 分钟左右；919 路快车（经西拨子、营城子）在延庆火车南站（招呼站）换乘 S2 线，步行距离 250米，步行时间 4 分钟（见表 16）。

表 16　延庆站公共交通接驳情况

接驳方式	接驳站点	接驳线路	换乘步行距离（米）	换乘步行时间（分钟）
公交	延庆火车站出站口	世园会免费接驳摆渡车	20	< 1
	延庆火车站（公交站）	Y6 路	100	< 2
	延庆火车站北广场	Y10 路，Y15 路，Y17 路，Y20 路，Y21 路，Y2 路，Y35 路，Y3 路，Y40 路，Y42 路，Y5 路，Y8 路	158	2
	延庆火车南站（招呼站）	919 路快车（经西拨子、营城子）	250	4

（10）沙城站

沙城站位于河北省张家口市怀来县，是京包线路上的一座一等站，是S2 线列车停靠站中唯一在河北省境内的车站。有一条公交线路怀来 1 路在地道桥北口公交站和火车站公交站与沙城站接驳，其中地道桥北口公交站到沙城站步行距离 122 米，步行时间 2 分钟；火车站公交站到沙城站步行距离70 米，步行时间 1 分钟（见表 17）。

表 17　沙城站公共交通接驳情况

接驳方式	接驳站点	接驳线路	换乘步行距离（米）	换乘步行时间（分钟）
公交	地道桥北口（公交站）	怀来 1 路	122	2
	火车站（公交站）	怀来 1 路	70	1

资料来源：北京公交集团。

3. 沿线景点及土地开发状况

（1）沿线景点

S2 线沿线景点分别有关沟风景区、居庸关、虎峪自然风景区、炎黄纪念馆、八达岭长城和世园会，沿途经过詹天佑修建的著名的"之"字形铁路。

（2）沿线土地开发

S2 线列车沿途经过 10 座车站，其中，黄土店站、南口站、八达岭站、延庆站停靠；沙河站、昌平站、东园站、居庸关站、三堡站、青龙桥西站不停靠。

①沙河站周边

沙河站周边有较多的企业集聚，商贸公司、金属加工厂等分布在车站南侧；钟轩写字楼、中国石化西北区域办公楼也在车站附近。车站周边 1 公里范围内分布有 8 个公寓、5 个连锁酒店。附近有较多餐馆、超市、银行、大型商城，生活设施配套齐全；沙河医院距离沙河站 1.2 公里。

②昌平站周边

昌平站周边开发强度不大，西侧仅有京铁昌平小区一处住宅区；东侧有三所学校，分别为上念头小学、马池口中心小学和昌平区马池口中学。周边无写字楼和大型商圈。

③南口站周边

南口站位于南口镇较为中心的位置，周边开放强度较大。周边 2 公里之内居民区较多，北侧有南厂东、西、中区住宅；东侧有鹿牌家园、玉龙公寓等，周边医院、学校配套完善。昌平区南口医院距离南口站 627 米，步行时

275

间 10 分钟左右；昌平区南口镇小学距离南口站 1.2 公里左右，银行、超市等配套齐全。

④东园站周边

东园站周边开发强度不大，附近仅有一处住宅区，东西两侧各分布一个大型商场，分别为乐多港假日广场和八达岭奥特莱斯；北京市第十五中学分布在站西侧。东园站西南方向有一家医学研究院，东北方向为一家邮寄采摘园。

⑤居庸关站周边

居庸关站附近有多处风景区，分别为居庸关、关沟风景区、虎峪自然风景区、沟崖自然风景区、炎黄纪念馆。列车经过居庸关站时，可以从窗外欣赏到壮观的长城。

⑥八达岭站周边

八达岭站虽然邻近景区，但是周边商业环境与景区反差较大，具体表现为经营不成规模、零星的摆摊设点；停车场尘土飞扬；附近有很多农家院和民宿，但是道路未经修整，沿路卫生堪忧。

⑦康庄站周边

康庄站位于镇中心的位置，距离康庄镇较近，步行距离 575 米，步行时间 8 分钟左右。周边开发强度不大，附近有三处住宅区，分别为康庄瑞祥家园小区、康庄住宅小区、龙庆望都家园，住宅区附近无大型超市、商圈、医院配套；两所学校分布在康庄站西南侧，分别为康庄中学和北京邮电大学世纪学院；两处农家院距离康庄站均为 1.5 公里左右，步行时间 20 分钟左右。

⑧延庆站周边

延庆站距离世园会 5.2 公里，北侧分布较多住宅区、写字楼和世园会办公楼，还有较多企业集聚，包括北京奥思源科技有限公司、北京京棉夏都纺织有限公司等。南侧分布有农业机械研究所、水生野生动物救治中心、绿色食品工业园等企业，南侧住宅区较少、办公区较多，商业开发强度不如北侧大。

⑨沙城站周边

沙城站周边开发密度和强度都较大，北侧为较为密集的住宅区，生活超市、菜市场和商厦均配套齐全。北侧有三所医院，分别为怀来县中医医院、怀来县妇幼保健站、怀来博爱医院，医疗保健设施齐全。多所幼儿园分布在各个小区附近，两所学校也分布在沙城站附近，分别为沙城中学和沙城镇第四小学。沙城站南侧开发强度与北侧相比较小，有三处住宅区和沙城第五小学，其他超市、商圈等并未分布在南侧。

4. 列车及班次

在 S2 线上运行的是"和谐长城号"NDJ3 内燃动车组，运行时速最高120 公里。列车车窗较大，便于乘客欣赏沿途风景；车厢宽敞，设有卫生间、免费 Wi-Fi、残疾人残疾乘客专用区域等人性化设施；座椅舒适，车座左上方设有扶手。

2019 年世园会期间，北京市郊铁路 S2 线周二、三、四开行列车 14 对，其中世园会直达车由黄土店站发出 5 辆，由延庆站发出 1 辆；周五、六、日、一开行列车 18 对，其中世园会直达车由黄土店站发出 7 辆，由延庆站发出 3 辆。列车发车时间间隔为 1 个小时到一个半小时。周五、六、日、一相较周二、三、四分别在 9：33、13：52、18：11 加了 3 班从黄土店直达延庆的车次；在 11：23 加了一班由黄土店开往康庄站和沙城站的车次，13：45 返程。

世园会结束之后，S2 列车调整了列车车次，减少了直达世园会的车次，周五、六、日以及小长假每天开行 12 对，周二、三、四每天开行 8 对。始发时间普遍提前，但周二、三、四黄土店站始发时间推迟到 8：20，末班车时间基本没变。

从 2019 年 12 月 30 日起，周五、六、日、一以及小长假列车每日开行 7 对，其中 4 对为站站停列车。从黄土店站始发的首班下行列车时刻为 7：58，从延庆站始发的首班上行列车时刻为 8：25。周二、三、四开行列车 6 对，其中 5 对为站站停列车。从黄土店站始发的首班下行列车时刻为 7：58，从延庆站始发的首班上行列车时刻为 7：20（见表 18 和表 19）。

表 18　2019 年 12 月 30 日起 S2 线列车时刻（周五、六、日、一）

车次	黄土店	南口	八达岭	延庆	
S201	7：58	8：35/8：37	9：19/9：22	9：37	
S287	10：42	—	11：58/12：01	康庄 12：13/12：16	沙城 12：52
S205	12：22	12：47/12：49	13：31/13：34	13：49	
S209	15：45	16：10/16：12	—	17：07	
S211	17：07	17：33/17：35	—	18：30	
S215	20：01	20：27/20：29	—	21：24	
S217	21：20	—	—	22：51	

车次	延庆	八达岭	南口	黄土店	
S204	8：25	8：40/8：43	9：26/9：29	9：56	
S206	10：09	10：24/10：27	11：10/11：19	11：46	
S210	14：18	14：33/14：36	15：19/15：29	16：10	
S288	沙城 13：07	康庄 13：40/13：50	14：04/14：07	14：50/14：58	15：25
S214	17：39	17：54/17：57	18：44/18：54	19：21	
S216	18：46	19：01/19：04	19：47/19：50	20：26	
S220	21：39	—	22：35/22：38	23：05	

资料来源：中国国家铁路集团有限公司。

表 19　2019 年 12 月 30 日起 S2 线列车时刻（周二、三、四）

车次	黄土店	南口	八达岭	延庆
S201	7：58	8：35/8：37	9：19/9：22	9：37
S203	9：28	10：03/10：05	10：47/10：50	11：05
S205	12：22	12：47/12：49	13：31/13：34	13：49
S207	13：47	14：12/14：14	14：56/14：59	15：14
S211	17：07	17：33/17：35	—	18：30
S213	18：14	18：40/18：42	—	19：37

车次	延庆	八达岭	南口	黄土店
S202	7：20	7：35/7：38	8：21/8：37	9：04
S206	10：09	10：24/10：27	11：10/10：19	11：46
S208	11：57	12：12/12：14	12：57/13：00	13：27
S210	14：18	14：33/14：36	15：19/15：29	16：10
S212	15：29	15：44/15：47	16：30/16：33	17：00
S218	20：10	20：25/20：29	21：12/21：24	21：51

资料来源：中国国家铁路集团有限公司。

5. 客运量及客座率

S2 线自开通以来，客运量呈增加趋势，尤其是在 2011 年票价大幅下调之后，客运量有明显的增长。在旅游旺季，列车客座率很高。例如，2019年7月26日（周五）S203列车定员438人，乘客323人，其中95%以上的乘客在八达岭站下车。S218列车定员438人，经过八达岭站后，乘客达到500人左右。无座乘客聚集在餐车内，席地而坐。从乘务员处了解到，S203列车为上午发出车次中乘客较少的一班。周六、周日乘客比工作日多，由延庆开往黄土店的列车乘客有时会达到700人左右。也就是说，在旅游旺季，多数情况下，乘客人数超过列车定员人数，无座乘客较多，列车客座率很高。

（三）怀密线的现状

1. 线路及其与既有铁路的关系

市郊铁路怀密线连接北京主城区、昌平区、怀柔区和密云区，全长135.6公里，黄土店站至昌平北站区段是既有铁路京包线的一段，长28公里；昌平北站至古北口站为既有铁路京通线的一段，长107.6公里。市郊铁路怀密线设有黄土店站、沙河站等16个车站，列车停靠黄土店站、昌平北站、雁栖湖站、怀柔北站、黑山寺站和古北口站，设计最高运行速度100公里/时。平均站间距为27.12公里，其中黄土店站至昌平北站的站间距为28公里，昌平北站至雁栖湖站的站间距为45公里，雁栖湖站至怀柔北站的站间距为5公里，怀柔北站至黑山寺站的站间距为15公里，黑山寺站至古北口站的站间距为42.6公里（见表20）。2017年12月31日，黄土店站至怀柔北站区段正式开通运营；2019年4月30日，黄土店站至古北口站区间全线开通运营。

表20　怀密线运营站间距

区段	站间距（公里）
黄土店站—昌平北站	28
昌平北站—雁栖湖站	45
雁栖湖站—怀柔北站	5
怀柔北站—黑山寺站	15
黑山寺站—古北口站	42.6

资料来源：中国国家铁路集团有限公司。

2. 车站及接驳情况

（1）黄土店站

黄土店站是临时客站，北京市郊铁路 S2 线、S5（怀密线）的始发终到站于 2016 年 11 月从北京北站改到黄土店临时客站。有地铁 8 号线和 13 号线以及多条公交线路与黄土店站相连接。从地铁霍营站换乘怀密线，步行距离 900 米，步行需要 12 分钟左右；从地铁霍营站公交站换乘怀密线，步行距离 795 米，步行需要 11 分钟左右；从霍营公交场站换乘怀密线，步行距离 568 米，步行需要 8 分钟左右；从地铁霍营站南公交站换乘怀密线，距离 831 米，步行需要 12 分钟左右（见表 21）。

表 21　黄土店站周边公共交通接驳情况

站点	公共交通线路	换乘步行距离（米）	换乘步行时间（分钟）
地铁霍营站	8 号线	900	12
	13 号线		
地铁霍营站（公交站）	371 路	795	11
	462 路		
	478 路		
	607 路		
	681 路		
	夜间接驳专线 5 号线		
霍营公交场站	371 路	568	8
地铁霍营站南（公交站）	606 路	831	12

资料来源：北京公交集团。

（2）昌平北站

昌平北站是三等车站，也是昌平城区内的唯一火车站。2016 年 6 月 1 日，昌平北站停办客运业务开始改造，2016 年 11 月 1 日，开始承担原北京北站始发、终到、折角途经京包线、京通线运行的 8 对旅客列车在京的客运业务。昌平北站的站前广场也是公交场站。

有多条公共交通线路与昌平北站接驳。从昌平北站公交站换乘怀密线，步行距离 100 米，步行仅需 2 分钟左右；从昌平北站西公交站换乘怀密线，步行距离430米，步行需要6分钟左右。昌平北站附近设有地铁昌平线昌平站，步行距离1.3公里，步行时间17分钟左右（见表22）。

表22　昌平北站周边公共交通接驳情况

站点	公共交通线路	通往景区/城区	换乘步行距离（米）	换乘步行时间（分钟）
地铁昌平站	地铁昌平线	城区	1300	17
昌平北站（公交站）	326路	城区	100	2
	345路	北京城区		
	559路	北京城区		
	922路	北京城区		
	机场大巴18号线昌平线	机场		
	郊100路	平谷		
	郊80路	密云		
	昌N路	昌平		
昌平北站西（公交站）	314路	景区	430	6

资料来源：北京公交集团。

（3）雁栖湖站

雁栖湖站，是京通（北京—通辽）铁路上的四等站，2019年7月15日起，范各庄站更名为雁栖湖站。雁栖湖站是改建车站，怀密线开通之前，此站是货运站。

只有H80路公交车与雁栖湖站接驳，一日4班车，发车时间7：10、11：30、14：50、17：40，与雁栖湖站的步行距离约800米，步行时间12分钟左右。

（4）怀柔北站

怀柔北站是客货二等站，经改扩建，开始办理客运业务。怀柔北站站前广场开阔，环境整洁，站区绿化比较好。有多条公交线路与怀柔北站接驳。从怀柔北站公交站换乘怀密线，步行仅需2分钟左右；从怀北庄站公交站换乘怀密线，距离962米，步行需要13分钟左右（见表23）。H59、H81、H82路公交车由怀柔北站前广场始发，H81、H82均是一日两班车，发车时间分别为11：30、17：45和10：40、17：05。

表 23　怀柔北站公交接驳情况

站点	公交线路	通往景区/城区	换乘步行距离（米）	换乘步行时间（分钟）
怀柔北站（公交站）	H59 路	城区	100	2
	H81 路	景区		
	H82 路	景区		
怀北庄站	H11 路	城区	962	13
	H18 路	城区		
	H29 路	城区		
	H30 路	城区		
	H31 路	城区		
	H32 路	城区		
	H33 路	城区		
	H33 路（东峪）	城区		
	H58 路	城区		
	H58 路青龙峡	景区		
	H64 路	城区		
	H67 路	城区		
	怀柔—道德坑	城区		

资料来源：北京公交集团。

（5）黑山寺站

黑山寺站是四等车站，于 2008 年停办客运业务。经改扩建，2019 年 4 月 30 日恢复客运业务，是市郊铁路怀密线的经停车站。有密 8 支、987 路公交车与黑山寺站接驳，其中密 8 支开往密云城区，与黑山寺站距离最近的公交车站步行距离 716 米，步行时间 10 分钟左右；987 路开往北京城区，与黑山寺站距离最近的公交车站步行距离为 750 米，步行时间 11 分钟左右。

（6）古北口站

古北口站是四等车站。2008 年 1 月，停办客运业务。经改扩建，2019 年 4 月 30 日起恢复客运业务，是北京市郊铁路怀密线的终点站。有古北水镇专线、密 25 路公交车与古北口站接驳，其中古北水镇专线车站与古北口站步行距离 200 米，步行时间 5 ~ 10 分钟；密 25 路公交车站与古北口站的步行距离为 600 米，步行时间 10 ~ 15 分钟。

3. 沿线景区及土地开发状况

（1）沿线景区

怀密线沿线 20 公里范围内主要景区分布在铁路的西北侧，沿线有大小景区 40 个，基本沿怀密线呈现带状分布。怀密线 10 公里范围内的景区包括北京十三陵风景区、蟒山国家森林公园、桃峪口水库、大杨山国家森林公园、圣泉寺、红螺寺、北京东方普罗旺斯薰衣草庄园、北京雁栖湖国际会展中心、雁栖湖、雁栖湖国际会议中心、北京怀柔青龙峡景区、云蒙山抗日斗争纪念碑、青龙湖旅游度假区、云龙涧自然景区、北京云蒙山国家森林公园、桃源仙谷自然风景区、黑龙潭自然风景区、云峰山自然景区、不老湖风景区、卧虎山、古北水镇、司马台长城、金山岭长城、蟠龙山长城和紫海香堤香草艺术庄园 25 个景区。

怀密线昌平北至古北口区段中有 9 个站点在 3 公里以内的景点数达到 5 个以上。7 公里以内景点除下河站、兵马营站、燕落站景点为个位数以外，其余站点景点均超过 10 个，如表 24 所示。

表 24　昌平北站—古北口站区段附近 3 公里和 7 公里范围内的旅游景点数

站名	3 公里范围（个）	7 公里范围（个）
昌平北站	7	32
官高站	3	14
兴寿站	8	11
北宅站	9	23
雁栖湖站	9	16
怀柔北站	6	18
小水峪站	4	12
黑山寺站	8	15
石塘路站	6	16
燕落站	6	9
兵马营站	1	3
下河站	0	4
古北口站	8	12

资料来源：根据公开资料整理。

（2）沿线土地开发

怀密线沿线土地开发程度差异较大，黄土店站—昌平北站区段沿线属于近郊区，土地开发程度较高；昌平北站—怀柔北站区段，土地开发程度总体较低；怀柔北站—古北口站区段属于远郊区，而且多为山区，土地开发程度很低。

怀密线昌平北站至古北口站区段经过 13 个车站，分别是昌平北站、官高站、兴寿站、北宅站、雁栖湖站、怀柔北站、小水峪站、黑山寺站、石塘路站、燕落站、兵马营站、下河站、古北口站，周边土地开发程度较低。

①昌平北站

昌平北站周边土地开发程度较高，1 公里内有 3 家企业、1 个公园、1 个商城、1 座写字楼、2 家医院、5 所学校、9 个住宅区；3 公里内有 7 个景区、20 个采摘园和农家乐、3 个商城、8 家企业、3 个公园、12 座写字楼和产业园、4 家医院、26 所学校、8 个政府机关、1 个养老中心、42 个住宅区；5 公里内有 21 个景区、40 个采摘园和农家乐、4 个商城、8 家企业、6 个公园、13 座写字楼和产业园、4 家医院、31 所学校、8 个政府机关、1 个养老中心和 57 个住宅区等。

②官高站

官高站周边土地开发程度不高，1 公里内有 1 个采摘园、1 个广场、1 个研发中心、1 家企业、1 个住宅区；3 公里内有 3 个景区、14 个采摘园和农家乐、2 个广场、1 个研发中心、1 家企业、1 个产业园、9 个住宅区、5 所学校；5 公里内有 9 个景区、24 个采摘园和农家乐、2 个广场、1 个研发中心、8 家企业、16 座写字楼和产业园、15 个住宅区和 6 所学校等。

③兴寿站

兴寿站周边土地开发程度不高，1 公里内有 6 个景区、3 个采摘园；3 公里内有 10 个景区、18 个采摘园和农家乐、1 家公司、1 个商城、6 所学校、8 个住宅区；5 公里内有 19 个景区、43 个采摘园和农家乐、4 家企业和研究中心、8 座写字楼和产业园、1 个商城、6 所学校和 17 个住宅区等。

④北宅站

北宅站周边土地开发程度不高，1 公里内有 4 个景区和公园、4 个采摘园、1 家企业、1 个文化中心、1 所学校、2 个住宅区；3 公里内有 10 个景区和公园、24 个采摘园和农家乐、4 家企业、2 个文化中心、2 所学校、6 个住宅区；5 公里内有 17 个景区和公园、31 个采摘园和农家乐、4 家企业、2 个文化中心、2 所学校和 24 个住宅区。

⑤雁栖湖站

雁栖湖站周边土地开发程度不高，1 公里内有 2 个景区、5 个采摘园、3 个住宅区；3 公里内有 11 个景区、16 个采摘园和农家乐、4 个公立机构、7 个产业园区、24 家企业、5 所学校和培训中心、17 个住宅区；5 公里内有 15 个景区、26 个采摘园和农家乐、6 个公立机构、10 个产业园区、37 家企业、17 所学校和培训中心、29 个住宅区和 2 个研究中心等。

⑥怀柔北站

怀柔北站周边土地开发程度不高，1 公里内有 1 个景区、1 个采摘园、2 所学校、1 个公立机构、1 家公司；3 公里内有 5 个景区、9 个采摘园和农家乐、2 所学校、2 个公立机构、1 家公司、4 个公园、2 个产业园区、1 个住宅区；5 公里内有 14 个景区、9 个采摘园和农家乐、6 所学校、4 个公立机构、11 家公司、5 个公园、6 个产业园区和 8 个住宅区等。

⑦小水峪站

小水峪站周边土地开发程度不高，1 公里内有 2 个景区、2 个度假村、4 个住宅区、1 个村委会；3 公里内有 3 个景区、9 个采摘园和度假村、5 个住宅区、2 个村委会、1 所学校、1 个公园、2 家公司；5 公里内有 5 个景区、17 个采摘园和度假村、5 个住宅区、3 个村委会、2 所学校、5 个公园和 4 家公司。

⑧黑山寺站

黑山寺站周边土地开发程度低，1 公里内有 1 个景区、2 个采摘园和农家乐；5 公里内有 10 个景区、13 个采摘园和度假村、7 个住宅区、4 个产业园区、1 个培训中心、1 个奶牛场、5 家企业和 4 个公共机构等。

⑨石塘路站

石塘路站周边土地开发程度低，1公里内有6个采摘园和农家乐、7家客栈、1个文化中心；3公里内有6个景区、37个采摘园和农家乐、18家客栈、2个文化中心、2个企业和实验室、1所学校、3个住宅区、3个卫生室、4家饭店和商店、6个政府机关；5公里内有8个景区、51个采摘园和农家乐、23家客栈、2个文化中心、3个企业和实验室、1所学校、4个住宅区、3个卫生室、5家饭店和商店、6个政府机关等。

⑩燕落站

燕落站周边土地开发程度低，1公里内有1个采摘园、1所学校；3公里内有7个景区、6个采摘园和农家乐、4家客栈和酒店、2所学校、2家商店；5公里内有9个景区、12个采摘园和农家乐、4家客栈和酒店、4所学校、3家商店、1个住宅区、1个机关单位、2家卫生所和1家企业等。

⑪兵马营站

兵马营站周边土地开发程度低，1公里内无景点；3公里内有1个景区、1所学校、1家客栈和酒店、1个商店；5公里内有2个景区、1个农家乐、4家客栈和酒店、3所学校、4个商店、1家医院和5个政府机关等。

⑫下河站

下河站周边土地开发程度低，1公里内有1个采摘园、1所学校；3公里内有2个采摘园、2所学校、1个卫生院、1个住宅区、4个商店；5公里内有3个景区、3个采摘园、7所学校、4个卫生院和医院、17个商店、1个企业、5个政府机关和1个住宅区等。

⑬古北口站

古北口站周边土地开发程度低，1公里内有5个景区、20个农家院、9家客栈和酒店、1个住宅区、3个商店；3公里内有13个景区、33个农家院、15家客栈和酒店、1家企业、4个医院和卫生所、3所学校、3个住宅、10个商店、6个机关；5公里内有15个景区、37个农家院、19家客栈和酒店、1家企业、4个医院和卫生所、3所学校、6个住宅区、11个商店和7个机关单位等。

4. 列车及班次

市郊铁路怀密线上运行的是 NDJ3 型内燃动车组，车窗较大，乘客可通过超大车窗欣赏沿途风景。车体内外部均贴有装饰，给人良好的视觉感受，车厢宽敞舒适，设有一二等座、卫生间、免费 Wi-Fi、座椅电源插座等人性化设施。

自 2019 年 12 月 30 日起，怀密线开行 6 对列车，相较之前增开两对列车，最新车次如表 25 所示。

表 25　怀密线最新运行时刻

清河—古北口						
车次	清河站	昌平北站	雁栖湖站	怀柔北站	黑山寺站	古北口站
S515	6：43	7：09/7：11	7：54/7：56	8：02	—	—
S501	7：10	7：36/7：37	8：10/8：12	8：18/8：21	8：39/8：41	9：26
S511	10：14	—	11：35/11：37	11：43	—	—
S503	14：35	15：01/15：03	15：36/15：38	15：44/15：47	16：05/16：07	16：51
S517	16：49	17：15/17：16	17：59/18：01	18：07	—	—
S513	18：30	18：56/18：57	19：53/19：55	20：01	—	—

古北口—清河						
车次	古北口站	黑山寺站	怀柔北站	雁栖湖站	昌平北站	清河站
S512	—	—	7：04	7：09/7：11	7：54/8：00	8：26
S516	—	—	9：58	10：03/10：05	10：38/10：44	11：10
S502	10：00	10：45/10：47	11：05/11：08	11：14/11：17	11：50/11：52	12：18
S514	—	—	16：55	17：00/17：02	17：36/17：37	18：08
S504	17：19	18：04/18：06	18：24/18：27	18：41/18：43	19：17/19：18	19：44
S504	—	—	18：48	18：54/18：56	19：30/19：32	19：58

资料来源：12306 官方网站。

5. 客运量及客座率

怀密线开通以来，客运量呈增加趋势，但客座率较低。例如，2019 年 7 月 24 日（周三）S501 列车定员 438 人，乘客 50 人左右，客座率 10% 左右；沿途车站下车乘客三五人，其余乘客在古北口站下车。从乘务员、安检员处了解到，周末旅客数量稍多于工作日。

2019 年 4 月 30 日至 2019 年 7 月 31 日的 3 个月时间内，怀密线累计发送旅客 36157 人次，日均客流 389 人次，周末日均客流 641 人次。"五一""端午"小长假日均发送旅客 1510 人次，旅游客流成为怀密线客流的"主力军"。

二 北京既有三条市郊铁路存在的主要问题

（一）城市副中心线存在的主要问题

城市副中心线是北京运营距离最短的市郊铁路，连接主城区和城市副中心，但功能定位不合理，仍沿用铁路传统的运输组织模式，不符合城市交通尤其是通勤规律和需求特点，导致利用率总体很低，服务城市交通的作用尤其是通勤功能尚未得到发挥。

1. 功能定位不准确，未能满足旅客通勤需求

副中心线功能定位不准确、不清晰。国家发展改革委颁发的《关于促进市域（郊）铁路发展的指导意见》（以下简称《指导意见》）指出"市域（郊）铁路是城市中心城区连接周边城镇组团及其城镇组团之间的通勤化、快速度、大运量的轨道交通系统，是城市综合交通体系的重要组成部分"。副中心线作为北京城区和副中心的交通通道之一，应发挥其应有的功能。而目前副中心线未精准定位通勤功能。例如，在上班早高峰期间（7：00～9：00），出城方向与进城方向各有三班。发车数量少、频率低，不利于通勤旅客灵活选择车次，不符合通勤列车的发车特点，没有更好地满足旅客的通勤需求。

2. 运营站间距大，服务范围较小

副中心线的物理站间距为 6.54 公里，该线路经过双桥站却不停靠，导致运营站间距过大，服务范围较小。一方面，相较其他国家的市郊铁路而言，副中心线的运营站间距过大。巴黎都市区市郊铁路的运营站间距为 2.1～2.6 公里，东京市郊铁路的站间距为 2.3～6.6 公里（周翊民、孙章，2007），伦敦大都市近郊区市郊铁路平均站间距为 2.5 公里（姚敏峰、孙红

娜，2016）。而副中心线的运营站间距平均为8.2公里，远大于合理的市郊铁路站间距；另一方面，根据该通道内的人口聚集程度，运营站间距过大，不利于吸引客流。副中心线沿线的CBD区域、双桥站附近区域为写字楼区和住宅区等人口密集区域，然而北京东站距离通州站约15公里。

3. 列车逆大客流方向开行，供需不匹配

北京交通发展研究院在2019年8月发布的《北京市通勤出行特征与典型区域分析》中指出，有40余万人在CBD及周边区域工作，46%的通勤者来自区域东部的四惠、定福庄、通州和燕郊。通州与CBD区域形成了通勤客流大通道，上班早高峰期间，处于该通道内的京通快速路非常拥堵，地铁6号线、1号线和八通线车厢内拥挤不堪。但是，副中心线仅有05：51和7：07两班车从乔庄东始发通往城区，车次太少，供不应求，并且发车时刻也不符合通勤特点，不能缓解该通道内的通勤客流拥挤问题。相反，在出城方向，副中心线开行3班车，由于出城方向客流量小，客座率低，仅有20%左右，形成了大量的无效供给，供过于求。

4. 列车运行组织不合理，车次少间隔长

副中心线在上班早高峰期间，出城方向列车有3班，分别是7：00、7：18和7：48从北京西站始发，开往乔庄东站。发车数量少，发车间隔长，不符合通勤列车发车的特点，乘客无法灵活选择车次，未能满足出城方向通勤乘客的需求。另外，进城方向的列车数量也较少，分别为5：51和7：01从乔庄东站始发，首班车5：51发车时间过早，与通勤客流乘车高峰时间不匹配。副中心线不仅车次少，列车客座率也非常低，工作日期间约为22%，周末低于20%，整体客运量低，造成资源浪费。

5. 北京东站未发挥其应有功能

北京东站邻近中央商务区，区位条件极好，但其周边道路狭窄，公交车和社会车辆都无法进出。站前小广场仅有半小时一班的专204路摆渡车，接驳到附近公交站。公交站距离最近的地铁站仍有400米距离，十分不便，无法吸引大量客流。再加上站房破陋，乘客不得不露天候车，候车体验差。副中心线在该站吸引到的乘客寥寥无几。

6. 列车运行速度慢

副中心线列车的运行时间在 39~59 分钟，副中心线与金山铁路的运营站间距都约为 8 公里，且都采用了 CRH6A 型列车，都是电气化铁路。金山铁路的最低运行速度为 58 公里/时，直达列车的运行速度为每小时 106 公里，而副中心线的运行速度只有 33~50 公里/时，远低于金山铁路。

7. 乘车不够便捷

副中心线乘车不便捷，主要体现在两个方面：第一，乘车时不能刷市政交通一卡通；第二，北京西站出站换乘地铁耗时较长。副中心线的购票、退票及改签方式同其他火车一样，只能在 12306 官网（或手机 App）购票，而且购票、退票或者改签比较烦琐，不能像乘坐公交和地铁一样刷一卡通，通勤乘客乘车不便。另外，副中心线列车到达北京西站后，乘客出站换乘地铁，需要和大铁路的周转旅客一样排队进地铁站，耗时较长，不利于吸引通勤客流。

8. 列车过于豪华，不适合于通勤

"京通号"列车车型为和谐号 CRH6A 动车组列车，座位采用"2+2"布置、可调节座椅，局部设茶桌，端部设置可翻转座椅，非端部的车厢座椅编排，这种编排方式与普铁车厢的软座一致。对于通勤列车来讲，软座、可翻转座椅等设计过于豪华，且座椅数量较多，会减少定员载客量。

（二）S2 线存在的主要问题

S2 线是北京开通运营最早的市郊铁路，连接主城区、昌平区和延庆区，但线路未经改造，等级很低，站点设施落后。S2 线功能定位单一，由此带来诸多问题。

1. 功能定位单一，没有兼备通勤功能

S2 线自开通以来，线路运营成熟，但目前功能定位仅为旅游线路，其目的是运输游客。乘客 80% 以上去往八达岭长城和世园会，在其他站点上下车的乘客屈指可数。世园会停止开放之后，该列车几乎成为通往八达岭的专线列车，这将严重浪费公共资源，使既有铁路不能得到有效利用。

列车从黄土店始发，途经昌平区。昌平区开发时间早，开发的强度和规模较大，是城市发展新区，人口集聚程度较高。2018年北京市常住人口为2154.2万人，昌平区常住人口为210.8万人，约占10%，仅次于朝阳区（360.5万人）和海淀区（335.8万人）。

昌平区与主城区的通道通勤高峰期十分拥挤。S2线途经昌平站和沙城站不停靠，一方面会使得车站资源闲置，另一方面也会忽视市民群众的有效需求，与当地客流特征不符，无法有效缓解早晚高峰的压力。

2. 需求旺季列车运力不够，乘客出行舒适度低

S2线开通时间较长，方便快捷的优势吸引了不少出行游客乘坐。由于列车途经八达岭景区，因此在节假日等需求旺季，列车的运力远远不够。目前S2线列车定员为438人，乘客数经常达到700多人，较之定员数多了将近一倍，这使得列车乘客超员，尤其是从延庆站始发的列车上，经常出现乘客无座现象，乘客只能聚集在餐车，甚至出现席地而坐的情况。车厢拥挤，声音嘈杂，乘车舒适度较低，乘客体验较差。

3. 始发站离城区较远，不利于吸引乘客

S2线市内始发站为黄土店站，位于北京市昌平区，北五环与其最近距离为5.4公里；北四环与其最近距离为10.8公里；北三环与其最近距离为14.6公里。接驳车次虽然较多，但是多数在京或来京乘客到达始发站的换乘次数较多，出行时间较长。由此去往北京各个热门地点的路程也较远。S2线以旅游功能为主要定位，偏远的始发站与出行游客的出行便利需求相悖，乘客出行十分不便。

4. 列车运行组织没有以需求为导向，不便于乘客出行

S2线自开通以来，虽然时刻表几经调整，但都是由于重大活动或者节假日而进行的加车或者停运，无法精准把握乘客的需求。这体现在以下两个方面。第一，列车始发时间一直保持不变。由于冬季比夏季日出时间晚，乘客出行游玩的时间会相应地推迟，乘坐早班车的乘客会明显减少，造成列车出现大量的座位空置。第二，在需求淡季和旺季开行列车车次无明显变化。S2线2018年1月和7月均开行12对车，仅在国庆节期间加开两对列车，使

得 S2 列车在需求旺季时乘客拥挤，有效供给不足；需求淡季时车厢闲置，无效供给过剩。

5. 八达岭站道路交通设施不够完善，游客安全存在隐患

八达岭站作为 S2 线上下车乘客较为集中的站点，游客量大、散客较多，安全问题极为重要。八达岭出站口道路狭窄，仅有两车道，没有设置行人专用道；道路设置不够合理，出站的游客与公交车在同侧车道逆向通行；交通设施不够完善，没有红绿灯调控，游客安全存在很大的隐患。

6. 线路等级较低，运行速度不符合通勤要求

S2 线已经开通 12 年，但是列车速度始终没有提升，从德胜门坐 919 公交车到达延庆东关不堵车的情况下只需一个半小时，然而从黄土店坐到延庆火车站要 1 小时 27 分钟，只要一进山，速度奇慢无比，这也导致多数人选择 919 路公交车而弃选 S2 线列车作为出行工具。表 26 为 S2 线列车运行时速，黄土店站—延庆站的平均运行时间为 48 公里/时。

表 26　S2 线列车运行时速

站点	到达时间	出发时间	运行时间（分钟）	运行里程（公里）	运行时速（公里）
黄土店站	—	8：20	—	—	—
南口站	8：50	8：52	30	30	60
八达岭站	9：34	9：37	42	21	30
延庆站	9：52	—	15	18	72

资料来源：中国国家铁路集团有限公司。

（三）怀密线存在的主要问题

怀密线是目前北京最长的市郊铁路，连接主城区、昌平区、怀柔区和密云区，功能单一，主要提供怀柔区和密云区的旅游交通服务，列车停靠站少，平均站间距大，车次少，发车间隔长，导致客运量小，客座率低。

1. 功能定位单一，未满足通勤交通需求

怀密线近郊区段昌平北站至黄土店站客流量小，客座率低。2019 年 4

月 30 日至 2019 年 7 月 31 日的 3 个月时间内，怀密线平均客座率为 22.2%。昌平区人口集聚，2017 年常住人口为 206.3 万人，在北京市 10 个非主城区中，人口是最多的，每天往返于主城区的客流量也很大。通往城区的三条通道 G6 京藏高速、G7 京新高速和地铁昌平线，工作日早晚高峰超负荷运载。

2. 车站与停靠站太少，线路功能未充分发挥

怀密线沿线路过车站 16 个，但只有 6 个站点停车，其余 10 个车站仅仅是路过，设站太少起不到促进沿线旅游业发展的作用。例如：兴寿站附近的桃峪口水库风景秀丽迷人，但由于距离雁栖湖站 33 公里，距离昌平北站 20 公里，距离较远。很多景点都只是路过，乘坐怀密线及配套公交车不具有可达性。

其次，站点设置不合理，列车路过 14 个乡镇，有 3 个乡镇——百善镇、崔村镇、北石槽镇没有设站，周边村民的出行需求、经济发展需求得不到满足。

3. 始发站远离城区，不利于吸引客流

始发站位于霍营，虽然交通便利但是远离城市中心，也是一个临时车站，游客去乘车旅游不便，到达黄土店站坐怀密线还需多番换乘，大大降低了游客的旅游体验。

始发站位于北五环外 5 公里处，从黄土店站到北四环最近 10.9 公里，乘车需要 1 小时，换乘 1 次；到北三环 12.5 公里，乘车需要 1 小时，换乘 1 次；到北二环 14 公里，乘车需要 1 小时，换乘 1 次。较远的距离，较长的乘车时间，均不利于吸引乘客选择市郊铁路怀密线。

4. 列车运行组织不合理，未能满足游客需求

发车时间太早，怀密线上午的发车时间为 6 点 43 分，不符合游客假期休闲娱乐的需求，很多人改换其他交通方式。

游客大多集中在旅游的旺季出行，旅游淡季时列车就会不可避免地出现资源的闲置和浪费。2019 年 4 月 30 日至 7 月 31 日的 3 个月时间内，日均客流 389 人次，周末日均客流 641 人次。"五一""端午"小长假日均发送旅

客1510人次，旅游客流成为怀密线客流的"主力军"。旅游旺季4~11月的周末和节假日旅客人数较多，而非周末和冬季旅游淡季，就会出现大量的座位闲置，造成资源的浪费。

怀密线开行车次少，一天只开行两对列车，上下午各一对，这就对出行时间随机的游客提出了很高的要求，必须严格遵守发车时间点到达车站，否则就会无车可乘，也就是列车开行车次不能满足游客的出行需求和习惯。

5. 公交接驳系统不完善，乘客出行不便

怀密线列车经停的6个车站中，雁栖湖站与黑山寺站的公交接驳形同虚设，没有根据列车到达时间接驳的公交车，也没有通往该地区城区和景点的公交车。车站地处偏僻，出租车极少，没有公共交通，乘客出行不便。

黑山寺站目前还在修缮，没有直达景区的公交以及显目的景区指示，缺乏配套的旅游服务容易造成游客的流失。

6. 列车未经电气化改造，线路老化陈旧

怀密线列车没有经过电气化改造，依旧采用内燃动车组，动力来源是柴油，所以要使用双车头增强动力，因此列车速度比经电气化改造的列车要慢。

怀密线经过既有铁路京通线，在京通线上开行的列车K4471次列车的运行时速总体来看略慢于怀密线。京通线1977年12月通车，至今已有40多年，线路老化陈旧，列车运行速度慢，如表27所示。

表27　K4471与怀密线时速对比

车站	K4471			怀密线		
	时间（小时）	里程（公里）	速度（公里/时）	时间（小时）	里程（公里）	速度（公里/时）
官高站	0.15	8	53.33	—	—	—
兴寿站	0.20	11	55.00	—	—	—
平义分站	0.22	10	46.15	—	—	—
北宅站	0.17	7	42.00	—	—	—

车站	K4471			怀密线		
	时间（小时）	里程（公里）	速度（公里/时）	时间（小时）	里程（公里）	速度（公里/时）
范各庄站	0.18	10	54.55	0.58	45	77.14
怀柔北站	0.12	4	34.29	0.13	5	37.50
小水峪站	0.17	8	48.00	—	—	—
黑山寺站	0.17	8	48.00	0.35	15	42.86
石塘路站	0.15	8	53.33	—	—	—
燕落站	0.18	9	49.09	—	—	—
兵马营站	0.15	7	46.67	—	—	—
下河站	0.20	10	50.00	—	—	—
古北口站	0.15	8	53.33	0.78	42.6	54.38

资料来源：中国国家铁路集团有限公司。

三　国内外市郊铁路的经验

（一）国外市郊铁路的经验

随着我国城市化进程不断加快，城市人口规模不断扩大，中心城区的资源环境压力日益加大，城市寻求从中心城区向郊区扩展，中心城区与郊区的交通需求不断增大，因此，发展市郊轨道交通体系成了当务之急。国外大都市区如东京、纽约、巴黎、伦敦等都已形成完善的市郊铁路网，有先进的技术装备及服务设施，为我国市郊铁路的发展提供了经验和启示。

1. 功能定位清晰

都市区化是国外典型大城市发展的共同模式，大都市区铁路的功能定位都是为卫星城或外围郊区进入中心市区提供通勤服务以及带动卫星城、新城及周围城镇的发展，从而形成中心城区与周边城区的良性互动关系。

2. 服务范围合理

世界发达国家大都市区的中心城区与卫星城市之间的1小时通达时间是比较有吸引力和竞争力的，也是两个地区之间城市经济社会密切联系的界值。按市域（郊）铁路最高运营速度 160 公里/时、旅行速度 80 公里/时计算，1 小时交通圈最大服务范围不宜超过 80 公里。该范围与我国大城市中心城外围的新城绝大部分距中心直线距离 50～70 公里基本相符。

3. 线路换乘地铁方便

国外大都市区的轨道交通在车站的布设上较为灵活。例如，围绕巴黎市区的 5 座终点站内，RER、市郊铁路、地铁及其他铁路线（含机场线）都可相互换乘，中心城区内也设置了多座大型综合交通枢纽，方便 RER 与地铁及公交的换乘；伦敦几乎所有的市郊线终点站都坐落在地铁内环线上，方便乘客换乘；在东京中心城区，JR 山手线与地铁大江户线构成了立体的双环结构（冯黎、顾保南，2018）。这些环线的形成有效避免了长距离旅客的频繁换乘，极大地减少了通勤链条的接驳时间。国外大都市区郊轨道交通采用多交路，多停站方式，运营组织灵活、多样，满足不同客流出行需求。

4. 运营互联互通

不同线路间实现互联互通，提高客流直达性。东京的城市轨道交通有公营与民营之分，为了方便市郊与中心的乘客来往，为私铁进入市中心提供条件，同时保证地铁的客运量需求，地铁、JR 铁路和私铁之间实现了互联互通（蒋俊杰，2017）。采用直通运转模式，乘客从郊区到市区上班，就不必换乘，JR 直接转地铁，地铁直接转私铁。既方便了乘客，又缓解了市中心车站的运营压力，提高不同线路的运营效率。

5. 经营投资多元化

1994 年，英国铁路开始实行网运分离私有化改革，采用特许经营模式将各条线路交由不同的客运公司运营，伦敦的 16 条市郊铁路通过特许经营模式分别交由 15 家私人客运公司运营。日本的城市轨道交通也有多个经营主体，从资本所有者角度可分为民间资本、民间资本与国家或地方公共团体。引进民间资本，拓宽民间资本进入铁路建设领域的渠道和途径可以引入有效竞争机制、减轻政府财政负担以及提供更加便利舒适的交通服务。

（二）上海金山铁路的经验

金山铁路也称为上海金山线、上海轨道交通 22 号线，是连接上海中心城区与金山区的上海首条市域铁路，也是长三角地区第一条快速市域铁路。金山铁路由原来的金山铁路支线改建而成，该线路全长 56.4 公里，设有 9 座车站（上海南站、莘庄站、春申站、新桥站、车墩站、叶榭站、亭林站、金山园区站、金山卫站），其中莘庄站暂未开通客运服务。改建后的金山铁路对加强上海金山区与中心城区之间的交通联系、完善城市轨道交通布局、满足居民出行需求以及城市集约化和一体化发展有着重要意义，为国内市郊铁路的发展提供了经验借鉴。

1. 市郊铁路应准确定位功能，满足日益增长的通勤需求

根据 2016 年的金山铁路乘客出行调查，金山铁路乘客中的 53% 为通勤和通学客流，20% 为商务客流。金山铁路为都市圈工作居民通勤提供了良好的解决方案（吉婉欣、王祥、杨晨，2018）。截至 2019 年 9 月，金山铁路日均客运量已达 3.3 万人次，比 2012 年开通初期增长 1.9 万人次，而且，开通初期周末客流高于平日客流，目前工作日客流已超过平日客流，极大提升了通勤功能。正是金山铁路这样准确的定位，才使其充分发挥应有的作用，符合铁路改造的初衷。随着城市化进程的加快、城市规模的扩大，市郊铁路应主要承担大城市的城区和郊区之间的通勤交通需求，因而市郊铁路的建设与运营应满足人们进出中心城区的通勤需求，充分发挥与之匹配的功能和作用。

2. 市郊铁路应采用公交化运行管理，提供更加方便快捷的服务

金山铁路，在客流组织上突破了传统铁路的模式，真正采用了公交化运营模式，列车内不对号，不限定具体车次与座席，旅客可以选择最近车次，随到随走。金山铁路在上海南站与公交、地铁互联互通，实行便捷的进出站、换乘模式。金山铁路在全国铁路首创"一机三用"，即检票闸机采用公共交通卡、铁路火车票和手机兼容的票务系统，旅客既可购买公共交通卡，又可使用火车票，还可使用带有 NFC 功能的手机"刷一刷"进站。票价票制和购票均采用城市公共交通模式，与公交票价体系一体化并享受相应的换

乘优惠。车站客流组织区别于传统铁路,采用专用进出通道,实现了乘客进出站的简便快捷和换乘高效。

3. 市郊铁路应采用多样化运行组织模式,满足不同的出行需求

在运输组织上,金山铁路采用了直达、大站停、站站停等多样化的运输组织模式,工作日开行 37.5 对,双休日和节假日开行 35 对,直达列车全程运行 32 分钟,大站停列车全程运行 40 分钟,站站停列车全程运行 58 分钟,满足不同的出行需求。

4. 市郊铁路建设可大力改造既有铁路模式,充分利用既有铁路资源

金山铁路是由原来上海地区的一条支线铁路改造而成,是利用既有铁路改造为市郊铁路的成功案例。金山铁路改造突破了传统体制,该线路的改建由原铁道部、上海市共同出资建设。其中,上海铁路局与上海市出资单位共同组建项目公司——上海金山铁路有限责任公司,只服务于金山铁路的建设,提高了效率。上海市每年提供 1.7 亿元资金支持,资金由市政府和沿线各区各承担一半,沿线各区按路线比例分摊。金山铁路改建工程从 2009 年8 月正式动工到 2012 年 9 月正式开通运营,总共投资了 48 亿元,可见投资力度之大。改造后的金山铁路加快了市区与郊区之间的来往,大大便利了远郊新城与中心城区的交通出行。

5. 市郊铁路需不断完善设施设备,提供优质服务

2017 年 9 月,金山铁路投入运行 2 组新型和谐号 CRH6A 电力动车组,运行最高时速 160 公里,比原来的 CRH2A 型动车载客量更大、更安全舒适。2019 年 9 月,金山铁路又增加了 4 列 8 编组 CRH6A 动车组,逐渐替换原来的 CRH2A 型动车。2019 年 12 月 13 日,金山铁路购置的 4 组 CRH6F型动车组列车上线运行,CRH6F 型列车增加了全新的车门设计和扶手设计,提供了残疾人座椅,不仅增加了载客量,还提供了更加人性化的服务。沿线车站不断完善地标导向、出站引导、购票等标识标牌,方便旅客顺畅进出站。不管是车体方面还是设施方面或是服务方面,金山铁路都为其他市郊铁路提供了非常好的借鉴。

四　北京既有三条市郊铁路发展的建议

《指导意见》提出"市域（郊）铁路原则上应采用公交化运营模式。利用既有铁路开行市域（郊）列车的，铁路企业要加强运输组织协调、优化客运组织，采取增加既有列车停站、增加在重要客流集散地的停站频率、在通勤高峰时段开行通勤列车等措施，提供符合群众出行规律和客流特征、更加便民惠民利民的市域（郊）铁路运输服务"。建议完善城市副中心线、S2线和怀密线的功能定位，城市副中心线的功能定位为双向通勤交通，以公交化模式开行"双向通勤列车"；S2线的功能定位为通勤交通和旅游交通，其中，近郊区以通勤交通功能为主，开行"通勤列车"，远郊区以旅游观光交通功能为主，开行"旅游观光列车"；怀密线的功能定位为通勤交通、旅游交通和带动沿线发展，其中，近郊区以通勤交通功能为主，开行"通勤列车"，远郊区以旅游观光交通和带动沿线发展为主，开行"旅游观光列车"和"带动发展列车"。

（一）城市副中心线的发展建议

随着《北京城市总体规划（2016～2035年）》的实施和城市副中心的建设，通州区将集聚越来越多的人口和功能，与主城区的联系更加紧密，双向交通需求尤其是双向通勤交通需求将大大增加。城市副中心线运能大、速度快、舒适可靠，与通道内的城市轨道交通和快速公路的互补性强，而且沿线人口与功能聚集程度高，区位优势明显，是最适合开行通勤列车的市郊铁路，应充分发挥其通勤交通的作用，以公交化模式开行"双向通勤列车"。

1.按照通勤交通的特点组织列车运行

一是以公交化模式组织列车运行。从通州区与主城区的几条大通道的交通拥挤或拥堵情况看，通勤交通需求极大。城市副中心线应承担通勤交通任务，增加早晚高峰时段的通勤列车车次并缩短发车间隔，尤其是增加通州区进出主城区方向的通勤列车并缩短发车间隔，更好地满足广大群众的通勤需求。早晚高峰时段的发车对数宜增加到 10 对以上，发车间隔缩短到 10 分钟以内。二是以公交化模式方便乘车。乘客不需购票，可刷市政交通一卡通或手机进站乘车，全程不对号，不限定具体车次，随到随走。三是优化列车首发时间和停站频率。根据需求的时空特征，合理安排列车首发时间，开行站站停、直达列车，在早晚高峰时段，增加在通州站、双桥站、北京东站的停站频率。

2. 扩建双桥站

双桥站位于北京市朝阳区，是北京铁路枢纽东部辅助编组站，距通州站约 8 公里，距北京东站 7.2 公里。双桥站距离地铁八通线双桥站 1.6 公里，周边土地开发密度较大，功能与人口集聚较多，北侧有双桥铁路小区、天泰新房苑小区等大型居民区；东南侧有朝阳区第二实验小学、北京工业大学附属中学等学校；南侧为美术馆和影视基地；西侧有文化产业园。应扩建双桥站，办理客运业务，并设置接驳公交线路和车站。

3. 缩短列车平均运行时间

线路标准高和列车速度快是市郊铁路城市副中心线的显著特点，应充分发挥这一优势，尤其是在通勤高峰时段，提高铁路平均运行速度，缩短平均运行时间，提高运行效率。

4. 强化北京东站的通勤枢纽功能

一是扩建北京东站。北京东站地处东四环与东三环之间，邻近 CBD 核心区，功能和人口大量聚集，交通需求旺盛，应扩建北京东站及配套设施，使之具备大客流乘降功能。二是大力整治北京东站周边环境，做好车站周边规划，依法合规拆迁车站周边建筑，为集疏运系统腾出空间。三是建设集疏运系统。优化接驳公交车站，实现零距离换乘，增加公交线路及班次，设置共享单车停放区域，开辟出租车和网约车的临时上下乘客区。

5. 新建动车运用所

为了满足双向通勤尤其是早高峰进城的交通需求，按照高密度始发动车组的要求，应在乔庄东站附近新建动车运用所，用于列车早高峰始发和夜间检修。

6. 简化乘车流程

通勤需要快速、便捷的乘降方式，应改变大铁路的购票和乘车流程，增加刷北京市政交通一卡通或易通行 App 二维码进站乘车功能；增加临时自动售购票功能；在北京西站、北京站、北京东站设置市郊铁路绿色通道。

（二）S2 线的发展建议

根据《北京城市总体规划（2016～2035 年)》，昌平区是首都面向区域协同发展的重要战略门户，也是承接中心城区适宜功能、服务保障首都功能的重点地区，与主城区的联系将进一步加强，通勤交通需求量随之增加。S2 线的功能定位应为通勤交通和旅游交通，近郊区以通勤交通功能为主，开行"通勤列车"，远郊区以旅游观光交通功能为主，开行"旅游观光列车"。

1. 早高峰通勤列车由南口站始发，并停靠沙河站和昌平站，终到站设置在主城区内

昌平区是开发时间较早、开发强度较大的近郊区，人口规模大、密度高，工作日早晚高峰进出主城区的道路拥堵、城市轨道拥挤。S2 线早高峰通勤列车的始发站设为南口站，并在昌平站和沙城站停靠，既可以吸引大量客流，缓解其他通道压力，也可以扩大线路的服务范围，更多地满足通勤需求。

2. 增加早晚高峰的通勤列车车次并缩短发车间隔

实现近郊区通勤功能，需要列车按照通勤客流出行特征组织运行。因此，应增加南口站—黄土店站区段的早晚高峰通勤车次，缩短发车间隔，便于通勤客流灵活安排时间，减少等待时间，提高出行效率。

3. 扩建南口站、昌平站、沙河站及配套设施

南口站、昌平站、沙河站作为承接昌平区大量通勤客流量的车站，现有的设施难以满足需求，应当在原有的设施基础上，扩建站房和站前广场，增加自助售票机、刷卡、安检等配套设施，设立专门的公交接驳，方便乘客换乘。

4. "旅游观光列车"应停靠居庸关站

居庸关站邻近居庸关长城，周边有炎黄纪念馆、关沟风景区等多处景区。在旅游旺季，S2线的旅游观光列车应停靠居庸关站，既满足游客需求，又促进景区发展。

（三）怀密线的发展建议

昌平北站位于昌平城区核心地段，距离城市中心40多公里，属于通勤范围，怀密线应发挥近郊区的通勤交通功能，开行"通勤列车"。根据《北京城市总体规划（2016～2035年）》，昌平区是特色历史文化旅游和生态休闲区，怀柔区和密云区属于北京生态涵养区。怀密线应为远郊区提供旅游和带动沿线发展的交通服务，开行"旅游观光列车"和"带动发展列车"。

1. 扩建昌平北站，使之具备通勤列车的始发和终到条件

为了满足通勤尤其是早高峰进城交通的需求，按照高密度始发列车的要求，应扩建昌平北站，并在昌平北站与南口站之间新建车辆段，用于列车早高峰始发和夜间检修。

2. 早高峰通勤列车由昌平北站始发，并在沙河站、昌平站停靠，终到站设在主城区内

昌平北站是昌平城区内的唯一火车站，开通怀密线通勤列车，早高峰由昌平北站始发，终到站设置到主城区，可以缓解昌平区与主城区的通勤压力，更好地满足广大群众的通勤需求。

3. 按照通勤交通的需求特点组织列车运行，增加早晚高峰的通勤列车车次并缩短发车间隔

从昌平区与主城区的几条大通道的交通拥挤或拥堵情况看，通勤交通需求极大。怀密线近郊区段应承担通勤交通任务，增加早晚高峰时段的通勤列车车次并缩短发车间隔，尤其是增加昌平区进出主城区方向的通勤列车并缩短发车间隔，更好地满足广大群众的通勤需求。早晚高峰时段的发车对数宜增加到10对以上，发车间隔缩短到10分钟以内。

4. "旅游观光列车"应停靠昌平北站、雁栖湖站、怀柔北站、黑山寺站、古北口站、兴寿站、小水峪站和石塘路站

兴寿站、小水峪站和石塘路站旅游资源丰富，旅游列车停靠才能让游客充分体验当地的旅游文化。设置公交接驳车站，并开行通往周边景区的公交车，完善便利的公交接驳系统可以提升游客的旅游体验。

5. 扩建兴寿站、小水峪站、石塘路站、兵马营站和下河站，增加客运业务

兴寿站、小水峪站、石塘路站、兵马营站和下河站目前都只有货运业务，其中，小水峪站、石塘路站、兵马营站和下河站都具有客运功能，应恢复客运业务，兴寿站需要改建站房增加客运功能。

6. 在沿线的百善镇、崔村镇和北石槽镇新建客站

怀密线昌平北站至古北口站区段途经 14 个乡镇，依次是南邵镇、百善镇、崔村镇、兴寿镇、北石槽镇、桥梓镇、雁栖镇、怀北镇、西田各庄镇、溪翁庄镇、石城镇、不老屯镇、高岭镇、古北口镇。其中，南邵镇、兴寿镇、桥梓镇、雁栖镇、怀北镇、西田各庄镇、溪翁庄镇、石城镇、不老屯镇、高岭镇、古北口镇设有车站，但列车在南邵镇、兴寿镇、桥梓镇、西田各庄镇、溪翁庄镇、石城镇、不老屯镇、高岭镇不停靠；百善镇、崔村镇、北石槽镇这三个镇没有站点，应增设站点带动沿线发展。

7. "带动发展列车"应站站停靠

怀密线所经过的怀柔区和密云区山区，交通不够发达，经济比较落后。列车只有站站停靠，才能方便人们出行，吸引客流和投资，在更大范围内发挥带动沿线发展的作用，因此"带动发展列车"应该站站停靠。

参考文献

北京交通发展研究院：《北京市通勤出行特征与典型区域分析》，2019。

冯黎、顾保南：《国外典型大城市市郊轨道交通的发展及其启示》，《城市轨道交通研究》，2008 年第 12 期。

吉婉欣、王祥、杨晨：《金山铁路对我国市域铁路发展的启示》，《创新驱动与智慧

发展——2018 年中国城市交通规划年会论文集》，2018。

蒋俊杰：《日本市郊轨道交通发展模式》，《都市快轨交通》2017 年第 3 期。

《上海金山铁路：市域铁路的"样板"》，人民网，2019 年 9 月 27 日。

姚敏峰、孙红娜：《英国三代新城市郊铁路车站周边功能分布与用地置换研究——以哈罗、坎伯诺尔德、米尔顿凯恩斯为例》，《国际城市规划》2016 年第 1 期。

周翊民、孙章：《城市轨道交通市郊线的功能及技术特征》，《城市轨道交通研究》2007 年第 8 期。

B.9
北京铁路交通转换环境研究

摘　要：　本报告首先阐述了北京市的综合交通发展概况，然后进一步从衔接线路、发展历史到布局分工介绍了北京铁路枢纽的发展情况。转换环境是影响旅客在铁路客运站与城市交通之间出行效率的关键因素，本报告以北京站、北京西站、北京南站三个主要铁路客运站为例，分析了当前北京市转换环境存在的问题，并进一步探讨了新丰台站的预测客流量及当前的转换环境情况。在此基础上，本报告针对北京站提出了优化地铁换乘接驳等建议；针对北京西站提出了改善北京西站与东二环以东地区的夜间公交衔接等建议；针对北京南站提出了优化南北广场进出站流线等建议。

关键词：　北京站　北京西站　北京南站　丰台站　交通转换

一　北京南站、北京西站、北京站交通转换环境研究

车站是铁路运输的基层生产单位，铁路客运站与城市交通之间的转换环境直接影响旅客在城市之间的出行效率。本部分以北京市三个主要的铁路客运站——北京站、北京西站和北京南站为例，研究其与多种城市交通方式之间的换乘衔接情况，分析当前转换环境存在的问题。

（一）北京站转换环境分析

1.北京站客运量及列车开行对数

北京站位于东城区东二环以内、东长安街以南、崇文门与东便门之间，

为全国铁路特等站。截至 2017 年底，北京站占地 25 万平方米，总建筑面积 8 万平方米。站内设站台 8 座，站内股道 16 条。车站布局为纵列式，分为到发场、交接场、调车场。

北京站最初设计的远期旅客周转吞吐量按照 20 万人次/天进行设计。在规划中，尽管北京站发送客流量呈现逐渐下降趋势（见表 1），但实际输送量仍旧远远超过规划值。2018 年北京站日开行旅客列车 132 对，高峰期开行 153 对，北京站年发送旅客总量达 3521.3 万人次，平日发送量为 9.6 万人次/天；高峰期日发送量为 18.0 万人次/天（见表 2）。

表 1 规划旅客发送量及最高聚集人数

车站	旅客发送量（万人次）			规划最高聚集量（人）
	2009 年	2020 年	2030 年	
北京站	2785	2300	2100	10000

资料来源：中国国家铁路集团有限公司。

表 2 北京站 2010～2018 年客运发送量统计

单位：万人次

年份	2010	2011	2012	2013	2014	2015	2016	2017	2018
年发送量	2774.0	2748.8	2811.3	3323.7	3469.0	3426.9	3461.3	3525.7	3521.3
高峰期日发送量	14.2	15.1	14.0	16.5	16.8	16.2	17.9	18.7	18.0

资料来源：中国国家铁路集团有限公司。

根据北京站 2019 年运营时刻表，北京站旅客列车到发时间统计结果如表 3 所示，始发高峰集中在 7：00～8：00、11：00～12：00、13：00～15：00、18：00～19：00、21：00～23：00，终到高峰集中在 5：00～9：00、12：00～13：00，客流分布有两个配对的上下车高峰。根据旅客出行规律，进站乘客多提前 30 分钟到达火车站，出站乘客多延后约 30 分钟离开火车站。因此，乘客始发高峰集中在 6：30～7：30、10：30～11：30、12：30～14：30、17：30～18：30、20：30～22：30，旅客终到高峰集中在 5：30～9：30、12：00～13：30。始发和终到时均与通勤早高峰客流重叠，始发高峰与通勤晚高峰有所重叠，但旅客自行前往车站的时间自由度大，则对通勤晚高峰干扰较小。

表3　北京站到发列车时间分布统计

单位：列

时间段	0：00～ 1：00	1：00～ 2：00	2：00～ 3：00	3：00～ 4：00	4：00～ 5：00	5：00～ 6：00	6：00～ 7：00	7：00～ 8：00
始发	0	0	0	0	0	0	5	6
终到	0	0	0	0	1	7	5	8
通过	4	5	5	5	5	3	4	3
时间段	8：00～ 9：00	9：00～ 10：00	10：00～ 11：00	11：00～ 12：00	12：00～ 13：00	13：00～ 14：00	14：00～ 15：00	15：00～ 16：00
始发	2	5	4	6	4	9	7	3
终到	8	6	6	5	10	5	6	6
通过	2	4	2	3	3	2	0	4
时间段	16：00～ 17：00	17：00～ 18：00	18：00～ 19：00	19：00～ 20：00	20：00～ 21：00	21：00～ 22：00	22：00～ 23：00	23：00～ 24：00
始发	5	6	7	4	6	8	8	6
终到	2	6	1	4	2	4	6	2
通过	1	0	5	3	3	1	0	4

资料来源：中国国家铁路集团有限公司。

从到达旅客市内OD（交通起止点）来看，以去往中心城区为主，但分布较分散，以西、西北、东北向为主（见图1）。

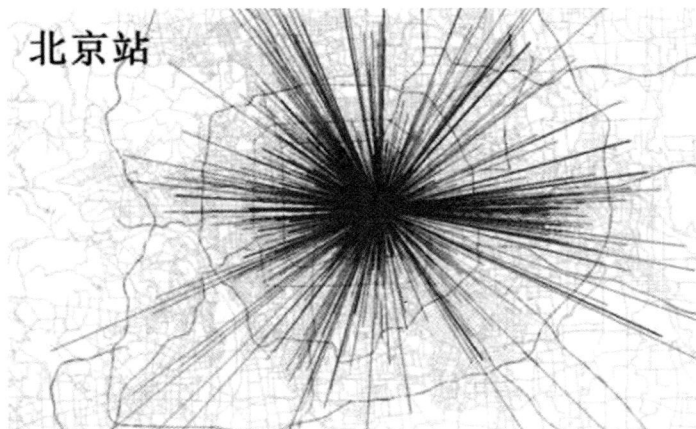

图1　北京站市内OD分布

资料来源：史芮嘉等《北京大型铁路客运枢纽客流特征分析》。

2.北京站公共交通转换环境分析

北京站客流采用公共交通方式的比例为77%（其中轨道交通占比42%、地面公交占比35%），出租汽车10%，私人小汽车8%（见图2）。各种交通接驳方式构成相对合理。

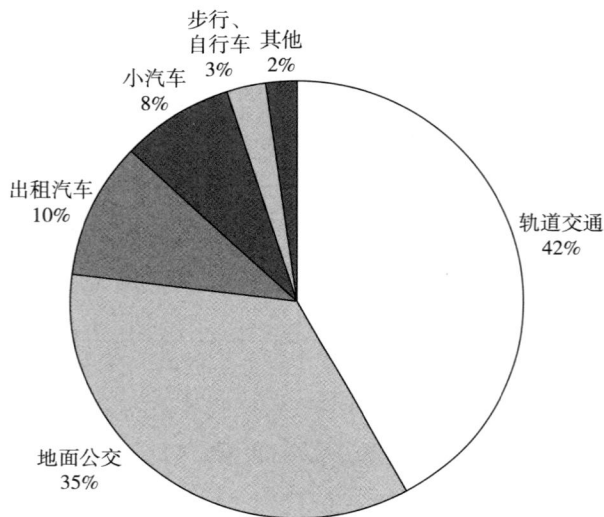

图2 北京站各种交通接驳方式分担率

资料来源：张会等《北京火车站接驳问题及对策》。

（1）轨道交通接驳

北京站目前仅有地铁2号线接入，2号线乘客通勤以短途出行为主；断面客流量基本平稳，无突出的大断面高峰时段，剩余运力相对充裕（见表4和图3）。外环方向（西直门—复兴门—东直门—西直门）列车在北京站的首末班车时间分别为5：15和23：21（周五、周六为0：55），内环方向列车（积水潭—东直门—复兴门—积水潭）在北京站首末班车的到站时间分别5：12和为23：23（周五、周六为0：44）。

北京站铁路最早始发列车和地铁首班列车接续情况如表5所示，铁路始发列车最早时间为6：03，地铁到站时间先于列车始发时刻51分钟。搭乘地铁2号线前往北京站的旅客，换乘列车的时间充裕。而终到北京站的列车

表4　地铁2号线运能分析

时段	发车间隔（分钟）	折返能力（列/时）	单向最大运能（人次/时）
早高峰	2.0	30	41400
晚高峰	2.0	30	41400
午间	4.5	13	17940

资料来源：北京市地铁运营公司。

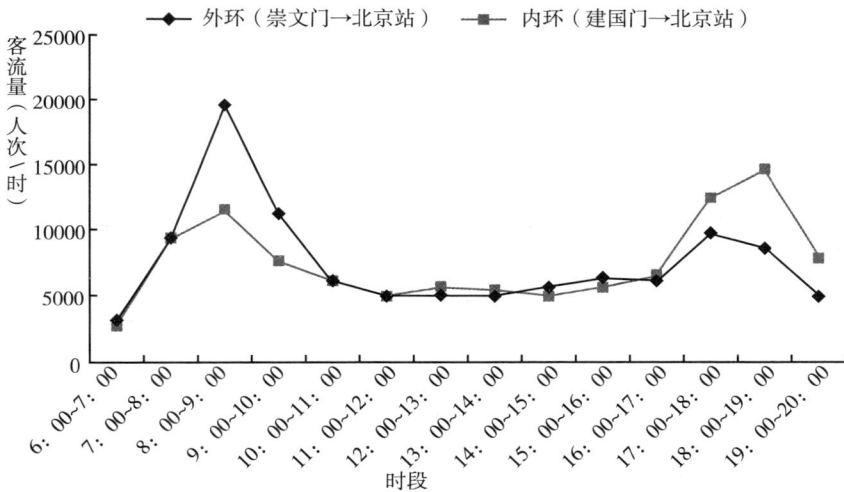

图3　地铁2号线北京站前后区间全日断面客流量

资料来源：北京市地铁运营公司。

表5　北京站铁路最早始发列车和地铁首班车接续情况

地铁线路	地铁首班车到站时间	铁路最早始发列车	换乘冗余时间（分钟）
2号线外环方向（西直门—复兴门—东直门—西直门）	5：15	6：03	48
2号线内环方向（积水潭—东直门—复兴门—积水潭）	5：12		51

资料来源：北京市地铁运营公司。

的到达时刻为 4：56，该时刻先于地铁 2 号线外环方向首班车到站时间 19 分钟，先于地铁 2 号线内环方向首班车到站时间 16 分钟，旅客经过出站走行，可搭乘地铁。

北京站铁路晚班车和地铁末班车接续情况如表 6 所示，铁路最晚终到列车的到站时间为 23：41，外环方向地铁末班车到达北京站时间为 23：21（周五、周六为 0：55），内环方向地铁末班车到达北京站时间为 23：23（周五、周六为 0：44）。自 2019 年 7 月 19 日，地铁 2 号线逢周五、周六将全年延时运营，则所有乘坐晚班列车终到北京站的旅客均能成功换乘地铁 2 号线；在周一至周四以及周日，仅有一列晚班终到列车（K7712 次）无法完成接续换乘。乘坐该列车的乘客到达北京站的时间为 23：41，晚于地铁 2 号线外环、内环方向末班车到北京站时间。

表 6　北京站铁路晚班车和地铁末班车接续情况

铁路晚班终到列车		铁路换乘地铁接续时间（分钟）			
		外环方向 （西直门—复兴门— 东直门—西直门）		内环方向 （积水潭—东直门— 复兴门—积水潭）	
车次	时间	23：21 周一至 周四/周日	0：55 周五/ 周六	23：23 周一至 周四/周日	0：44 周五/ 周六
D22	22：42	39	133	41	122
K7706	22：49	32	126	34	115
D39	22：53	28	122	30	111
D6617	23：02	19	113	21	102
K7712	23：41	—	74	—	63

注：—表示不满足接续换乘。

（2）地面公交接驳

北京站出站口在站房北侧，附近公交车站台位于北京站北广场，但站台的分布相对分散。周围的地面公交服务包括常规公交车、夜班车、机场大巴、高铁专线、与北京西站的接驳车等，丰富了北京站地区多方向、多区域的对外交通与市内交通的换乘服务。常规公交线路统计见表 7。

表7　常规公交线路统计

线路名	线路起终点	首末班车时间
103 路	北京站西—动物园枢纽站	4：50~23：00
104 路	北京站西—地铁柳芳站	5：00~24：00
140 路	北京站东—石佛营西里	5：50~23：20
122 路	北京站东—北京西站南广场	5：00~24：00
20 路	北京站东—北京南站	5：00~23：00
39 路	北京站东—双庙	5：00~24：00
619 路	北京站东—焦庄桥北	6：15~23：00
622 路	北京站东—成和园小区	5：10~22：00
637 路	北京站东—次渠	5：30~21：00
638 路	北京站东—北京焦化厂	5：50~22：00
668 路	北京站东—京东运乔建材城	5：55~23：05
804 路	北京站东—杨洼	4：50~18：50
805 路快车	北京站东—廊坊	7：10~19：40
938 路快车	北京站东—香河总站	6：30~20：00

资料来源：北京公交集团。

北京站部分常规公交线路将营运时间延至 24：00，如公交 104 路、122路、39 路，大大便利了搭乘晚班列车到达北京站的旅客的出行。虽然在23：41 之后没有终到列车，但夜间仍有经停北京站的列车，为服务凌晨到达的旅客，北京站开通 8 条夜间公交线路（夜 17 路、夜 21 路、夜 5 路、夜 10路外环、夜 19 路、夜 24 路、夜 28 路、夜 29 路）。北京站夜班车去往市区方向较均衡。北京站夜班公交车运营时间为 23：20~4：50，发车间隔为 20~40分钟，具体发车时刻见表 8。

表8　北京站夜班公交车时刻

线路	夜 17 路	夜 21 路	夜 5 路	夜 10 路外环
运营区间	北京站东—北京南站	北京站东—西直门	北京站东—田顺庄	东直门—东直门
发车数（辆）	13	12	13	12

续表

线路	夜 17 路	夜 21 路	夜 5 路	夜 10 路外环
时刻表	23：20 23：40 0：00 0：20 0：40 1：00 1：40 2：20 3：00 3：40 4：10 4：30 4：50	23：20 23：40 0：00 0：30 1：00 1：40 2：20 3：00 3：40 4：10 4：30 4：50	23：20 23：40 0：00 0：20 0：40 1：00 1：40 2：20 3：00 3：40 4：10 4：30 4：50	23：20 23：40 0：00 0：30 1：00 1：40 2：20 3：00 3：40 4：10 4：30 4：50

线路	夜 19 路	夜 24 路	夜 28 路	夜 29 路
运营区间	北京焦化厂— 北京站东	和平东桥南— 北京南站南广场	惠新东桥南— 地铁宋家庄站	北京站东— 东小营公交场站
发车数（辆）	13	13	13	12
时刻表	23：20 23：40 0：00 0：20 0：40 1：00 1：40 2：20 3：00 3：40 4：10 4：30 4：50	23：20 23：40 0：00 0：20 0：40 1：00 1：40 2：20 3：00 3：40 4：10 4：30 4：50	23：20 23：40 0：00 0：20 0：40 1：00 1：40 2：20 3：00 3：40 4：10 4：30 4：50	23：20 23：40 0：00 0：30 1：00 1：40 2：20 3：00 3：40 4：10 4：30 4：50

资料来源：北京公交集团。

此外，北京站作为北京重要的对外枢纽，其与北京首都国际机场和北京大兴国际机场均有接驳大巴衔接，巴士运营信息如表 9 所示。机场大巴末班车时间在 21：00 及以前，也有夜航线，自 23：30 运营至当日航班结束。

表9　北京南站机场大巴运营信息

线路	去往	运营时间	发车间隔	上车地点
大兴机场大巴北京站线	北京大兴国际机场	5：00～20：30	≤30分钟客满随时发车	北京站西公交站
大兴机场大巴北京站线（夜航线）	北京大兴国际机场	23：30～当日航班结束	≤30分钟客满随时发车	北京站公交站
机场大巴2号线北京南站线	北京首都国际机场	5：00～20：30	30分钟	

资料来源：北京民航机场巴士有限公司。

（3）出租车接驳

北京站周围的城市快速路对道路交通造成阻隔，东二环路对道路两侧交通产生较大影响。出租车行驶于长安街，在交通管制时段禁止左转，崇文门西大街、崇文门东大街（部分禁止左转）到达北京站均须绕行。北京站西南侧的五路交叉口，需进行严格的限行措施。北京站周围道路通达性较差，且周围道路不易进行拓宽建设。

3. 旅客进出站流线分析

图4为北京站站前广场旅客进出站及购取票流线。

图4　北京站站前广场旅客进出站及购取票流线

（1）进站流线

旅客可通过地铁、公交、出租车等方式到达北京站，北京站地铁C口位于站前广场东侧，旅客可通过地铁到达站前广场。C口只出不进，单向组织客流。北京站西 B 公交站下车的旅客，需要穿过社会车辆停车场进入站前广场，北京站东 D 公交站下车旅客向西沿人行道进入站前广场，道路北侧旅客则需要通过过街天桥到达站前广场。社会车辆停车场位于站前广场东西两侧，出租车落客点位于社会车辆停车场入口，旅客可通过步行通道进入站前广场。

（2）购票流线

对于有购票需求的旅客，站前广场东西两侧设有取票处，旅客可选择就近的取票处购票，或穿过站前广场到达铁路售票厅购票。购票完成后，旅客可前往广场中部的铁路进站口检票进站。

（3）出站流线

北京站出站口位于站房东侧，出站旅客可横穿站前广场到达西侧地铁 D 口，或跨越天桥到达道路对侧，由地铁 A、B 口进站换乘城市轨道交通。服务于出站客流的公交站和主要位于广场东侧的 C、D 公交站，旅客可通过人行横道或过街天桥前往。出租车停放点位于站前广场北侧，搭乘社会车辆的旅客可根据车辆停放位置，前往站前广场东侧或西侧的停车场搭乘。

4. 存在的问题

（1）站前广场上地铁进、出站口布局位置不合理，乘客换乘行走距离长。

（2）公交车站较为分散，且乘客换乘行走距离较长。

（3）出租车落客区人车混杂，交通秩序混乱。

（二）北京西站转换环境分析

北京西站位于丰台区莲花池东路、西三环附近，为全国铁路特等站，该站设计为上进下出式。站内设站台 10 座（8 座岛式站台、2 座侧式站台），站内股道 20 条。北京西站的站场为通过式，置于三环路与北蜂窝路之间，采用高架候车、上进下出、南北开口、北侧为主的桥上站形式。

1. 铁路客运量及列车开行情况

北京西站于 1996 年开通运营，曾是亚洲规模最大的铁路客运站之一，也是北京市最繁忙的铁路客运站。2018 年北京西站日开行列车 181 对，高峰期开行列车 208 对，年发送量高达 5464.5 万人次，高于北京南站（4750.2 万人次）和北京站（3521.3 万人次）。北京西站历年旅客发送量如图 5 所示。

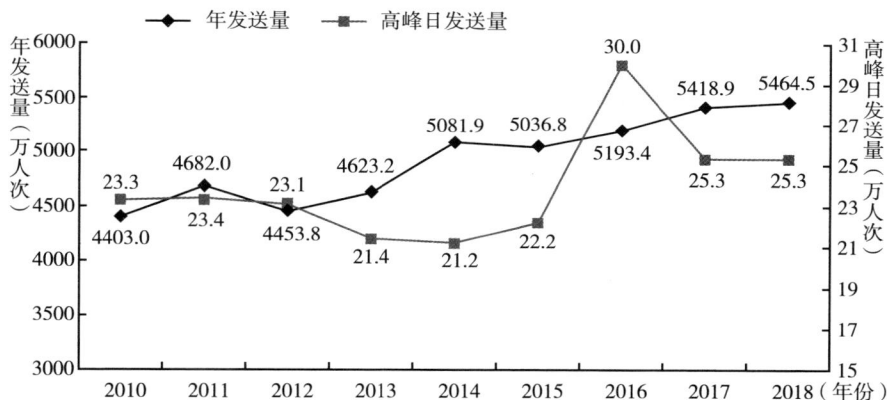

图 5　北京西站历年旅客发送量

资料来源：《北京交通发展年报 2019》。

北京西站开行包括高铁、动车、城际列车等在内的多种等级列车。以 2020 年 1 月 8 日北京西站到站的 386 次列车为例，高铁列车开行 192 次，动车组列车开行 30 次，城际高速列车 24 次，其他列车开行 140 次。不同等级列车开行比例如图 6 所示。其中始发列车 188 次，占比为 48.7%；终到列车 189 次，占比 49%。

统计北京西站各时段到发列车数量如图 7 所示（中转列车到、发时刻各统计一次）。北京西站最繁忙的时间段是 20：00～21：00，共到发列车 26 列，其余繁忙时段为 12：00～13：00、14：00～15：00、16：00～17：00、18：00～19：00 和 21：00～22：00，均到发 25 列。0：00～5：00 到发列车较少，一共 5 列。

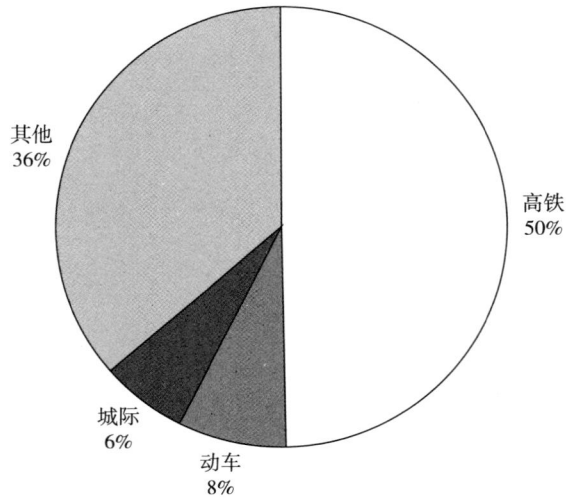

图6 北京西站不同等级列车开行比例

资料来源：www. smskb. com。

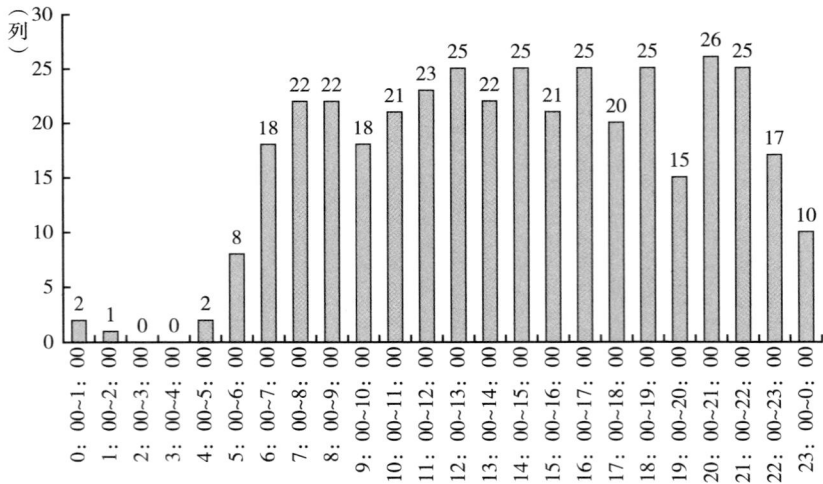

图7 北京西站各时段到发列车数量统计

资料来源：www. smskb. com，2020 年 1 月 8 日数据。

北京西站夜间到发列车如表 10 所示，23：00 ~ 6：00 共有 19 列车到发，以终到列车（12 列）为主。

表 10　北京西站夜间到发列车

车次	列车等级	始发站—终到站	到时	开时
G674	高速动车	宝鸡南—北京西	23：09	终到
K7752	新空快速	石家庄—承德	23：11	23：42
K105	新空快速	北京西—深圳	始发	23：16
C2724	城际高速	大兴机场—北京西	23：18	终到
G406	高速动车	昆明南—北京西	23：18	终到
G528	高速动车	武汉—北京西	23：22	终到
G670	高速动车	西安北—北京西	23：29	终到
G558	高速动车	武汉—北京西	23：34	终到
G1578	高速动车	阜阳西—北京西	23：38	终到
K7727	新空快速	邯郸—秦皇岛	23：49	0：17
K5231	新空快速	张家口—石家庄北	0：55	1：25
K7725	新空快速	秦皇岛—邯郸	4：25	5：00
K599	新空快速	包头—广州	4：54	5：14
K118	新空快速	成都—北京西	5：10	终到
K590	新空快速	重庆—北京西	5：18	终到
K1164	新空快速	长治北—北京西	5：26	终到
K270	新空快速	洛阳—北京西	5：34	终到
G6737	高速动车	北京西—邯郸东	始发	5：34
K1364	新空快速	成都—北京西	5：42	终到

资料来源：中国国家铁路集团有限公司。

2. 城市轨道交通衔接

北京西站（地铁站）位于北京市丰台区铁路北京西站地下，是北京地铁 7 号线和 9 号线的换乘车站、7 号线西端的终点站，也是北京西站建设时预留的车站。7 号线与 9 号线北京西站台位于同一层面，为双岛式、四线布局的同站台换乘设计。车站同时设有两条线路的列车联络线。地铁乘客可直接由地铁站台的自动扶梯进入地铁车站大厅，然后直接进入西客站南、北站房的大厅候车，同时地铁站站厅层也可以连接西客站南、北广场，乘客可在地铁站厅通过，这也减轻了地面交通的压力。

7 号线为东西走向的地铁线，西起北京西站，东至花庄站，北京西站至花庄站方向的首末车时间分别为 5：30、23：00，23：00 以后到达北京西站的旅客无法换乘 7 号线。花庄站至北京西站方向的首末车时间分别为5：12、22：32。7 号线使用 8 节编组 B 型车运营，高峰时期发车间隔为 3 分 30 秒，断面运力约 33600 人/时。

9 号线为南北走向的地铁线，北至国家图书馆站，南至郭公庄站。从北京西站乘坐 9 号线到达国家图书馆站耗时 13 分钟，到达郭公庄站耗时 23 分钟。国家图书馆站至郭公庄站方向的首末车时间分别为 5：39、23：19，郭公庄站至国家图书馆站方向的首末车时间分别为 5：00、22：40。北京西站开往国家图书馆站的末班车时间为 23：01，开往郭公庄站的末班车时间为 23：30。9 号线采用 6 节编组 B 型列车，高峰时期发车间隔约 2 分 30 秒，断面运力约 35000 人/时。

除衔接地铁线之外，北京西站还衔接了北京市郊铁路城市副中心线（S1 线）。该线为东西走向，西起北京西站，东至乔庄东站，途经北京站、北京东站和通州站。北京市郊铁路城市副中心线的时刻如表 11 所示。S1 线采用 CRH6A 型城际动车组列车（京通号），8 节编组，最大载客量达 1471 人。

表 11　北京市郊铁路副中心线时刻

北京西→乔庄东				
车次	北京西	北京	北京东	通州	乔庄东
S101	7：00	7：14/7：15	—	7：33/7：34	7：43
S103	7：18	7：32/7：33	7：42/7：43	7：56	—
S105	7：48	8：02/8：03	—	—	8：27
S111	13：12	13：28/13：30	—	13：49/14：02	14：11
S107	18：27	18：41/18：42	—	19：01/19：02	19：10
S109	19：44	19：58/19：59	—	20：18/20：19	20：28

乔庄东→北京西				
车次	乔庄东	通州	北京东	北京	北京西
S110	5：51	6：00/6：10	—	6：31/6：32	6：45
S102	7：07	7：16/7：18	7：31/7：32	7：43/7：44	7：58
S112	11：55	12：04/12：06	12：20/12：22	12：33/12：35	12：50

乔庄东→北京西				
车次	乔庄东	通州	北京东	北京	北京西
S104	17：58	—	—	18：22/18：24	18：38
S106	18：29	—	18：47/18：48	18：58/18：59	19：13
S108	—	18：55	—	19：14/19：15	19：29

资料来源：中国国家铁路集团有限公司。

3. 地面公交衔接

北京西站周边主要的公交站有北京西站（公交站）和北京西站南广场站，前者主要服务由北广场进出站的旅客，后者主要服务于由南广场进出站的旅客。

北广场遵循"上进下出"的原则，公交换乘旅客从莲花池东路北侧的两个公交站台下车，途经东西两座天桥，分别由北京西站二层的三个进站口进站。东侧进站流线的步行距离约 200 米，西侧进站流线步行距离约 260 米。出站口位于一层，乘客出站后需步行至广场东侧的北广场公交枢纽乘坐公交，三个出站口到达公交枢纽的平均步行距离约为 300 米。由于公交乘客的进出站流线不在同一层，因此二者不存在冲突。

南广场公交换乘旅客进出站流线如图 8 所示。南广场相比北广场的客流量和利用率较低，进出站口在同一层，因此两种流线存在一定冲突。主要公交线路均在南广场公交枢纽处乘降，另两个公交站台主要供乘坐首都机场大巴和大兴机场大巴的乘客乘降，客流较少。

北京西站与 50 条地面公交线路衔接（见表 12），其中包含 43 条普通公交和 7 条夜间公交。北京西站接驳公交网络对海淀区、丰台区、西城区和东城区的覆盖较为全面，门头沟区、房山区、石景山区、昌平区、大兴区也有直达公交线路，有通往大兴机场和首都机场的巴士专线，但对朝阳区的服务较为欠缺，通往通州区的公交线路仅有 820 路。从北京西站去往通州的大部分乘客几乎只能乘坐轨道交通。

图 8　南广场公交换乘旅客进出站流线

表 12　北京西站衔接公交线路

衔接公交站	公交线路
北京西站	3 路、9 路、21 路、40 路、62 路、67 路、89 路、96 路、339 路、374 路、387 路、616 路、616 路高峰快车、663 路、694 路、特 2 路、特 13 路、特 14 路、高校春运专线 1 线、北京站—北京西站接驳线、高校春运专线 4 线、快速直达专线 52 路、夜 5 路、夜 8 路、夜 14 路、夜 23 路、夜 36 路
北京西站南广场站	53 路、109 路、122 路、309 路、309 路区间、349 路、410 路、616 路、820 路、838 路松林店、890 路、890 路担礼区间、917 路快车、968 路、941 路、941 路快车、982 路、997 路、特 17 路、大兴机场大巴北京西站线、首都机场大巴北京西站线、夜 15 路、夜 22 路

当夜晚城市轨道交通系统和普通公交停运时，公共交通系统仅有夜间公交仍在运营，夜间列车的旅客只能选择乘坐夜间公交或出租车离开西站。途经北京西站各夜间公交的信息如表 13 所示。现有的接驳北京西站的夜间公交覆盖范围十分有限，尤其在北京西站以东的区域形成了一个大的服务缺口，甚至二环以内的大部分地区也无法通过夜间公交直接到达，更不用说朝阳区和通州区。

表 13　北京西站衔接的夜间公交线路

公交线路	首末站	从北京西站发车的时间
夜 5	北京站东—田顺庄站	0：04　0：24　0：44　1：04　1：24　1：44　2：24 3：04　3：44　4：24　4：54　5：14　5：34
夜 8	颐和园站—小马厂站	0：23　0：43　1：03　1：23　1：43　2：03　2：43 3：23　4：03　4：43　5：03　5：23　5：43
夜 14	北京西站—国家体育馆公交场站	23：20　23：40　0：00　0：20　0：40　1：00　1：40 2：20　3：00　3：40　4：10　4：30　4：50
夜 15	北京西站南广场—北京南站南广场	23：20　23：40　0：00　0：30　1：00　1：40　2：20 3：00　3：40　4：10　4：30　4：50
夜 22	北京西站南广场—西红门西站	23：20　23：40　0：00　0：20　0：40　1：00　1：40 2：20　3：00　3：40　4：10　4：30　4：50
夜 23	北京西站—吕家营站	23：20　23：40　0：00　0：30　1：00　1：40　2：20 3：00　3：40　4：10　4：30　4：50
夜 36	富丰桥西站—和平东桥南站	23：45　0：05　0：25　0：55　1：25　2：05　2：45 3：25　4：05　4：35　4：55　5：15

资料来源：北京公交集团。

从北京西站直达机场和其他铁路客运站的公交线路信息如表 14 所示。北京西站与各个机场与几个主要火车站之间均有直达公交线路连接，但在夜间仅有到达北京南站的公交。夜间去往机场和其他铁路车站只能选择多次换乘或其他交通方式。

表 14　北京西站到各机场、铁路客运站直达公交

公交线路	目标车站/机场	北京西站首末车时间	耗时
首都机场大巴北京西站线	首都国际机场	北京西站南广场 4：50 ~ 22：00	56 分钟
大兴机场大巴北京西站线	大兴国际机场	北京西站南广场（定班车）11：00，13：00，15：00，17：00，19：00，20：00	1 小时 49 分钟
特 2 路	北京站	北京西站 5：39 ~ 22：09	49 分钟
122 路	北京南站	北京西站南广场 5：00 ~ 0：00	44 分钟

公交线路	目标车站/机场	北京西站首末车时间	耗时
特14路	北京南站	北京西站5：39~23：29	50分钟
夜15路	北京南站	北京西站南广场23：20~4：50	1小时7分钟
夜23路	北京南站	北京西站23：20~4：50	1小时3分钟

资料来源：北京公交集团。

4. 出租车和社会车辆衔接

北京西站共有三处出租车调度站，其中北广场两处，南广场一处。北广场一处是地面出租车调度站，位于北广场东螺旋盘道出口处，另一处位于地下二层北出站口东侧。乘客通过北京西站指示标志从两个出站口很容易到达这两个出租车调度站，步行耗时3分钟。南广场出租车调度站位于地面西侧，旅客从南广场各出站口出站后向西步行3~5分钟可到达。在列车到达高峰时，几个出租车调度站乘客的换乘等待时间较长，甚至超过30分钟。站内"打车难"的问题十分突出，因此许多乘客选择拖着行李，出站沿道路步行一段后打车，对车站周边的交通秩序造成一定干扰。

北京西站社会车辆停车场位于北广场西侧，旅客从北广场地面出站口出站后向西步行约7分钟可到达社会车辆停车场。北广场的社会车辆停车位700余个。相比于公共交通和出租车的客流量，选择私家车与西站接驳的客流量较少。

（三）北京南站转换环境分析

1. 北京南站枢纽换乘概述

北京南站位于北京市丰台区，南二环路、马家堡东路、南三环西路和开阳路之间，是集铁路、地铁、公交车、出租车等市政交通设施于一体的大型综合交通枢纽站。北京南站是中国铁路北京局集团有限公司直属特等站，是北京铁路枢纽内的主要客运站之一。

北京南站是大型立体化交通枢纽，由地上层、地面层和地下层组成，旅客在枢纽内可完成铁路与市内交通的换乘，如图 9 所示。地上层为高架环形道路和铁路候车大厅，乘坐出租车和社会车辆到达北京南站的旅客在此下车，直接通过东西两侧的安检口进入铁路候车大厅。地面层为铁路轨道站台及公交车停驻点，地面层由铁路轨道分为南、北两个广场，铁路出站旅客由此换乘市内公交车。地下共有三层，其中地下一层为换乘大厅以及停车场，地下二层为地铁 4 号 – 大兴线站台，地下三层为地铁 14 号线东段站台。

图 9　北京南站分层布局

2. 北京南站铁路运输情况

（1）客运量及开行列车数

北京南站自 2008 年京津城际开通以及 2011 年京沪高铁全线通车以来，旅客发送量逐年上升。2018 年，北京南站日开行旅客列车 226 列，较上一年增加 26 列；高峰期开行 252 列，较上一年增加 46 列。旅客年发送量 4750.2 万人次，较上一年增加 283.6 万人次，其中高峰日旅客发送量 21.3 万人次。北京南站 2010 ~ 2018 年旅客发送量及开行列车数如表 15 所示。

表15　北京南站2010～2018年旅客发送量及开行列车数

年份	2010	2011	2012	2013	2014	2015	2016	2017	2018
旅客年发送量	1408	1908.7	2563.4	3069.8	3474.4	3706.4	4090.4	4466.6	4750.2
高峰日旅客发送量	7.3	9.5	13.1	13.8	15.1	16.0	19.5	20.1	21.3
日均列车数	82	221	140	147	165	172	184	200	226
高峰日列车数	112	170	182	162	192	185	195	206	252

资料来源：北京交通发展研究院。

（2）铁路始发终到列车时刻

根据北京铁路枢纽内各客运站的分工，北京南站主要承担京津城际和京沪高铁旅客列车的始发终到作业，其部分列车始发终到时刻如表16所示。

表16　北京南站部分列车始发终到时刻

序号	车次	到时/离时	始发—终到
最早到达列车			
1	C2608	6：30	天津西—北京南
2	C2002	6：35	天津—北京南
最晚到达列车			
1	G382	23：38	哈尔滨西—北京南
2	G30	23：33	芜湖—北京南
3	G158	23：29	上海虹桥—北京南
4	G40	23：23	千岛湖—北京南
5	G22	23：18	上海虹桥—北京南
6	C2090	23：09	天津—北京南
7	G44	23：08	杭州东—北京南
8	C2088	23：04	天津—北京南
9	C2086	22：59	天津—北京南
10	G156	22：58	上海虹桥—北京南
11	G154	22：48	上海虹桥—北京南
12	G272	22：41	黄山北—北京南
13	G18	22：36	上海—北京南

序号	车次	到时/离时	始发—终到
14	G396	22：29	丹东—北京南
15	C2596	22：28	滨海—北京南
16	G356	22：23	厦门北—北京南
17	G206	22：18	青岛北—北京南
18	C2230	22：13	天津—北京南
19	G152	22：12	上海虹桥—北京南
20	G388	22：07	大连北—北京南
21	C2678	22：02	天津西—北京南
22	G150	22：00	上海虹桥—北京南
最早始发列车			
1	C2551	6：02	北京南—滨海
2	C2553	6：07	北京南—滨海

北京南站最早终到列车为天津西始发的 C2606 次列车，到站时间为 6：20。

北京南站 22：00 以后到达的列车数共 26 列，分别来自上海、天津、青岛、厦门、哈尔滨、合肥、杭州、吉林等方向。其中，23：00 以后到达的列车为 9 列车，最晚到达的时间为 23：48（上海虹桥至北京南的 G160 次列车）。

北京南站始发列车的最早时间为 6：02，始发最早的列车是去往滨海的 C2551。

3. 北京南站地铁衔接

（1）北京南站地铁线路基本情况

北京南站与 4 号－大兴线、14 号线东段两条地铁线路衔接，线路走向如图 10 所示。4 号－大兴线站台位于地下二层，14 号线站台位于地下三层，两线垂直交叉，站台中部通过楼梯相连。旅客通过地下一层的换乘大厅进行铁路与地铁的换乘，此外，2018 年 8 月北京南站取消了铁路出站换乘地铁的二次安检，旅客可以直接刷卡进到地铁站台乘车。

4 号－大兴线北京南站车站呈西北－东南走向，垂直于地面铁路，线路上、下行方向分别为安河桥北和天宫院。线路采取大小交路运营方式，其中

图 10 北京南站地铁线路走向

小交路为安河桥北—公益桥西，北京南站位于小交路内。上行方向（往安河桥北）首班车时间为 5：15，末班车时间在周一至周四及周六为 23：15，在周五和周日为 0：15。下行方向（往天宫院/公益桥西）首班车时间为 5：45，去往天宫院的末班车时间为 23：03，去往公益桥西的末班车在周一至周四及周六为 23：28，周五及周日为 0：00。高峰期小交路发车间隔为 2 分钟，大交路为 3 分钟；平峰期小交路发车间隔为 4 分钟，大交路发车间隔为 6 分钟。

14 号线东段北京南站车站呈西南 - 东北走向，平行于地面铁路。北京南站为线路下行方向终点站，上行方向终点站为善各庄，线路采取单一交路运营。上行方向（往善各庄）列车在北京南站的首末班车时间分别为 5：30 和 22：40，下行方向到达北京南站的首末班车时间分别 5：51 和 23：21。线路在高峰期和平峰期的发车间隔分别为 4 分钟和 6 分钟。

（2）地铁首末班车与铁路列车衔接

北京南站铁路最早始发列车和地铁首班列车接续情况如表17所示，铁路始发列车最早时间为6：02，首班地铁到站时间在5：15～6：02。乘坐4号－大兴线天宫院—公益桥西区段的旅客无法成功换乘铁路最早始发的列车，乘坐4号－大兴线安河桥北—北京南站区段以及14号线东段至北京南站的乘客分别有17分钟和11分钟的时间换乘铁路，换乘时间相对紧张。4号－大兴线公益桥西—北京南站区段的乘客有47分钟的时间换乘铁路，换乘时间充裕。

另外，铁路最早到达北京南站的列车的到站时间为6：20，乘客到站后均可直接换乘地铁。

表17　北京南站铁路最早始发列车和地铁首班车接续情况

地铁线路	地铁首班车到站时间	铁路最早始发列车	换乘时间（分钟）
4号－大兴线 （公益桥西—北京南站）	5：15		47
4号－大兴线 （天宫院—公益桥西）	6：02	6：02	0
4号－大兴线 （安河桥北—北京南站）	5：45		17
14号线东段 （往北京南站）	5：51		11

资料来源：北京地铁运营公司。

北京南站铁路晚班车和地铁末班车接续情况如表18所示，铁路最晚终到列车的到站时间为23：48，地铁末班车时间在22：40～0：15。在周五和周日，4号－大兴线去往安河桥北和公益桥西的末班车在凌晨以后，所有终到北京南站的铁路旅客均能成功换乘上述两方向的地铁列车；在周一至周四以及周六，可以成功换乘4号－大兴线去往安河桥北和公益桥西方向的最晚铁路终到车次为C2090和G40，无法完成接续换乘的铁路车次分别有6列和4列。4号－大兴线去往天宫院的末班车时间为23：03，最晚能完成换乘的铁路车次为C2086，有9列终到北京南站的铁路列车的旅客不能换乘该方向地铁列车。14 号线去往善各庄收车时间较早，为 22：40，最晚可以换乘该方向地铁的铁路车次为 G18，后续有 14 列铁路列车的旅客不能完成换乘。

表 18　北京南站铁路晚班车和地铁末班车接续情况

铁路晚班终到列车		铁路换乘地铁接续时间(分钟)					
		4 号 – 大兴线				往天宫院	14 号线东段
		往安河桥北		往公益桥西			往善各庄
车次	时间	23：15 周一至周四/周六	0：15 周五/周日	23：28 周一至周四/周六	0：00 周五/周日	23：03	22：40
G160	23：48	—	27	—	12	—	—
G382	23：38	—	37	—	22	—	—
G30	23：33	—	42	—	27	—	—
G158	23：29	—	46	—	31	—	—
G40	23：23	—	52	5	37	—	—
G22	23：18	—	57	10	42	—	—
C2090	23：09	6	66	19	51	—	—
G44	23：08	7	67	20	52	—	—
C2088	23：04	11	71	24	56	—	—
C2086	22：59	16	76	29	61	4	—
G156	22：58	17	77	30	62	5	—
G138	22：53	22	82	35	67	10	—
G154	22：48	27	87	40	72	15	—
G272	22：41	34	94	47	79	22	—
G18	22：36	39	99	52	84	27	4
G396	22：29	46	106	59	91	34	11

注：—表示不满足接续换乘。
资料来源：12306 官方网站、北京地铁运营公司。

4. 北京南站公交衔接

北京南站枢纽内公交车停靠点分别位于地面层的南广场和北广场，为丰富北京南站地区对外交通与多方向、多区域的市内交通的换乘服务，北京南站提供 15 条常规公交车线路、3 条夜班车线路、2 条机场大巴线路、6 条高铁专线以及 2 条免费摆渡车线路。

（1）日间常规公交线路

北京南站日间市内公交换乘点有南广场（北京南站南广场公交站）和

北广场（北京南站公交站）两处，共衔接 15 条线路。北广场衔接 9 条公交线路，包括快速直达专线 155 路；南广场衔接 6 条公交线路，包括特 17 路和专 53 路。北京南站日间常规公交线路运营区间、运营时间信息如表 19 所示，652 路和专 53 路分别为亦庄方向和南广场周边的通勤线路，仅在工作日的早晚高峰运营；除此之外，其余线路首班车时间在 4：50～7：20，末班车时间在 22：30～23：00。

表 19　北京南站日间常规公交线路运营信息

线路	运营区间	运营时间	停靠点
25 路	北京南站—城外诚	6：10～23：00	北广场
381 路	永定门长途汽车站—西红门公交场站	6：00～23：00（永定门）	
485 路	北京南站—振亚庄	6：30～23：00	
快速直达专线 155 路	北京南站—西铁营	7：20～22：50	
20 路	北京南站—北京站东	5：00～23：00	
106 路	北京南站—东直门枢纽站	4：50～23：00	
458 路	北京南站—南宫迎宾路南站	5：30～23：00	
102 路	北京南站—动物园枢纽站	4：50～23：00	
133 路	北京南站—晓月苑小区	6：00～22：30	
343 路	北京南站南广场—地铁新宫站	5：30～22：40	南广场
529 路	北京南站南广场—翠海明苑	5：30～23：00	
652 路	北京南站南广场—开发区交通服务中心	平日 6：30～10：30、16：30～20：30 节假日停驶	
665 路	北京南站南广场—泰河园小区	5：30～23：00	
特 17 路	北京南站南广场—北京西站南广场	5：00～23：00	
专 53 路	北京南站南广场—北京南站南广场	平日 6：00～9：30、16：00～19：30 节假日 9：030～16：30	

资料来源：北京公交集团。

北京南站日间常规公交线路（不含 652 路和专 53 路）中，往城市南部地区的线路较往北部地区的线路更多。南向公交线路与房山、大兴和亦庄方向衔接，北向线路分别去往东直门和西直门。同时，北京南站通过特 17 路和 20 路公交线分别与北京西站和北京站衔接。

（2）夜间公交线路

北京南站日间常规公交线路在23：00以后停运，为方便23：00以后到达北京南站的铁路旅客的出行，北京南站开通6条高铁专线公交线路、3条夜间公交线路和2条免费摆渡车线路，同时在春运期间对部分常规公交采取末班车延长等措施。

北京南站开通运行了6条高铁专线公交线路，通往三元桥、公主坟、武夷花园、回龙观、天通苑、来广营等大型居住区。高铁专线的运营时间为每日23：00～24：00，6条线路的上车站点均设在北京南站北广场，采取定点发车和人满即发车相结合的运营模式。

北京南站有夜17路、夜15路和夜24路三条夜班车公交线路。夜17路上车站点设在北广场，去往北京站东；夜15路和夜24路上车站点设在南广场，分别去往北京西站南广场和和平东桥西。北京南站夜班公交车运营时间为23：20～4：50，发车间隔为20～40分钟，具体发车时刻如表20所示。

表20　北京南站夜班公交车时刻

线路	夜15	夜17	夜24
运营区间	北京南站南广场—北京西站南广场	北京南站—北京站东	北京南站南广场—和平东桥西
发车数(列)	13	12	13
时刻表	23：20 23：40 0：00 0：30 1：00 1：40 2：20 3：00 3：40 4：10 4：30 4：50	23：20 23：40 0：00 0：20 0：40 1：00 1：40 2：20 3：00 3：40 4：10 4：30 4：50	23：20 23：40 0：00 0：20 0：40 1：00 1：40 2：20 3：00 3：40 4：10 4：30 4：50

资料来源：北京公交集团。

客流高峰期，北京南站对 102 路、106 路、133 路和 665 路常规公交线路采取延长末班车的措施，末班车由原来的 23：00 延长至 0：15。102 路和 106 路为北向线路，分别去往动物园枢纽站和东直门枢纽站；133 路为西南向线路，去往晓月苑小区；665 路为东南向线路，去往泰河园小区。

此外，北京南站南北广场各开设一条免费摆渡车线路，主要服务北京南站周边，线路运营时间为 23：00~0：30，每 15 分钟一趟。北线始发站点位于北广场地下出口东侧，线路全长 10 公里；南线始发站点位于南广场地铁出口西侧，线路全长 7.5 公里，站点如图 11 所示。平日保障车辆规模为 10 辆 20 座小车型，周五、周日及节假日客流高峰期可视情况增派 38 座及 50 座的大中型车，以满足乘客需求。

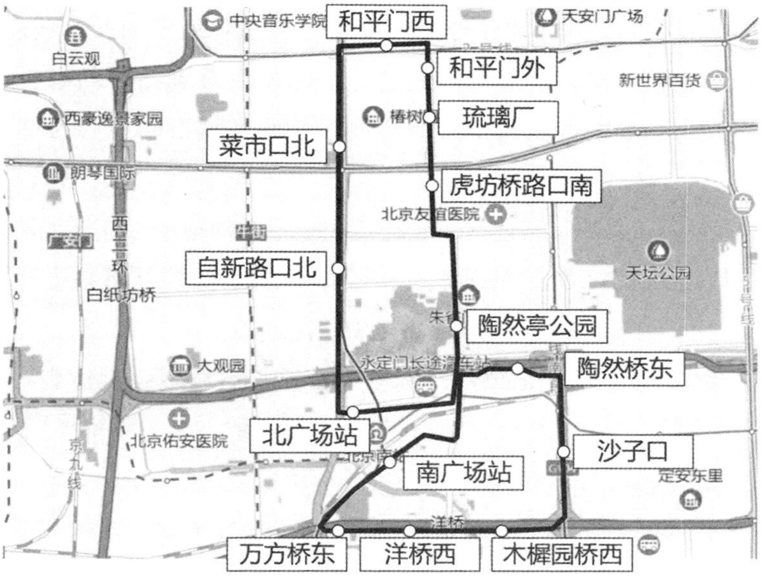

图 11　北京南站免费摆渡车线路走向

北京南站作为北京重要的对外铁路枢纽，其与北京首都国际机场和北京大兴国际机场均有接驳大巴衔接，巴士运营信息如表 21 所示。机场大巴末班车时间均在 21：00 及以前，在此之后到达北京南站的铁路列车旅客需选择其他交通方式去往机场。

表 21　北京南站机场大巴运营信息

线路	去往	运营时间	发车间隔	上车地点
大兴机场大巴北京南站线	北京大兴国际机场	5：00～21：00	≤30 分钟 客满随时发车	北京南站北广场
机场大巴 2 号线北京南站线	北京首都国际机场	5：00～20：30	30 分钟	

资料来源：北京民航机场巴士有限公司。

（四）北京城市副中心站转换环境分析

根据规划，北京城市副中心站综合交通枢纽将建于通州区杨坨地区，这里是京滨城际铁路、京唐城际铁路近期的始发终到站，同时也是城际铁路联络线、京秦铁路及北京市中心城区至北京城市副中心市郊列车的重要车站。

在 6 号线、7 号线、八通线东延的基础上，新的副中心地铁线路正在规划，未来计划接入 M6 线、M18 线、D1 线等线路。届时将形成七横三纵的轨道交通线网，实现副中心与中心城区的快速通达。

未来在北京城市副中心站将可以乘坐铁路京唐城际（到达唐山、秦皇岛）、京滨城际（到达滨海新区）、城际铁路联络线（到达新机场）、城市轨道交通 M6 线、M18 线（R1）线、预留城市轨道交通线（D1）线。

二　丰台站建设方案与交通转换环境研究

本部分主要研究新丰台站的建设方案与交通转换环境，包括对新丰台站基本情况的介绍、对各年度客流量的预测和当前所衔接的地铁与相关公交线路情况。

（一）丰台站概况

1. 丰台站站址

新丰台站位于北京市丰台区丰管路以南、丰台东大街以东、丰台东路以北、西三环与西四环之间，如图 12 所示。距已停运的丰台站约 1 公里，建成后总建筑面积为 39.88 万平方米。新丰台站从此前的货运站提升为高速铁路枢纽站。

图 12　丰台站站址

根据丰台分区 2017~2035 年国土空间规划，丰台站位于北京南站西侧、北京西站南侧、西三环与西四环之间，能够分流北京西站及北京南站过度聚集的客流。另外，丰台站靠近丰台区丽泽金融商务区、中关村丰台园区等重点城市功能区域，丰台站的建立能够带动周边发展。

2. 车站设计

丰台站是国内首个采用双层车场设计普速、高速铁路枢纽。普速车场设有 11 台 20 线，将承担北京西站目前所有普速列车的始发终到作业；高速车场设有 6 台 12 线，主要承担京广、京港台等高铁始发终到作业。按照设计规划，丰台站将采用平屋面带柱廊建筑造型，融合铁路、公交、地铁、市政及相关配套设施，地上四层，地下三层。站房采用双层车场设计的普速车场与高架车场，普速车场位于地面层，高速车场位于地上三层，而地上二层设计为候车室，乘车、换乘效率均较高。地下三层区域主要用于换乘公交及地铁。

图 13　丰台站设计概念图

3. 丰台站功能定位

根据国家新公布的中长期铁路网规划，北京丰台站的改建将进一步完善北京铁路枢纽西南部客站功能，也将缓解北京西站的客运压力，为北京市郊铁路的开行奠定重要基础。在客运任务上，新丰台站将承担京石城际客车的始发终到，京广客专部分客车的始发终到，京广、丰沙、京原、京九、京沪线旅客列车的始发终到作业及通过旅客列车到发作业。新丰台站将会成为北京铁路枢纽连通全国各地范围最广的车站。其中，普速车场可以与京沪线、京广线、京九线、丰沙线、京原线相连，高速场则是京广高铁和京港台高铁的始发站。

（二）预测旅客发送量

1. 预测方法及依据

（1）预测方法

①根据北京铁路枢纽所处地理位置，结合衔接线路功能定位，划分 OD

小区，编制基年客流 OD 表；

②根据 OD 交流统计资料，结合北京铁路枢纽衔接各线吸引范围及功能定位，分析北京枢纽与各线的旅客交流量，预测北京铁路枢纽旅客发送量，确定枢纽旅客列车开行方案；

③结合北京枢纽客运站分工，预测丰台站旅客发送量，确定丰台站旅客列车开行方案。

（2）预测依据

①北京铁路局 2006～2015 年客运统计资料；

②北京市历年统计年鉴；

③北京市城市总体规划（2004～2020 年）；

④北京市人民政府关于昌平、大兴、房山、怀柔、门头沟、密云、平谷、顺义、延庆 9 个新城总体规划的批复文件。

2. 北京铁路枢纽现状旅客发送量分析

目前实现北京铁路枢纽功能的共有四个车站，分别是北京站、北京西站、北京南站、北京北站。

从主要客流流向及发展趋势分析，目前，中长途旅客客流流向主要有东北、华东、中南等地区，约占中长途客流总量的 70%。中短途旅客客流主要流向天津、唐山、秦皇岛、石家庄等城市，约占中短途客流总量的 80%。因中长期铁路网络的规划与建设，全国范围内的客运网络规模将不断扩大，中长途客流量也将随之增长，尤其是去往西南地区和西北地区的客流增长较快。同时，随着北京周围城市群进入飞速发展时期，中短途客流量将呈大幅增长态势。

3. 丰台站客流预测结果及分析

根据年度全国快速客运网形成及北京铁路枢纽衔接线路建设进度、旅客运输组织模式、北京市客流特点等因素，预测 2025 年、2035 年北京铁路枢纽旅客发送量分别为 21500 万人次、25000 万人次。结合前文所述北京各客运枢纽功能定位，考虑到功能定位的转移，笔者在上述分析的基础上，编制了 2025 年、2035 年客运 OD 表。根据客运 OD 及各方向衔接线路的吸引范围，确定北京市与各干线旅客发送量（见表 22）。

表 22　北京铁路枢纽主要客运站历年旅客发送量

单位：万人次

车站	2009 年	2010 年	2011 年	2012 年	2013 年	2014 年	2015 年	2025 年（预测）	2035 年（预测）
北京站	2785	2774	2749	2811	3324	3469	3446	1330	1706
北京西站	4090	4403	4682	4454	4623	5082	5041	4050	5075
北京南站	966	1408	1909	2647	3070	3474	3721	4785	5655
北京北站	183	190	248	287	338	333	339	3161	3625
丰台	30	14	—	—	—	—	—	6202	7207
副中心站	—	—	—	—	—	—	—	1682	1494
合计	8054	8789	9588	10199	11355	12358	12547	21210	24762

资料来源：中国国家铁路集团有限公司。

丰台站主要承担京沪（既有线）、京广（既有线）、京九（既有线）、京原线、丰沙线、京广客专线、京石城际线以及未来可能开通的市郊车的客运任务，结合上述预测结果，预测年度丰台站旅客发送量构成如表 23 所示。

表 23　丰台站旅客发送量构成

单位：万人次

线路	旅客发送量	
	2025 年（预测）	2035 年（预测）
京沪（既有线）	899	957
京广（既有线）	1363	1392
京九（既有线）	725	783
京原线	87	87
丰沙线	435	435
京广客专	1682	1958
京石城际	1015	1305
市郊车	0	290
合计	6206	7207

资料来源：中国国家铁路集团有限公司。

从预测结果来看，丰台站由于规模较大且承担的客运任务较重，在预测年将成为北京市旅客发送量最大的铁路枢纽。丰台站的客运任务包括了大量的普速线路任务、高铁客运任务以及城际客运、市郊客运任务，涉及范围广。

（三）衔接公交情况

1. 衔接地铁情况

丰台站未来将与位于丰台站西南角的地铁 10 号线相连。其站台位于地下二层，旅客换乘可以从 10 号线站厅出发，经过地下交换厅，进入丰台站地下一层。另外，16 号线将南延至丰台站，站台位于地下三层，16 号线采用的是 8A 编组列车，运力较大，能更好地承担丰台站大客流的疏散任务。

10 号线目前开行 6B 编组列车，列车运力为 1500 人左右。以丰台站为基准，内环方向班车时间为 5：55、23：49，外环方向班车时间为 5：17、23：02。16 号线采用 8A 编组列车，列车运力能够达到 2350 人左右，目前已开通运营的 16 号线运营时间为：西苑站班车时间 6：00、22：55，北安河站班车时间 5：25、22：30。由北京市地铁 2020 年规划图（见图 14，星标为丰台站）可见，丰台站与 10 号线和即将开通的 16 号线南延段形成换乘。通过 10 号线及 16 号线，可以实现和大部分线路一次换乘，换乘效率高。从运营时间上看，两线路在 23：00 后，均会关闭，23：00 后到达或出行的旅客不便使用地铁出行。

2. 衔接公交情况

目前，原丰台站周边公交站点主要是丰台火车站。其通过的公交线路较少，主要包括 395 路、459 路、477 路、678 路及夜 16 路（见表 24）。从运营时间看，目前开通的常规线路，首班车时间主要集中于 5：30 ~ 6：30，末班车时间主要集中于 22：00 ~ 23：00；夜班车班次较少，夜 16 路的运营时间为 23：20 ~ 4：50。在运营时间上，能够覆盖一天 24 小时。在线路的运力上，目前仅存在 4 条常规线路及 1 条夜间线路，面对未来的新丰台站客流需求，公交运力明显不足。

公交线路主要覆盖了丰台站东北及西南方向的区域。向东北方向最远延

图 14　北京市地铁 2020 年规划图（局部）

伸至北京西站及复兴门区域。向西南方满足丰台内部主要区域的出行。因此，目前的常规公交线路，能够通达丰台主要功能区，但对北京中心城区的覆盖能力较差。

综上所述，目前丰台站周边的公交线路较少，且覆盖范围有限，主要能够通达丰台内部区域及部分城市中心区，丰台站对于全北京市的辐射，依赖于轨道交通。从运营时间上看，常规线路仅能够覆盖 23：00 之前的出行，而夜间公交仅仅只有一辆，难以满足未来丰台站的大客流夜间到达及出行需求。

表 24　丰台火车站公交线路信息

线路	起终点	首末班车时间	
395	复兴门南—富丰桥南	起点站 05：30～22：00	终点站 05：30～21：00
459	南宫迎宾路—丽泽桥	起点站 05：25～21：00	终点站 06：30～22：00
477	明春苑—广外关厢	起点站 05：00～22：30	终点站 05：50～23：20
678	永合庄—海户屯	起点站 05：30～22：00	终点站 06：30～23：00
夜16	航天桥西—晓月苑公交场站	起点站 23：20～04：50	终点站 23：20～04：50

三 改善建议

针对上述各铁路客运站在流线设计、线路衔接、线路能力等方面存在的问题，本部分分别对北京站、北京西站和北京南站提出改善建议。

（一）北京站

1. 优化地铁换乘接驳

当前站前广场西侧的地铁 D 口只进不出，东侧的地铁 C 口只出不进，在低峰或平峰时期，客流需要穿过整个站前广场从 D 口进入地铁站，而 C 口出站需要买票的乘客也要穿越一次站前广场到达售票厅，造成换乘的服务水平下降，换乘舒适性降低。当然这样的设计是有好处的，可以使得在客流高峰时期延长进出站旅客流线，旅客不会在进站或出站时发生较大的拥堵。

根据以上分析，建议将地铁进、出站口分客流高、平、低峰期进行管理，在客流平、低峰期间，地铁 C、D 口均可出入地铁站，在高峰时期 C 口为地铁出口，D 口为地铁入口。这样可保证在平、低峰旅客可高效便捷进出北京站，在高峰时期不易造成地铁出入口的拥堵。

2. 做好地面公交车站的导向指引

公交是一种能有效分担客流的方式，但暂时未被有效利用。一方面，加强标识引导，提供更为完整的线路信息，降低旅客寻找公交站的难度。另一方面，整合公交站点，于北京站较近区域建立大型的公交场站，减少乘客换乘等待及行走时间。

3. 改善出租车接驳问题

根据前述分析，北京站前段的出租车调度站紧靠北京站西街，即为几条车道通过道路护栏分隔形成，出租车在调度站内行驶易受阻，调度站能够停靠的出租车数量少，造成了多数出租车只能在车道上等候进入调度站，对该车道直行车辆的行驶造成影响，也易造成交通拥堵。建议将北京站前端的出租车调度站改造成地下调度站或者地面上的港湾式调度站，将使出租车辆能更加流畅地进入调度站，同时不对主路的车流行驶造成影响。优化后的流线如图 15 所示。

图 15 优化后的平、低峰期流线

（二）北京西站

1. 改善北京西站与东二环以东地区的夜间公交衔接

从上文对北京西站转换环境的分析可知，当前北京西站存在的主要问题之一是夜间接驳公交覆盖范围小，西站东部存在公交服务缺口，旅客无法通过乘坐夜间公交直达东二环以东的区域。因此，可考虑对现有夜间公交线路走向进行一定的调整，扩大西站接驳公交的服务范围，改善转换环境。

北京市现开行夜间公交共 34 条，其中夜 1 路、夜 5 路和夜 7 路是三条整体呈东西走向的线路，夜 5 路已经接驳了北京西站，夜 5 路和夜 7 路途经北京西站周边区域，因此可对这三条线路进行调整，形成三个方案如下。

（1）方案一：夜 1 路改道

夜 1 路首末站为老山公交场站和四惠枢纽站，若将途中新兴桥和复兴门桥之间区段的线路由现行复兴路改道走南侧的莲花池东路，则可在北京西站（公交站）设站，接驳北京西站。西站换乘乘客夜间可直接乘坐夜 1 路向东到达四惠枢纽站，在此站换乘夜 27 路（大北窑东—武夷花园）可到达通州区，将改变西站无夜间直达公交到达东二环以东地区的情况。

（2）方案二：夜 5 路延长

夜 5 路是直接与北京西站接驳的东西向公交线路，但其东向最远处只到达北京站。可考虑将夜 5 路东端延长，走建国路和京通快速路接驳四惠枢纽站，实现与夜 27 路的接驳。

（3）方案三：夜 7 路改道

夜 7 路从韩庄子北站开往平乐园北站，最靠近北京西站的公交站为莲花池站，此站距离北京西站南广场仍有一定距离。可考虑将六里桥和广安门桥之间的区段改道走莲花池东路，在北京西站（公交站）设站，则能更好地接驳北京西站，往北京东部区域输送乘客。

2. 增加出租车供给数量，加强对网约车的引导

当前高峰时期北京西站出站旅客换乘出租车的排队等待时间过长，旅客打车难的问题十分突出。对于携带大件行李的旅客，乘坐公共交通十分困难，对于夜间到达旅客，夜间公交服务范围有限、发车间隔较长。因此改善西站的出租车接驳十分必要。应考虑在高峰期间向北京西站增派出租车，如果有可能也可增加出租车候车点的队列数，提高乘客乘坐出租车的效率。

当出租车供给数量有限时，可考虑发挥网约车的能力。当前主要问题之一是西站没有设置特定的网约车乘降点，乘客约车较为盲目，换乘效率低下。因此，应加强对网约车的引导。倘若划分社会车辆停车场作为网约车的乘降点，则应在站内外设置标志，引导网约车进入社会车辆停车场停车，在站内引导乘客前往网约车乘降点乘车，使乘客与车辆的对接更加便捷。

（三）北京南站

1. 优化南北广场进出站流线

目前，北京南站平面层承担南入口与北入口的功能，地下一层承担南出口与北出口的功能，南北广场进出口分别设置，易形成混淆，导致流线冲突和干扰，降低换乘效率，并形成了一定的安全隐患。

南广场换乘公交便捷度较差，旅客从南广场出口出站，需要绕行经过南

入口，因此在南入口形成了到达旅客和出站旅客的流线冲突，降低了进站效率。另外，公交体型较大且通过车辆较多，易阻碍行人视线，造成安全隐患。北广场进出口分层设置，布局较为合理，但缺乏引导标识，甚至存在标识错误的情况，在客流量较大时，极易形成进出站流线冲突。

2. 优化地铁末班车时刻表与铁路的衔接

4 号 - 大兴线去往安河桥北和公益桥西方向的列车周五和周日末班时间分别为 0：15 和 0：00，可以满足所有到达北京南站的铁路旅客换乘需求。但是，4 号 - 大兴线除上述时间以及 14 号线末班车时间均早于铁路最晚班次到达时间（23：48），使得多趟 23：00 以后到达北京南站的铁路列车的旅客无法换乘地铁。

3. 提高北京南站同城市南部和西部区域的夜间公交车覆盖率

日间常规公交在 23：00 以后停驶，为满足 23：00 以后铁路到达旅客换乘市内公交的需求，北京南站开通 6 条高铁专线和 3 条夜班公交，并在客流高峰期适当延长多条日间公交线路运行时间。高铁专线主要去往望京、天通苑、回龙观、通州武夷花园、三元桥、公主坟等向北和向东方向；3 条夜班车中两条衔接北京西站和北京站，1 条去往东北向三元桥和和平桥西地区。23：00 以后往城市北部和东部地区的铁路旅客较为方便，但向南去往石景山、房山、大兴和亦庄等西部和南部地区的线路覆盖不足。

参考文献

史芮嘉、茹祥辉、马洁、刘李红：《北京大型铁路客运枢纽客流特征分析》，《品质交通与协同共治——2019 年中国城市交通规划年会论文集》，2019。

张会、王文红、郭可佳、李玲：《北京火车站接驳问题及对策》，《城市交通》2017年第 2 期。

B.10
京张铁路沿线遗址公园规划设计实施策略研究

摘　要： 本报告聚焦京张铁路遗址公园的规划与实施过程，主要从规划设计与实施策略两个方面开展研究。规划设计方面，考虑了京张铁路遗址公园总体规划设计、公园铁路沿线地区城市更新规划、公园启动区规划、公园关键节点深化设计四个主要方面。在此基础上，本报告从创新土地利用策略、创新空间设计策略、政策法规先行、创新组织模式、重塑场所历史文化特性五个方面展开实施策略研究。本报告认为应当将京张铁路遗址公园作为北京城市西北地区重要的发展机遇，以线带面，基于城市宏观视角统筹规划，利用铁路沿线历史、文化、科技优势，营造以创意文化、前沿科技、生态休闲等为特色的城市新兴活力中心。

关键词： 京张铁路　遗址公园　城市更新　废弃铁路改造

一　研究背景

（一）国内外铁路公园的发展及研究动态

铁路是现代大都市重要的基础设施，在带来交通便利的同时，它们对城市景观造成了破坏，割裂了城市，造成城市空间和功能的破碎化，带来大量的环境、经济和社会问题（林箐，2017）。从20世纪60年代开始，随着公路运输的兴起、人口膨胀及环境污染的加剧，以美国为代表的国外许多城市进行了大量研究和实践，试图更新清除铁路基础设施或者减轻轨道交通对城市空间、城市功能和城市生态的分割。这些经验对于京张铁路遗址的利用、规划和建设具有积极的借鉴意义。

美国对废弃铁路空间的改造开始较早，有许多成功的经验。1968 年《国家游步道体系法案》（National Trails System Act）首次提及将废弃铁路改造为游道的可能性。1976 年，美国通过了有关铁路复兴及管理改革的 4R 法案（Railroad Revitalization and Regulatory Reform Act），其中包括了将美国废弃铁路改造为公共步道的内容。"铁路银行"的条款允许将这些废弃铁路的所有权保持在公共部门的手中，而不是卖掉或拆除（林箐，2017）；"废弃铁路路权"条款正式将"废弃铁路"与"步道"联系在一起。1986 年，民间的"轨道变步道"保护组织（Rails to Trails Conservancy，RTC）在华盛顿成立，其目标是推动美国废弃铁路线向游步道转化。据该组织统计，到 2020 年，美国共有 2203 条共计 39075 公里废弃铁路改造的步道建成，同时尚有 848 条在建，为美国民众提供了高品质的游憩空间。

位于芝加哥北部的埃尔罗伊 - 斯巴达国家步道（Elroy-Sparta State Trail）就是其中之一。步道总长为 52.3 公里，原为修建于 1873 年的芝加哥和西北铁路（C&NW），主要用于运输农产品和乘客，1964 年停止运营。威斯康星州自然资源部于 1965 年购买了此废弃铁路的通行权，并提出要改造为一条铁路游道。步道最初被指定为远足小径，C&NW 于 1965 年拆除了部分铁轨，1966 年添加了自行车道，1968 年添加雪地摩托通道，但改造后仍保留了大量铁路遗产，保留下了钢桥和木桥，以及车站建筑、围墙、哨所、避难所和隧道（见图 1），并连接了周边的许多公园与游憩地。1971 年，它被美国内政部指定为国家游步道，每年有 40000 人使用这条小径，带动了周边的发展。

继美国之后，欧洲较早的工业化国家也陆续出现了许多废弃铁路设施更新改造的成功案例，以德国和法国、英国为代表。

21 世纪，世界范围内的铁路公园建设进入新的活跃期，并逐步由郊野

图 1　埃尔罗伊－斯巴达国家步道

资料来源：埃尔罗伊－斯巴达国家步道介绍，TrailLink 网站，https：//
www. traillink. com/trail/elroy－sparta－state－trail。

走向城市内部，与城市的更新发展关系日益紧密，功能不断丰富，公园的形
式多姿多彩。

巴黎梵尚线林荫步道（Promenade Plantée）是首个在高架铁路线上建
设的公园，前身是巴士底地区通往巴黎东郊的高架铁路，20 世纪 60 年代
就已停运，1993 年这里被改造绿色长廊，长 4.5 公里的步道上，下面是店
铺，顶上是公园。公园内种植了大量的海棠、连翘、樱花，高架铁路边上
则植有法国梧桐。这里植物交相成趣（见图 2）。纽约高线公园（High
Line）就是受到它的启发，成为废弃铁路更新改造成为城市新地标的著名
案例。

图 2　首个高架铁路公园——巴黎梵尚线林荫步道

资料来源："Visite de Paris：La promenade plantée-coulée verte Paris 12"，francedigitale
网站，https：//francedigitale. com/randonnee/afficher/58/。

高线公园是全球公认的城市复兴和空间更新的典范，其前身是一条连接哈德逊港口和食物工厂区的铁路货运专用线，1930年兴建。1980年全线停运之后，废弃的高线铁路野草丛生、锈迹斑斑，高架桥下阴暗肮脏，犯罪活动经常发生。一些居民将其作为城市中"丑陋的眼中钉"，强烈呼吁将高线铁路拆除，另一部分人则对这里充满感情。1999年，高线铁路附近的两位居民成立了非营利性的保护组织"高线之友"（Friends of the High Line），他们受到巴黎成功经验的启发，倡导将高线铁路作为公共空间进行保护和再利用，成为高线公园项目的重要推手。从2005年开始，纽约市花费9年时间，将曼哈顿中心区的这段废弃铁路改造为重获新生的高线公园。公园跨越22个街区，长度2.4公里，距离地面高度约9米，已经成为纽约最受人欢迎的景点之一。高线公园在高密度城市中提供了一条宝贵的绿色廊道，为人们的休憩游览提供了舒适的公共空间，人们在此不仅可以欣赏到美丽繁茂的植物景观、观看演出、享受美食，或只是与邻居朋友小憩一会儿，还可以从空中眺望城市和哈德逊河的风景，共同分享这一独特的城市视角（见图3）。高线公园还带动了周边城市区域的发展，其规划设计考虑了曼哈顿地区人口密度高、商业潜力大的区位特色，确定了废弃高架铁路改造与周边用地性质紧密结合的一体化发展策略，同时利用纽约文化中心的优势，将铁路线两侧原本的废弃工业厂房改造为创意艺术聚集地，成功带动了周边30个项目的开发，产生1.2万个工作岗位。目前高线公园每年吸引约400万游客，从2010年至今带动了超过220亿美元的市场投资，预计在未来20年内将为纽约市政府带来9.8亿美元的税收。

因为宽度有限，废弃铁路线通常比较适合于改造成绿道或者线性公园，而废弃铁路站场因为占地面积较大，更适合改造为大型公园或者进行综合性城市开发。如占地40公顷的柏林三角公园（Park am Gleisdreieck）和占地37公顷的北站公园（Parkam Nordbahnhof），原来均是德意志帝国时期的铁路枢纽战场（林箐，2017），废弃后荒无人烟，改建成公园后广袤的草地、郁郁葱葱的森林和保留的铁路遗迹为周围居民提供了舒适迷人的城市公共环境，花圃、大型露台、雕塑小品、运动场和广场点缀其中，形成了充满魅力

图 3　高线公园

资料来源:《美国纽约高线公园》,中国公共艺术网,2014 年 4 月 8 日,http://www.cpa‑net.cn/news_detail101/newsId=1195.html。

和生机的城市景观。

对于拥有大量停运铁路设施资源的城市来说,依托废弃铁路线及其设施,对城市进行综合性的更新已经逐渐成为城市发展的一种思路。亚特兰大环线项目(The Atlanta Belt Line)利用一条环绕城市的废弃铁路,将铁路沿线废弃地与未开发用地整合,更新为集栈道、交通运输、住区以及公园于一体的项目,是目前美国最大的城市重建工程之一。依据《亚特兰大环线再开发规划》,环线改建将形成多功能步道 53 公里、现代有轨电车 35 公里和公园 2000 公顷。在旧铁路两侧 2.4 公里范围内,规划连接了 45 个社区并影响超过 10 万人,都处在离市中心几公里的范围内,为城市提供了绿地、游径、交通和新发展机会。当环线全部建成后,它将为区域交通网络提供最后 1 公里的连通性,并且将亚特兰大带入 21 世纪经济发展和可持续发展的轨道(李苑溪、黄鼎曦,2018)。

随着高线公园的成功实践,各个国家的不同城市开始纷纷效仿试图将各自的废弃铁路改造,为城市更新带来新的动力。悉尼高线公园、东京代官山东横线、费城瑞丁高架公园、伦敦康登高线公园、新加坡轨道绿色走廊、首尔 7017 高架公园等废弃交通设施改造项目都深受高线公园的影响。日本东京东横线铁路涩谷至代官山之间的线路地下化改造后,代官山地面铁路旧址经过改造成为现代化的商业街区(Log Road Daikanyama),在地形复杂、草木林立的住宅街道中建设了风格各异的咖啡馆和商店,被称为东京的布鲁克林；新加坡轨道绿色走廊绵延 24 公里，从南到北贯穿整个新加坡岛，原本是连接马来西亚和新加坡的铁路线，改造后连接了多处城市独立绿地，将为城市生态环境的可持续性发展做出巨大贡献；首尔 7017 城市公园由火车站附近的废弃城市高架桥改建而成，公园走廊以"多样性植物村落"为主题，聚集了 50 多种不同科目的树木花草，种植了 24000 株植物，改造的主要目标是提升城市景观，优化首尔中央火车站周边的交通环境，缩短旅客步行距离。

上述一系列铁路遗址公园建成后，在世界范围内产生了广泛影响，对国内影响也很大。我国铁路建设晚于西方，此前刚刚经历了高速城市化发展阶段，因此过去相当长的一个时期内，关于废弃铁路线、铁路建筑与场站利用的相关项目和研究数量不多。随着近年来国内城市发展由增量规划进入存量规划、城市更新阶段，铁路遗产的利用成为新兴的热点，如何通过铁路遗址的利用推动绿色城市、健康城市的建设，并且带动铁路沿线周边地区更新发展，成为城市管理者、建设者和学术领域关注的焦点。目前国内已经建成开放的铁路公园数量不多，大部分建成于 2010 年以后，有代表性的包括滇越铁路主题公园、厦门铁路文化公园、天津环城铁路公园、哈尔滨中东铁路公园、嘉兴苏嘉铁路遗址公园、杭州江墅铁路遗址公园等。

厦门铁路文化公园位于厦门城市中心区，原为鹰厦铁路延伸线，虽然荒废多年，但保留了厦门交通发展的最初记忆，周围分布着多个景点和历史城区，蕴含着深厚的历史文化底蕴。铁路线用地长 4.5 公里，宽 12～18 米，原本仅仅是南侧厦门植物园与北侧居住区之间的狭窄灰空间。2012 年厦门市将其建设成绿道公园对市民开放，用于完善城市绿地系统、提供市民休闲场所，同时也是消除城市消极空间的一个有效的措施。厦门铁路文化公园是国内城市绿道规划设计比较成功的案例，它基于厦门城市环境和土地利用情况重新诠释了绿道慢行系统的内容，将公园内和周边各个景点进行串联，与国外城市慢行系统做法不同（见图 4）。

中东铁路公园位于哈尔滨市道里区与道外区交界处，项目占地 10.39 万

图4　厦门铁路文化公园

资料来源:《厦门铁路文化公园(1)》,新浪网站,2017年10月25日,http://blog.sina.com.cn/s/blog_4a0080a80102xa2r.html。

平方米,规划总长度为5.2公里。中东铁路是沙俄在1898年根据《中俄密约》在我国东北地区修建的丁字形铁路,总长度近2500公里,是东北地区百年历史发展和中国近代工业发展的见证。2014年4月,随着哈齐高铁的断道施工安排,中东铁路滨州段正式停运,中东铁路公园于2016年11月建成并向公众开放。公园强调对桥头堡等历史文物的保护,合理更换土地利用类型,将南北两端的铁路用地调整为城市绿地,融合休闲空间与历史文物,打造城市景观文化廊,为广大市民提供集景观、休闲、健身、娱乐等多功能于一体的大型公益场所。

综上所述,国内外对于铁路基础设施尤其是废弃铁路遗址的更新利用的研究与实践,已经成为近几年来的热点,其集中表现为城市铁路遗址更新项目不断涌现并屡屡成为深受市政府、市民关注的焦点,在学术界的影响极为广泛。这些项目与学术研究普遍关注的目标可以概括为:(1)缝合城市,消除铁路线对城市的空间切割和视觉隔离,连接两侧的城市功能和社区,促进社会融合;(2)释放土地资源,植入生长点,促进沿线地区经济发展和再开发;(3)改善交通,减轻污染,建立慢行系统,鼓励低碳出行;(4)增加公共空间,提供休闲娱乐功能;(5)拓展城市绿地,建立城市绿色生态廊道,保护生物多样性;(6)延续城市历史与工业文化。但在具体操作层面,由于项目条件背景、城市性质和所面临的问题不同,目标会有所侧重,采取的具体策略也有所不同(见表1)。

表 1　促进城市空间重塑的铁路基础设施更新策略与案例

铁路设施	更新方向	案例设计	策略
废弃 铁路建筑	立面改造	奥地利 Zilltertal 铁路	发挥铁路原有功能，由运输功能转变为铁路旅游设施
		法国阿尔卑斯山专线车站	铁路旅游设施与区域开发设施
	改造为博物馆	法国奥赛博物馆	延续铁路建筑遗产资源和历史文脉资源
	改造为公共服务设施	美国辛辛那提火车站	休闲文化中心
废弃 铁路线	绿道公园	巴黎梵尚线林荫步道	花园式林荫道
		巴黎小腰带环铁步道	保留自然荒野，最小干预
		纽约高线公园	拟自然植物群落
		赫尔辛基 Baana 步行和自行车道	城市中心的慢行系统
		厦门铁路文化公园	城市花园式休闲道
	绿道＋综合开发	美国亚特兰大环线	修复棕地，建设绿地、慢行系统和社会住宅
		日本代官山东横线步行街	都市生活步行街与商业街区
废弃 火车站场	公园	柏林三角公园	开敞风景的城市公园
		柏林北站公园	保留野生植被，最小干预
	综合开发	巴黎 Clichy-Batignolles 地区更新	可持续的城市新区和中心公园
运营铁路	盖板公园	慕尼黑 Theresienhöhe 铁路覆盖项目	艺术化硬质景观和儿童游戏设施

资料来源：根据公开资料整理。

（二）京张铁路遗址公园的重要价值

京张铁路是中国人自行设计和施工的第一条铁路干线，承载着中华民族对铁路的梦想。京张铁路作为工业文明走进中国的象征，它的发展与变迁映射着中国百年铁路发展的历史。

2022 年北京冬奥会即将召开，老京张铁路迎来新生和巨变，成为新的"京张城际铁路"。京张城际铁路，又名京张高铁。线路全长 174 公里，其中北京境内 70.5 公里，是目前世界上首条设计时速 350 公里、穿越高寒和大风沙地区的高速铁路，也是 2022 年北京冬奥会的重要交通基础设施，将成为北京至西北地区快速通道和京津冀地区城际铁路网的重要组成部分。工程于 2016 年 4 月开工，2019 年底建成通车。京张城际铁路全线设共设 10 个车站，其中北京北、清河和张家口南为始发站。

在京张城际铁路的建设中，原有北京城市五环内老京张铁路被废除，新京张城际铁路在五环内通过清华园隧道转入地下。京张高铁清华园隧道总长 6020 米，沿着老京张铁路掘进。隧道与地铁 13 号线基本平行，连续下穿北三环、知春路、地铁 10 号线、北四环、成府路、清华东路，并在地下上跨地铁 15 号线后，在万泉河以南转出地面，之后下穿北五环既有京张线向北行驶。京张高铁的列车从位于西直门的北京北站开出后，从四道口南侧钻入地下，变身"地铁"，再从北五环南侧钻出地面，奔向清河站，避过了北京北站到清河站这个地面交通最繁忙的路段（见图 5）。

图 5

清华园隧道与城市交通系统关系（左），京张城际铁路清华园隧道对地面交通的解放（右）

资料来源：《清华园隧道、清河站——快看"冬奥高铁"穿越海淀的大项目》，搜狐网站，2016 年 8 月 1 日，https://www.sohu.com/a/108614437_391300。

新的京张城际铁路在五环内从地下穿过，极大地提高了地面空间的交通与步行通过性，也为铁路线周边地区城市空间质量提升、沿线区域更新发展提供了巨大的机会和潜力。以废弃的老京张铁路线为基点，未来北京市有条件规划出一条总长度达17公里、五环内城市核心区长度超过11公里的城市绿带遗址公园，沟通西直门、清华园、上地等海淀区核心功能区，对北京市西北部的更新发展会起到巨大的推动作用。

在规划设计层面，这条长达17公里、城市核心区长度超过11公里的世界大都市超级绿带公园、遗址公园具有重要的研究价值，其在总体规划设计理念、微观设计方法，如何营造特色打造高质量景观，实现海绵城市和韧性城市规划目标，以及为周边地区和居民的生态、健康生活助力等方面都具有重要的学术价值。更重要的是，京张铁路遗址公园会对铁路沿线区域的发展产生巨大的推动作用，其影响和作用未来很有可能超越目前世界知名的纽约高线公园、亚特兰大环线等工程。如何通过良好的总体规划设计、实施策略和更新发展计划，在建设京张铁路遗址公园的过程中推动铁路沿线地区的更新发展，将原有杂乱、破旧甚至是不安全的城市落后地区建设成为生态、安全、健康、优美而充满活力和经济繁荣的城市窗口，具有巨大的学术研究价值，也具有重要的现实意义。项目的实施，能为满足公众文化精神需求提供条件，京张铁路遗址公园有望成为具有爱国主义情怀的城市铁路文化建设新标地。

北京交通大学紧邻京张铁路西直门段，与京张铁路遗址公园的建设息息相关，同时作为以综合交通特色为代表的北京高校，也积极参与到京张铁路遗址公园规划设计和建设的工作中。2019年4月，北京交通大学、中国铁道科学研究院、首都规划与自然资源委员会海淀分局在北京交通大学召开了京张铁路遗址公园规划建设专题会议，建筑与艺术学院京张铁路遗址公园工作团队就前期北京市人大会通过的京张铁路遗址公园提案内容进行了汇报，北京交通大学、中国铁道科学研究院、首都规划与自然资源委员会海淀分局表示将携手推进京张铁路遗址公园的规划和建设。可以结合启动区的规划，将北京交通大学、中国铁道科学研究院共同作为京张铁路遗址公园的组成部分一同规划设计，促进二者环境的更新。

综上所述，京张铁路遗址公园规划设计与实施策略的研究，具有重要的学术价值和现实意义，开展并参与京张铁路遗址公园的规划设计研究，是北京交通大学、北京综合交通发展研究院的责任与优势，对北京交通大学校园环境的改善也具有重要意义。

二 工作思路与方法

（一）主要内容

本报告以京张铁路沿线从二环路的西直门至五环路的清河约 11 公里内重点区域为规划研究范围，线路串联西直门、四道口、五道口、清华园、清河五个铁路文化遗存区域。研究的视野不局限于遗址公园本身，将拓展到城市区域发展，深入分析京张铁路周边城市发展与社区空间的更新策略，力求通过规划设计改变人民的生活。

研究主要从规划设计与实施策略两个方面展开。

在规划设计层面，主要从京张铁路遗址公园总体规划设计、遗址公园铁路沿线地区城市更新规划、遗址公园启动区规划、遗址公园关键节点深化设计四个方面展开论述。这部分内容采用图文结合的方法，既有理论分析和论证，也针对具体层面和地段开展了规划设计工作，在各个层面上均提出了具体的规划设计方案。

在实施策略层面，主要从世界上代表性铁路公园及其在城市更新中的作用、京张铁路遗址公园规划实施的难点与挑战、京张铁路遗址公园的优势和潜力、基于城市发展的京张铁路遗址公园实施框架四个方面展开论述，这部分主要是理论研究和方法分析。其中基于城市发展的京张铁路遗址公园实施框架是这一部分的研究重点，将从创新土地利用策略、创新空间设计策略、政策法规先行、创新组织模式、重塑场所历史文化特性五个方面展开深入分析，提出具体的实施策略和建议。

（二）技术路线

本报告以京张铁路规划设计策略作为核心线索，采用分层次、分体系的研究方法。宏观上，向上拓展到铁路与城市协同发展的研究范畴，从区域与城市视角思考铁路遗址公园的角色定位与功能作用；中观上，在公园本体层面，贯穿遗产保护理念与生态规划理念，聚焦沿线地区的城市更新设计研究；微观上，向下深入启动区规划与关键节点设计，梳理具体实施策略。宏观、中观、微观结合，统筹空间、功能、城市、社会、经济、文化等多重因素。

在技术层面上，运用遗产保护、城市设计与城市更新理论，结合海绵城市、韧性城市等技术方法，通过田野调研、问卷调查对京张铁路沿线周边、现状、人文、社会发展的情况进行数据采集，采用IPO（兴趣点）分析、人群时空行为分析、GIS空间数据比对等一系列数据分析方法建立分析框架，理论分析、规划技术与数据分析结合，既具有研究深度，又有利于指导项目规划建设实践。具体技术路线见图6。

三　京张铁路沿线遗址公园规划设计

（一）京张铁路遗址公园总体规划设计

京张铁路是中国人自行设计和施工的第一条铁路干线，承载着中华民族对铁路的梦想。京张铁路遗址公园总体规划设计应当基于京张铁路的价值与特征开展，研究的重点和特点是贯穿三个理念——遗产保护理念、生态规划理念、铁路景观化理念。

在遗产保护方面，探讨如何在对铁路沿线的现状分析研究的基础上建立铁路沿线景观的设计概念；重点开展铁路沿线老铁路设施的保护工作，搜集艺术化集成设计概念（如：景观小品、铁路沿线雕塑、照明、座椅、艺术化小品）；规划重点和特色目标是建立铁路站场文化景观概念；在关于文物的挖掘层面，树立既有文物保护、研究及再利用的理念。

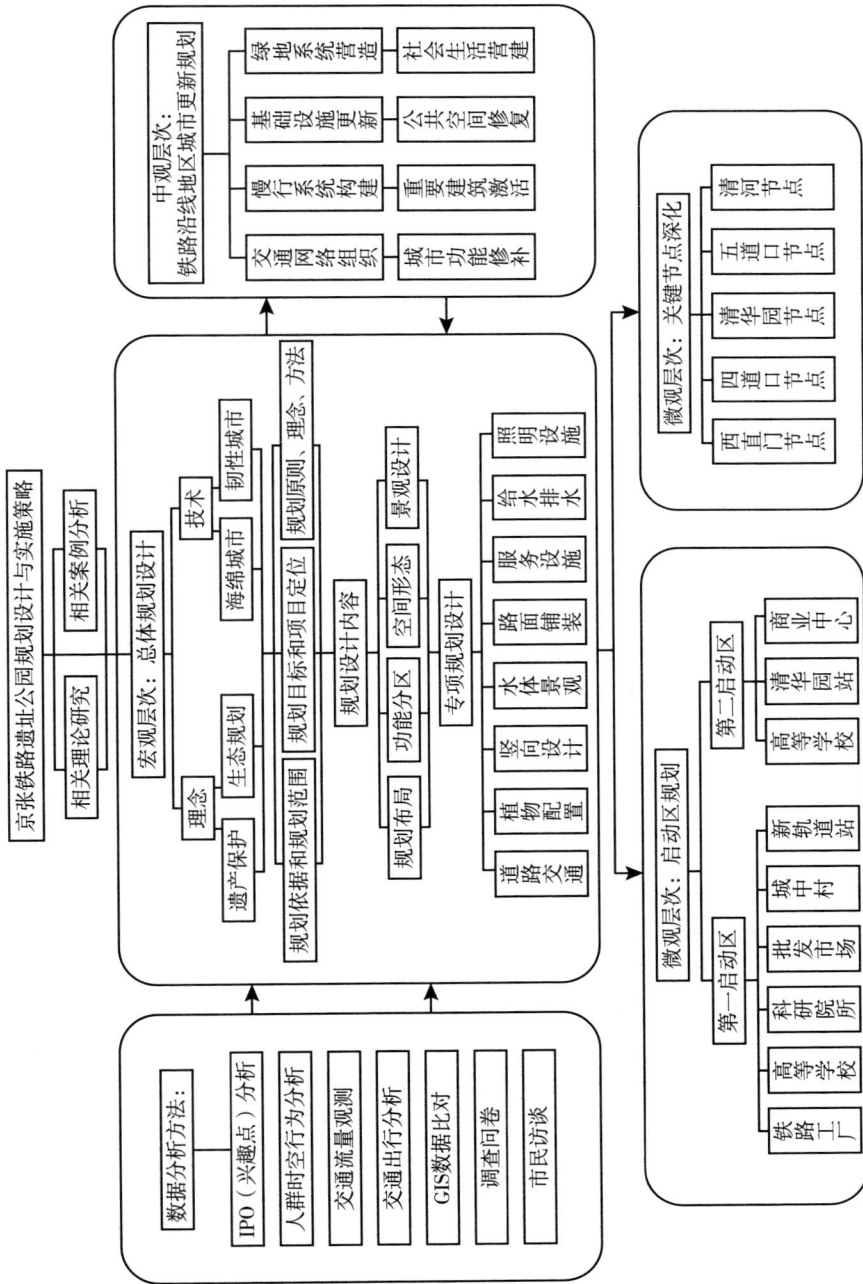

京张铁路遗址公园规划设计与实施策略

相关理论研究 | **相关案例分析**

宏观层次：总体规划设计

- 理念
  - 遗产保护
  - 生态规划
- 技术
  - 海绵城市
  - 韧性城市
- 规划原则、理念、方法
  - 规划依据和规划范围
  - 规划目标和项目定位

规划设计内容

- 规划布局
- 功能分区
- 空间形态
- 景观设计

专项规划设计

- 道路交通
- 植物配置
- 竖向设计
- 水体景观
- 路面铺装
- 服务设施
- 给水排水
- 照明设施

中观层次：铁路沿线地区城市更新规划

- 交通网络组织
- 慢行系统构建
- 基础设施更新
- 绿地系统营造
- 城市功能修补
- 重要建筑激活
- 公共空间修复
- 社会生活营建

微观层次：关键节点深化

- 西直门节点
- 四道口节点
- 清华园节点
- 五道口节点
- 清河节点

微观层次：启动区规划

- 第一启动区
  - 铁路工厂
  - 高等学校
  - 科研院所
  - 批发市场
  - 城中村
  - 新轨道站
- 第二启动区
  - 高等学校
  - 清华园站
  - 商业中心

数据分析方法：

- IPO（兴趣点）分析
- 人群时空行为分析
- 交通流量观测
- 交通出行分析
- GIS数据比对
- 调查问卷
- 市民访谈

图 6 技术路线

在生态规划方面，以"海绵城市""韧性城市"作为技术指引，通过地域性植物配置、雨水花园营造、给排水规划、透水材料应用等技术措施，结合基地现状及相关规划，通过水敏感度分区和开发强度分级，建立平衡暴雨径流量、提高水系调蓄能力、优化雨水外排速度的三重安全排水保障机制，架构由雨水渗透、滞留到储蓄、净化和利用、排放技术手段组成的绿色水生态系统，达到生态雨洪管理与景观可持续发展的双赢目标。这对于北京这样水资源紧张的城市具有重要价值。

铁路的景观化改造弱化了原本铁路对城市空间的分隔作用，反而将之转化为城市建设的动力点，将城市的各种功能联系起来。另外，铁路公园将周边的成熟社区联系起来，等于弱化了社区分隔，将社区公共空间融合起来，各个社区的公共服务设施有了共享的途径，如天津环城铁路公园就串联了周边69个成熟社区，为84万城市居民提供了配套设施（常燕勋等，2016）。

以京张铁路沿线从二环路的西直门至五环路的清河段区域为规划研究范围，景观保护性概念设计将"可持续发展理念"作为设计原则，充分尊重场地独特铁路文化氛围，有利于增强爱国情怀和民族自豪感，将为城市提供更多人文精神资源。

对京张铁路沿线景观改造与完善，结合场地进行设计，可以达到挖掘京张铁路沿线文化遗存的目的，同时弘扬铁路文化精神内涵，对京张铁路的历史文化价值进行有效的保护与利用，以点带面丰富城市景观内涵。希望遗址公园能为满足公众精神需求提供条件，成为具有爱国主义情怀的城市铁路文化建设新标地。

在京张铁路遗址公园总体规划层面，课题组结合理论研究与实际情况，发挥北京交通大学建筑与艺术学院规划设计团队的优势，将总体规划思路应用到具体规划设计中，完成了京张铁路遗址公园的总体规划设计方案——"再话京张"。

（二）基于京张铁路遗址公园的铁路沿线地区城市更新规划

京张铁路遗址公园，是未来一段时间内北京规模最大、影响最为广泛的城市更新项目，公园的规划设计不能仅仅局限在公园本身，其对沿线周边广大地区的发展推动作用也是研究的重点。

研究将秉持都市空间缝合与再生的理念，通过城市设计的方法，从交通组织梳理、慢行系统构建、区域基础设施更新、城市绿地系统网络营造、城市功能修补、触媒式关键建筑激活、公共空间与景观修复、社会生活营建等方面，推动海淀西北地区的总体发展。

在具体技术层面上，通过 IPO（兴趣点）分析、人群时空行为分析了解周边地区城市功能分布与市民生活行为关联度，通过交通流量观测、交通出行分析归纳交通体系与可达性，通过调查问卷与访谈建立市民的空间、功能需求与主管满意度指标体系，最终建立基于 TOD 理念的城市更新策略。

在京张铁路遗址公园沿线地区城市更新规划层面，课题组选择交大校园东侧沿线四道口地区作为研究重点，结合理论研究与实际情况，发挥建筑与艺术学院规划设计团队的优势，完成了京张铁路遗址公园四道口地区铁路遗产更新规划设计方案——"城市绿轨·铁路工业遗址再生城市设计"。

（三）京张铁路遗址公园启动区规划

京张铁路遗址公园规模大，建设周期长，必须采用总体规划、分段建设的策略。其中启动区的设置和规划对公园建设的有序实施具有重要意义。

研究将京张铁路遗址公园从转河经北京交通大学到中国铁道科学研究院的区段作为遗址公园的第一启动区。这里衔接北京北站，是新京张铁路的起点，转河是北京重要的城市滨水空间；区域内有铁路设施及物件的遗存，四道口东南角的铁路构件厂为铁路遗址更新提供了重要空间基础；区域内的北京交通大学和中国铁道科学研究院等高校、科研院所，是文化聚集地；金五星片区及周边城中村是亟待改造提升城市品位的区域，其改造已经提上日程；未来轨道 13 号线将在这里新增四道口站，对区域发展提升具有重要推动意义。研究将重点分析启动区的规划设计内容和重点地段，其中转河沿岸、铁路构件厂、金五星批发市场、北京交通大学、中国铁道科学研究院及北京交通大学与中国铁道科学研究院之间的支线铁路沿线等地区的更新设计，是课题重点研究的内容。

研究计划将五道口—清华园地区作为第二启动区。这里有铁路文保建筑京张铁路清华园站，有清华大学、北京语言大学，有号称"宇宙中心"的文化与商业中心区，也是课题重点分析的内容。

在京张铁路遗址公园启动区规划层面，课题组选择转河与交大文化园地区作为研究重点，结合理论研究与实际情况，发挥建筑与艺术学院规划设计团队的优势，完成了京张铁路遗址公园转河与交大文化园地区规划设计方案——"边界融合·轴脉共生"。

（四）京张铁路遗址公园关键节点深化设计

铁路公园与城市重要交通线、功能场地的交界处，会形成一系列的节点，对公园的空间序列和慢行体验影响显著。如高线公园，整个公园非常狭长，线性特质明显。为缓解狭长带来的重复感和单调性，高线公园设计了多个不同的节点，并且注重节点的排布，使整条线路具有丰富的景观形式，曲径通幽，趣味性强。每个节点设置了供人们休息的公共空间，有着不同的设施，包括舒适的木质铺装停留区、阳光浴躺椅区、下沉式景观休息区和造型别致的座椅等，让游人可以根据自己的意愿在不同的节点上悠闲散步或小聚闲聊，通过节点让人慢下来、停下来。

研究将开展对关键节点的深化设计研究，确定西直门、四道口、五道口、清华园、清河五个地区为京张铁路遗址公园的关键节点，对各个节点的原铁路设施现状、空间环境进行系统性调研，提出相应改造理念。

1. 西直门

西直门区域周边人流量密集，土地使用率较高，绿化面积低，亟须更新规划。西直门区域的历史文化资源丰富，有中国人自己设计建设的首座火车站，多股铁路及老站房、天桥等铁路基础设施保存完好。西直门区域也是北京繁忙的交通枢纽，区域内高校、科研院所及商业设施聚集，规划设计理念是保护性地对老站房东侧区域进行恢复，融入现代设计理念，展现时代魅力，传承铁路文化情怀。考虑通过铁路文化博物馆、站场文化及老设施和相应景观展示京张铁路的过去、现代和未来，依托高速铁路的发展打造城市活力的名片。

西直门老站铁路遗存众多，建议设为博物馆，除对老站台保护性利用外，老站房东侧站台可以考虑更新建设雨棚、天桥，设到发线、折返线、扳道房等站场文化设施，将转盘坑、转盘作为景观和展示机车换向的动态场景，修复折返段内服道及 1918 年水塔，将石券门复原在水塔上，修复 1918 年机车房、建筑群作为景观建筑，修旧如旧；在转河畔设主出入口，使区域内拥有 3 个出入口来组织交通，即转河南岸、折返段东侧的既有出入口、老站房南侧出入口。

2. 四道口

四道口是西直门站向西 800 米的一处地段，由于有 3 条线路与市政道路平交而得名四道口，随着京张高铁的修建，百年历史的道口已消失。

四道口节点区域位于四道口京张铁路东侧一线，北至三环，南至高铁隧道出口，沿铁路呈狭长的条带状分布。四道口区域周边土地的使用率高，绿化率低。区域内有铁路物件及设施的遗存，有中国铁道科学研究院和北京交通大学等高校及科研院所，是文化聚集地，也是亟须改造提升城市品位的区域。建议结合京张铁路遗址公园的打造，将四道口作为重要节点，随着金五星及城中村的改造，兴建与京张铁路沿线景观相呼应的城市公园。

四道口区域内铁路文化氛围浓厚，便于将设计文化与铁路元素融合，展现时代魅力。四道口区域的规划设计可以考虑利用京张铁路线路陈列带有展陈展演功能的车厢，进行文化艺术交流展演活动。在金五星地块至学院南路，建议拓展铁路遗址公园为城市公园，提升城市空间活力。

3. 五道口

五道口是京张铁路的第五个道口，由于地铁的出现，五道口趋于繁华，别称"宇宙中心"。这里地处闹市，铁路遗存丰富，京张铁路与城铁悄悄穿过，一头连着历史，一头连着未来。保护现有文脉、创想未来，是地段设计创意的出发点。

铁路文化区域位于五道口南北向狭长地带，北邻清华园，南至双清路，区域内科技产业和高校园区众多，青春时尚是本区域的人文特征，高楼林立是其环境特征。此区域可以设置铁路文化创意带，借助城铁 13 号线的高架桥形成丰富的空间形态，营造创意廊道。五道口节点可以运用混搭的手法营造出具有现代感的、以文创铁路元素构成的文创走廊铁路文化公园，融合传统、时尚、青春、热情，使创客们在铁路文化的氛围中创想飞扬。

4. 清华园

清华园区域土地使用率高，历史文化资源丰富，由詹天佑先生亲笔题名的清华园火车站与老站房、京张铁路通车初期的女儿墙等坐落其中，清华园区域文化遗存众多，高级科研机构聚集，可以结合清华园的区位特色保护性修建、新建符合时代特征的建筑作为铁路文化、艺术博物馆丰富当地的人文、艺术景观，规划区域在京张铁路遗址沿线东侧结合城市功能疏解进行统筹。

清华园区域可以展现京张铁路的日新月异，可以设置到发线及相应的站场文化设施，使带状的铁路遗存与城市广场相结合，结合水景、绿廊、铁路、景观、小品、雕塑，使该区域成为展示城市文脉的载体。

5. 清河

清河区域包括清河两岸五环立交下的广大区域，现阶段可应用土地资源相对丰富，但多为高速公路自然分割出的不规则地块。区域北邻新清河站交通枢纽，周边有郊野公园及丰富的铁路文化遗存。

2020 年原清河站更新改造为京张高铁的始发终到站，一座交通枢纽就此诞生。良好的绿化环境是区域的标志，铁路站场文化穿插其中，古老与现代、传统与创新交相辉映。利用本地块丰富的铁路文化遗存，依托京张高速铁路的开通，清河区域作为设计概念建立的重要节点，将体现铁路发展的过去、现在和未来，集中展现铁路工业文明百年发展的历史图卷。在这里，蒸汽时代、内燃时代、电气时代、高铁时代将得以集中呈现。

四道口、五道口、清华园三个区域，作为遗址公园的启动区，是未来重点打造和优先建设更新的区域，应当结合铁路遗址公园特色空间文化，提出系统性城市更新提升策略。

在京张铁路遗址公园关键节点深化设计层面，课题组选择转河与交大文化园地区作为研究重点，结合理论研究与实际情况，发挥建筑与艺术学院规划设计团队的优势，完成了京张铁路遗址公园沿线四道口金五星地区、清华园等多个地区的关键节点规划设计方案。

四 京张铁路沿线遗址公园实施策略

（一）世界上代表性铁路公园及其在城市更新中的作用

随着铁路相关技术与管理的进步，铁路沿线的噪声和污染问题有所缓解，但是铁路对城市空间的切割始终是无法回避的问题。对于城市内部及近郊区的废弃铁路和设施，人们正努力采用各种方式对铁路线进行更新利用。将废弃铁路空间改造为城市轻轨、郊区铁路或者交通道路重新利用是一种常见的做法。如马德里市政府从 1982 年起就开启了利用铁路改造为城市轻轨等公共交通的工程；巴黎修建区域快铁（RER）C 线时就借用了部分已废弃的环铁线路；京张高铁最初的规划即驶出西直门站后完全利用原来的京张铁路线地面空间。还有一些废弃铁路有幸转变为旅游观光设施，如日本京都郊区的嵯峨野观光铁道、云南建水古城米轨观光铁路等。而很多铁路废弃多年后锈迹斑斑、杂草丛生，由于没有继续运营的机会，一些成为地域动、植物的乐园，一些成为城市违法行为的多发地。但废弃铁路更宝贵的价值在于在日益拥挤的城市中保留了大片可供重新利用的土地和许多狭长连续的带状空间，具有成为城市开放空间和公园的巨大潜力。

早期的铁路公园主要是为周边居民提供休闲运动空间、城市绿地等，通过休闲、生态环境的改善促进沿线居住开发和经济发展。如美国达拉斯凯蒂铁路步道公园，是长 390 公里的凯蒂步道（Katy Trail）的一部分，该步道位于美国得克萨斯州和密苏里州之间，沿密苏里河蜿蜒伸展，联系着城市与广大乡村，沿途可欣赏到森林、河流、农田、城镇和村庄，但位于达拉斯城市内部的这一段此前因长期废弃，已逐渐成为违法犯罪活动的聚集地。2000

年达拉斯段铁路步道公园建成开放，全线设置了步道和软绵跑道，连接了周围51公顷的城市绿地和带状公园，成为达拉斯最具标志性的休憩空间，并且通过加强沿线开发刺激了周边地区的经济（林箐，2017）。

近年来，铁路公园越来越作为一种城市更新的手段，在城市再开发中起着越来越显著的作用，代表就是纽约高线公园。高线公园改善了周边地区的生态环境，提供了休闲、文化、娱乐场所，而且吸引了来自世界各地的众多游客，成为纽约旅游观光的重要打卡地，也为沿线地区的再发展提供持续动力。随着高线公园的规划和完工，越来越多的开发企业涌入西切尔西区，一期、二期周边的开发类项目已经超过20个，投资项目包括中高端住宅、零售业、餐馆及酒店等。周边土地价值的上升也促使原来的业主重新规划其用途，由停车场用地等改建为高层住宅、商业建筑（丁碧莹，2019）。高线公园的开发还促成了美国最大地产开发项目——哈德逊广场的建设。哈德逊广场建设在原先的纽约西城铁路车场之上，高线公园三期从场边缘蜿蜒而过。项目预计耗资200亿美元，总用地面积158公顷，计划建设近100万平方米的办公建筑和40万平方米的居住建筑，以及20万平方米的购物中心、公寓、酒店、商铺等商业配套设施。

高线公园带动了世界范围内废弃铁路改造的浪潮。目前世界上知名的铁路公园总计数十处，如巴黎绿荫步道、悉尼高线公园、新加坡铁路廊道、厦门铁路文化公园绿道、台中东丰自行车绿廊等，同时全球尚有十几个在建及待建的铁路公园项目，然而并非所有铁路公园都能成为沿线地区经济发展的发动机。

（二）京张铁路遗址公园规划实施的难点与挑战

1. 规模巨大

京张铁路遗址公园全长17公里，城市五环核心区内长度11公里，其长度远超过目前世界上铁路公园的知名代表纽约高线公园。京张铁路遗址公园的规模巨大，沿线涉及的人口众多，功能复杂，遗址公园的规划、实施、运营、管理都是庞大的工程。就本研究来说，如此巨大的规模导致研究和分析的工作量巨大，给数据采集等工作带来挑战。目前课题组积极对接公园的规划管理相关部门和沿线单位社区，通过开展问卷访谈、专题设计、学术论坛等工作推进研究。

2. 现状复杂

京张铁路遗址公园内部及沿线地处北京城市核心区，沿线城市情况复杂，高密度、高容积率、大量人口聚居，区域内交织分布有城中村、高校、科研院所、单位大院、历史文物建筑、批发市场等，空间环境复杂；三环、四环、五环路与多条城市干道立交穿越，地形条件复杂；用地管理涉及铁路部门、交通部门、城建部门、园林部门、高等院校、科研院所、工厂、物流园区、城市居民、城中村居民等，权属情况错综复杂。复杂的现状为研究的开展和项目的实施带来巨大挑战。具体表现为以下四点。

（1）沿线社区用地与铁路公园割裂

京张铁路遗址公园的前身京张铁路与当前的京张高铁，都是城市的铁路交通动脉，承担着城市昔日的货运与今天的通勤功能。然而，城市的铁路"交通线"给沿线周边带来了一定的消极影响，如对道路的切割阻断、排放废气、产生噪声、增加交通事故的风险等，周边的道路通畅性受到影响，铁路线两侧的社区也常常与铁路间设置一定宽度的隔离带或屏蔽设施，形成与铁路隔绝的空间形态。改造成公园后，消极属性转变为积极属性，满足了人们对遗址公园公共空间的需求。

（2）周边废弃的站场、站房、厂房设施等亟待保护、整理与改造

京张铁路遗址公园沿线存在相当数量的铁路站房、构筑物、铁路厂房等，如老西直门火车站（北京北站）站房，全名平绥铁路西直门车站旧址，为北京市级文物保护单位。京张铁路四道口的铁路构配件厂、清华园火车站站场等，也是重要的工业建筑和场地。历史建筑如何保护利用并融入遗址公园，废弃后的厂房和站场如何保护、改造或拆迁等也是需要考虑的问题。

（3）周边城市与社区的公共服务设施与铁路公园衔接不足

作为线性公园，铁路公园在城市中蜿蜒穿行，具有串联城市与社区的重要功能。铁路公园还可以起到将社区级公园绿地串联起来的作用，加快沿线

社区步行系统，沿线公共服务设施如教育、医疗、养老等设施的建设，能够提供更便捷的慢行通道。然而这些目标的实现，需要前期统筹协调和完善规划，需要从铁路公园建设的初级阶段开始，逐步将铁路公园沿线公共服务设施与绿道公园融合，只有这样才能改变周边设施与铁路公园衔接性差的问题。

（4）沿线"后院式"零散用地较多，土地低效利用

由于过往铁路对城市空间的切割和阻断作用，铁路沿线用地往往成为城市的"后院"，权属复杂、垃圾遍布、荒草丛生，不仅造成土地低效利用，对环境的负面影响也很严重，显著影响铁路公园的运营效益。应当采取积极的规划设计策略，使"后院"变"前院"。

3. 高标准的规划建设目标

根据北京市和海淀区的决策思路，未来京张铁路遗址公园将建成世界级的城市工业遗产公园，打造比肩甚至超越纽约高线公园的城市名片，同时带动北京城市西北地区的协同发展。将京张铁路遗址公园打造成带动城市发展的发动机，并使其成为世界知名的城市绿道公园，是规划实施的重点。京张铁路遗址公园的目标，主要包括生态效益目标、社会效益目标、经济效益目标。

（1）生态效益目标

在改造前铁路公园往往是城市工业的重要交通命脉，造成噪声、废气、废物等的污染。将铁路进行改造，保留周边植被，规划为公园，补植树木绿化，并连接周边的社区绿地，有利于城市生态环境的保护和恢复。如天津环城铁路公园的规划总体上保留乔木 3 万棵，并补植了乔木 10 万多棵，连接了 18 处原本零散的公园、绿地与河渠，延展了 15 处绿道支系，对中心城区的生态保护与修复起到一定的作用（常燕勋，2016）。

（2）社会效益目标

如前文所述，铁路在为城市带来交通便利的同时，也对城市空间产生阻断和隔离。铁路的景观化改造，使原来铁路对城市空间的分割转变为对沿线地区的融合带动。京张铁路遗址公园串联了周边 65 个成熟社区，弱化了社

区分隔，将城市公共空间融合起来，沿线各个社区的公共服务设施也提升了可达性与共享性，未来可以为沿线 50 万城市居民提供休闲场地和配套设施。

京张铁路具有重要的历史意义，遗址公园可以保留铁路 10 余公里，整合多处铁路与工业遗迹，未来公园将会充分展示铁路遗址与文物、工业科技与文化，其将会成为北京乃至中国近现代工业历史、铁路历史的"纪念碑"。这种再利用模式既保护了工业建筑遗产本身，也将城市工业文化传播到更多人的日常生活中去，有重要的纪念和教育意义。

铁路横穿城市生活区，给城市交通安全与效率带来一定隐患。纽约高线铁路在建设之前，该工业区的地面铁轨和街道交汇口经常发生交通事故。高线公园的建成，清除了地面 105 个铁路交叉口。京张铁路清华园隧道的修建，使京张高铁出北京北站后转入地下，避开了三环路、四环路、学院南路、知春路、成府路、清华东路等一系列城市快速路和交通干道。地面部分的遗址公园，未来也会以合适的方式与城市道路立交或平交，保障交通安全和效率。

（3）经济效益目标

铁路工业可带动沿线项目投资已经成为各大城市的共识，这也是近年来各种高线公园、铁路工业规划建设迅速升温的原因之一。京张铁路遗址公园穿越北京城市西北的核心建成区，这里高校和科研院所聚集，毗邻中关村，是中国的科技和智力高地；公园南起西直门与长河、转河，北邻以圆明园为代表的三山五园历史文化区，历史文化底蕴浓厚；公园沿线人口聚集，业态发展活跃，消费能力强劲……这些都为铁路沿线的更新与再发展提供了优越的条件。将京张铁路遗址公园建成媲美甚至超越高线公园的城市大型更新项目，是重要的经济效益目标。

（三）京张铁路遗址公园的优势和潜力

京张铁路作为中国近代历史上第一项自主大型工程，具有特殊意义，铁路遗址公园长 11 公里，公园规划面积约 3.3 平方公里，与颐和园、紫竹院公园的面积之和大致相当，规模宏大，将对沿线居民产生巨大影响和吸引力。

相对于一般城市公园，带状的铁路公园与城市交界面更长，关系更为紧密。由于自身的连续线性特征，铁路串联沿线多个城市功能区，影响着城市多个子系统的运作，城市要素与铁路公园之间相互联系、彼此制约，形成统一的整体。因此，铁路公园的线形特征决定了其对于各城市网络系统的织补更新具有先天的优势，改造不仅是对铁路空间本身的更新利用，更为重要的是对相关的各个城市要素和系统的症结进行系统梳理，以铁路更新改造为契机，修补完善各系统网络，优化城市功能体系，提升整体空间品质，这也契合"城市双修"的理念（汤林浩等，2017）。以大型铁路公园作为触媒，推动沿线城市地区的整体更新，具有现实基础和可操作性。

以线形公园直接影响作用其周边 1 公里范围计算，未来京张铁路遗址公园直接辐射的城市地区范围达 13.8 平方公里，与北京交通大学、中央财经大学、北京航空航天大学、清华大学、北京林业大学等 8 所高校紧邻，直接服务周边 65 个社区、13 所高校、约 50 万居民与师生。未来公园的区域总辐射范围将达到 30 平方公里，惠及 9 个街镇 183 个社区，涵盖包括北京大学、中国人民大学、北京电影学院在内的 24 所高校及中国科学院、中国农业科学院、铁道科学研究院等数十个科研院所，连接中关村、上地高科技园区。在这个人文日新的文化中心、科技荟萃的智力高地，未来近百万人口的生活、工作品质将因公园得到提升。

废弃铁轨改造为城市公共空间需要与周边城市环境紧密结合，高线公园的成功正是因为其规划设计考虑了铁轨位于寸土寸金的纽约曼哈顿，人口密度高，商业潜力大，公园绿地的建设将提升两侧建筑的经济效益，同时，将两侧原本的废弃工业厂房改造为创意艺术聚集地，成功带动了这一区域的社会和经济发展（丁碧莹，2019）。在试图追随高线公园的成功经验时，也应该意识到，高线公园位于世界级城市的核心建成区，人口密度大，产业支撑力强，这与北京的情况比较接近。如果环境条件差异较大而盲目套用高线公园的建设模式，或将面临游人稀少、管理滞后、公园荒废的尴尬情况。

应当通过京张铁路公园释放区域的巨大优势和潜力，而不仅仅是对铁路空间本身进行合理利用。譬如高线公园、亚特兰大环线，其规划的目的和成功之处不仅仅是建设一处引人入胜的公园景观或铁路遗存，而是通过公园联系和激活沿线的土地资源，形成新的城市活力中心，并弥补沿线城市节点现存的功能和设施短板。以京张铁路更新为契机，优化城市功能体系，用好新释放出的有限土地资源，整合历史、文化、科技、景观等各种资源，最终目的是提升沿线地区的经济价值、社会价值，提升沿线居民的生活质量，营造新的城市生长点。

（四）基于城市发展的京张铁路遗址公园实施框架

2019 年 10 月，京张铁路遗址公园国际方案征集活动启动，京张铁路遗址公园的规划建设正式提上日程。作为北京新一轮城市总体规划指引下的大型城市更新项目，京张铁路遗址公园对北京城市西北片区的发展具有重要意义。

京张铁路遗址公园是在 2022 年冬奥会大背景下，基于京张高铁的修建而提出的。在京张高铁始发站北京北站与北五环之间，工程采用长 6.02 公里的地下隧道形式。高铁入地后解放出来的原地面空间，将建设成为难得的大型线形遗址公园：南端连接南长河水系公园、北京动物园，向北路过元大都城垣遗址公园，连接东升八家郊野公园、三山五园历史人文风貌区，直抵清河。北京综合交通发展研究院认为，京张铁路遗址公园贯穿西直门至五环路的城市核心建成区，为沿线地区城市功能转型和产业提升提供了重要机遇，不应将京张铁路遗址公园仅当作景观工程、生态廊道和休闲公园建设，而应当基于城市更新的整体视角，统筹谋划，将铁路公园沿线地区建设成为以创意文化、前沿科技、生态休闲等为特色的城市新兴活力中心。

1. 创新土地利用策略

采用创新的土地利用模式，改善大都市建成区紧张的人地关系，释放沿线地区历史、文化、科技优势和潜力，营造以创意文化、前沿科技、生态休闲等为特色的城市新兴活力中心。

城市土地利用系统是一个巨大的生态经济系统，其受到自然、经济和环境因素的多重影响。在城市土地利用实践中，社会、经济、生态三方面的利益往往发生冲突。因此城市土地高效利用的目标即解决社会、经济、生态三者之间的矛盾，实现在城市土地利用过程中的社会、经济和生态的可持续性复合（常燕勋等，2016）。

京张铁路遗址公园的实施，应当考虑经济、社会、生态效益的综合影响，以城市综合价值的提升为评判标准，根据前文对城市铁路公园给周边用地带来的综合效益进行分析，评价和推进遗址公园的规划实施。而且，高线公园的突出价值在于证明了公共资金投资于公共空间能刺激经济发展，不仅为市民提供更多户外休闲空间，更创造了经济利益与就业机会。

对京张铁路遗址公园来说，应当充分利用京张铁路改造后沿线的空间资源，整合零散土地，变废弃用地为城市窗口，利用智力高地、文化中心的优势，改变传统城市土地开发模式，面向创新经济、共享经济、文化艺术等新兴业态的发展热土，通过置换、租赁、财税减免等措施实现"退二进三"，营造以数字科技、信息服务、创意文化、艺术设计、休闲展示等业态为特色的新兴城市中心。

废弃铁路改造为城市公共空间需要与周边用地性质紧密结合，高线公园的成功正是典型。针对公园的规划实施需要从土地利用视角建立相应的评价机制。一方面，对城市铁路公园沿线土地利用现状进行评价，分析研究铁路周边土地利用效率评价指标；另一方面，对公园规划设计方案进行综合评价，构建铁路公园影响和外溢价值评价指标。通过对两类指标的对比分析，为铁路公园如何提升周边土地利用效率提供参考。

2. 创新空间设计策略

重构城市与自然界面，采用一体化设计方法，将割裂的线性廊道转变为连接周边社区、高校的公共空间网络。

增进公园与城市功能、社区空间、市民生活三者之间的互动。采用一体化设计策略，连接城市绿道空间、交通系统及市政服务设施；促进公园与沿线社区、高校一体化，建立绿色步行廊道，提升可达性与出行体验。

如新加坡铁路公园的规划设计，竭力同城市空间建立密切联系。一方面，形成慢行交通网络，使公众能更快速方便地到达公园。当时新加坡已建成 337 座不同规模的城市公园，大多数主要是利用了所在场地的特征，例如花栢山公园的城市全景和现存树林、东海岸公园的天然海滩、双溪布洛自然公园的红树林和湿地生境等，这些城市公园通常离居住区很远，可达性有待提高（张天洁、李泽，2013）。铁路公园通过线性公园的高连接性特征，建立了连接周边社区、公园的公共空间网络。而且，基于新加坡土地的稀缺性和昂贵价格，用于公园建设的土地更难以获得。

京张铁路公园由南向北穿越学院南路、北三环、知春路、北四环、成府路、清华东路等城市干道，直接连接 65 个社区 13 所高校。应当大量规划、建设公园与沿线社区、大学、大院的连接点，通过对铁路边缘、高架桥、路口、接入点的连接设计，将"过境"的铁路廊道转化为连接社区的纽带，如新加坡铁路廊道就在沿线设置了 122 个接入点和 21 个服务平台连接周边道路和社区。与城市道路的交叉口可以采用局部绿道抬升的立交模式，既保障公园步行廊道的连续性，又形成景观眺望平台。在条件允许的地段，铁路线两侧的绿廊应有 20~30 米宽，做好绿化景观设计，设置休闲设施，规划步道、慢跑道等，局部有条件的地点可以适当放大成空间节点。目前已经酝酿在公园内部规划自行车专用道，从西直门直达上地，与目前回龙观至上地的自行车专用线连接，在更广阔范围营造令人愉悦的慢行路网体系，让使用者不必驾车就能前往公园与周边场所，减少对停车场的需求。

公园的内部设计关键在于重新诠释代表性建筑和尽可能保存历史特征。在这个过程中不仅应该保留和重新利用部分铁路、铁轨，还应保护利用沿线有历史价值的站房、铁路构筑物、工业设施。这种设计既能保护工业遗产又能以旅游纪念的方式使城市的历史文化得到很好的传承。

3. 政策法规先行

制定相应的政策、条例，保障公园与城市的良好环境及市民共享的开放公共空间。

一个好的公共空间的创造绝不仅限于设计和开发一处美好的场所本身，还需要法规条例的先行控制与周边区域的联动发展。高线公园正是如此，通过制定政策法规对周边街区和建筑进行更新和控制，为沿线的再开发提供了沃土。所有努力都是为了让公园成为紧密编织于街区中的公共开放空间，而不仅仅是一处美丽的孤岛。在高线公园建设之前，其周边地区的保护和更新就已启动。从1970年以传统特色排屋为主的西切尔西历史街区确定开始，经过1981年历史街区范围的延伸、2003年甘瑟弗尔特市场历史街区的确立、2008年西切尔西厂房和仓库历史街区的确立，周边地区的保护与更新不断进行，为地区注入了活力，也为高线铁路的再开发提供了适宜的土壤（杨春侠，2010）。

京张铁路遗址公园的首要目标就是成为市民共享的舒适公共空间，为保证公园良好的阳光、通风和景观视线，具备必要的空间场地，与邻近建筑良好互动，应制定相应条例对公园相邻区域的建筑细节进行控制，改变常规线性廊道边界连续的街－墙模式。在邻近铁路线的新规划区内，新建筑应以多种式样排列，建立良好的看与被看的空间关系，允许特定地区的建筑与公园充分接壤以形成共享空间。制定相应条例，对那些在公园公共空间、生态绿地营造上做出贡献的项目进行相应规划管理奖励等。

4. 创新组织模式

建立政府引领、街道主导、公众参与的工作制度。

大型城市更新项目的长期性、复杂性要求利益相关方充分、持续参与规划建设决策过程。当前北京"部门吹哨，街巷报道"的城市治理结构改革，解决了城市更新治理工作的"最后一公里"难题，可以充分体现基层诉求和公众意愿，应充分发挥沿线街道在京张铁路公园更新改造中的主导作用，为公园建设及沿线街区更新建立制度保障。同时，要注重"公众参与"的保护与开发，建立自下而上的协同管理模式。高线公园就是公众参与的代表。不同于传统的政府或者开发商主导的方式，"高线之友"组织始终致力于高线的保护、再开发以及后期管理。如果没有"高线之友"的努力，高线铁路可能早已被拆除。此外，"高线之友"全程参与了高线公园的设计和开发，一起评选、决定了最终的设计开发团队。目前，"高线之友"与纽约市公园与娱乐管理局共同对高线公园实施管理（杨春侠，2010）。

目前，北京正积极推进街区治理模式的创新与社区责任规划师制度，推进公众参与。城市基层组织和市民正在街区更新、项目决策中起到越来越大的作用，形成自下而上的推动力，而责任规划师制度的推广使专业人才能够深入社区小微空间环境的更新整治之中，成为重要的技术支持，这些都为京张铁路遗址公园及沿线地区更新改造的组织模式创新提供了良好条件。

5. 重塑场所历史文化特性，打造城市名片

京张铁路在中国近现代工业和民族发展史上具有特殊意义，"百年京张"更是值得中华民族珍惜的宝贵财富。京张铁路遗址公园具备成为近现代中国历史、中国铁路的宣传窗口的良好条件，在京张铁路遗址公园中融入更多历史文化和铁路元素是规划建设者的重要使命。

京张铁路本身的历史文化元素众多。在遗址公园段就有原西直门火车站、原清华园火车站、原清河车站、四道口冷库、构配件厂等历史建筑，全线还有昌平站、南口站、南口机车厂、居庸关站、青龙桥站、康庄站及其机车库房等众多著名的公园外设施；此外，轨道、机车、站牌、水塔、水鹤、道房、道口摆杆等专用设备也是铁路公园的特色元素。京张铁路还承载着中国铁路发展历程中的代表科技元素如人字线、詹式车钩、中间竖井法以及清华园隧道、智能动车组、京张高铁等现代元素，记录着以詹天佑等为代表的中国近现代工程技术人员建设京张铁路的历程与故事。

另外，京张铁路遗址公园周边历史文化元素富集。公园南接南长河水系公园、北京动物园；穿过元大都城垣遗址公园；向北连接东升八家郊野公园、三山五园历史人文风貌区，直抵清河。遗址公园周边也分布着一系列文物保护和历史建筑，如国家级文保单位觉生寺（大钟寺）、区级文保单位蓟门烟树碑（元大都城垣遗址公园内）等。

京张铁路遗址公园规划应彰显铁路遗址特色，将铁路历史文化元素充分融入公园内，保护遗产的真实性和完整性。在具体设计中，可以通过划分景观文化主题区，设置集中展示、景观设施小品、主题雕塑等方式，将历史文化融入现代城市公园中，在遗址公园的不同启动区片区，还可以考虑设置代表性的展览展示主题建筑或场地。要注重历时性保护与新旧融合，提炼不同历史时期的代表性元素和特征，融入同一个空间内，完整地展现城市发展在

遗址公园留下的痕迹。将遗址公园的休闲、景观功能与前期保护下来的历史建筑、厂房设备与城市公园的功能融为一体，新旧融合，不断赋予老建筑新的功能而不是仅仅作为古董保留下来，应当形成一个游憩、生态和历史保护结合的开放空间系统。

同时，应当将京张铁路遗址公园融入城市整体历史文脉中，从宏观视角进行整体性规划建设，以线带面，通过遗址公园连接沿线众多历史文化元素，使市民和游客从更广阔的时空范围内体验和认知京张铁路和北京城市的历史文化景观，用好这张珍贵的历史名片。

五 结语

京张铁路公园规模巨大，具有重要的历史价值、生态价值、社会价值和经济价值，将给北京城市发展尤其是首都西北片区的发展带来重要的机遇。应当通过京张铁路公园释放区域的巨大优势和潜力，而不限于对铁路空间本身进行合理利用。高线公园的成功固然是因为保留了一段珍贵的城市历史，营造了一条美丽的铁路线，但更重要的是通过公园联系周边公共空间，激活沿线的土地资源，形成新的城市活力中心，并补足沿线城市节点现存的功能和设施短板。应当以京张铁路更新为契机，以线带面，基于城市宏观视角统筹规划，优化城市功能体系，整合公园新释放出的有限土地资源，利用铁路沿线历史、文化、科技优势，通过历史文化价值的挖掘和空间景观环境的塑造，营造以创意文化、前沿科技、生态休闲等为特色的城市新兴活力中心，最终提升沿线地区的经济价值、社会价值，提高沿线居民的生活质量。

参考文献

AMEC Environment & Infrastructure, Inc.：《亚特兰大环线振兴废弃铁路以连接城市》，《风景园林》2015 年第 8 期。

Appleseed，"The Economic and Fiscal Impact of the Development of Hudson Yards"，Available online，2016，http：//www. appleseedinc. com/hudson – yards/.

https：//www. railstotrails. org/our – work/united – states/.

北京交通大学"京张铁路遗址公园"课题组：《再生——京张百年》，2019。

常燕勋、李芳、赵先悦：《城市铁路公园周边土地高效利用评价指标研究——以天津市环城铁路公园公园为例》，中国城市规划学会、沈阳市人民政府：《规划 60 年：成就与挑战——2016 中国城市规划年会论文集（11 风景环境规划）》，2016。

崔曦：《城市场所功能更新——以纽约高线公园为例》，《北京规划建设》2012 年第 6 期。

丁碧莹：《城市更新项目解析——纽约高线公园成功改造及影响》，《智能城市》2019 年第 15 期。

金道钉：《美到出轨——全球最美铁路公园 top10》，2018。

李苑溪、黄鼎曦：《旧铁路游径化改造之十：亚特兰大环线总体规划》，2018 年 10 月 22 日，http：//www. nanyueguyidao. cn/ViewMessage. aspx？MessageID = 6480。

李惠桦、高巍：《国内外铁路客站发展历程对比刍议》，《华中建筑》2016 年第 8 期。

李天颖、张延龙、牛立新：《台湾台中市绿道规划设计及其功能的调查分析》，《城市发展研究》2013 年第 4 期。

林箐：《缝合城市——促进城市空间重塑的交通基础设施更新》，《风景园林》2017 年第 10 期。

马歇尔·布朗、杨扬：《20 世纪城市复兴：10 个美国项目》，《时代建筑》2015 年第 6 期。

汤林浩、徐敏、王松杰、邓颖倩：《"城市双修"理念下废弃铁路更新改造思路初探——以南京市宁芜铁路更新改造为例》，中国城市规划学会、东莞市人民政府：《持续发展 理性规划——2017 中国城市规划年会论文集（02 城市更新）》，2017。

王琰、张华：《城市废弃工业高架铁路桥的更新改造——以纽约高线公园为例》，《西安建筑科技大学学报》（自然科学版）2015 年第 6 期。

杨春侠：《悬浮在高架铁轨上的仿原生生态公园——纽约高线公园再开发及启示》，《上海城市规划》2010 年第 1 期。

张天洁、李泽：《高密度城市的多目标绿道网络——新加坡公园连接道系统》，《城市规划》2013 年第 5 期。

张小奥、周秀梅：《仿效与创新——废弃铁路转型成线性公园现象的探析》，《美与时代》（城市版）2017 年第 9 期。

周雪洁、高巍：《京张铁路时期西直门站建成始末刍议》，《华中建筑》2012 年第 11 期。

Abstract

In December 2015, the National Development and Reform Commission and the Ministry of Transport jointly issued the "Beijing-Tianjin-Hebei integrated transportation planning", which defined the planning objectives and development requirements for the Beijing-Tianjin-Hebei comprehensive transportation network, intercity railway, highway network, port group, airport group, etc. In recent years, Beijing-Tianjin-Hebei integrated transportation construction has achieved fruitful results. In terms of infrastructures, the road and rail networks are increasingly perfect and unobstructed, which supports the connection between Beijing, Tianjin and Hebei; in terms of travel services, the level of management continues to upgrade, realizing the cross-city integration of public transport ticketing system; in terms of the coordination system, regional joint meetings are diversified, which promotes the effective interaction between governments from multiple perspectives such as "overall planning, the legal system, and emergency response". On the whole, transportation integration has gradually established a framework supporting the comprehensive coordinated development of Beijing, Tianjin, and Hebei, relieving the noncapital functions of Beijing and supporting the 2022 Winter Olympics. In this context, Beijing's transportation development has become the core content of Beijing-Tianjin-Hebei transportation integration. A series of important infrastructures such as the Beijing-Bazhou intercity railway, Beijing-Zhangjiakou intercity railway, capital area ring road, Beijing-Qinhuangdao expressway, and so on, have achieved milestone construction recently, and the major transportation works for supporting the 2022 Winter Olympics have been completed.

With the gradual improvement of infrastructures, it has become an important period of thinking, layout, and planning for the next stage of transportation collaborative development. It can be predicted that the Beijing-Tianjin-Hebei transportation integration will go through the multiple transformation processes from macro to micro, from rough to fine, from concept to technology, etc. There will also be challenges and problems. For example, how to solve the problems of suburban railway planning and operation; how to more scientifically support the travel of 2022 Winter Olympics; what is the pattern and development path of the Beijing-Tianjin-Hebei airport group in the future.

This book contains three parts: the first part is the General Reports, the second part is the Topical Reports, and the third part is the Special Reports. The General Reports first studied the development of Beijing's transportation in 2019, summarizing and forecasting it from the perspectives of external transportation, green transportation, safe transportation, technological transportation, and humanistic transportation. On this basis, focusing on the future strategy of the integrated development of Beijing-Tianjin-Hebei transportation, the development status of transportation system of the Beijing-Tianjin-Hebei and worldwide metropolitan areas is compared and analyzed in depth from the perspective of comprehensive transportation. It puts forward the advanced urban transportation integration system in theory and combines the travel characteristics of Beijing-Tianjin-Hebei to carry out the "one-hour commuter circle" and on the method of collaborative management integration of Beijing-Tianjin-Hebei transportation. The Topical Reports studied three specific aspects: railway, civil aviation and highway. The railway section studied the development and innovation path of Beijing suburban railway, with policy suggestions on passenger flow cultivation, cooperation mechanism, railway freight outward movement, development funds, interconnection, and other issues. The aviation section carried out a comparative study of the Beijing-Tianjin-Hebei airport group and the world-class airport groups and studied the construction strategy of the transportation system of the Beijing Airport Economic Zone, and proposed some suggestions, such as " building a collection and distribution system with the airport as the core" and "diversification of airport rail transit services". The highway section summarized the highway development in the three places of Beijing, Tianjin and Hebei, and focused on the analysis of the role of new technologies in the integration of Beijing-Tianjin-Hebei highway. Based on the ideas from the General Reports and Topical Reports, the Special Reports maked more specific and targeted case analyses and studies. First, it discussed the role of the Beijing-Zhangjiagang Smart High-speed Railway in the Beijing Winter Olympics. The second aspect is to carry out a detailed investigation on the existing three suburban railways (Huairou-Miyun line, urban sub-central line, and S2 line), and proposed development suggestions for these three lines. The third aspect is to study the conversion environment of Beijing South Railway Station, Beijing West Railway Station, Beijing railway station and the construction of Fengtai Railway Station, and the fourth aspect is to study the construction and planning scheme of the Heritage Park along the Beijing-Zhangjiakou Railway.

This book summarizes the important achievements of the coordinated development of Beijing-Tianjin-Hebei transportation integration in recent years. From the three core perspectives of railway, civil aviation, and highway, this book analyzes the challenges at the present stage and puts forward targeted countermeasures and specific implementation schemes, which provide a reference for the theory and practice of Beijing-Tianjin-Hebei transportation integration development. It also provides a reference for the development of other regional transportation integration in China.

Keywords: Beijing-Tianjin-Hebei Integration; Regional Collaborative Development; Comprehensive Transportation

Contents

I   General Reports

Abstract: Beijing's transportation industry actively responds to the Party Central Committee and the State Council on the Program of Building National Strength in Transportation, and conscientiously implement the Beijing Urban Master Plan (2016 −2035). Therefore, the analysis and study of Beijing's traffic development in 2019 is not only a summary of the past work of Beijing's traffic industry, but also an important guide for the future direction of work. Through the analysis and summary of Beijing's external transportation, green transportation, safe transportation, technological transportation and humanistic transportation in 2019, the 2019 Beijing Transportation Development Research Report points out that this year Beijing's transportation operation is stable and safe, and the service level is further improved, which is the full implementation of the " four services" function for the capital and the various projects of this year. Political, social and economic activities to provide a reliable guarantee, but also for the future perfect construction of a modern, convenient, green, safe, dynamic city integrated transportation system to lay a solid foundation.

Keywords: Urban Transportation; Transportation Development; Transport Policy

B. 2　Development and Future Strategy of Beijing-
　　　Tianjin-Hebei Transportation Integration in 2019　　　／ 019

Abstract： This paper focuses on the current status of transportation integration in Beijing-Tianjin-Hebei region in terms of transportation channels, transportation methods, transportation structures, transportation efficiency, institutional mechanisms, policies and regulations, and analyzes a number of problems that exist at present. On this basis, the development goals and framework of the advanced transport integration model are studied, and development goals in terms of coordinating transport with the regional economy, efficient transport organization, intelligent transport information, integration of urban and rural transport, and standardization of institutional mechanisms are proposed. In terms of policy, this study puts forward development suggestions on accelerating the construction of the Beijing-Tianjin-Hebei "one-hour commuter circle" and the integration of collaborative transport management. In addition, the study analyzes the development experience of transport systems in metropolitan areas such as the Yangtze River Delta and the Pearl River Delta. The research results have important implications for the future development of transportation integration in Beijing-Tianjin-Hebei.

Keywords： Beijing-Tianjin-Hebei Metropolitan Area； Transportation Integration； Comprehensive Transportation

II　Topical Reports

B. 3　Beijing Suburban Railway Development Report　　　　／ 061

Abstract： The rational development of suburban railway and the provision of bus-based rail transit services for commuter traffic are effective ways to meet the travel needs between the central city and the new city （or group）. On the basis of in-depth study of the current situations of suburban railway development at home and abroad, researches are studied on the existing line resources of Beijing railway hub, and the current situation of regional railway network is screened. Through the investigation of the existing three suburban railways in Beijing (S2 line, sub-central line and Huaimi line) and demand analysis, the line positioning and planning proposals of each line are put forward. The construction of large and small branch lines are proposed to achieve the connection between the surrounding groups and the attraction of passenger flow points along the lines, and solve the problem of the capital functional dispersal and the inconsistency trend of existing railways with the development of cities. Finally the construction of "two vertical and two horizontal, stems and branches combination, group interconnection, four networks integration" of the suburban railway innovation path network planning and its phased implementation plan are put forward. So that in the network structure, urban common line, suburban branch line, four network integration, and the quick access among the main groups in the metropolitan area can be achieved ultimately.

Keywords: Suburban Railway; Regional Railway; Regional Network Capacity; Path Network Planning; Capital Functional Dispersal

B. 4　Development and Comparative Study of Beijing-Tianjin-Hebei Airport Group and World-Class Airport Group　／ 103

Abstract: The purpose of this study is to study the current situation of the Beijing-Tianjin-Hebei Airport Cluster in terms of its scope, scale of development, management system, and road connectivity, and to conduct a comparative analysis of representative large domestic and international airport clusters in terms of their size and growth rate. The study compares world-class Airport Cluster such as New York Airport Cluster, London Airport Cluster, Tokyo Airport Cluster, Chicago Airport Cluster, and Paris Airport Cluster from multiple dimensions, and summarizes the characteristics of world-class airport clusters. To address the problems of the Beijing-Tianjin-Hebei Airport Cluster, this study suggests that the existing management system of the cluster should be improved in areas such as authorization and guarantee coordination, data and information sharing, and distribution system to further enhance the international influence of the Beijing-Tianjin-Hebei Airport Cluster centered on Beijing.

Keywords: Beijing-Tianjin-Hebei; World-class Airport Cluster; Air Transportation

B. 5 Construction Strategy of Transportation System in Beijing Air-Facing Economic Zone / 152

Abstract: This research focuses on the analysis of the transportation system construction strategy of Beijing Airport Economic Zone's transportation system, specifically analyzing the construction and operation strategies of the transportation system in the area around the new airport. Then analyzes how relevant regions can strengthen cooperation with each other, and promoting the comprehensive development of the regions. From the perspective of the integration of Beijing-Tianjin-Hebei and the development of capital, the analysis s focusing on the functions and characteristics of the transportation system of the Beijing Daxing Airport economic zone, how the two airports in Beijing built. Practically, point out problems and contradictions in the transportation system of Beijing Daxing Airport economic zone, and propose the recommendations for the optimization of the transportation system and for the efficient functioning of the Beijing Daxing Airport economic zone, as well as the countermeasures for promoting the coordinated development of Beijing-Tianjin-Hebei.

Keywords: Airport Economic Zone; Integrated Transportation System; Capital Economic Circle

Abstract: With the development of the integration of Beijing-Tianjin-Hebei transportation and the increasing requirements for highway traffic capacity and level, the development of highway traffic in the Beijing-Tianjin-Hebei region has ushered in new challenges and development stages. Based on the perspective of the integrated and coordinated development of Beijing-Tianjin-Hebei, this paper sorts out the status quo of road traffic development in Beijing, Tianjin and Hebei, and conducts a systematic analysis of the impact of the Winter Olympics and highway interconnection services on road traffic. The scope of the comprehensive transportation survey for residents in all cities in Hebei is limited by the city boundaries. It is difficult to share data between governments, institutions and enterprises at all levels, and the structure of the regional transportation planning system is weak. In addition, this research looks forward to the application of 5G networks, Internet of Vehicles and other technologies in the development of intelligent transportation in Beijing, Tianjin and Hebei. The relevant conclusions and recommendations of this study can provide a theoretical basis for the management decision of relevant departments.

Keywords: Beijing-Tianjin-Hebei; Highway Traffic; Future Transportation; 5G

Ⅲ   Special Reports

Abstract: The 2022 Winter Olympics, as a major international event, is not only an important window to display China's image, but also a key boost to the integrated development of the Beijing-Tianjin-Hebei region. As an important traffic support facility for The Winter Olympic Games, it is of great significance to study the role of high-speed railway in the Winter Olympic Games. This paper analyzes the influence of the technology innovation of Beijing-Zhangjiakou High-speed railway on the transportation network and logistics industry of Beijing-Tianjin-Hebei region by combining qualitative and quantitative methods and clarifies the important roles of Beijing Zhangjiakou high-speed railway in terms of transportation accessibility, connection convenience and Olympic Green Transportation concept, and puts forward the suggestion that the long marshaled carriages of Beijing Zhangjiakou high-speed railway can be used as emergency logistics transportation facilities In case of emergency, improve the reliability of the Olympic logistics system. The relevant research results can provide reference for promoting the development of Beijing Zhangjiakou high speed railway and improving the level of traffic security for the Winter Olympic Games.

Keywords: The Beijing-Zhangjiakou High-speed Railway; The 2022 Winter Olympics; The Coordinated Development of the Beijing-Tianjin-Hebei Region

B. 8 Research on the Present Situation and Development of Three Suburban Railways in Beijing / 262

Abstract: The three existing suburban railways have taken the embryonic form of suburban railways and have played a certain role in the traffic between the suburbs and the main city in Beijing. However, there are still many problems, in the distance between operating stations, service range, operating speed, and bus connections, which restrict the role of suburban railways in regional development. Through analysis, this research puts forward relevant suggestions: First, the function of the city's sub-center line is positioned as two-way commuter transportation, with a bus-based operation mode, with "Two-way Commuter Trains" stopping and directing at stations. Second, the function of S2 line is positioned as commuting traffic and tourist traffic. Suburban areas are mainly used for commuter transportation functions, and the outer suburbs are mainly used for tourism and sightseeing transportation functions. Third, the function of Huaimi Line is positioned as commuting traffic, tourism traffic and driving development along the line. Fourth, to increase the speed of trains. To electrify the S2 line and the Huai-Mi line, and to extend the urban departure station to Beijing North Railway Station.

Keywords: Suburban Railway; Commuting Traffic; Operation as Public Transportation

B. 9 Study on Transport Transfer Environment of Beijing Railway Station

Abstract: The Beijing Railway Hub is one of the largest railway hubs in our country. This article explains the general situation of Beijing's comprehensive transportation development firstly, and then further introduces the development of Beijing's railway hub from connecting lines, development history to layout division. The transition environment is a key factor that affects the efficiency of passenger travel between railway passenger stations and urban traffic. This article takes the three main railway passenger stations of Beijing (Beijing Railway Station, Beijing West Railway Station, and Beijing South Railway Station) as example and analyzes the current transition environment questions, and further discussed the forecast passenger flow of the New Fengtai Station and the current conversion environment. On this basis, this article puts forward suggestions for optimizing subway transfer and connection for Beijing Railway Station; for Beijing West Railway Station, it proposes suggestions for improving the night bus connection between Beijing West Railway Station and the area east of the East Second Ring Road; and for Beijing South Railway Station. Suggestions for optimizing the entry and exit flow lines of the North and South Plaza were put forward.

Keywords: Beijing Railway Station; Beijing West Railway Station; Beijing South Railway Station; Fengtai Station; Traffic Transfer Environment

B. 10　Planning and Design Implementation Strategies of Heritage Parks along the Jingzhang Railway　　　　　　　/ 343

Abstract: This research focuses on the planning and implementation process of the Beijing-Zhangjiakou Railway Heritage Park, mainly from two aspects: planning and design and implementation strategies. In terms of planning and design, four main aspects were considered: the overall planning and design of the Beijing-Zhangjiakou Railway Relic Park, the urban renewal planning of the area along the park railway, the planning of the park's starting area, and the deepening design of the key nodes of the park. On this basis, this research carried out research on implementation strategies from four aspects: innovative land use strategies, innovative space design strategies, policies and regulations first, innovative organizational models, and reshaping the historical and cultural characteristics of places. The study believes that the Beijing-Zhangjiakou Railway Relic Park should be regarded as an important development opportunity in the northwestern region of Beijing. It should be planned with lines and areas, based on the macro perspective of the city, and use the historical, cultural and technological advantages along the railway to create a new urban vitality center featuring creative culture, cutting-edge technology, ecological leisure, etc.

Keywords: Beijing-Zhangjiakou Railway; Heritage Park; Urban Renewal; Abandoned Railway Renovation

中国皮书网

（网址：www.pishu.cn）

发布皮书研创资讯，传播皮书精彩内容
引领皮书出版潮流，打造皮书服务平台

栏目设置

◆ **关于皮书**
何谓皮书、皮书分类、皮书大事记、
皮书荣誉、皮书出版第一人、皮书编辑部

◆ **最新资讯**
通知公告、新闻动态、媒体聚焦、
网站专题、视频直播、下载专区

◆ **皮书研创**
皮书规范、皮书选题、皮书出版、
皮书研究、研创团队

◆ **皮书评奖评价**
指标体系、皮书评价、皮书评奖

◆ **互动专区**
皮书说、社科数托邦、皮书微博、留言板

所获荣誉

◆ 2008 年、2011 年、2014 年，中国皮书
网均在全国新闻出版业网站荣誉评选中
获得"最具商业价值网站"称号；
◆ 2012 年，获得"出版业网站百强"称号。

网库合一

2014年，中国皮书网与皮书数据库端口
合一，实现资源共享。

权威报告・一手数据・特色资源

皮书数据库
ANNUAL REPORT(YEARBOOK)
DATABASE

分析解读当下中国发展变迁的高端智库平台

所获荣誉

- 2019年，入围国家新闻出版署数字出版精品遴选推荐计划项目
- 2016年，入选"'十三五'国家重点电子出版物出版规划骨干工程"
- 2015年，荣获"搜索中国正能量 点赞2015""创新中国科技创新奖"
- 2013年，荣获"中国出版政府奖・网络出版物奖"提名奖
- 连续多年荣获中国数字出版博览会"数字出版・优秀品牌"奖

成为会员

通过网址www.pishu.com.cn访问皮书数据库网站或下载皮书数据库APP，进行手机号码验证或邮箱验证即可成为皮书数据库会员。

会员福利

- 已注册用户购书后可免费获赠100元皮书数据库充值卡。刮开充值卡涂层获取充值密码，登录并进入"会员中心"—"在线充值"—"充值卡充值"，充值成功即可购买和查看数据库内容。
- 会员福利最终解释权归社会科学文献出版社所有。

社会科学文献出版社 皮书系列
SOCIAL SCIENCES ACADEMIC PRESS (CHINA)

卡号：374236981649
密码：

数据库服务热线：400-008-6695
数据库服务QQ：2475522410
数据库服务邮箱：database@ssap.cn
图书销售热线：010-59367070/7028
图书服务QQ：1265056568
图书服务邮箱：duzhe@ssap.cn

S 基本子库
SUB DATABASE

中国社会发展数据库（下设 12 个子库）

整合国内外中国社会发展研究成果，汇聚独家统计数据、深度分析报告，涉及社会、人口、政治、教育、法律等 12 个领域，为了解中国社会发展动态、跟踪社会核心热点、分析社会发展趋势提供一站式资源搜索和数据服务。

中国经济发展数据库（下设 12 个子库）

围绕国内外中国经济发展主题研究报告、学术资讯、基础数据等资料构建，内容涵盖宏观经济、农业经济、工业经济、产业经济等 12 个重点经济领域，为实时掌控经济运行态势、把握经济发展规律、洞察经济形势、进行经济决策提供参考和依据。

中国行业发展数据库（下设 17 个子库）

以中国国民经济行业分类为依据，覆盖金融业、旅游、医疗卫生、交通运输、能源矿产等 100 多个行业，跟踪分析国民经济相关行业市场运行状况和政策导向，汇集行业发展前沿资讯，为投资、从业及各种经济决策提供理论基础和实践指导。

中国区域发展数据库（下设 6 个子库）

对中国特定区域内的经济、社会、文化等领域现状与发展情况进行深度分析和预测，研究层级至县及县以下行政区，涉及地区、区域经济体、城市、农村等不同维度，为地方经济社会宏观态势研究、发展经验研究、案例分析提供数据服务。

中国文化传媒数据库（下设 18 个子库）

汇聚文化传媒领域专家观点、热点资讯，梳理国内外中国文化发展相关学术研究成果、一手统计数据，涵盖文化产业、新闻传播、电影娱乐、文学艺术、群众文化等 18 个重点研究领域。为文化传媒研究提供相关数据、研究报告和综合分析服务。

世界经济与国际关系数据库（下设 6 个子库）

立足"皮书系列"世界经济、国际关系相关学术资源，整合世界经济、国际政治、世界文化与科技、全球性问题、国际组织与国际法、区域研究 6 大领域研究成果，为世界经济与国际关系研究提供全方位数据分析，为决策和形势研判提供参考。

法律声明

　　"皮书系列"（含蓝皮书、绿皮书、黄皮书）之品牌由社会科学文献出版社最早使用并持续至今，现已被中国图书市场所熟知。"皮书系列"的相关商标已在中华人民共和国国家工商行政管理总局商标局注册，如LOGO（▧）、皮书、Pishu、经济蓝皮书、社会蓝皮书等。"皮书系列"图书的注册商标专用权及封面设计、版式设计的著作权均为社会科学文献出版社所有。未经社会科学文献出版社书面授权许可，任何使用与"皮书系列"图书注册商标、封面设计、版式设计相同或者近似的文字、图形或其组合的行为均系侵权行为。

　　经作者授权，本书的专有出版权及信息网络传播权等为社会科学文献出版社享有。未经社会科学文献出版社书面授权许可，任何就本书内容的复制、发行或以数字形式进行网络传播的行为均系侵权行为。

　　社会科学文献出版社将通过法律途径追究上述侵权行为的法律责任，维护自身合法权益。

　　欢迎社会各界人士对侵犯社会科学文献出版社上述权利的侵权行为进行举报。电话：010-59367121，电子邮箱：fawubu@ssap.cn。

社会科学文献出版社